Dr. Michael Newton

EL DESTINO
DE LAS
ALMAS

Un Eterno
Crecimiento Espiritual

Traducido al Español por:
Jorge Camargo González
Edgar Rojas

Primera edición: marzo de 2008
Primera reimpresión: enero de 2010
Novena reimpresión: agosto de 2023

Título original en inglés: *Destiny of Souls*

Editado originalmente en español en Estados Unidos como
Destino de las almas. Un eterno crecimiento espiritual
Copyright © 2001, por Michael Newton
Publicado por Llewellyn Español, una división de Llewellyn Worldwide, Ltd.
Woodbury, 55125 Minnesota, EE.UU. - www.llewellynespanol.com
www.llewellyn.com

Editado por acuerdo con Llewellyn Publications

Traducción: Edgar Rojas y Jorge Camargo González
Edición y coordinación: Edgar Rojas

Diseño de cubierta: Rafael Soria

De la presente edición:
© Distribuciones Alfaomega S. L., Arkano Books, 2008, 2013, 2018
    Alquimia, 6 - 28933 Móstoles (Madrid) - España
    Tel.: 91 617 08 67
    E-mail: grupogaia@grupogaia.es - www.grupogaia.es

Depósito legal: M. 9.484-2013
I.S.B.N.: 978-84-96111-56-1

Impreso en España por: Artes Gráficas COFAS, S. A. - Móstoles (Madrid)

Cualquier forma de reproducción, distribución, comunicación pública
o transformación de esta obra solo puede ser realizada con la autorización
de sus titulares, salvo excepción prevista por la ley. Diríjase a CEDRO
(Centro Español de Derechos Reprográficos, www.cedro.org)
si necesita fotocopiar o escanear algún fragmento de esta obra.

Después de leer el segundo capítulo de *El Destino de las Almas* sobre cómo los espíritus de nuestros seres queridos regresan para confortarnos, lloré de regocijo.

Susan, Sacramento, CA

Me encantó encontrar que las enseñanzas del Dr. Newton fuesen publicadas en un nuevo libro. Este nos brinda un entendimiento aún mayor de lo aprendido en su primera obra.

Laura, Denver, CO

El Destino de las Almas va a impactar a muchas personas, que como yo, querían más después de leer El viaje de las almas.

Jerry, Albany, NY

Nunca había comprendido mis recuerdos fugaces sobre la existencia después de la muerte hasta que leí su trabajo.

Dave, Atlanta, GA

La calidad y comprensión de su obra sobre la espiritualidad es muy profunda y demuestra una capacidad envidiable para expresar ideas complejas de manera sencilla. Le agradezco, desde el fondo de mi corazón, por la inspiración que me brinda.

Doris, Riverside, CA

Aplaudo su valor para confrontar las tendencias dominantes del pensamiento religioso negativo que hay en este país.

Marcia, Topeka, KS

Su análisis de la estructura del mundo del espíritu como un lugar de orden y amor es realmente inspirador.

Tracy, Jasper, IN

Su libro me da alivio y me ayuda a perder el temor a lo desconocido.

René, Paris, Francia

Los mensajes de sus entrevistas iluminan al lector; son invaluables.

Holtz, Bonn, Alemania

Con frecuencia he padecido una enorme soledad y la sensación de no pertenecer a esta vida actual. Usted me ha hecho ver de donde vienen estos sentimientos y quién soy en realidad.

Rachel, Londres, Reino Unido

Sobre el autor

Michael Duff Newton posee un doctorado en Psicología Consultora, un Master certificado en Hipnoterapia y miembro del American Counseling Association. Ha ejercido como profesor en diversas facultades de instituciones de educación superior sin abandonar el ejercicio privado de su profesión en Los Ángeles. El doctor Newton desarrolló sus propias técnicas de regresión de la edad para llevar con éxito a sus pacientes, en estado hipnótico, más allá de los recuerdos de su vida pasada, a una más significativa experiencia espiritual entre vidas. El autor es considerado un pionero en desentrañar los misterios de nuestra vida en el mundo del espíritu gracias a su primera obra, titulada *El viaje de las almas*, best-seller publicado por la Editorial Llewellyn únicamente en el idioma inglés en 1994. Esta obra ha sido traducida a diez idiomas. El doctor Newton goza de reputación a nivel internacional como autoridad en regresiones espirituales, ha sido invitado a numerosos programas de opinión de radio y televisión y como conferencista a exposiciones de la Nueva Era. En 1998 recibió el premio anual por la "Más Destacada Contribución" en el área de la interacción mente, cuerpo y espíritu, otorgado por la National Association of Transpersonal Hypnotherapists. Fue honrado por sus años de investigación de la memoria clínica del alma y sus descubrimientos en la cosmología de la existencia después de la muerte. El autor es historiador, astrónomo aficionado y viajero incansable.

Para escribir al autor

Si desea contactar al autor u obtener mayor información sobre esta obra, por favor escriba al autor en Llewellyn Worldwide y con gusto transmitiremos su solicitud. Tanto el autor como el editor agradecen sus comentarios y aportes, resultado de la lectura y la manera en que este libro le pueda haber ayudado. Llewellyn Worldwide no garantiza que todas las cartas escritas al autor sean contestadas, pero sí que todas llegarán a él.

Por favor escriba a:
Michael Newton, Ph.D.
Llewellyn Worldwide
P.O. Box 64383, Dept. K1-56718-498
St. Paul, MN 55164-0383, U.S.A.
www.llewellyn.com

Agradecimientos

Este libro está dedicado a mi padre, John H. Newton, por inculcarme su amor por la escritura periodística desde mis primeros años y a mi hijo, Paul, por su humor y estímulo durante los últimos años.

Con gratitud a mi esposa, Peggy, quien me colaboró en la revisión de cientos de casos de clientes para la preparación de este libro. Agradecimientos especiales a los lectores del manuscrito Norah Newton Mayper, John Fahey, Jacqueline Nash, Gary y Susan Aanes.

También deseo expresar mi aprecio a las muchas personas que me han contactado desde la publicación de *El viaje de las almas* en 1994, por compartir conmigo cuanto les ha significado conocer más acerca de la existencia después de la muerte. Eventualmente, fueron quienes me persuadieron de llevarlos, una vez más, al otro lado del tiempo.

Índice

Introducción... xi

1. El mundo del espíritu... 1
2. Muerte, pena y consuelo... 13
   Negación y aceptación, 13
   Técnicas terapéuticas de las almas, 15
   Formas en que los espíritus se conectan con los vivos, 19
       Contacto somático, 19
       Personificacíon con objetos, 22
       Reconocimiento de sueños, 25
       Transferencia a través de niños, 35
       Contacto en ambientes familiares, 37
   Extraños como mensajeros, 42
   Ángeles u otras huestes celestiales, 43
   Recobro emocional de las almas y quienes le sobreviven, 48
   Reuniéndonos con aquellos que amamos, 53
   Fantasmas, 56

3. Sistemas de grupos espirituales... 59
   El nacimiento del alma, 59
   Ámbitos espirituales, 68
       La memoria, 71
       Centros comunitarios, 74
       Aulas de clase, 80
       La biblioteca de Libros de Vida, 86
   El color de los espíritus, 108
       La combinación de colores en los grupos de almas, 108
       Los colores de los visitantes en los grupos, 118
       Aureolas humanas versus aureolas del espíritu, 119
       La meditación espiritual mediante el uso del color, 121
       Las formas del color de la energía, 124
   Sonidos y nombres espirituales, 128
   Grupos espirituales de estudio, 130

4. El Consejo de Mayores ... 143

El temor humano al juicio y al castigo, 143
El escenario para la evaluación de las almas, 146
Apariencia y composición del Consejo, 155
Signos y símbolos, 169
La presencia, 188
La cadena de la influencia divina, 195
Procesando reuniones del consejo, 197

5. Relaciones comunitarias ... 205

Compañeros espirituales, 205
Compañeros espirituales primarios, 210
Almas acompañantes, 211
Almas asociadas, 212
Enlaces entre familias espirituales y humanas, 223
Reuniéndonos con almas que nos han lastimado, 227
Interacción entre grupos de almas, 235
Actividades recreativas en el mundo del espíritu, 239
Momentos de ocio, 239
Recesos, 240
Aislamiento como D & R, 241
Viajando a la Tierra por D & R, 242
Creación de ámbitos terrestres, 244
Almas de animales, 246
El espacio de transformación, 252
Danza, música y juegos, 255

6. Las almas avanzadas ... 269

La graduación, 269
Movimiento a los niveles intermedios, 272
Especializaciones, 275
Maestros de guardería, 275
Ética, 278
Almas armonizadoras, 283
Maestros de diseño, 288
Exploradores, 298

7. El anillo del destino ... 311

    El salón de proyección de las vidas futuras, 311
    Tiempos de vida y elecciones de cuerpo, 317
    Maestros del tiempo, 322
    Libre albedrío, 328
    Almas de niños, 340
        La pérdida de un niño, 340
        Asociaciones de nuevos cuerpos y almas, 343

8. Nuestro camino espiritual ... 355

Introducción

¿Quiénes somos? ¿Por qué estamos aquí? ¿Hacia dónde nos dirigimos? Me empeñé en dar respuestas a estas preguntas eternas con mi primer libro, *El viaje de las almas*, publicado en el idioma inglés por Llewellyn en 1994. Fueron muchos los que me dijeron que el libro proveía un despertar espiritual de su ser interior, ya que nunca habían podido leer con tanto detalle sobre la vida en el mundo espiritual. También me confiaron que la información del libro validaba sentimientos profundamente arraigados sobre sus almas viviendo después de la muerte física y el propósito de volver a la Tierra.

Una vez que el libro fue impreso y traducido a otros idiomas recibí mensajes de lectores de todo el mundo que me preguntaban si habría un segundo libro. Por un largo tiempo rechacé aquella idea. Todos mis años de investigación habían sido difíciles de recopilar, organizar y finalmente escribir como un estudio comprensivo de nuestra vida inmortal. Me parecía que ya había hecho bastante.

En la introducción de *El viaje de las almas* explicaba mi formación como hipnoterapeuta tradicional y cuán escéptico había sido sobre el uso de la hipnosis para regresiones metafísicas. En 1947, a los quince años de edad, induje por primera vez a una persona en estado de hipnosis, así que definitivamente yo pertenecía a la vieja escuela y de ninguna forma representaba a la Nueva Era. Cuando accidentalmente, durante una sesión con un cliente, abrí la puerta del mundo del espíritu quedé atónito. Siempre tuve la impresión de que aquellas personas que realizan regresiones de vidas pasadas consideraban que la vida entre vidas era una especie de limbo confuso que solo servía como puente para pasar de una vida pasada a la siguiente. Me resultó evidente que tendría que investigar, por mi propia cuenta, los pasos necesarios para tocar y lograr abrir la memoria del individuo y sus recuerdos sobre este lugar misterioso. Tras años de callada investigación, finalmente pude construir un modelo de trabajo de la estructura del mundo del espíritu y me di cuenta de cuán terapéutico podía resultar este proceso para un paciente. También descubrí que no importa que la persona sea atea o profundamente religiosa o practicante de alguna creencia filosófica intermedia, ya que una vez que se encontraban en el correcto estado super consciente de la hipnosis todos ofrecían relatos consistentes. Fue por esta razón que me convertí en lo que he llegado a llamar un practicante de la regresión espiritual. Esto es, un hipnoterapeuta especializado en la vida después de la muerte.

Escribí *El viaje de las almas* para dar al público una base de información, presentada en una ajustada y ordenada progresión de eventos, de cómo es morir y atravesar el umbral, quién nos recibe, a dónde vamos y lo que hacemos como almas en el mundo del espíritu antes de escoger nuestro próximo cuerpo para reencarnar. Este formato fue diseñado como el diario de un viaje a través del tiempo, usando historias de casos reales de pacientes que me relataron sus experiencias pasadas entre vidas anteriores. Por esto, *El viaje de las almas* no fue un libro más sobre vidas pasadas y reencarnación, sino que abrió caminos nuevos, virtualmente inexplorados en la investigación metafísica por medio de la hipnosis.

Durante la década de los años ochenta, mientras formulaba un modelo de trabajo del mundo entre vidas, cesó mi práctica de los otros tipos de hipnoterapia. Me obsesioné por descubrir los secretos del mundo del espíritu a medida que acumulaba un gran volumen de casos con pacientes. Me sentía cómodo con la validez y confiabilidad de mis primeros hallazgos. Mientras esos años de investigación especializada en el mundo del espíritu transcurrían, opté por trabajar únicamente con aquellos pacientes que tenían conocimiento de este trabajo y solo en lo referente a ellos y sus seres cercanos. Incluso me mantuve alejado de las tiendas de libros metafísicos ya que deseaba conservar una libertad absoluta de las tendencias externas. Hoy sigo convencido que mi aislamiento voluntario y mi silencio público fue una decisión acertada.

Cuando dejé Los Ángeles para retirarme a las montañas de Sierra Nevada y escribir *El viaje de las almas* pensaba que la tranquilidad y el anonimato serían mi compañía. El tiempo demostró que estaba equivocado. La mayor parte del material presentado en el libro nunca antes había sido publicado y comencé a recibir enormes cantidades de correo por intermedio de mi editor. Tengo una deuda de gratitud con Llewellyn por su convicción y coraje para presentar mi investigación al público. Poco después de la publicación me encontraba de gira, dictando conferencias y presentándome en entrevistas de radio y televisión.

El público deseaba conocer más detalles del mundo del espíritu y constantemente me preguntaban si poseía material investigativo adicional. Tuve que responder afirmativamente. Aún tenía una gran y variada cantidad de información que no había sido publicada porque no creí que hubiese sido aceptada por los lectores, viniendo de un autor que en ese entonces era desconocido. A pesar que el público había encontrado *El viaje de las almas* muy inspirador, me resistía a la idea de escribir una secuela. Estaba decidido a no hacerlo. Con la quinta edición de la obra se presentó una nueva cubierta y atendiendo solicitudes de los lectores, se agregaron índices y algunos párrafos adicionales con el fin de dar más claridad a ciertos temas específicos. No bastó. El volumen de correo que recibía semanalmente continuaba aumentando de manera dramática, siempre solicitando más información acerca de la vida después de la muerte.

Ahora la gente empezó a buscarme por todas partes y yo decidí volver a la práctica, bajo ciertos límites. Pude observar un mayor porcentaje de almas más desarrolladas. Los pacientes tenían que esperar un largo tiempo para verme debido a mi semiretiro y mi deseo de reducir mi número de pacientes. Como resultado, tengo un menor número de almas jóvenes con crisis psicológica y una mayor cantidad de casos con pacientes que poseen la paciencia para esperar. Estas personas desean descubrir el significado de ciertas cosas, escudriñando dentro de sus memorias espirituales para sintonizarse con algunas metas específicas en sus vidas. Muchos son sanadores y profesores que se complacen confiándome valiosa información sobre la vida de su alma entre vidas. En retorno, espero haberles ayudado en sus destinos.

Durante todo este tiempo, la percepción del público fue la de que yo no había revelado todos mis secretos. Eventualmente comencé a pensar en cómo debería abordar un segundo libro. El resultado de todo lo dicho ha originado el nacimiento de *El Destino de las Almas*. He considerado mi primer libro como un peregrinaje por el mundo del espíritu en un gran río de eternidad. El viaje comenzó en la desembocadura del río, en el momento de la muerte física y terminó en el lugar en el cual retornamos en un cuerpo nuevo. Había navegado río arriba, hacia el origen, hasta donde me fue posible en *El viaje de las almas*. Esto no ha cambiado. Aunque el recuerdo de hacer este viaje incontables veces se encuentra en la mente de cada persona, nadie que ya esté encarnado parece tener la capacidad para llevarme más allá.

El Destino de las Almas pretende conducir a los viajeros en una segunda travesía a lo largo del río, con viajes alternos a tributarios mayores para una exploración más detallada. Durante nuestros viajes en esta segunda jornada, deseo revelar más de aquellos aspectos ocultos de la ruta con el propósito de dar a los lectores una perspectiva más amplia del mundo del espíritu como un todo. He diseñado este libro por categorías temáticas y no por tiempo o localización progresiva. Así, he superpuesto los marcos de tiempo del movimiento normal del alma entre locaciones espirituales para analizar completamente estas experiencias. También he intentado ofrecer a los lectores una mirada a los mismos elementos de la vida del alma desde perspectivas de casos diferentes. *El Destino de las Almas* pretende ampliar nuestro entendimiento del increíble sentido de orden y planeación que existe para el beneficio de los seres humanos.

Al mismo tiempo pretendo que esta segunda expedición por las maravillas del mundo del espíritu sea igualmente fresca y entretenida para aquellos viajeros inexpertos. Para los que leen por primera vez mi trabajo, el capítulo inicial les dará una visión condensada de lo que he descubierto acerca de la vida entre vidas. Confío que este resumen les sea de utilidad para entender lo que vendrá más adelante y posiblemente les anime a leer mi obra básica.

Mientras zarpamos juntos en este segundo viaje, deseo agradecer a todos ustedes que me han brindado tanto apoyo para trabajar con la dedicación que se requiere para abrir las puertas espirituales de la mente. Estas asociaciones, combinadas con la indulgencia de muchos guías, en particular los míos, me han dado la fuerza para continuar con la tarea. En verdad me siento bendecido por haber sido elegido como un mensajero para tan importante labor.

1

El Mundo del Espíritu

Al morir, nuestras almas se liberan del cuerpo del cual han sido huéspedes. Si el alma es adulta y tiene la experiencia de muchas vidas anteriores, sabe inmediatamente que ha sido liberada y que ahora se dirige a su hogar. Estas almas avanzadas no necesitan que alguien salga a recibirlas. Sin embargo, la mayoría de las almas con las que he trabajado reciben la bienvenida por parte de guías, justo afuera del plano astral de la tierra. Un alma joven o un infante que ha fallecido podrá encontrarse algo desorientada hasta que alguien se acerque a ella, al nivel terrenal. Estas son almas que optan por permanecer en la escena de su muerte por un rato. No obstante, la mayoría desea retirarse al instante. El tiempo no tiene significado en el mundo del espíritu. Un alma que recién ha salido del cuerpo que le sirvió de morada y que ahora opta por brindar consuelo a alguien en pena o que tiene otras razones para permanecer un rato cerca del lugar de su muerte, no experimenta sensación de pérdida de tiempo. Éste se convierte, contrario al tiempo linear, en tiempo *presente* para el alma.

A medida que se alejan de la Tierra, las almas experimentan la presencia de una luz que se hace cada vez más brillante a su alrededor. Algunas verán momentáneamente una oscuridad grisácea y se sentirán atravesando un túnel o portal. La diferencia entre estos dos fenómenos depende de la velocidad de salida del alma, que en respuesta experimentará alguno de ellos. La sensación de arrastre por parte de nuestros guías puede ser suave o ruda, dependiendo de la madurez del alma y su capacidad para asimilar cambios repentinos. En las primeras etapas de su salida, todas las almas encuentran una "ligera nubosidad" a su alrededor, la cual se aclara rápidamente y les permite ver en la vasta distancia. Este es el momento en el que el alma promedio ve una forma espiritual de energía acercándose a ellas. Esta forma puede ser uno o dos compañeros espirituales, pero generalmente es nuestro guía. Incluso en ocasiones en que somos recibidos por un cónyuge o un amigo que murió antes que nosotros, nuestro guía se encuentra cerca de manera que puede tomar el control del proceso de transición. En todos mis años de investigación, nunca he tenido un caso en el cual sea una figura religiosa mayor, como Jesús o Buda, la que de la bienvenida. No obstante, la esencia del amor de los grandes maestros se encuentra presente en los guías personales que nos son asignados.

Cuando las almas logran reorientarse en este lugar que llaman hogar, su terrenidad ha cambiado. Ya no son humanas en la forma en que concebimos al ser humano, con características emocionales, temperamentales y físicas determinadas. Por ejemplo, ellas no sufren por su reciente muerte física en la forma en que sus seres queridos lo hacen. Son nuestras almas las que nos hacen humanos en la Tierra, pero sin nuestros cuerpos dejamos de ser *Homo Sapiens*. El alma tiene tal poder que se encuentra más allá de cualquier descripción. Tiendo a pensar en las almas como inteligentes formas lumínicas de energía. Justo después de la muerte, las almas repentinamente se sienten diferentes porque no se encuentran limitadas por un cuerpo físico, con cerebro y sistema nervioso central. A algunas les toma más tiempo ajustarse a esta nueva situación.

La energía del alma es capaz de dividirse en partes idénticas, similar a un holograma. Puede vivir existencias paralelas en otros cuerpos, aunque esto es mucho menos común de lo que se sugiere en ciertas lecturas. Sin embargo, debido a la capacidad dual de todas las almas, parte de energía de luz queda atrás, en el mundo del espíritu. Así, es posible ver su madre regresando de una vida, aún cuando ella hubiese muerto hace treinta años terrenales y reencarnado de nuevo.

El período de orientación con nuestros guías, que toma lugar antes de unirnos a nuestros grupos de almas, varía entre almas e incluso entre las diferentes vidas para una misma alma. Este es un buen momento para recibir consejos y brindar la oportunidad de ventilar las frustraciones que hayamos tenido en la vida que acaba de terminar. La orientación, con el tacto gentil de nuestros perceptivos y solícitos guías, pretende ser una sesión inicial para entender lo que ha ocurrido.

El encuentro podrá ser prolongado o breve, dependiendo de las circunstancias que rodean el éxito o el fracaso en el logro de nuestra misión en la vida. También se revisa asuntos específicos relacionados con el karma que, no obstante, serán discutidos de manera más profunda en el seno del grupo. La energía que retorna de algunas almas no podrá llegar al grupo de almas en ese mismo instante, ya que éstas son almas que se encuentran contaminadas por sus cuerpos físicos y se han involucrado en malas acciones. Existe una diferencia entre hacer daño sin el deseo premeditado de lastimar a alguien y la maldad intencional. Los grados de daño ocasionado a otros, desde el perjuicio hasta la malevolencia, son evaluados cuidadosamente.

Aquellas almas que han sido asociadas con el mal son llevadas a centros especiales que algunos de mis pacientes llaman "unidades de cuidado intensivo". En estos lugares, según me confían, su energía es remodelada y restaurada. Dependiendo de la naturaleza de sus transgresiones, estas almas podrían volver rápidamente a la Tierra, a una nueva vida, donde tendrían la opción de elegir ser víctimas de malos actos perpetrados por otros. No obstante, si sus acciones fueron constantes y definitivamente crueles sobre un gran número de vidas, se percibirá claramente un patrón de mal comportamiento. Algunas almas podrían pasar un largo período en existencia espiritual solitaria, posiblemente más de mil años terrestres. Un principio fundamental en el mundo del espíritu es que las malas acciones, sean intencionales o no, en el ámbito de las almas debe ser enmendado de alguna manera en una vida futura. Esto no es considerado como castigo o siquiera penitencia, sino más bien como una oportunidad de crecimiento para el karma. No existe un infierno para las almas, excepto quizás en la Tierra.

Algunas vidas son tan difíciles que el alma regresa exhausta a su hogar. A pesar del proceso de renovación de energía iniciado por nuestros guías, quienes combinan su energía con la nuestra en el umbral, es posible que aún tengamos un flujo bajo de energía. En estos casos puede requerirse más descanso y soledad que celebraciones de bienvenida. De hecho, muchas almas que desean descanso, lo reciben antes de reunirse con sus grupos. Nuestros grupos de almas podrán ser ruidosos o intensos, pero respetan todo aquello por lo que hemos pasado durante una encarnación. Todos los grupos dan la bienvenida a sus amigos a su propio modo, con profundo amor y camaradería.

El regreso al hogar es una celebración de alegría, especialmente cuando es después de una vida física donde no hubo mucho contacto con nuestros compañeros espirituales. Muchos de mis pacientes me dicen que sus almas son bienvenidas con abrazos, risas y mucho humor, el cual veo que es una señal característica de la vida en el mundo del espíritu. Los grupos más efusivos, que han planeado elaboradas celebraciones para el alma que regresa, posiblemente suspendan todas sus otras actividades. Uno de mis pacientes me relató lo siguiente, con relación a su regreso al hogar:

> Después de mi última vida, mi grupo organizó una fiesta de locura con música, vino, bailes y cantos. Lo arreglaron todo para que pareciera un festival clásico romano, con salones en mármol, togas y todos los muebles exóticos predominantes en nuestras muchas vidas juntas en el mundo antiguo. Melissa (una compañera espiritual primaria) me esperaba justo enfrente, recreando la época en que mejor la recordaba y luciendo tan radiante como siempre.

El número de miembros por grupo puede variar entre tres y veinticinco, pero un grupo promedio tiene alrededor de quince. En ocasiones, almas de grupos cercanos pueden desear hacer contacto entre sí. Esta actividad a menudo implica la presencia de almas más antiguas que han hecho muchos amigos de otros grupos, con quienes ha interactuado durante cientos de vidas pasadas. Unos diez millones de televidentes en los Estados Unidos de América vieron el especial *Sightings*, producido por Paramount en 1995, el cual presentó un segmento sobre mi trabajo. Aquellos que vieron este programa especial sobre la vida después de la muerte recordarán a una de mis pacientes llamada Colleen, quien habló sobre una sesión que tuvimos juntos. Ella describió su retorno al mundo del espíritu después de una vida pasada encontrándose en un espectacular baile de gala en el siglo XVII. Ella observó más de un centenar de personas que se acercaban para celebrar su regreso. El tiempo y lugar que ella había amado fue pródigamente reproducido, con lo cual Colleen pudo comenzar su proceso de renovación con mucha elegancia.

Así que, volver al hogar puede tener lugar en dos tipos de escenario. Unas pocas almas podrían recibir brevemente al alma que llega al umbral y luego dejar que el guía la lleve a través del proceso de orientación preliminar. Más usualmente, el comité de bienvenida espera hasta que el alma regresa a su grupo espiritual. Este grupo puede encontrarse aislado en un salón, reunido alrededor de los escalones de un templo, sentado en un jardín, siempre unido y visible, de lo contrario el alma que regresa podría observar confundida muchos grupos en una atmósfera demasiado abierta. Almas que transitan por otros grupos, en camino a su propio grupo, a menudo observarán que otras almas con las que han interactuado en vidas pasadas las mirarán y reconocerán su retorno con una sonrisa o un saludo.

La forma en que el alma ve su entorno en el grupo depende de cuán avanzada sea, aunque los recuerdos de un ambiente de salón de clases son siempre muy claros. En el mundo del espíritu, el lugar educacional depende del nivel de desarrollo del alma. Pero el hecho de que un alma haya estado reencarnándose en la Tierra desde la Edad de Piedra no garantiza grandes logros. En mis conferencias a menudo recuerdo a un paciente a quien le tomó cuatro mil años de vidas pasadas para lograr dominar los celos. Puedo dar fe que hoy en día no es una persona que se deje dominar por tales sentimientos, sin embargo ha progresado muy poco en su lucha contra su propia intolerancia. Tal como sucede en las aulas de clase terrestres, a algunas almas les toma más tiempo asimilar ciertas lecciones. Por otra parte, las almas más avanzadas son almas antiguas, tanto en conocimiento como en experiencia.

En *El viaje de las almas*, clasifiqué de manera general a las almas como principiantes, intermedias y avanzadas y di ejemplos de casos para cada una de ellas mientras explicaba las sutiles variaciones en el desarrollo entre estas categorías. Generalmente, un grupo de almas está conformado por individuos de similar grado de avance, aunque con fortalezas y debilidades particulares. Estos atributos le dan balance y equilibrio al grupo. Las almas se ayudan unas a otras en el aspecto cognoscitivo para asimilar información de las vivencias, así como para analizar la forma en que manejaron los sentimientos y emociones de los cuerpos físicos en que moraron con relación a dichas experiencias. Cada aspecto de una vida es analizado, incluso al punto de volver a actuar las situaciones con el grupo, para lograr mayor conciencia y conocimiento. Cuando las almas alcanzan los niveles intermedios, comienzan a especializarse en aquellas áreas de interés en las que han demostrado poseer ciertas habilidades. Trataré este tema con mayor detalle en próximos capítulos.

Un aspecto muy significativo de mi investigación ha sido el descubrimiento de colores de energía que las almas exhiben en el mundo del espíritu. Estos colores se relacionan con el estado de avance de un alma. Esta información, recopilada lentamente con el paso de los años, ha sido un indicador de progreso durante la asistencia a mis pacientes y también ha servido para identificar otras almas que ellos puedan ver durante el estado de trance. Encontré que usualmente, un color blanco puro denota un alma más joven y que con el grado de avance la energía del alma se hace más densa, tornándose anaranjada, amarilla, verde, hasta llegar finalmente a los tonos azules. Además de estas auras centrales, existen sutiles mezclas de color en las aureolas que se relacionan con aspectos del carácter de cada alma.

En aras de un mejor sistema, he clasificado el desarrollo de las almas comenzando por un nivel I para principiantes y avanzando por diversas etapas de aprendizaje hasta llegar a la maestría en el nivel VI. Estas almas enormemente avanzadas presentan un profundo color índigo. No dudo que existan niveles aún más altos, pero mis conocimientos son restringidos por el hecho de recibir información de personas que aún están encarnadas. Francamente no me agrada el termino "nivel" para identificar el lugar del alma ya que esta etiqueta empaña la diversidad de desarrollo alcanzado por las almas en una etapa en particular. A pesar de este recelo de mi parte, son las mismas almas quienes utilizan "nivel" para describir dónde se encuentran en la escala del aprendizaje. También debo decir que son bastante modestas acerca de sus logros. Sin importar mi asistencia, no he encontrado un paciente que se incline a declararse como un alma avanzada. Sin embargo, una vez fuera del estado de hipnosis, con el poder de la mente bajo su control, completamente consciente y gratificado el paciente resulta menos reticente.

Mientras se encuentran en un estado superconsciente, inducido por la profunda hipnosis, mis pacientes me dicen que en el mundo del espíritu ningún alma es menospreciada por tener menos valor que otra. Todos nos encontramos en un proceso de transformación hacia algo más grandioso que nuestro actual estado de conocimiento. Cada uno de nosotros es considerado dueño de cualidades únicas para aportar contribuciones al engrandecimiento de un todo, sin importar que tanto tengamos que luchar para aprender nuestras lecciones. Si esto no fuera verdad, no habríamos sido creados como primera medida.

De acuerdo a mis descubrimientos relacionados con los colores según el grado de avance, los niveles de desarrollo, las aulas de clase, los maestros y estudiantes, podría ser fácil deducir que el ambiente en el mundo del espíritu es de jerarquía. Según la totalidad de mis pacientes, esta conclusión no podría ser más errada. Acaso el mundo del espíritu sea jerárquico en lo relacionado con la conciencia mental. En la Tierra estamos inclinados a pensar en la autoridad organizacional como la representación de la lucha de poderes, la guerra de las masas y la manipulación de rígidos reglamentos dentro de una estructura. Ciertamente sí existe una estructura en el mundo del espíritu, pero ésta existe dentro de una sublime matriz de compasión, armonía, ética y moralidad mucho más profunda que la que practicamos en la Tierra. Según mi experiencia, el mundo del espíritu también posee un muy eficiente departamento centralizado de personal destinado a la asignación de almas. Aún, existe un sistema de valores de abrumadora gentileza, tolerancia, paciencia y absoluto amor. Cuando me relatan tales cosas, mis pacientes rebosan de humildad en el proceso.

Tengo un viejo amigo de la universidad en Tucson (Arizona) quien es un iconoclasta y toda su vida ha resistido la autoridad, actitud con la que me identifico. Mi amigo considera que las almas de mis pacientes han sido sometidas a un "lavado cerebral" para que crean que poseen control sobre sus destinos. Él cree que la autoridad de cualquier tipo, incluyendo la autoridad espiritual, no puede existir sin que igualmente exista corrupción y abuso del poder. Contrario a su pensamiento, mi investigación revela que hay mucho orden escaleras arriba.

No obstante, todos mis casos expresan su profunda creencia en que han tenido multitud de alternativas y elecciones en el pasado y que así será en el futuro. El desarrollo por medio de la aceptación de responsabilidades personales no involucra dominio o logro de un estatus superior, sino más bien un reconocimiento del potencial. Ellos ven integridad y libertad personal por doquier en su vida entre vidas.

En el mundo del espíritu no somos forzados a reencarnar o participar en proyectos de grupo. Si las almas desean soledad, pueden tenerla. Si no desean avanzar en sus asignaciones, se les respeta su decisión. Un paciente me decía, "Me he deslizado por muchas vidas fáciles y me gustaba porque, en realidad, no quería trabajar duro. Ahora esto va a cambiar. Mi guía me dice, "estamos listos cuando usted lo esté"". De hecho, hay tanta libertad de voluntad que si no estamos listos para abandonar el plano astral de la Tierra después de la muerte, nuestros guías nos permiten permanecer tanto tiempo como sea necesario para preparar nuestro regreso al hogar.

Tengo la esperanza de que este libro mostrará que tenemos muchas alternativas, tanto en el mundo del espíritu como fuera de él. Lo que me resulta muy evidente de estas elecciones es el deseo intenso de la mayoría de las almas de probarse a sí mismas que son merecedoras de la confianza que ha sido depositada en ellas. Se espera que cometamos errores en este proceso. El esfuerzo de dirigirnos hacia una bondad mayor y un encuentro con el Origen que nos creó es la máxima motivación de las almas. Al haber recibido la oportunidad de encarnar en una forma física, las almas poseen sentimientos de humildad.

Me han preguntado muchas veces si las almas de mis pacientes ven el Origen de la Creación durante sus sesiones. En la introducción dije que tan solo podría ir río arriba, en dirección al Origen, debido a las limitaciones de trabajar con personas que aún están encarnadas. Almas avanzadas hablan sobre el momento de reunión en que se unirán a los "Más Sagrados". En esta esfera de densa luz púrpura hay una Presencia que lo sabe todo. No sé qué pueda significar esto, pero sé que cuando nos presentamos ante el consejo de Almas Mayores se siente una Presencia. Una o dos veces entre vidas, visitamos este grupo de seres superiores que se encuentran uno o dos escalones por encima de nuestros maestros–guías. En mi primer libro di un par de ejemplos de estas reuniones. Con este libro, entraré en más detalle con relación a nuestras visitas a estos maestros, que es tan cerca como puedo llegar al Creador. Esto se debe a que es aquí cuando el alma experimenta una fuente de divino conocimiento aún mayor. Mis pacientes llaman esta fuerza de energía "la Presencia".

El consejo no es un tribunal de jueces, tampoco una corte donde las almas son llevadas para ser juzgadas y sentenciadas por sus fallas, aunque debo admitir que de vez en cuando alguien me confiesa que ir ante el consejo se siente como ser enviado a la oficina del director del colegio. Los miembros del consejo desean hablarnos sobre nuestros errores y lo que podemos hacer para corregir un comportamiento negativo en la próxima vida.

Este es el lugar donde comienzan las consideraciones sobre el cuerpo indicado para nuestra próxima vida. A medida que el momento de renacer se acerca, nos dirigimos a un espacio donde un número de cuerpos que podrían satisfacer nuestros requerimientos y metas son revisados. Aquí tenemos la oportunidad de ver el futuro e incluso probar diferentes cuerpos antes de tomar una decisión. Las almas voluntariamente seleccionan cuerpos no perfectos y vidas difíciles para tener más posibilidades de pagar deudas del karma o trabajar en diferentes aspectos de lecciones con las que han tenido problemas en el pasado. La mayoría de las almas acepta los cuerpos disponibles en el cuarto de selección, sin embargo un alma puede rechazar lo que le es ofrecido e incluso posponer su reencarnación. Un alma podría también solicitar su envío temporal a un planeta físico diferente a la Tierra. Si aceptamos la nueva asignación, a menudo se nos envía a una clase de preparación con el fin de recordarnos ciertos avisos, señales y pistas en la vida que viene, especialmente para aquellos momentos en que un compañero espiritual primario ha de entrar en nuestras vidas.

Finalmente, cuando llega el momento de reencarnar, damos un adiós temporal a nuestros amigos y somos escoltados al lugar en el cual nos embarcamos para el viaje a la Tierra. Las almas se unen con los cuerpos en el vientre de la madre en algún momento después del tercer mes de embarazo, con lo que tendrán un cerebro suficientemente desarrollado con el cual trabajar antes del nacimiento. Como parte del estado fetal aún son capaces de pensar como almas inmortales, al tiempo que se acostumbran al sistema cerebral y al alter ego del cuerpo anfitrión. Después del nacimiento se produce un bloqueo amnésico y el alma mezcla su carácter inmortal con la mente humana temporal para generar una combinación de características que definirán una nueva personalidad.

Yo empleo un acercamiento sistemático para alcanzar la mente del alma por medio de una serie de ejercicios para las personas en las etapas tempranas de la regresión hipnótica. Este procedimiento está diseñado para agudizar gradualmente los recuerdos de sus vidas pasadas y prepararlas para analizar de forma crítica las imágenes que verán de la vida en el mundo del espíritu. Después de la usual entrevista, coloco al paciente en estado de hipnosis muy rápidamente. Mi secreto es la forma de profundizar gradualmente. Mis largos períodos de experimentación han llegado a mostrarme que mantener a un paciente en el estado normal Alfa de hipnosis no es lo suficientemente adecuado para alcanzar el estado de superconsciencia de la mente del alma. Por esta razón debo llevar el paciente a los más profundos rangos Teta del estado hipnótico.

En términos de metodología, puede pasar hasta una hora con prolongadas visualizaciones de bosques o playas, luego llevo a cada paciente a sus años de infancia. Procedo a formular detalladas preguntas de cosas tales como los muebles del hogar a los doce años, su prenda favorita a los diez, el juguete favorito a los siete y sus primeros recuerdos a los dos o tres años de edad. Hacemos todo esto antes de llegar al vientre de la madre y a la vida pasada inmediata, estados en donde se formularán más preguntas y se lograrán breves recuentos. La hipnosis continúa, profundizando tras la primera hora para mejorar la liberación del paciente de su ambiente terrenal. El paciente también ha sido condicionado para responder con detalle una intensa entrevista sobre su vida espiritual. Esto tomará otras dos horas.

Las personas que salen del trance, después de retornar mentalmente al presente, tienen una expresión de asombro en sus rostros, mucho más profunda que si sólo se hubiese experimentado una regresión directa a una vida pasada. Por ejemplo, un paciente me dijo, "El espíritu tiene una diversidad y una calidad de fluido tan compleja que va más allá de mi habilidad de interpretación". Muchos pacientes me escriben para expresar como el ver su inmortalidad ha cambiado sus vidas. Esta es una muestra de una carta:

> He ganado una indescriptible sensación de regocijo y libertad al llegar a conocer mi verdadera identidad. Lo que resulta asombroso es que este conocimiento estuvo en mi mente todo el tiempo. El ver a mis maestros sin ánimos de juzgar, me llevó a un estado de brillo y resplandor. Aprendí que la única cosa verdaderamente importante en esta vida material es la forma en que vivimos y como tratamos a los demás. Las circunstancias de nuestra vida no significan nada comparadas con nuestra comprensión y aceptación del prójimo. Ahora no percibo la simple sensación, sino que sé con certeza por qué estoy aquí y hacia dónde me dirigiré después de la muerte.

Ahora presento mis hallazgos, incluyendo cincuenta y tres casos y numerosas citas, en este libro como reportero y como mensajero. Siempre, antes de comenzar cualquier conferencia explico a mi audiencia que lo que he de decir es mi verdad sobre nuestra vida espiritual. Existen muchas puertas a la verdad. Mi verdad proviene de un cúmulo de gran sabiduría aportado por una multitud de personas, pacientes que han enriquecido y favorecido mi vida durante el paso de los años. Si hago comentarios que van en contra de su concepción, fe o filosofía personal, por favor tome aquello que se acomode a su ideología y descarte lo demás.

~ 2

Muerte, Pena y Consuelo

Negación y aceptación

Sobrevivir a la pérdida de un ser amado es uno de las experiencias más difíciles de la vida. Es bien sabido que el proceso de sobrellevar la pena implica pasar por el inicial impacto emocional, luego vencer la negación, rabia, depresión hasta finalmente lograr cierto tipo de aceptación. Cada una de estas etapas de inquietud emocional varía en duración e intensidad desde meses hasta incluso años. Perder a alguien con quien hemos tenido profundos vínculos puede ocasionar una desesperanza tal que nos lleve a sentirnos en un pozo sin fondo del que escapar es imposible porque la muerte nos parece algo definitivo.

En la cultura occidental, la creencia de que la muerte representa el final de las cosas, constituye un obstáculo para la sanación. Tenemos una cultura dinámica donde la posibilidad de perder nuestra persona física resulta impensable. La dinámica de la muerte dentro de una familia se puede comparar a una exitosa obra de teatro que entra en caos por la pérdida de una de sus estrellas. El reparto secundario se debate en agonía buscando algún cambio en el libreto. Al afrontar este enorme vacío en la historia, ocasionado por los que se han ido, se afectan los roles futuros de los actores que quedan. Aquí hay una dicotomía ya que cuando las almas están en el mundo del espíritu, preparándose para una nueva vida, ríen en los ensayos para su próxima obra teatral en la tierra. Ellas saben que todos los roles son temporales.

En nuestra cultura no nos preparamos adecuadamente, durante la vida, para la muerte porque es algo que no podemos arreglar o cambiar. La conciencia de la muerte comienza a roernos a medida que envejecemos, siempre ahí, acechando en las sombras, indiferente a nuestras creencias de lo que pueda suceder después de la muerte. Al discutir el tema de la vida después de la muerte, a lo largo de mis giras de conferencias, he podido ver con asombro que gentes con diferentes puntos de vista religioso comparten el mismo temor por la muerte.

Para la mayoría de nosotros, el temor proviene de lo desconocido. A menos que hayamos tenido una experiencia cercana a la muerte o vivido una regresión a una vida pasada en la que recordamos la sensación de dicho momento, la muerte es un misterio. Cuando enfrentamos la muerte, sea como protagonista o como observador, resulta doloroso, triste y atemorizante; las personas saludables no desean abordar el tema y con frecuencia tampoco aquellas cuyo estado es grave. De tal forma, nuestra cultura ve a la muerte con aversión.

El siglo XX ha sido testigo de muchos cambios en la actitud de las personas con relación a la vida después de la muerte; durante las primeras décadas, la mayoría conservaba la visión tradicional de que sólo hay una vida por vivir, sin embargo en el último tercio del siglo, en los Estados Unidos, se ha estimado que un cuarenta por ciento de su población cree en la reencarnación. Este cambio de actitud ha facilitado en parte la aceptación de la muerte para aquellas personas más espirituales y que abandonan aquella creencia que después de la vida sólo se encontraba el olvido.

Uno de los aspectos más significativos de mi trabajo en el mundo del espíritu es el aprender desde la perspectiva del alma que parte, lo que se siente al morir y cómo ésta intenta permanecer para confortar a aquellos que está dejando en el mundo terrenal. En este capítulo confío validar que lo que usted siente en su interior, después de la pérdida, no es simplemente un pensamiento de anhelo. La persona que ama no se ha ido en realidad. Considere también lo que dije en el capítulo anterior acerca de la dualidad del alma. Parte de su energía quedó en el mundo del espíritu en el momento de la encarnación, cuando su ser querido vuelve al hogar encontrará que usted ya está allí, esperándolo con aquella porción de su energía que había dejado. Esta misma energía permanecerá allí, para unificarse con su alma cuando llegue el momento. Una de las grandes revelaciones de mi investigación fue aprender que los compañeros espirituales nunca se separan realmente.

Las siguientes secciones ilustran ciertos métodos usados por las almas para comunicarse con aquellos que aman. Estas técnicas pueden comenzar justo después de la muerte física y pueden ser muy intensas. Sin embargo las almas que parten están ansiosas de irse a su hogar ya que la densidad de la Tierra hace perder energía. Con la muerte, el alma es liberada y siente libertad. No obstante, si tenemos la necesidad y como norma general, las almas pueden entrar en contacto con nosotros desde el mundo del espíritu.

Una amplia contemplación y meditación puede brindar una mayor receptividad de aquellos que han partido y suministra a su conciencia un alto sentido del conocimiento. No se requieren mensajes verbales del otro lado, basta con borrar la duda y abrir la mente para sentir la posible presencia de alguien que ama y que le ayudará a recobrarse de la pena.

Técnicas terapéuticas de las almas

Mi primer caso es el de un alma avanzada llamada Tammano, que se encuentra en entrenamiento para ser un guía estudiantil. Él me dijo, "He estado encarnando y muriendo en la Tierra por miles de años y sólo en los siglos más recientes he desarrollado la destreza necesaria para alterar los patrones del pensamiento negativo y calmar a las personas". Este caso comienza en el momento de la sesión en que Tammano describe los momentos siguientes a su repentina muerte en una vida pasada.

Caso 1

P (Paciente): Mi esposa no siente mi presencia. Simplemente no llego hasta ella en este momento.

Dr. N. (Dr. Newton): ¿Qué sucede?

P: Mucha pena. Es tan abrumador. Alice se encuentra en tal estado de conmoción por mi cuerpo asesinado que está demasiado aturdida para sentir mi energía.

Dr. N.: Tammano, ¿ha sido éste un problema recurrente después de sus vidas pasadas, o sólo sucede con Alice?

P: Justo después de la muerte, las personas que lo aman se encuentran o muy agitadas o completamente aturdidas. En cualquier caso sus mentes se bloquean. Mi labor es intentar lograr un balance de la mente y el cuerpo.

Dr. N.: ¿Dónde está su alma en este momento?

P: En el cielo raso de nuestra habitación.

Dr. N.: ¿Qué desea que ella haga?

P: Que deje de llorar y enfoque sus pensamientos. Ella no cree que yo pueda estar vivo aún, así que todos sus patrones de energía son una terrible confusión. Es tan frustrante. ¡Estoy justo a su lado y ella no lo sabe!

Dr. N.: ¿Va a rendirse por el momento y marcharse al mundo del espíritu porque su mente está bloqueada?

P: Eso sería el camino fácil para mí, pero no para ella. Ella me importa demasiado como para rendirme ahora. No me marcharé hasta que ella perciba que alguien está en este cuarto con ella. Ese es mi primer paso. Entonces podré hacer algo más.

Dr. N.: ¿Cuánto tiempo ha pasado desde su muerte?

P: Un par de días. El funeral pasó y ahí fue donde me detuve para intentar consolar a Alice.

Dr. N.: ¿Supongo que su guía está esperando para llevarlo al hogar?

P: (risas) Le he informado a mi guía, Eaan, que tendría que esperarme por un rato... el que fuese necesario. Ella sabe de todo esto, ¡Eaan fue quien me enseñó!

Este caso manifiesta una queja frecuente que escucho de almas recientemente liberadas. Muchas no son tan adelantadas o decididas como Tammano, pero aún así la mayoría de las almas que están deseosas de partir hacia el mundo del espíritu no abandonarán el plano astral de la Tierra hasta haber tomado algún tipo de acción para confortar a aquellos desconsolados que les querían. He condensado la narración de este paciente sobre la manera como asistió a Alice para sobrellevar la pena, con el fin de enfocarme en los efectos de consolación de los patrones de energía del alma en la desordenada energía humana.

Dr. N.: Tammano, apreciaría que me mostrara las técnicas que utiliza para ayudar a su esposa Alice con su pena.

P: Bien, comenzaré diciéndole que Alice no me ha perdido. (Profundo suspiro) Comencé arrojando una lluvia de mi energía desde la cintura de Alice hasta su cabeza.

Dr. N.: Si yo fuera un espíritu y estuviera a su lado, ¿cómo se vería?

P: (sonrisas) Como algodón de azúcar.

Dr. N.: ¿Qué es lo que hace?

P: Le da a Alice un manto de calidez mental que le ayuda a calmarse. Debo decirle que aún no soy muy experto en este método de asistencia, pero he colocado una nube de energía protectora sobre Alice los tres últimos días, desde mi muerte, para hacerla más receptiva.

Dr. N.: Ya veo, usted ya comenzó su labor con Alice. Está bien, Tammano, ¿y qué hace ahora?

P: Comienzo a filtrar ciertos aspectos míos a través de la nube de energía que la rodea hasta que puedo percibir el punto en el que hay menor bloqueo. (Pausa) Lo encuentro en el lado izquierdo de su cabeza, detrás de su oído.

Dr. N.: ¿Tiene este punto algún significado especial?

P: A Alice le encantaba que la besara en los oídos, (los recuerdos de caricias son significativos). Cuando veo la abertura auditiva en la parte izquierda de su cabeza convierto mi energía en una emanación sólida y la aplico en ese lugar.

Dr. N.: ¿Su esposa lo siente inmediatamente?

P: Alice es consciente de la gentil caricia al comienzo, pero su pena fragmenta la percepción, entonces incremento la intensidad de mi emanación enviándole pensamientos de amor.

Dr. N.: ¿Y esto funciona?

P: (con felicidad) Si, detecto nuevos patrones de energía, que ya no son oscuros, proviniendo de Alice. Hay cambios en sus emociones... ha dejado de llorar... mira a su alrededor... me siente... sonríe. La he alcanzado.

Dr. N.: ¿Ha terminado?

P: Ella estará bien. Es hora de irme. Velaré por ella, aunque sé que logrará superar todo esto y me alegro, porque estaré bastante ocupado por un tiempo.

Dr. N.: ¿Quiere decir que no volverá a hacer contacto con Alice?

P: (ofendido) Claro que no. Permaneceré en contacto cada vez que me necesite. Es mi amor.

El alma promedio es mucho menos habilidosa que el más novato de los guías, sin embargo la mayoría de las almas con que trabajo presentan buen desempeño desde el mundo del espíritu hacia los cuerpos físicos. Usualmente, eligen trabajar en áreas específicas utilizando el efecto de emanación descrito por Tammano. Estas proyecciones de energía amorosa pueden ser muy fuertes, incluso en el caso de almas con poca experiencia que desean asistir a personas bajo trauma emocional y físico.

Las prácticas orientales de yoga y meditación incluyen el uso de los chakras (centros de energía en el cuerpo humano) en una forma que nos recuerda cómo las almas dividen al cuerpo humano cuando usan su energía curativa. Personas que practican el arte curativo por medio de los chakras afirman que dado que poseemos un cuerpo etérico que existe en armonía con el físico, toda curación debe tener en consideración ambos elementos. Trabajar con los chakras incluye desbloquear nuestra energía emocional y espiritual a través de varios puntos del cuerpo, desde la espina dorsal, corazón, garganta, frente y todo lo demás, para abrir y dar armonía al cuerpo.

Formas en que los Espíritus se conectan con los vivos

Contacto somático

He tomado y combinado los términos clínicos "conexión somática" y "contacto terapéutico" para describir el método mediante el cual las almas desencarnadas usan emanaciones de energía dirigidas para hacer contacto con varias partes de un cuerpo físico. La curación no se limita a los puntos corporales de los chakras a los que me refería hace un momento. Las almas que regresan para confortar a los vivos buscan áreas que sean más receptivas a su energía. Lo vimos en el caso 1 (detrás del oído izquierdo). El patrón de energía se vuelve terapéutico cuando se establece un puente que conecta las mentes de quien envía y de quien recibe en una transmisión telepática.

El contacto mediante transmisiones del pensamiento a un cuerpo que está afligido es somático cuando los métodos son psicológicos. Esto involucra el sutil contacto de órganos del cuerpo mientras se obtienen ciertas reacciones emocionales y puede incluir el uso de los sentidos. Las emanaciones de energía, hábilmente aplicadas, pueden evocar el reconocimiento por medio de la vista, oído, gusto y olfato. El reconocimiento sirve para convencer al doliente de que el ser que ama aún vive.

El propósito del contacto somático es permitir a la persona afligida aceptar su pérdida adquiriendo la conciencia de que la ausencia sólo es un cambio de la realidad y no su final. Con suerte, esto ayudará a los afligidos a seguir adelante con su vida de manera constructiva.

Las almas también son muy susceptibles de caer en hábitos con el contacto somático. El siguiente caso es el de un hombre de cuarenta y nueve años que ha muerto de cáncer y cuya alma no demuestra mucha habilidad, aunque sus intenciones son buenas.

Caso 2

Dr. N.: ¿Qué técnica utiliza para llegar a su esposa?

P: Ah, mi viejo y fiel amigo, el centro del pecho.

Dr. N.: ¿Exactamente dónde en el pecho?

P: Dirijo mi emanación de energía justo al corazón. Si fallo por poco, no importa.

Dr. N.: ¿Y por qué es exitoso este método para usted?

P: Estoy en el cielo raso y ella está allí abajo, doblada, llorando. Mi primer disparo hace que se enderece, luego suspira profundamente, siente algo y mira hacia arriba. Entonces uso mi técnica de dispersión.

Dr. N.: ¿Qué es eso?

P: (sonrisas) Ah, usted sabe, arrojar energía en todas las direcciones desde un punto en el cielo raso. Generalmente uno de esos disparos da en el lugar correcto, la cabeza, donde sea.

Dr. N.: ¿Pero qué determina el lugar correcto?

P: Que no está bloqueado por energía negativa, por supuesto.

Compare la diferencia entre el caso 2 y la siguiente paciente, quien cuidadosamente esparce su energía en áreas específicas, como si estuviera colocando una cubierta de azúcar sobre una torta.

Caso 3

Dr. N.: Por favor describa la manera en que ayudará a su esposo con su energía.

P: Trabajaré la base de la cabeza justo encima de la espina dorsal. Dios, Kevin está sufriendo mucho. Simplemente no me iré hasta que se sienta mejor.

Dr. N.: ¿Por qué este punto en particular?

P: Porque sé que él disfrutaba cuando le frotaba la nuca, así que en esta área debe ser más receptivo a mis vibraciones. Luego jugueteo en esta área, como si estuviese dando un masaje, que en realidad es lo que hago.

Dr. N.: ¿Juguetea en el área?

P: (mi paciente ríe y extiende su mano abriendo sus dedos) Si, esparzo mi energía y produzco resonancia mediante contacto, luego coloco las manos en forma de copa alrededor de cada lado de la cabeza de Kevin para obtener un mejor efecto.

Dr. N.: ¿Sabe él que es usted?

P: (con una sonrisa traviesa) Claro que se da cuenta que debo ser yo. Nadie más puede hacerle lo que yo hago y sólo me toma un minuto.

Dr. N.: ¿No cree que él extrañará todo esto después de que usted retorne al mundo del espíritu?

P: Pensaba que usted sabía sobre tales cosas. Puedo volver cada vez que él caiga en la tristeza y me añore.

Dr. N.: Sólo preguntaba. No pretendo ser insensible, pero ¿qué pasaría si Kevin eventualmente encontrara a otra mujer en esta vida?

P: Estaré encantada si encuentra la felicidad de nuevo. Ese es un testimonio de cuán buenos éramos. Nuestra vida juntos, cada momento, nunca se perderá, podemos recuperarla y vivirla de nuevo en el mundo del espíritu.

Justo en el momento en que pienso que estoy logrando un completo entendimiento de las capacidades y limitaciones de las almas, un paciente llega para derrumbar esas falsas nociones. Por un largo tiempo sostuve que todas las almas parecían tener dificultades para superar los sollozos incontrolables de los dolientes y lograr asistirlos con energía curativa. He aquí una corta cita de un nivel III cuyo acercamiento táctico durante el momento de mayor pena probó que estaba equivocado.

> No me retrasan las personas que lloran mucho. Mi técnica consiste en coordinar mi resonancia vibratoria con las variaciones de la tonalidad de sus cuerdas vocales y luego saltar al cerebro. De esta forma puedo sincronizar

mi energía para una más rápida unión de mi esencia con sus cuerpos. Muy rápidamente ellas dejan de llorar sin siquiera saber por qué.

Personificación con objetos

He escuchado historias relacionadas con el uso de objetos familiares, como la del paciente masculino en mi siguiente caso. Dado que los hombres usualmente mueren antes que sus esposas, suelo escuchar más de las técnicas energéticas desde la perspectiva de ellos. Esto no quiere decir que las almas de orientación masculina sean más avanzadas en técnicas de curación sólo porque tienen mayor práctica en consolar a quienes le sobreviven. El alma en el caso 4 ha sido tan efectiva en vidas pasadas (como una mujer que precedió a su esposo en la muerte) como esposo en esta vida.

Caso 4

Dr. N.: ¿Qué hace si sus esfuerzos justo después de morir no muestran los resultados deseados en ninguna parte del cuerpo?

P: Cuando me di cuenta que mi esposa, Helen, no me percibía después de un acercamiento directo, opté por trabajar con algo familiar en nuestro hogar.

Dr. N.: ¿Quiere decir con un animal, un perro o un gato?

P: Los he utilizado en varias ocasiones, pero no... no esta vez. Decidí escoger un objeto que fuera de valor para mí, que mi esposa supiera que era muy personal. Escogí mi anillo.

En este momento mi paciente me explicó que durante esta vida pasada él siempre usó un anillo grande de diseño hindú, con una sobresaliente turquesa en el centro. Él y su esposa a menudo se sentaban junto al fuego para charlar sobre el día que terminaba. Él tenía el hábito de frotar la preciosa piedra azul de su anillo mientras hablaba con Helen. Su esposa a menudo bromeaba diciendo que debía pulir la turquesa hasta la base metálica del anillo y en alguna ocasión ella le recordó haber notado esa nerviosa manía desde la noche en que se conocieron.

Dr. N.: Creo entender lo del anillo, ¿qué hizo con él?

P: Cuando trabajo con objetos y personas tengo que esperar hasta que la atmósfera esté muy tranquila. Tres semanas después de mi muerte, Helen había encendido un fuego y lo miraba, había lágrimas en sus ojos. Comencé abrazando el fuego con mi energía, utilizándolo como conducto de calidez y elasticidad.

Dr. N.: Disculpe la interrupción, pero ¿a qué se refiere con "elasticidad"?

P: Me tomó siglos aprenderlo. La energía elástica es fluida. Para hacer que la energía de mi alma fluya se requiere intensa concentración y práctica porque debe ser delgada y suave. El fuego actúa como catalizador en esta maniobra.

Dr. N.: ¿Lo opuesto a una emanación fuerte y estrecha de energía?

P: Exactamente. Puedo ser muy efectivo cambiando rápidamente de un estado fluido a uno sólido y volver de nuevo al estado inicial. El cambio es sutil pero capaz de despertar la mente humana.

Nota: Otros también me han confirmado que esta técnica de cambio en la forma de energía "produce cosquilleo en el cerebro humano".

Dr. N.: Interesante, por favor prosiga.

P: Helen se estaba conectando con el fuego y por lo tanto conmigo. Por un momento su pena fue menos opresiva y me moví hacia la parte superior de su cabeza. Ella sintió mi presencia... ligeramente. No era suficiente, así que comencé a cambiar la forma de mi energía como ya le expliqué, de dura a suave en forma alternada.

Dr. N.: ¿Qué hace usted cuando "alterna" energía?

P: La divido. Mientras mantengo un suave fluido de energía sobre la cabeza de Helen para mantener contacto con ella, envío una fuerte emanación al estuche que guarda al anillo en un cajón de la mesa. Mi intención es abrir un sutil sendero entre su mente y el anillo. Por eso uso una emanación fuerte y constante, para llevarla al anillo.

Dr. N.: ¿Qué hace Helen ahora?

P: Guiada por mí, se levanta sin saber por qué. Como si caminara dormida, se dirige al mueble y duda. Luego abre el cajón. Como el anillo está en el estuche sigo alternando mi energía, de su cabeza a la tapa del estuche. Ella saca el anillo, sosteniéndolo en su mano izquierda, con un profundo suspiro. ¡Sé que la tengo!

Dr. N.: ¿Por qué...?

P: Porque el anillo aún retiene parte de mi energía. ¿No lo ve? Ella está sintiendo mi energía en ambas partes, es una señal de dos direcciones. Muy efectiva.

Dr. N.: Ah, ya veo, luego ¿Qué hace con Helen?

P: Ahora me exijo al máximo para lograr una conexión de gran poder situándome a la derecha de Helen y con el anillo, a su izquierda. Ella se voltea hacia donde me encuentro y sonríe, luego besa mi anillo y dice, "Gracias cariño, ahora sé que estás conmigo. Trataré de ser más fuerte".

Quiero animar a todas aquellas personas que se encuentran en un terrible estado de pena por la pérdida de un ser amado a hacer lo que los psíquicos hacen cuando desean encontrar personas desaparecidas. Tomar una joya, una prenda o cualquier cosa que haya pertenecido a quien ha partido y sostenerlo por un rato en un lugar que fuera familiar a ambos y abrir tranquilamente su mente, evitando cualquier otro pensamiento irrelevante.

Antes de dejar esta sección, quiero relatar mi historia favorita con relación a contactos de energía de seres desencarnados mediante el uso de objetos.

Mi esposa, Peggy, es Enfermera en Oncología con especialización en Consejería, por lo que se involucra con un gran número de pacientes que padecen cáncer y sus familias y dado que administra quimioterapia en un hospital, entra en contacto con personal que atiende a pacientes desahuciados. Algunas de estas mujeres y mi esposa han creado fuertes vínculos de amistad y con frecuencia se reúnen en grupos de apoyo. Una de ellas enviudó recientemente, su esposo murió de cáncer. Clay, su esposo, disfrutaba de las fiestas con grandes orquestas y juntos solían viajar a donde estas orquestas se presentaban.

Una noche después de la muerte de Clay, su viuda, mi esposa y el resto de miembros del grupo de apoyo se encontraban en círculo en el medio de una salón para damas, hablaban de mis teorías sobre cómo las almas vuelven para consolar a las personas que aman. La viuda exclamó con frustración, "¿Por qué no se ha manifestado Clay de manera que me pueda consolar?". Hubo un momento de silencio y de repente una caja de música, ubicada sobre un estante para libros, comenzó a tocar una canción de Glenn Miller, titulada *In the Mood*. Hubo un silencio turbador seguido de una risa nerviosa de las damas reunidas. Todo lo que la viuda atinó a decir fue "¡Esa caja de música no ha sido tocada en dos años!". Eso no importaba, creo que ella entendió el mensaje de Clay.

La energía ligera posee ciertas propiedades de la fuerza electromagnética y por lo tanto puede actuar de maneras misteriosas con los objetos. JoAnn y Jim son dos antiguos pacientes cuyo matrimonio es muy unido. Después de terminar sus sesiones, nos sumergimos en una discusión sobre el uso de las emanaciones de energía por parte de los vivos. Tímidamente me confesaron que, cuando tienen prisa, ellos combinan sus energías en las autopistas de California para retirar los carros que se desplazan por el carril de alta velocidad, delante de ellos. Cuando les pregunté si ellos se acercaban mucho por detrás para presionar al conductor adelante, ellos me dijeron, "No, simplemente dirigimos una emanación combinada hacia la parte trasera de la cabeza del conductor y entonces alternamos la emanación hacia la derecha (el carril del medio) y repetimos el proceso". Ellos aseguran que en más del cincuenta por ciento de los casos tienen éxito. Les dije a JoAnn y Jim, mitad en broma y mitad en serio, que empujar los carros fuera de su vía era ciertamente un abuso impropio de su poder y que más valdría que enmendaran ese comportamiento. Creo que ambos saben que usar su don de una manera más constructiva será mejor visto desde arriba, aunque será un hábito duro de romper.

Reconocimiento de sueños

Una de las técnicas primarias que las almas recién liberadas usan para llegar a las personas que las aman es por intermedio del estado del sueño. La pena que abruma la mente consciente se retira temporalmente del primer plano de nuestros pensamientos cuando estamos dormidos. Incluso aunque nos encontremos en un estado inestable de sueño, la mente inconsciente es más receptiva. Desdichadamente, la persona que sufre la pena a menudo despierta de un sueño que pudo haber contenido un mensaje y borra de su memoria cualquier rastro del mismo. Ya sean imágenes o símbolos, lo que haya visto mientras dormía no tendría significado alguno en ese momento o la secuencia del sueño pudo ser interpretada como un anhelo si, por ejemplo, quien sueña se vio a sí mismo con quien falleció.

Antes de proseguir, me gustaría ofrecer una guía en lo referente a la naturaleza general de los sueños. Mi experiencia profesional con sueños proviene principalmente de escuchar a mis pacientes bajo hipnosis explicando como, ya desencarnados, utilizan el estado del sueño para llegar a los vivos. Los espíritus son muy selectivos en el uso de nuestras secuencias de sueño y he llegado a la conclusión de que la mayoría de los sueños no tienen un gran significado. Revisando diferentes estudios sobre los sueños puedo apreciar que incluso especialistas del área consideran que muchos sueños durante la noche no son más que una maraña de detalles absurdos que son el resultado de una sobrecarga en nuestros circuitos por la actividad diaria. Si la mente se ventila durante ciertos ciclos al dormir, quiere decir que las transmisiones nerviosas que pasan a través de las uniones entre neuronas liberan vapor para relajar el cerebro.

Clasifico los sueños en tres formas y una de ellas es el estado de limpieza general. Hay momentos en la noche en que muchos pensamientos aislados del día son tomados y eliminados de la mente como basura. No les podemos encontrar sentido alguno sencillamente porque no lo tienen. Por otra parte, todos sabemos que existe un lado más cognoscitivo en el sueño. Yo divido este estado en dos partes, la solución de problemas y el espiritual, los cuales se encuentran separados por una delgada línea. Hay personas que han tenido premoniciones de algún evento futuro como consecuencia de un sueño. El estado de nuestra mente puede ser alterado por los sueños.

Uno de los períodos más estresantes de nuestras vidas tiene lugar durante el luto, cuando los afectos de alguien que amamos nos son arrebatados y creemos que es para siempre. Quizás el único alivio de la opresión de la pena se produce mientras dormimos. Vamos a la cama con angustia, al día siguiente despertamos y la pena sigue ahí; sin embargo, hay un enigma en el medio, así algunas mañanas nos reciben con una mejor idea de lo que debemos hacer para soportar la pena y seguir adelante. La solución de problemas por medio de secuencias de sueño es un proceso de incubación mental que ha sido llamado de procedimiento porque las imágenes parecen enseñarnos la forma en que debemos proceder. ¿Viene este conocimiento de algún lugar diferente a nosotros mismos? Si el sueño se desborda dentro del mundo del espíritu, entonces los tejedores de sueños probablemente nos están haciendo un llamado como consejeros que nos asisten durante nuestro conflicto emocional.

Los sueños espirituales involucran nuestros guías, almas maestras y compañeros espirituales que vienen como mensajeros para asistirnos con soluciones. No necesitamos estar sufriendo para recibir este tipo de ayuda. Dentro de la mezcla espiritual del sueño también poseemos la capacidad de recordar nuestras experiencias en otros mundos físicos y mentales, incluyendo el mundo del espíritu. ¿Cuántos de ustedes ha soñado alguna vez que puede volar o nadar fácilmente bajo el agua? He descubierto con algunos pacientes, que estos recuerdos míticos contienen información sobre vidas que llevaron como criaturas voladoras o acuáticas inteligentes en otros planetas. Frecuentemente, estas clases de secuencias del sueño nos brindan un indicio metafórico que nos da la oportunidad de comparar nuestras vidas pasadas con la actual. El carácter inmortal de nuestra alma no cambia mucho entre los cuerpos en que resida o encarne, así que estas comparaciones no son del todo extrañas. Algunas de nuestras más grandes revelaciones provienen de eventos, lugares y patrones de comportamiento soñados y que nacen de experiencias vividas antes de adquirir nuestro cuerpo actual.

En el capítulo 1 me referí brevemente a las clases de preparación a las que asistimos en el mundo del espíritu antes de retornar a una nueva vida. Este ejercicio de las almas es cubierto más extensamente en mi primer libro, pero lo menciono ahora porque esta experiencia está relacionada con nuestros sueños. La clase está diseñada para permitir el reconocimiento de personas y eventos futuros, así mientras nos preparamos para encarnar, un maestro nos fortalece en aspectos importantes del contrato que es nuestra nueva vida. Una parte integral de la clase es conocer e interactuar con almas, tanto de nuestro grupo como de otros, que compartirán en parte nuestra nueva vida.

Recuerdos de estas clases de preparación pueden ser producidos en nuestros sueños con el propósito de encender una luz en la oscuridad de nuestra desesperación, particularmente cuando es un compañero espiritual quien se encuentra perdido en la vida. Jung dijo, "Los sueños representan temores y deseos reprimidos, pero también pueden expresar verdades ineludibles que no son ilusiones o simples fantasías". A veces estas verdades son formuladas en rompecabezas metafóricos y representadas como imágenes modelo durante el sueño. Los símbolos del sueño son generalizados culturalmente y el glosario de sueños no está inmune a este tipo de prejuicio, por eso, cada persona debería seguir su propia intuición para descubrir el significado de un sueño.

Los aborígenes australianos, una cultura con más de 10.000 años de historia inalterada, creen que el tiempo del sueño es en verdad tiempo real en términos de realidad objetiva. La percepción de un sueño es a menudo tan real como una experiencia despierta. Para las almas en el mundo del espíritu, el tiempo siempre está en presente, así que sin importar qué tanto tiempo hayan podido estar lejos físicamente de su vida, desean que usted sea consciente de que ellas aún están en la realidad del *ahora*. ¿Cómo hace un espíritu amoroso para que usted obtenga conocimiento y aceptación de estos eventos en sus sueños?

Caso 5

Mi paciente en este caso acaba de morir de neumonía en la ciudad de Nueva York, es 1935. Era una joven mujer, poco mayor de treinta años de edad, que vino a esta ciudad después de haber crecido en una pequeña población occidental. La muerte de Sylvia fue repentina y deseaba dar consuelo a su madre viuda.

Dr. N.: ¿Después de morir, se marcha inmediatamente al mundo del espíritu?

P: No, no lo hago. Debo despedirme de mi madre, por lo que deseo permanecer en la Tierra por un tiempo, hasta que ella se entere.

Dr. N.: ¿Hay alguien más a quien desea ver antes de visitar a su madre?

P: (vacila, luego con voz ronca) Si... hay un antiguo novio... su nombre es Phil... iré a su casa antes...

Dr. N.: (con suavidad) Ya veo; ¿estaba enamorada de Phil?

P: (pausa) Si, pero nunca nos casamos... yo... sólo quiero acariciarlo una vez más. En realidad no hago contacto con él porque está dormido y no sueña. No puedo permanecer por largo tiempo porque quiero llegar a mi madre antes de que escuche la noticia de mi muerte.

Dr. N.: ¿No se está apresurando un poco con Phil? ¿Por qué no espera un ciclo de sueño apropiado para dejarle un mensaje?

P: (con firmeza) Phil no ha sido parte de mi vida por años. Me entregué a él cuando éramos muy jóvenes. Él difícilmente piensa en mí ahora... y... bueno... si me encontrara en un sueño... posiblemente no captaría el mensaje. Por el momento son suficientes los rastros de mi energía, ya que nos encontraremos de nuevo en el mundo del espíritu.

Dr. N.: Después de dejar a Phil, ¿se dirige a donde su madre?

P: Si. Comienzo con una comunicación convencional de pensamientos mientras está despierta pero no logro ningún resultado. Está tan triste, su pena por no estar junto a mi lecho la oprime demasiado.

Dr. N.: ¿Qué métodos ha utilizado hasta ahora?

P: Proyecto mis pensamientos en una luz amarilla y anaranjada, como la llama de una vela y la ubico alrededor de su cabeza, enviando pensamientos de amor. No tengo éxito. Ella no percibe mi presencia junto a ella. Buscaré un sueño.

Dr. N.: Está bien Sylvia, pero vayamos despacio. Por favor comience diciéndome si usted elige un sueño de su madre o si puede crear el suyo propio.

P: Aun no soy buena para crear sueños. Para mí es más fácil tomar uno de los suyos, entrar en él para lograr un contacto más natural y luego participar en el mismo. Quiero que ella sepa con claridad que soy yo en su sueño.

Dr. N.: Bien, ahora lléveme a través del proceso.

P: Los primeros sueños no son apropiados. El primero es una maraña de cosas absurdas, el otro involucra un fragmento anterior de su vida en el que no estoy. Finalmente tiene un sueño en el que camina sola por los campos de siembra que rodean mi casa. Usted debe saber que ella no siente pena en este sueño, aún no he muerto.

Dr. N.: ¿Qué tan bueno es este sueño, Sylvia, si no está en él?

P: (riéndose de mí) Pero, ¿es que no se da cuenta? Voy a aparecer delicadamente en el sueño.

Dr. N.: ¿Puede alterar la secuencia del sueño para incluirse en él?

P: Seguro, entro al sueño desde el otro extremo del campo sincronizando mis patrones de energía con los pensamientos de mi madre. Proyecto una imagen mía, tal como lucía la última vez que ella me vio. Me acerco lentamente por entre la tierra sembrada para permitirle que se habitúe a mi presencia. Hago señas con las manos y sonrió, finalmente llego hasta ella. Nos abrazamos y en este momento envío olas de energía rejuvenecedora a su cuerpo que duerme.

Dr. N.: ¿Y qué hará esto por su madre?

P: Esta escena será elevada a un nivel más alto de la conciencia de mi madre. Quiero asegurarme que el sueño aún estará ahí cuando ella despierte.

Dr. N.: ¿Cómo puede estar segura de que ella no creerá que todo fue una proyección de su anhelo de tenerla y descarte el sueño como un mensaje real?

P: La influencia de un sueño intenso como este es muy grande. Cuando mi madre despierta, tiene una impresión intensa del paisaje en el que estábamos y siente que estoy con ella. Con el tiempo el recuerdo es tan real que ella está segura de ello.

Dr. N.: Sylvia, ¿la imagen del sueño se desplaza de lo inconsciente a la realidad de la conciencia como resultado de su transferencia de energía?

P: Si, es un proceso de filtración en el que continúo enviando ondas de energía hacia ella durante los siguientes días hasta que ella comienza a aceptar mi partida. Deseo que sienta que aún soy parte de ella y que siempre lo seré.

Volviendo al estado de sueño de Phil, fue evidente que Sylvia no intentó permanecer por mucho tiempo para manifestar sus sentimientos en su mente inconsciente. Al parecer no se producen sueños cuando el cerebro se encuentra en un estado profundo Delta donde no hay rápido movimiento ocular. El sueño RMO, también conocido como reposo paradójico, es mucho más ligero y por lo tanto un estado más activo del sueño, especialmente en las etapas iniciales y finales del reposo. En mi siguiente caso, el paciente llegará a quien duerme entre dos sueños, presumiblemente porque se encuentra en estado de sueño RMO.

Todas las almas tejedoras de sueños con las que he estado en contacto implantan mensajes en nuestros sueños, no obstante se observan dos prominentes diferencias en sus técnicas.

1. **Alteración del Sueño.** Aquí una habilidosa alma ingresa en la mente de quien duerme y altera parcialmente un sueño existente que tiene lugar en ese momento. En esta técnica, que yo llamaría de interlineación, los espíritus se posicionan como actores entre las líneas de una obra de teatro improvisada, por lo que quien sueña no percibe alteraciones del guión en la secuencia. Esto es lo que hizo Sylvia con su madre. Ella esperó hasta que el tipo de sueño apropiado estuviera en proceso para entrar e iniciar una sutil aparición en la obra. Por difícil que parezca este acercamiento, para mí es evidente que no es tan compleja como la segunda técnica.

2. **Creación del Sueño.** En este caso el alma debe originar e implantar completamente un nuevo sueño, diseñando y construyendo el escenario de las imágenes para crear una representación que tenga un significado que se acomode a su propósito.

Crear o alterar escenas en la mente de quien sueña tiene el fin de transmitir un mensaje. Esto refleja un acto de servicio y amor. Si la implantación del sueño no se realiza con la habilidad necesaria para hacer que el sueño tenga significado, la persona seguirá y despertará en la mañana recordando sólo fragmentos inconexos o quizás nada con respecto al sueño.

Para ilustrar el uso terapéutico de la creación de sueños, citaré un caso de un paciente de nivel V cuyo nombre en su última vida era Bud. Él fue muerto en 1942, en una batalla durante la Segunda Guerra Mundial. El caso involucra al hermano que le sobrevivió, Walt. Bud es un adepto tejedor de sueños, cuando murió en el campo de batalla retornó a su hogar en el mundo del espíritu e hizo los preparativos para consolar a Walt de manera efectiva. Este es uno de esos casos que me han dado una mayor perspectiva de los sutiles métodos de integración que las almas tejedoras de sueños pueden usar con las personas cuando duermen. Durante este caso resumido, mi paciente describirá las técnicas del sueño que le fueron enseñadas por su guía, Axinar.

Caso 6

Dr. N.: ¿Cómo planea aliviar la pena de su hermano después de volver al mundo del espíritu?

P: Axinar ha estado trabajando conmigo, preparando una estrategia efectiva. Es bastante delicado porque estamos con un duplicado de Walt.

Dr. N.: ¿Se refiere a esa parte de energía de Walt, que quedó allí durante su encarnación en la Tierra?

P: Si, Walt y yo pertenecemos al mismo grupo de almas. Comienzo conectándome aquí a su naturaleza dividida para lograr una comunicación más estrecha con la luz de Walt en la Tierra.

Dr. N.: Por favor, explíqueme el procedimiento.

P: Floto cerca de ese lugar recóndito donde su energía remanente se encuentra anclada y me mezclo con ella brevemente. Esto permite un perfecto registro de las características de la energía de

Walt. Ya hay un vínculo telepático entre ambos, pero quiero establecer una alianza vibratoria más fuerte para cuando llegue al lado de su cama.

Dr. N.: ¿Por qué desea llevar una impresión tan exacta del patrón de energía de Walt en su regreso a la Tierra?

P: Para tener una conexión más fuerte en los sueños que he de crear.

Dr. N.: ¿Pero, por qué no se puede comunicar la otra mitad de Walt con su parte encarnada en la Tierra, en lugar de hacerlo usted?

P: (con rigor) Así no funciona bien. No sería otra cosa que hablar consigo mismo. No hay impacto, especialmente si duerme. Sería un desperdicio.

Dr. N.: Está bien, ya que tiene la impresión exacta de la energía de Walt, ¿qué sucede cuando llega a su cuerpo que duerme?

P: Él se está agitando y da vueltas en su lecho en la noche, realmente sufre mucho por mi muerte. Axinar me entrenó para trabajar entre sueños porque la energía se transfiere muy bien.

Dr. N.: ¿Usted trabaja entre sueños?

P: Si, así puedo dejar mensajes en cualquier parte de dos sueños diferentes y luego crear un enlace entre ellos para lograr una mayor receptividad. Dado que tengo la exacta impresión de energía de Walt, me deslizo en su mente muy fácilmente y despliego mi energía. Después de mi visita, un tercer sueño, relacionado con los dos primeros, se revela en reacción tardía y Walt se ve junto a mí, de nuevo, en una atmósfera no corporal que él no reconocerá como el mundo del espíritu, sin embargo estos placenteros recuerdos le brindarán apoyo.

Nota: Algunas culturas, como los místicos del Tibet, creen reconocer el mundo del espíritu como un paraíso casi físico que es parte de los sueños.

Dr. N.: ¿Cuáles sueños creó?

P: Walt era tres años mayor que yo, no obstante solíamos jugar mucho juntos cuando éramos chicos. Esto cambió cuando él cumplió los trece años, no es que nos distanciáramos como hermanos, él simplemente buscó amistades de su misma edad y yo fui excluido. Un día Walt y sus amigos se balanceaban de una soga atada a la rama de un gran árbol sobre una laguna cerca de nuestra granja. Yo estaba cerca, mirando. Los otros muchachos se lanzaron primero y se entretenían jugando a pelea acuática cuando Walt se balanceó muy alto y se golpeó fuertemente la cabeza contra una rama más alta que lo aturdió antes de caer al agua. Sus amigos no lo vieron caer, pero yo me arrojé al agua y sostuve su cabeza fuera del agua mientras pedía ayuda. Más tarde en la orilla, Walt me miró con expresión aturdida y dijo, "Gracias por salvarme, hermano". Pensé que este acto significaría mi ingreso a su grupo, pero unas pocas semanas más tarde Walt y sus amigos no me permitieron jugar un partido de softball con ellos. Me sentí traicionado porque Walt no hizo nada por apoyarme; posteriormente durante el juego, la pelota fue arrojada hacia unos arbustos y no la pudieron encontrar. Esa tarde encontré la pelota y la oculté en nuestro granero. Éramos pobres y la pérdida arruinó su juego por un tiempo hasta que uno de ellos recibió una pelota nueva en su cumpleaños.

Dr. N.: ¿Dígame que mensaje quería transmitir a Walt?

P: Mostrarle dos cosas. Quería que mi hermano me viera llorando y sosteniendo su cabeza sangrando en mi regazo a la orilla de la laguna y que recordara lo que nos dijimos después de que se recuperó. El segundo sueño, sobre el juego de softball, terminaba con una secuencia que agregué al sueño, en el cual yo lo llevaba al granero donde la pelota aún estaba escondida. Le dije a Walt que le perdonaba cada desaire cometido en nuestras vidas juntos. Quiero que sepa que siempre estoy con él y que la devoción que siente el uno por el otro no puede morir. Él entenderá todo esto cuando regrese al granero a buscar la pelota.

Dr. N.: ¿Walt necesitaba soñar todo esto de nuevo después de su visita?

P: (risas) No era necesario siempre y cuando recordara la localización de la pelota después de que despertara. Walt recordó lo que yo había implantado en su mente. Volver a nuestro viejo granero y encontrar la pelota dio forma y claridad al mensaje. Esto le brindó a Walt algo de serenidad respecto a mi muerte.

El simbolismo de los sueños se mueve en muchos niveles de la mente, algunos de los cuales son abstractos mientras otros son emocionales. Los sueños de este caso, involucrando conjuntos de imágenes vividas, reforzaron recuerdos verdaderos de dos hermanos en un período definido de tiempo. Una futura unificación fue manifestada a Walt en un tercero y más bien ligero sueño de ambas almas felizmente unidas de nuevo en el mundo del espíritu.

Me tomó mucho tiempo encontrar un alma avanzada que fuese aprendiz de un maestro de los sueños, título que considero apropiado para Axinar en el caso 6. Como en toda técnica espiritual, algunas almas muestran una mayor inclinación que otras a adquirir habilidades avanzadas. En el caso 6, Bud no sólo creó una secuencia de sueños en la mente de Walt sino que se comprometió con las más complejas técnicas para vincularlos con el amor y apoyo a su hermano. Finalmente, Bud suministró evidencia física de que se encontraba allí, mediante el uso de una pelota oculta. No es que no admire a Sylvia en el caso 5, ella fue muy efectiva al entrar en el sueño de su madre para darle paz sin alterarla o interrumpirla. Es simplemente que el caso 6 demostró una mayor capacidad artística del espíritu.

Transferencia a través de niños

Cuando las almas tienen dificultades para alcanzar la mente de un adulto afligido, pueden optar por usar niños como conductores de sus mensajes. Los niños son más receptivos a los espíritus porque no han sido condicionados a dudar o resistirse a lo sobrenatural. Frecuentemente la persona escogida como conductora es miembro de la familia de la persona que ha partido. Esta situación es de utilidad para el espíritu que está intentando alcanzar al pariente que le sobrevive, especialmente si es en la misma casa. El siguiente caso es el de un hombre que murió de un ataque cardiaco en el patio trasero de su casa a la edad de cuarenta y dos años.

Caso 7

Dr. N.: ¿Qué hace usted para consolar a su esposa en el momento de la muerte?

P: Al comienzo intento abrazar a Irene con mi energía pero aún no tengo la habilidad para hacerlo (es un alma de nivel II). Puedo sentir su dolor pero nada de lo que hago funciona, me preocupa porque no quiero irme sin antes decirle hasta luego.

Dr. N.: Relájese y vayamos despacio. Quiero que me explique cómo maneja este dilema.

P: Pronto me doy cuenta que tengo que consolar a Irene, al menos un poco, por intermedio de Sarah, nuestra pequeña de diez años.

Dr. N.: ¿Por qué cree que Sarah podría ser receptiva?

P: Mi hija y yo teníamos un vínculo especial. Ella también está sufriendo mucho por mi muerte, pero mucha de esta pena está mezclada con un sentimiento de temor por todo lo que me pasó de manera tan repentina. Ella aún no lo entiende bien. Hay tantos vecinos alrededor, tratando de dar apoyo a Irene y nadie presta mucha atención a Sarah, que está sola en nuestro cuarto.

Dr. N.: ¿Ve esto como una oportunidad?

P: Si, de hecho Sarah siente que aun vivo y por lo tanto está más abierta a aceptar mis vibraciones a medida que entro en el cuarto.

Dr. N.: Bien, ¿qué pasa ahora entre usted y su hija?

P: (respira profundo) ¡Lo he logrado! Sarah tiene en sus manos un juego de agujas de tejer. Uso las agujas para enviar calor a sus manos y ella lo percibe inmediatamente. Luego las vuelvo a usar como trampolín para llegar a su espina dorsal en la base del cuello y trabajo alrededor de su barbilla. (el paciente se detiene y empieza a reír).

Dr. N.: ¿Qué le alegra?

P: Sarah ríe porque le estoy haciendo cosquillas en su barbilla como solía hacerlo todas las noches al acostarla.

Dr. N.: ¿Ahora qué hace?

P: La multitud se dispersa y se retira porque me han sacado de la casa y colocado en una ambulancia. Irene entra sola a su cuarto para alistarse e ir al hospital con un vecino que la llevará. También quiere ver cómo está nuestra hija. Sarah mira a mi esposa y dice, "Mami, no tienes que ir, Papi está aquí conmigo, ¡lo sé porque puedo sentirlo haciéndome cosquillas en mi barbilla!".

Dr. N.: ¿Y qué hace su esposa entonces?

P: Irene está llena de lágrimas pero no llora como antes para no asustar a Sarah, así que abraza a nuestra hija.

Dr. N.: ¿Irene no quiere dar crédito a lo que ella considera una fantasía de Sara acerca de su presencia en este lugar?

P: Aún no, pero ya estoy listo para acercarme a Irene. Tan pronto como mi esposa abraza a nuestra hija, salto la brecha entre ellas y envío una corriente de energía sobre ambas. Irene también me siente, aunque sin la misma intensidad que Sarah. Se sientan en la cama y se abrazan mutuamente con los ojos cerrados. Por un instante estamos solos los tres, juntos.

Dr. N.: ¿Cree haber logrado lo que se proponía hacer en este día?

P: Sí, es suficiente. Es hora de marcharme, salir de ellas y flotar fuera de la casa. Más tarde estoy flotando sobre la campiña y el cielo me absorbe, rápidamente me encuentro moviéndome en medio de una luz brillante, donde mi guía se acerca para darme la bienvenida.

Contacto en ambientes familiares

De este último caso podía pensarse que una vez que el alma que parte ha logrado acercarse y tocar a aquellos que le quieren, se marcha al mundo del espíritu sin molestarse en acercarse de nuevo. Hay personas que no sienten la presencia del alma inmediatamente después de la muerte pero lo harán en un futuro; aquellos vivos que alcanzan el estado de aceptación en el proceso de dolor encontrarán consuelo al saber que los seres a quienes aman aún están ahí, velando por ellos. Otros en cambio nunca percibirán nada.

Las almas no se dan por vencidas fácilmente con nosotros. Otra forma en que los espíritus pueden llegar a las personas es mediante ambientes asociados a su memoria. Estos contactos son efectivos en personas cuyas mentes pueden estar cerradas a todas las otras formas de comunicación espiritual. El siguiente caso ilustra este método. Mi paciente, una mujer llamada Nancy en su última vida, murió de un derrame cerebral después de treinta y ocho años de matrimonio con Charles. Su esposo no podía superar las etapas de negación y rabia y sus emociones se encontraban tan reprimidas que no podía aceptar la ayuda de sus amigos ni buscar ayuda profesional. Siendo ingeniero, su mentalidad predominantemente analítica rechazaba cualquier acercamiento espiritual a su drama, por carecer de fundamentos científicos.

El alma de Nancy había intentado llegar a su esposo de muchas maneras durante los meses que siguieron al funeral, pero la naturaleza estoica de Charles había levantado una pared a su alrededor y en realidad, Charles no había llorado desde la muerte de su esposa. Para superar este obstáculo, Nancy pensó que podría alcanzar el pensamiento interior de su esposo mediante el sentido del olfato, conectándolo con un ambiente que fuese familiar a ambos. El uso de los órganos de los sentidos complementa la comunicación de las almas con la mente subconsciente. Para llegar a Charles, Nancy optó por utilizar su jardín y en particular un rosal.

Caso 8

Dr. N.: ¿Por qué cree que Charles percibirá su presencia por medio de un jardín?

P: Porque él sabe que yo adoraba mi jardín. Para él mis plantas eran un asunto de tómalo o déjalo. Él sabía que la jardinería me daba gusto, aunque para él no era más que un arduo trabajo. Francamente, él ayudaba bastante poco en el jardín. Estaba muy ocupado con sus proyectos mecánicos.

Dr. N.: ¿Entonces él no prestaba atención a su dura labor?

P: No a menos que yo le llamara la atención sobre algo. Yo tenía unas rosas blancas, era mi rosal favorito y estaba plantado junto a la puerta principal de nuestra casa, cada vez que cortaba alguna rosa se la pasaba frente a la nariz de Charles y le decía que si la dulce fragancia no lo afectaba era porque no tenía romance en el alma. Solíamos reír mucho porque Charles, aunque no lo pareciera, era realmente un amante tierno. Para evadir la situación él molestaba diciendo ásperamente, "Estas son rosas blancas, a mí me gustan rojas".

Dr. N.: ¿Entonces, cómo diseña un plan con rosas para hacerle saber a Charles que sigue viva y que está con él?

P: Después de mi muerte, mi rosal murió por falta de atención. De hecho todo el jardín se encontraba en mal estado porque Charles no estaba nada bien. Un fin de semana él caminaba ofuscado por el jardín y se acercó a un rosal de la casa del vecino de al lado y captó aquel olor. Esto es lo que yo estaba esperando y rápidamente me introduje en su mente. Él pensó en mi y miró mi rosal seco.

Dr. N.: ¿Usted creó una imagen de su rosal en la mente de Charles?

P: (suspiros) No, él no lo habría captado al comienzo. Charles entiende de herramientas, así que comencé haciendo que pensara en una pala y en cavar. Luego hicimos la transición a mi rosal y la tienda de jardinería que hay en el pueblo, donde podría ser comprado. Charles tomó las llaves del carro.

Dr. N.: ¿Hizo que caminara hasta el carro y condujera hasta el vivero?

P: (haciendo una mueca) Tuve que ser persistente, pero si, lo hice.

Dr. N.: ¿Qué hizo luego?

P: En el vivero Charles deambuló por ahí hasta que pude guiarlo al lugar donde se encontraban las rosas. Sólo había rosas rojas y aquellas le gustaban, sin embargo yo estaba proyectando un color blanco en su mente, así que él preguntó a un empleado por rosas blancas. Le dijeron que sólo quedaban rosas rojas en la bodega. Charles neutralizó mi pensamiento y compró un gran paquete de rosas rojas, solicitándole al empleado que las llevara a nuestra casa para no ensuciar el carro.

Dr. N.: ¿Qué significa "neutralizar pensamientos"?

P: Las personas bajo mucho estrés se impacientan y caen en patrones establecidos de pensamiento. Para Charles, la rosa estándar es de color rojo. Esa es su forma de pensar. Ya que la tienda no tenía rosas blancas en ese momento, mi esposo no se atormentaría por ello.

Dr. N.: Entonces, en cierta forma, ¿estaba Charles bloqueando las imágenes contradictorias que había entre su pensamiento consciente y lo que usted estaba proyectando en su mente inconsciente?

P: Si, además mi esposo está mentalmente muy cansado desde mi muerte.

Dr. N.: ¿No servían igualmente las rosas rojas para su propósito?

P: (llanamente) No. Fue cuando dirigí mi energía a Sabine, la dama que administraba la tienda de jardinería. Ella estuvo en mi funeral y sabía que me encantaban las rosas blancas.

Dr. N.: No creo entender hacia donde vamos. No había rosas blancas, entonces Charles compró las rojas y volvió a casa. ¿No era suficiente para usted?

P: (riéndose de mí) ¡Ay hombre! La rosa blanca soy yo. La mañana siguiente Sabine fue personalmente a casa y entregó un gran paquete de rosas blancas, le dijo a mi esposo que las había conseguido en otro vivero y que eran las que yo habría querido. Luego se marchó y dejó a Charles de pie. Él las llevó al agujero que había cavado donde mi viejo rosal estaba y se detuvo. Las rosas estaban en su rostro, olió su fragancia y lo que fue más importante, un rocío blanco se combinaba con su aroma (mi paciente se detiene, con lágrimas en los ojos al recrear el momento).

Dr. N.: (en voz baja) Está siendo muy clara, por favor siga.

P: Charles... finalmente percibía mi presencia... ahora esparzo mi energía por su torso, para incluir las rosas en una envoltura simétrica. Quería que oliera las rosas blancas y mi esencia filtrándose juntas a través del campo de energía.

Dr. N.: ¿Funcionó?

P: (suavemente) Finalmente, se arrodilló junto al agujero presionando las rosas contra su rostro. Charles se derrumbó sollozando por un largo rato mientras yo le abrazaba. Cuando terminó, él ya sabía que yo estaba con él.

He observado que mientras los espíritus de los esposos usan autos o equipos deportivos, las esposas a menudo utilizan los jardines para llegar a sus compañeros. Otro paciente me contaba sobre su esposa recurriendo a la plantación de un roble para establecer contacto. Antes que este hombre viudo me viera, había escrito:

> Incluso si lo que sucedió no provenía de mi esposa, ¿importa? Lo que cuenta es que en cierta forma estaba usando la energía emocional generada por mi percepción de su presencia para explotar mis recursos internos, que antes no podía utilizar. Ya no estoy en un abismo sin destellos de luz.

Hablando con las personas sobre tales experiencias, que algunos llaman místicas, es importante considerar la posibilidad de un origen espiritual. Si podemos asimilar un estado altamente emocional durante nuestra pena, también podemos sanar y aprender más sobre nosotros mismos.

Los espíritus pueden preferir comunicarse por intermedio de ideas. Aquí cito parte de una carta que recibí de un paciente, relacionada con su fallecida esposa Gwen. Creo que nuestras sesiones le ayudaron a descubrir la mejor manera de recibir los pensamientos de su esposa:

> He aprendido que no todos tenemos las mismas habilidades como almas, para comunicarnos con los demás. Enviar y recibir mensajes es una habilidad que requiere ser refinada con la práctica. Yo finalmente reconocí el sello propio de los pensamientos de Gwen después de muchas meditaciones infructuosas. Ella era una persona de gran conocimiento literario y utilizaba el pensamiento de la palabra en lugar de imágenes para generar sentimientos en mí. Tuve que aprender a integrar los destellos de las palabras a mi manera propia de hablar, que ella conocía, para descifrar lo que me estaba diciendo. Ahora veo más claramente la forma en que puedo tocar a Gwen con mi pensamiento.

Extraños como mensajeros

Caso 9

Derek era un hombre de unos sesenta años que vino desde Canadá para verme, evaluar su vida e intentar resolver su mayor tristeza. De joven había perdido a su hermosa niña de cuatro años, Julia. Su muerte fue repentina, inesperada y tan devastadora que con su esposa decidieron no tener más hijos.

Induje a Derek en un profundo estado de hipnosis y lo llevé a una escena que tenía lugar después de su última vida, en la que comparecía ante el consejo. Así descubrimos que una de sus más importantes lecciones para la vida actual era aprender a superar las tragedias. Derek había sido deficiente en este aspecto durante sus dos últimas vidas, derrumbándose completamente y haciendo más difícil la vida de aquellos miembros de la familia que seguían dependiendo de él. Él lo está haciendo mucho mejor en esta vida, pero lo que me resultó especialmente interesante sobre este caso fue un sencillo incidente que le sucedió a Derek unos veinte años después de la muerte de Julia.

Derek había perdido recientemente a su esposa, víctima de cáncer y se encontraba de luto. Un día, deprimido, caminó hacia un parque de atracciones cercano y después de un rato se sentó en una banca cercana al carrusel; mientras escuchaba música miraba a los niños dar vueltas alegremente en las coloridas figuras de animales hechas de madera de la atracción mecánica. A la distancia observó a una pequeña niña que se parecía a Julia cuyos ojos estaban inundados por las lágrimas. Justo en ese instante una joven de aproximadamente veinte años llegó y le preguntó si podía sentarse en la misma banca. El día era cálido y ella vestía en muselina blanca, en su mano tenía una bebida helada. Derek asintió pero no pronunció palabra mientras la joven disfrutaba su bebida y hablaba sobre su educación en Inglaterra, su llegada a Canadá y su particular atracción por la ciudad de Vancouver. Se presentó como Heather y Derek notó un resplandor de luz natural a su alrededor que daba a la joven una peculiaridad brillante y angelical.

El tiempo pareció detenerse para Derek a medida que la conversación tocaba la familia y los planes de Heather en su nueva vida en Canadá.

Derek se encontró hablándole como un padre y mientras más hablaban más le parecía conocerla. Finalmente, Heather se levantó y con ternura puso su mano en el hombro de Derek, sonrió y le dijo, "Sé que estás preocupado por mí, por favor no lo estés. Estoy bien, va a ser una vida maravillosa. Nos veremos de nuevo algún día, lo sé".

Derek me dijo que a medida que Heather se alejaba caminando y le daba una despedida final, él vio a su hija y sintió paz. Durante nuestra sesión, Derek reconoció que el alma reencarnada de Julia había venido hacia él y le demostró que en realidad no la había perdido. Cuando sufrimos por la ausencia de las personas que amamos, ellas pueden venir a nosotros de maneras misteriosas, a menudo cuando nuestras mentes están distraídas en un somero estado Alfa. Tomemos esos momentos como mensajes del otro lado y permitamos que nos brinden soporte.

Ángeles u otras huestes celestiales

En los últimos años ha habido un resurgimiento en la popularidad de los ángeles. La Iglesia Católica Romana define a los ángeles como seres espirituales, inteligentes y no corpóreos que actúan como servidores y mensajeros de Dios. La posición de la Iglesia Cristiana es la de que estos seres nunca se han encarnado en la Tierra. Vemos los ángeles como figuras en túnicas blancas, con alas y aureola, imágenes teológicas que nos han llegado desde la Edad Media.

Muchos de mis pacientes inicialmente creen ver ángeles cuando los llevo al mundo del espíritu, especialmente aquellos con fuertes convicciones religiosas. Esta reacción es similar a la respuesta devota de algunas personas que han tenido experiencias cercanas a la muerte. Sin embargo, independientemente de cualquier acondicionamiento religioso previo, mis pacientes pronto se dan cuenta que los seres etéreos que visualizan en la hipnosis representan a sus guías y compañías espirituales que se acercan a recibirlos. Estos seres espirituales pueden estar rodeados de una luz blanca y vestir túnicas.

En mi trabajo, los guías son a veces descritos como ángeles guardianes, aunque nuestros maestros son seres que han encarnado en forma física mucho antes de llegar al nivel de guía. Un compañero espiritual cercano también puede acercarse al umbral para consolarnos cuando sea necesario. Yo siento que la devoción a los ángeles, en el caso de muchas personas, proviene de un deseo interior de protección personal, aunque no es mi intención despreciar la fe de millones de personas religiosas al hacer esta observación. Por muchos años carecí de fe en cosas más allá de mi propia existencia, ahora conozco la importancia de creer en algo más grande que nosotros. Nuestra fe es lo que nos da sustento en la vida y ésta recurre a la creencia en seres superiores que velan por nosotros. La presentación de mis casos intenta dar fuerza al concepto de la presencia de espíritus benevolentes en nuestras vidas.

Nuestros maestros espirituales tienen diferentes estilos y técnicas, tal como los maestros en la Tierra. Su carácter inmortal se ha conectado a nuestra presencia en una variedad de formas. Los siguientes dos casos abreviados ilustran mi opinión de que los guías personales y los compañeros espirituales, como quiera que sean representados, pueden hacer contacto con nosotros desde el otro lado si necesitamos consuelo.

Caso 10

Las siguientes declaraciones provienen de René, viuda de cuarenta años que perdió a su esposo, Harry, tres meses antes de nuestro encuentro. Esperé hasta después de nuestra sesión para preguntarle lo que viene a continuación. Mi intención era hacer un contraste entre el conjunto de imágenes conscientes y las superconscientes con respecto a su guía, Niath.

> Dr. N.: ¿Antes de la sesión de hoy, había tenido algún contacto con el ser que vio bajo hipnosis con el nombre de Niath?
>
> P: Si, desde la muerte de Harry, Niath ha venido a mi durante mis horas oscuras.
>
> Dr. N.: ¿Vio a Niath en la misma forma antes y después de la sesión de hipnosis?
>
> P: No, no la vi igual. Yo... antes creía que era un ángel y ahora veo que Niath es mi maestra.
>
> Dr. N.: ¿Eran diferentes su rostro y su comportamiento bajo hipnosis en comparación a los que recuerda haber visto estando despierta?

P: (risas) Hoy no había alas ni aureola, pero sí una luz brillante, que era la misma y su rostro y gentiles maneras también eran las mismas. También pude ver que en nuestro grupo espiritual ella puede ser... muy instructiva.

Dr. N.: ¿Más maestra y menos consejera en la pena, es lo que quiere decir?

P: Sí, quizás. Justo después de la muerte de Harry ella fue tan dulce y comprensiva cuando me visitó... (apurándose) no quiere decir que ella no sea agradable en el mundo del espíritu, sólo más... metódica.

Dr. N.: ¿Hizo algo para llamar a Niath cuando Harry murió?

P: Clamaba por ayuda después del funeral, luego descubrí que necesitaba estar sola y muy calmada... para escuchar...

Dr. N.: ¿Quiere decir que, en realidad, usted escuchaba a Niath en lugar de verla?

P: No, al comienzo la veía flotando sobre mi cabeza en mi habitación. Yo abrazaba una almohada como si fuera Harry, pero había dejado de llorar. Ella se hizo más difusa después de que la vi por primera vez y me di cuenta que debía escuchar su voz cuidadosamente. En los días siguientes escuché a Niath, más que verla... pero tenía que escuchar.

Dr. N.: ¿Quiere decir concentrarse?

P: Sí... bueno, no... más bien dejar que mi mente se liberara de mi cuerpo.

Dr. N.: ¿Qué sucede cuando no puede escuchar bien pero necesita sus mensajes?

P: En ese caso ella se comunica conmigo por medio de sentimientos.

Dr. N.: ¿En qué forma?

P: Oh, puedo estar conduciendo el auto o caminando, pensando en hacer algo, en tomar cierta acción. Ella me hará sentir bien si lo que pienso hacer es lo correcto.

Dr. N.: ¿Y si lo que está considerando hacer no le conviene, qué pasa?

P: Niath me hará sentir incomoda al respecto. Sabré en mi interior que es un movimiento equivocado.

Mi siguiente caso involucra a un hombre joven que murió en un accidente automovilístico en 1942, a la edad de treinta y seis años. Él nos brinda otra perspectiva sobre la mitología de los ángeles, la de un alma que regresa a la Tierra.

Caso 11

Dr. N.: ¿Cuénteme qué hizo por su esposa después del accidente?

P: Estuve rondando a Betty durante tres días para aliviar su carga emocional. Me coloqué sobre su cabeza de tal forma que nuestros campos de energía se cruzaban y podía aliviarla sincronizando nuestras vibraciones.

Dr. N.: ¿Empleó alguna otra técnica?

P: Si, proyecté mi semejanza frente a su rostro.

Dr. N.: ¿Funcionó?

P: (jovialmente) Inicialmente ella creía que era Jesucristo. El segundo día estaba confundida y al tercer día Betty estaba convencida de que yo era un ángel. Mi esposa es muy religiosa.

Dr. N.: ¿Le molestaba que ella no lo reconociera debido a sus convicciones religiosas?

P: No, en absoluto (luego, después de vacilar un poco). Bueno, supongo que me habría gustado que Betty se diera cuenta que se trataba de mí, pero mi principal preocupación era que se sintiera mejor. Ella estaba convencida de que era una deidad celestial y estaba bien porque representaba ayuda espiritual para ella.

Dr. N.: ¿No se sentiría aún mejor si supiera que era usted?

P: Veamos, Betty cree que estoy en el cielo y que no puedo ayudarla. Su ángel si es capaz de hacerlo, ese soy yo, disfrazado. ¿Cuál es la diferencia en tanto mi objetivo de ayudarla se cumpla?

Dr. N.: Bueno, desde que Betty se ha dejado de conectar con usted, disfrazado, ¿hay alguna otra forma en que se pueda comunicar con ella a un nivel más personal?

P: (sonrisas) Por intermedio de mi mejor amigo, Ted. Él le da consuelo y le aconseja en sus asuntos diarios. Más tarde los encuentro enviándose... mensajes íntimos (mi paciente ríe).

Dr. N.: ¿Qué encuentra gracioso?

P: Ted no está casado, ha estado enamorado de Betty por mucho tiempo y ella aún no se ha dado cuenta.

Dr. N.: ¿Le parece bien?

P: (con ánimo, pero también con nostalgia) Seguro. Me alivia saber que él puede hacer por ella lo que yo ya no... al menos hasta que ella vuelva al hogar, a mí.

Finalmente, hay esos espíritus angelicales que regularmente vienen a la Tierra entre vidas, simplemente para ayudar a personas que no conocen y que se encuentran agobiadas por el desconsuelo. Ellos podrían ser sanadores en entrenamiento, como sucedió con el paciente que me dijo:

> En India, mi guía y yo ayudamos a un muchacho que se estaba ahogando y el temor lo consumía. Sus padres lo habían sacado del río y trataban de resucitarlo, pero el muchacho no reaccionaba. Yo coloqué mis manos en su cabeza para aminorar su temor, envié una emanación de energía a su corazón, para darle calor a su cuerpo y sincronicé mi esencia con la suya por un instante para ayudarle a expulsar el agua y respirar de nuevo. Pudimos ayudar a veinticuatro personas en aquel viaje a la Tierra.

Recobro emocional de las almas y quienes le sobreviven

Los últimos comentarios del caso 11 sobre Betty y aquellos del caso 3 sobre Kevin, tocan el tema de las relaciones afectivas posteriores de aquellos que sobreviven. Enamorarse después de la muerte de un cónyuge en ocasiones genera sentimientos de culpa y hasta de traición, sin embargo en los dos casos mencionados, aquellos que partían sólo deseaban felicidad y amor a quienes les sobrevivían. No obstante, el hecho de que los espíritus deseen esto para nosotros no significa que podamos compartir con facilidad nuestras expresiones de intimidad con amores pasados y presentes.

Personas que han tenido largos y felices matrimonios y luego pierden a su pareja tienen grandes posibilidades de lograr un exitoso segundo matrimonio. Esto es un tributo a la primera relación; tener otras relaciones no empequeñece ni deshonra nuestro primer amor, simplemente valida el logro de este sentimiento en medio de una sana aceptación. Sé que poner a un lado los sentimientos de culpa es más fácil de decir que de hacer, incluso he recibido cartas de personas que han enviudado en las que me preguntan si la persona que ha partido puede realmente verlos en la habitación con alguien más.

En mi resumen sobre el mundo del espíritu, indicaba que las almas pierden la mayoría de su carga emocional negativa cuando se liberan de sus cuerpos. Aunque es cierto que podemos arrastrar los síntomas de algún trauma emocional de la vida pasada a la siguiente, esta condición se encuentra en estado de suspensión hasta que retornamos a un cuerpo nuevo. Por otra parte, una gran cantidad de energía negativa es eliminada durante las primeras etapas de nuestro retorno al mundo del espíritu, especialmente después del desajuste que acontece durante la orientación.

Cuando las almas retornan de nuevo a un estado de energía pura en el mundo del espíritu, ya no sienten odio, rabia, envidia, celos o cosas similares. Han venido a la Tierra para experimentar estos tipos de emociones y aprender de ellas pero, ¿sienten las almas tristeza por lo que dejan atrás, después de morir? Ciertamente, las almas experimentan nostalgia por los buenos momentos en sus vidas pasadas. Esto es neutralizado por un estado de dichosa omnisciencia y un grado tan alto de bienestar que las almas se sienten más vivas que en la Tierra.

No obstante, he encontrado dos clases de emociones negativas que existen dentro de las almas y que involucran alguna forma de tristeza. Una de ellas, que yo llamaría culpabilidad del karma, es ocasionada por tomar pobres decisiones, especialmente cuando otros resultaron lastimados por estas acciones. La otra forma de tristeza no es la melancolía, ni la depresión, ni la infelicidad luctuosa en el sentido que la vida sigue a pesar de su partida sino que más bien proviene de su anhelo de reunirse con el origen de su existencia. Creo que todas las almas, sin importar su nivel de desarrollo, sienten este anhelo de buscar la perfección por la misma razón. El factor que motiva a aquellas almas que vienen a la Tierra es el de crecer. De ahí que los rastros de tristeza que distingo en las almas es básicamente la ausencia de elementos en su carácter inmortal y que ellas deben encontrar para completar su energía; el destino de las almas es buscar la verdad en sus experiencias para obtener sabiduría. Quienes le sobreviven han de saber que añorar no compromete los sentimientos de empatía, lástima y compasión de las almas hacia quienes sufren por su partida.

Dado que el carácter inmortal del alma ya no está limitado, por el temperamento y carácter individual de su último cuerpo, se encuentra en paz. Las almas tienen mejores cosas que hacer que interferir con las personas en la Tierra. En ciertos casos, algunas almas se encuentran tan alteradas por alguna injusticia hacia ellas en la vida, que no abandonan el plano astral de la Tierra después de la muerte hasta lograr alguna clase de solución. El conflicto espiritual de estas almas no contempla la tristeza porque usted halle la felicidad con alguien más, a menos que se hubiese cometido un crimen para poder estar con otra persona. La gran ventaja de quien parte sobre quien le sobrevive es el hecho de saber que aún vive y que puede observar a aquellos que le son importantes. La integridad de las almas incluye el deseo de que aquellos que aman tengan la libertad de continuar con sus vidas en la forma que deseen. Si usted desea que un alma le visite, seguramente ésta lo hará, pero si no es así su deseo de privacidad será respetado. Además, una parte de la energía que usted dejó en el mundo del espíritu siempre estará allí para ella.

Así como las almas pierden muchas emociones negativas al retornar al mundo del espíritu, los sentimientos positivos también sufren alteraciones. Por ejemplo, las almas sienten mucho amor, pero este amor no impone condiciones sobre la reciprocidad porque es brindado libre . Las almas demuestran una coherencia universal hacia los demás que es tan absoluta que puede ser incomprensible en la Tierra. Esta es la razón por la que las almas nos parecen abstractas y enérgicas al mismo tiempo.

He escuchado acerca de algunas tradiciones culturales que aconsejan a quienes sobreviven dejar que las personas fallecidas se marchen y procurar no comunicarse con ellas dado que las almas tienen cosas más importantes por hacer. La verdad es que las almas no desean que nos volvamos dependientes de una comunicación con ellas en detrimento de nuestra capacidad para tomar decisiones propias. No obstante, muchas personas no sólo necesitan consuelo sino también cierto tipo de aprobación al iniciar una nueva relación. Espero que mi próximo caso ayude a disipar la idea de que quienes han partido no se interesan en el futuro de quienes les sobreviven. La privacidad siempre es respetada, siempre y cuando nos encontremos satisfechos. Pero si una determinada acción, particularmente relacionada con un vínculo afectivo representa una posible decepción, ellas intentarán expresar su opinión para que seamos conscientes de ello. Dada la naturaleza dual de las almas, ellas pueden fácilmente ejecutar más de una tarea al mismo tiempo. Esto incluye un período de tranquilidad en soledad en que pueden enfocar su energía en las personas que han dejado atrás. Las almas hacen esto para brindarnos mayor paz incluso cuando no estemos pidiendo ayuda.

Caso 12

George vino a verme en un cierto estado de desconsuelo provocado por sus sentimientos de culpa al tener un nuevo amor en su vida. Había enviudado hace dos años, después de un largo y feliz matrimonio con Francis. George reflexionaba sí ella lo miraba con desagrado por la relación que estaba llevando con Dorothy. Supe que Dorothy y su fallecido esposo, Frank, habían sido amigos cercanos de George y Francis. En cualquier caso, George temía que su creciente atracción por Dorothy pudiese ser considerada como un acto de traición. Comienzo este caso en el momento de nuestra sesión en el que George ve a Francis después de una vida anterior juntos.

> Dr. N.: ¿Ahora que ha entrado al círculo de compañeros espirituales, quién viene primero?

P: (llora) Oh, Dios, es Francis, es ella. Te he extrañado tanto, amor. Es tan bella... hemos estado juntos... desde el comienzo.

Dr. N.: ¿Ha visto que en realidad nunca la ha perdido en su vida actual, no es así? ¿Ella estará esperándolo cuando sea su hora de partir?

P: Si... siempre lo presentí... pero ahora sé...

Nota: George ha empezado a llorar y debemos detenernos por un rato. Durante este tiempo quiero que mi paciente se acostumbre a abrazar a su esposa y a hablarle por medio de su mente superconsciente. Él está profundamente convencido de que su guía y el mío conspiraron para propiciar este encuentro. Le explico que la información que obtenga le podría ayudar a continuar su vida con Dorothy. El catalizador para este reconocimiento se hace evidente cuando comenzamos a identificar a otros miembros del grupo de almas de George.

Dr. N.: Ahora quiero que identifique las figuras que se encuentran cerca de Francis.

P: (radiante) Oh, increíble... no lo puedo creer... pero, claro... ahora tiene sentido.

Dr. N.: ¿Qué es lo que tiene sentido?

P: Son Dorothy y... (se torna muy emotivo)... y Frank, están de pie juntos, al lado de Francis, me sonríen... ¿No lo ve?

Dr. N.: ¿Qué debería ver?

P: Que ellos nos han... acercado, a Dorothy y a mí.

Dr. N.: ¿Explíqueme por qué lo cree así?

P: (impaciente conmigo) Ellos están felices de que nos hayamos encontrado en... una forma íntima. Dorothy había sufrido mucho tiempo por Frank y la pena que ambos sentimos se dispersa al tenernos como compañía.

Dr. N.: ¿Y ve que ustedes cuatro pertenecen al mismo grupo de almas?

P: Si... pero no tenía idea de que fuera así...

Dr. N.: Como almas, ¿cuáles son las diferencias entre Francis y Dorothy?

P: Francis es alma educadora muy fuerte mientras que Dorothy es más artística y creativa... delicada. Dorothy es un espíritu tranquilo, capaz de adaptarse más fácilmente que el resto de nosotros a las condiciones existentes.

Dr. N.: Ahora que tiene la aprobación de Francis y Frank, ¿qué obtendrá Dorothy de esta asociación como su segunda esposa en esta vida?

P: Consuelo, entendimiento, amor... Puedo brindarle más protección porque tengo metas muy definidas. Me enfrento a las cosas que Dorothy da por ciertas. Ella acepta demasiado. Tenemos un buen balance.

Dr. N.: ¿Es Dorothy su compañera espiritual primaria?

P: (enfáticamente) No, es Francis. Dorothy usualmente hace pareja con Frank en sus vidas, pero todos somos muy cercanos.

Dr. N.: ¿Ha interactuado con Dorothy anteriormente en otras vidas?

P: Si, pero en diferentes situaciones. Ella usualmente hace el papel de mi hermana, una sobrina o una amiga cercana.

Dr. N.: ¿Por qué hace usualmente pareja con Francis?

P: Francis y yo hemos estado juntos desde el comienzo. Somos muy cercanos porque hemos luchado juntos, ayudándonos... ella siempre es capaz de hacerme reír de mi seriedad, de mis tonterías.

Cuando cerré este segmento de nuestra sesión, sentí que George había ganado mucho conocimiento. Desbordaba de alegría por saber que no era un accidente que él y Dorothy se hubiesen acercado tanto. Las cuatro almas conocían sus destinos actuales con anticipación.

He recibido información similar proveniente de pacientes que no se encontraban en el mismo grupo de almas que su nuevo amor pero que se conectaban como almas asociadas de grupos cercanos. He descubierto que la mayoría de la gente sabe si la persona con quien viven no es una compañera espiritual cercana, pero esto no quiere decir que no se puedan mantener buenas relaciones con almas de otros grupos. A continuación cito la declaración de un paciente que murió antes que su esposa en su anterior vida juntos:

> Cuando llego a consolar a mi esposa después de mi muerte, lo hago como un amigo y compañero. En realidad no nos amamos. Ella no fue una íntima compañera espiritual para mi, ni yo lo fui para ella. Siento mucho respeto por ella. Necesitábamos esta relación para trabajar en aquellas cosas que atañían a nuestras fortalezas y debilidades. Así que no digo, "Te amo" porque ella sabría que no es verdad o porque podría confundir mi espíritu con su verdadero compañero espiritual. Nuestro contrato en esta vida ha terminado y si ella lo desea, me gustaría que llevara a otra persona en su corazón.

Reuniéndonos con aquellos que amamos

Resulta apropiado cerrar este capítulo sobre la muerte con un caso que ilustra cómo es la reunión de compañeros espirituales en el otro lado. El caso involucra a una viuda que encuentra a su esposo en el umbral, después de una larga separación.

Caso 13

Dr. N.: ¿A quién encuentra justo después de morir?

P: ¡Es él! Eric... oh... al fin... al fin... mi amor...

Dr. N.: (después de calmar a mi paciente) ¿Es este hombre su esposo?

P: Si, nos unimos justo después de que cruzo el umbral, antes de ver a nuestro guía.

Dr. N.: Cuénteme cómo se desarrollan las cosas, incluyendo la forma en que los sentimientos de afecto se transmiten entre usted y Eric.

P: Comenzamos con los ojos... desde una corta distancia... mirándonos con profundidad... la certeza de que todo está fluyendo entre nuestras mentes... de todo lo que hemos significado el uno para el otro... nuestra energía es absorbida por una combinación magnética de indescriptible gozo que nos mezcla a los dos.

Dr. N.: ¿En este momento han asumido la forma física que poseían en la última vida?

P: (riendo) Si, muy rápidamente comenzamos con la vez en que nos conocimos (como lucíamos) y nos movemos a través de las diferentes fases de cambios corporales que tuvieron lugar durante nuestro matrimonio. No es definitivo porque no nos quedamos en un año de nuestra vida juntos. Es más... los patrones de energía varían. Incluso también tomamos apariencias de cuerpos que hemos utilizado en vidas anteriores.

Dr. N.: ¿Fue usualmente de género femenino en aquellas vidas?

P: La mayoría de las veces, si. Más tarde mezclaremos nuestros patrones de genero, porque hubo buenos momentos de nuestras vidas pasadas en las que él fue hembra y yo varón (pausa). Pero por el momento es divertido ser quienes fuimos en nuestra última vida.

Nota: Mi paciente me pide el favor de no hacer más preguntas por unos minutos. Ella y Eric se abrazan y cuando vuelve a dirigirme la palabra es para describir cómo su energía fluyó junta.

P: Es el éxtasis de la unión.

Dr. N.: Esta pasión espiritual me suena casi erótica.

P: Por supuesto, pero es mucho más. En realidad no puedo describirla, pero el arrebato que sentimos mutuamente viene de todo nuestro contacto juntos en cientos de vidas combinadas con los recuerdos del estado de dicha que gozamos juntos entre vidas.

Dr. N.: ¿Y cómo se siente después de mezclar su energía con la de su esposo?

P: (rompe en risas) En verdad, como un sexo maravilloso, sólo que mejor. (luego más seriamente) Usted debe entender que morí a los ochenta y tres años de edad, enferma. Estaba cansada. Fue una larga espera y yo estaba como una estufa fría que necesitaba ser calentada.

Dr. N.: ¿Estufa fría?

P: Si, necesitaba rejuvenecimiento de mi energía. Siempre hay una transferencia de energía positiva cuando somos recibidos por nuestros guías o alguien que amamos. Eric le da una chispa a mi cansada energía. Él enciende un fuego en mi interior que me renueva.

Dr. N.: Cuando esta reunión termina, ¿qué hacen ustedes dos?

P: Nuestro maestro viene a darme la bienvenida y me escolta a través de la niebla hacia nuestro centro.

Cuando un paciente me cuenta que el reingreso al mundo del espíritu tiene el efecto de restaurar, esto requiere de habilidades. Recibimos una infusión de nueva energía de nuestros compañeros espirituales y guías que también pueden transferir parte de la energía que hemos dejado atrás. Sin embargo, como ya lo dije cuando discutía el anhelo espiritual, una renovación completa no se dará lugar hasta que nuestro trabajo haya sido realizado. A pesar de esto, ser restaurados a como éramos antes de vivir es como sentirse nuevo una vez más. Un paciente lo dijo de esta manera: "Morir es como despertar de un largo sueño del cual sólo se tiene una confusa conciencia. El desahogo que se vive es similar al que se siente después de llorar, sólo que aquí no hay llanto".

He intentado mostrar la muerte desde la perspectiva del alma que busca aliviar la pena de aquellos que deja. Como Platón dijo, "Una vez liberada del cuerpo, el alma es capaz de ver la verdad claramente porque es más pura que antes y recuerda las ideas puras que conocía antes". Quienes sobreviven deben aprender a funcionar de nuevo sin la presencia física de la persona que amaban, confiando que el alma que parte seguirá con ellos. Aceptar la pérdida se logra un día a la vez, la curación contempla una serie de etapas mentales que comienza con la fe en que realmente no estamos solos.

Con el fin de completar el contrato de vida establecido con quien ha fallecido, se requiere recuperar la participación activa con el resto de la humanidad. Usted podrá ver a su amor de nuevo lo suficientemente pronto. Tengo la esperanza de que mis años de investigación sobre la vida que llevamos como almas ayudará a quienes sufren la pérdida de un ser amado a reconocer que la muerte sólo cambia una realidad por otra en la larga continuidad de la existencia.

Fantasmas

Muchos estudiosos de lo paranormal han escrito sobre fantasmas. Aunque no me considero un experto en este campo, he tenido algún contacto con almas que se manifiestan en forma de fantasmas. En mis conferencias me preguntan con frecuencia cómo es que los benevolentes guías espirituales pueden permitir que estos seres vaguen perdidos, infelices y solitarios. Mi aporte al estudio de los fantasmas será revisar lo que creo que son equivocaciones y explicar este fenómeno desde la perspectiva del fantasma más que la de quien lo ve en la Tierra.

Cuando comencé a dedicar mi práctica hipnoterapéutica exclusivamente al estudio de la vida entre vidas, no sabía que tendría que esperar años hasta que un paciente viniera a verme y me confesara haber sido un fantasma por un período apreciable después de una vida pasada. No considero a los fantasmas temporales en la manera tradicional; por ejemplo, tuve una paciente que había muerto siendo muy joven durante un incendio en la escuela, cuando salvaba a los niños. Esta profesora permaneció en los alrededores del pueblo por algunos meses sólo para observar y velar por los niños y otras personas que sufrían por su temprana partida. Cuando le pregunté qué la había llevado a marcharse finalmente, ella respondió: "Oh, eventualmente me aburrí". He llegado a la conclusión de que sólo una pequeña fracción de las almas han sido alguna vez fantasmas por más tiempo del que generalmente toma a un alma recién desencarnada asimilar su nuevo estado para abandonar el plano terrenal. No pienso que estemos siendo constantemente "asustados" por todos estos fantasmas alrededor del mundo.

He concluido que nuestros guías no nos obligan o fuerzan a trasladarnos al mundo del espíritu si nuestros asuntos pendientes acá son tan fuertes y poderosos que no queremos abandonar el plano astral de la Tierra. Encuentro esto especialmente cierto si el alma tiene un guía permisivo. Algunos guías prefieren no interferir cuando se acercan, de hecho, ellos usualmente no hacen apariciones personales junto a nosotros en el momento exacto de la muerte terrenal.

Para la mayoría de las almas, la sensación de salida en el momento de la muerte es suave y sólo se hace deliberadamente intensa cuando se abandona el plano astral de la Tierra. No existen dudas sobre el hecho que seres superiores están inmediatamente al tanto de nuestra muerte, sin embargo los deseos de quienes fallecen son respetados. Recuerde que el tiempo no significa nada en el mundo del espíritu. Las almas sin cuerpo no tienen un reloj en sus mentes, por lo que retrasar su partida algunos días, meses o años no tiene la misma relevancia que en los seres encarnados. Un fantasma que ha frecuentado un castillo inglés por cuatrocientos años y finalmente regresa al mundo del espíritu puede sentir que ha penado durante un tiempo espiritual de cuarenta días o incluso de cuarenta horas.

Algunas personas tienen la creencia equivocada de que los fantasmas no saben que están muertos o cómo escapar de su estado. Si, en cierta forma, se encuentran atrapados, pero en una condición de obstrucción mental más que material. Las almas no están perdidas en algún plano astral confinado y también saben que han hecho una transición fuera de la vida terrenal. La confusión en los fantasmas radica en el obsesivo apego que sienten hacia los lugares, personas y eventos en que ellos ya no pueden actuar. Estos actos de autodesplazamiento son voluntarios, pero guías especiales conocidos como Maestros Redentores vigilan constantemente, buscando señales que indiquen que los espíritus perturbados están listos para partir. Tenemos el derecho a la autodeterminación, incluso con nuestra propia experiencia de la muerte. Los guías espirituales respetarían aún pobres decisiones.

Por lo que he podido observar, los fantasmas son espíritus menos maduros, con problemas para liberarse de las contaminaciones terrenales. Esto es particularmente cierto cuando su estadía en el limbo es por períodos prolongados en años terrenales. Las razones para demorarse son variadas. Quizás la vida terminó de manera inesperada, abrupta, causando una desviación con relación a su patrón principal. Estas almas podrían sentir que su libre voluntad fue arrebatada de alguna manera. Muy a menudo un terrible trauma está asociado a la muerte del fantasma. También es posible que deseen intentar proteger del peligro a una persona a quien quieren o por quien se interesan.

En 1994, una joven mujer conducía su vehículo en la noche por una carretera no muy lejos de mi hogar en las montañas de Sierra Nevada cuando perdió el control y cayó por un barranco. Ella murió. Nadie había presenciado el accidente ni visto los restos ubicados cincuenta pies colina abajo, donde durante cinco días su niño de tres años se aferró a la vida. Este accidente atrajo la atención de todo el país cuando se reportó que un conductor que transitaba por el lugar observó la aparición fantasmal de una mujer desnuda, tirada en la carretera, justo sobre el lugar donde podían apreciarse los restos destrozados del vehículo. Esta fue la manera dramática en que este fantasma se hizo notar y funcionó porque su niño fue encontrado justo a tiempo para salvar su vida.

He llegado a la conclusión que la causa común detrás de la existencia de espíritus perturbados es el repentino cambio en la dirección planeada de su karma, que ellos consideran no sólo inesperada sino injusta. Los casos más comunes de fantasmas parecen involucrar almas que fueron muertas o agraviadas por otra persona en la vida.

3

Sistemas de Grupos Espirituales

El nacimiento del alma

Me parece indicado iniciar la exploración de la vida del alma precisamente con la creación de esa vida. Muy pocos de mis pacientes poseen la capacidad de memoria necesaria para volver a sus orígenes como partículas de energía. Algunos de los detalles sobre la vida temprana del alma provienen de aquellos catalogados como principiantes, ya que estas jóvenes almas tienen un historial más corto, tanto dentro como fuera del mundo del espíritu, por lo que aún conservan recuerdos más vívidos. Sin embargo en el mejor de los casos, mis pacientes de nivel I tienen sólo recuerdos efímeros sobre su propio origen. Las siguientes citas de dos almas principiantes sirven como ilustración:

Mi alma fue originada a partir de una gran e irregular masa de aspecto nebuloso. Fui expelido como una diminuta partícula de energía de esta intensa y pulsante luz de tonos azulosos, amarillos y blancos, donde las pulsaciones despedían ráfagas de materia espiritual. Algunas no prosperaban y eran reabsorbidas, pero yo continué saliendo y fui arrastrado por una corriente con otros iguales a mí. Lo siguiente que recuerdo es que me encontraba en un área confinada y brillante, con seres amorosos que cuidaban de mí.

> Recuerdo estar en una especie de guardería, donde éramos como huevos sin empollar en una incubadora. Cuando obtuve más conciencia supe que me encontraba en el mundo para recién nacidos de Uras. No sé como llegué allí. Era como un huevo en fluido embrionario esperando ser fertilizado y sentía que había muchas otras células de jóvenes luces que estaban despertando conmigo. Había un grupo de madres, hermosas y amorosas, quienes... descosían nuestros sacos membranosos y nos liberaban. A nuestro alrededor había cambiantes corrientes de intensas y nutrientes luces, podía escuchar música. Mi sentido de la conciencia comenzó con la curiosidad. Poco después estaba siendo llevado fuera de Uras y me unía a otros infantes en un ambiente distinto.

Los relatos más reveladores sobre estas guarderías de almas me llegan muy raramente de algunas almas altamente avanzadas. Estas son las especialistas conocidas como Madres de Incubadora. El siguiente caso es representativo de esta área de servicios, se trata de un excepcional nivel V llamada Seena.

Caso 14

Esta paciente es una especialista con los niños, tanto dentro como fuera del mundo del espíritu. En la actualidad trabaja en un hospicio para niños gravemente enfermos. En su vida anterior fue una mujer polaca quien aunque no era judía, voluntariamente ingresó a un campo de concentración alemán en 1939. Ella atendía a los oficiales militares y realizaba labores en la cocina. Su deseo era estar cerca de los niños judíos que llegaban al campo para ayudarlos en lo que le fuera posible. Siendo residente de una población vecina, pudo haber abandonado el campo en cualquier momento durante el primer año, luego fue demasiado tarde y los soldados no le permitieron marcharse. Eventualmente murió en el campo. Esta alma avanzada pudo haber sobrevivido durante más tiempo si hubiese tenido consigo poco más del 30 por ciento de su energía para sostenerse en los momentos de privación a los que fue sometida. Tal es el grado de confiabilidad de un alma de nivel V.

Dr. N.: ¿Seena, cuál ha sido la experiencia más significativa entre vidas?

P: (sin vacilar) Voy al lugar de... incubación... donde las almas son incubadas. Soy una Madre de Incubadora, una especie de partera.

Dr. N.: ¿Me está diciendo que trabaja en una guardería de almas?

P: (con emoción) Si, ayudamos a que las nuevas almas emerjan. Facilitamos su temprana maduración... siendo cálidas, gentiles y cuidadosas. Les damos la bienvenida.

Dr. N.: Por favor, descríbame el lugar.

P: Es... vaporoso... un panal de celdas con corrientes cambiantes de energía por encima. Hay una luz intensa.

Dr. N.: Cuando dice "panal", imagino que la guardería tiene una estructura similar a la de una colmena, ¿no es así?

P: Mmm, si... aunque la guardería es un enorme espacio que no parece ser limitado por algún tipo de barrera externa. Las nuevas almas poseen sus propias celdas de incubación, donde permanecen hasta que han crecido lo suficiente para ser llevadas fuera de la guardería.

Dr. N.: Como Madre de Incubadora, ¿cuándo ve por primera vez a las nuevas almas?

P: Estamos en una especie de sala de espera, que es parte de la guardería, en un extremo de la "colmena". Las almas recién llegadas son llevadas en pequeños grupos que son masas de energía blanca contenidos por un saco dorado. Se mueven lentamente, en una fila majestuosa y organizada, hacia nosotros.

Dr. N.: ¿De dónde vienen?

P: Al extremo de la "colmena", bajo un gran arco, toda la pared está llena de una masa fundida de energía muy intensa y... vitalidad.

Parece como si estuviese energizada por una sorprendente fuerza de amor, más que por una distinguible fuente de calor. La masa pulsa y se ondula en un hermoso y fluido movimiento. Su color es como el interior de los párpados cuando se trata de mirar hacia el Sol con los ojos cerrados en un día soleado.

Dr. N.: ¿Ve emerger las almas de esta masa?

P: En la masa se comienza a apreciar un abultamiento, pero nunca en el mismo lugar dos veces. Este abultamiento se hace más grande y procura salir, perdiendo su forma. La separación es un momento maravilloso. Una nueva alma ha nacido. Completamente viva, con su propia energía e identidad.

Nota: Otra paciente de nivel V hizo este comentario acerca de la incubación. "Veo una masa ovalada con energía que fluye hacia fuera y vuelve a su interior. Cuando se expande, fragmentos de energía de almas nuevas son desovados. Cuando el abultamiento se contrae, creo que recupera aquellas almas cuyo desove no fue completamente exitoso. Por alguna razón estos fragmentos no lograron pasar hacia una nueva etapa de individualidad".

Dr. N.: ¿Qué ve más allá de la masa, Seena?

P: (una larga pausa) Veo este resplandor de tono anaranjado y amarillo. Más allá hay una oscuridad violeta, pero no es una fría oscuridad... es la eternidad.

Dr. N.: ¿Puede contarme algo más sobre la fila de nuevas almas saliendo de la masa y dirigiéndose a usted?

P: Fuera de la ardiente fusión de tonos anaranjados y amarillos, la fila se mueve lentamente a medida que una nueva alma emerge incubada. Ellas son conducidas a varios puntos donde almas maternales, como yo, esperan.

Dr. N.: ¿Cuántas madres puede ver?

P: Puedo ver cinco cerca... ellas, como yo... están en entrenamiento.

Dr. N.: ¿Cuáles son las responsabilidades de una Madre de Incubadora?

P: Nos movemos alrededor de los incubados de manera que... podemos secarlos después de que abren sus sacos dorados. La fila es lenta para permitirnos abrazar sus pequeñas energías en un momento de adaptación que es eterno y exquisito.

Dr. N.: ¿Qué quiere decir con "secarlos"?

P: Nosotras secamos la energía húmeda... de las nuevas almas. En verdad no puedo explicarlo bien en lenguaje humano. Es como un abrazo con energía blanca y nueva.

Dr. N.: Entonces, ¿básicamente ve energía blanca?

P: Si y a medida que se acercan puedo ver resplandores azules y violetas a su alrededor.

Dr. N.: ¿Por qué cree que es así?

P: (pausa, luego suavemente) Oh... ahora lo veo... es un cordón umbilical... el cordón del origen de la energía que conecta a cada uno.

Dr. N.: Por lo que usted dice, me imagino un largo collar de perlas. Las almas son las perlas conectadas en una línea o fila. ¿Estoy en lo correcto?

P: Si, más bien como un encordado de perlas en una banda transportadora plateada.

Dr. N.: Bueno, ahora dígame, cuando abraza cada nueva alma, cuando las seca, ¿esto les da vida?

P: (contesta muy rápidamente) Oh no, por intermedio nuestro, reciben la fuerza vital de todo amor y conocimiento, pero dicha fuerza no se origina en nosotras. Lo que transmitimos con nuestras vibraciones, durante el secado con energía nueva es... la esencia del comienzo, la esperanza de logros futuros. Las madres lo llaman... "el abrazo del amor". Este incluye grabar pensamientos de lo que son y lo que pueden llegar a ser. Cuando recibimos una nueva alma con un abrazo de amor, esto llena su ser con nuestra comprensión y compasión.

Dr. N.: Déjeme llevar este abrazo de amor un paso más allá. ¿En este punto, cada nueva alma posee su propio carácter? ¿Ustedes agregan o sustraen particularidades de la personalidad que ya tenían?

P: No, ésta ya está en su lugar desde que llegan, aunque las nuevas almas no saben aun quienes son. Nosotras las nutrimos, anunciamos a las recién incubadas que es el momento de comenzar. Encendiendo... la chispa... de su energía le damos conciencia de su existencia al alma. Es el momento del despertar.

Dr. N.: Seena, por favor ayúdeme con esto. Cuando pienso en las enfermeras de obstetricia en la sala de maternidad de un hospital, sosteniendo y cuidando recién nacidos, ellas no tienen conocimiento de cómo será el bebé cuando pase el tiempo y crezca. ¿Ustedes funcionan de la misma manera, sin conocer el carácter inmortal de estas nuevas almas?

P: (risas) Nos ocupamos del cuidado de los recién nacidos, pero esta no es una sala de maternidad humana. En el momento que abrazamos a los recién llegados conocemos algo de su identidad y sus características individuales se hacen más evidentes a medida que unimos nuestra energía a ellos para darles más apoyo. Todo esto nos permite utilizar mejor nuestras vibraciones para activar su conciencia. Todo es parte de la iniciación.

Dr. N.: Estando bajo entrenamiento, ¿cómo adquiere el conocimiento para emplear de manera debida sus vibraciones con las nuevas almas?

P: Esto es algo que las nuevas madres tienen que aprender. Si la labor no es ejecutada adecuadamente, las almas incubadas sentirán que no están listas y se alejarán, entonces una de las Maestras Enfermeras tendrá que actuar.

Dr. N.: ¿Puede contarme algo más sobre esto, Seena? Durante el abrazo de amor, cuando reciben por primera vez a estas almas, ¿conciben usted y las madres un proceso de selección organizado de acuerdo a la identidad de la nueva alma? Me explico, ¿podemos llegar a tener diez almas de tipo corajudo seguidas por otras diez almas de tipo más calmado?

P: ¡Eso es tan mecánico! Cada alma es única en la totalidad de sus características, creada por una perfección que no soy capaz de siquiera intentar describir. ¡Lo que le puedo asegurar es que dos almas no son iguales, ninguna, nunca!

Nota: He escuchado de algunos otros pacientes que una de las razones fundamentales por las que cada alma es diferente de las otras, es que después de que la Fuente "se rompe" en fragmentos de energía para crear un alma, lo que queda de la masa original se altera en una forma infinitamente pequeña por lo que no es exactamente igual a su forma inicial, entonces la Fuente es como una madre divina que nunca creará gemelos.

Dr. N.: (presionando, con el ánimo de ser corregido por mi paciente) ¿Entonces cree que es una selección al azar? ¿No existe ningún orden de características con similitudes de algún tipo? ¿Está segura de esto?

P: (frustrada) ¿Cómo podría estar segura a menos que fuera el Creador? Hay almas con similitudes y otras sin ninguna, todas en un mismo grupo. Las combinaciones son mezcladas. Como madre puedo reconocer y sentir las características y por eso puedo decir que no hay dos almas con las mismas combinaciones de carácter.

Dr. N.: Bueno... (la paciente me interrumpe y continúa)

P: Yo percibo que hay una Presencia poderosa detrás del arco, que maneja las cosas. Si hay una clave para los patrones de energía, nosotras no necesitamos conocerla...

Nota: Estos son los momentos que añoro en mis sesiones, cuando trato de abrir la puerta a esa Fuente máxima, al Origen. La puerta nunca se abre más que una hendija.

Dr. N.: Por favor, cuénteme qué percibe usted de esta Presencia, de esta masa de energía que trae estas nuevas almas hacia usted. Con seguridad, usted y las otras madres deben haber pensado acerca de los orígenes de las almas aún si no pueden verle.

P: (suspirando) Siento que el Creador está... cerca... pero no realizando el trabajo de... producción...

Dr. N.: (gentilmente) ¿Quiere decir que la masa de energía puede no ser el Creador primario?

P: (incómoda) Creo que hay otros que le asisten, no lo sé.

Dr. N.: (cambiando el tema) ¿No es verdad, Seena, que hay imperfecciones en las nuevas almas? Si fueran creadas perfectas, ¿no habría motivo para que ellas fueran creadas por un perfecto Creador?

P: (con duda) Todo aquí parece perfecto.

Dr. N.: (moviéndome en otra dirección) ¿Trabaja únicamente con almas que vienen a la Tierra?

P: Si, pero ellas podrían ir a cualquier lugar. Sólo una pequeña parte viene a la Tierra. Existen muchos mundos físicos similares a la Tierra. Los llamamos mundos de placer y mundos de dolor.

Dr. N.: Basándose en su experiencia de encarnaciones en la Tierra, ¿sabe cuándo un alma es la adecuada para la Tierra?

P: Si. Sé que las almas que vienen a mundos como la Tierra necesitan ser fuertes y con capacidad de adaptación debido al dolor y las alegrías que tendrán que experimentar durante la jornada de la vida.

Dr. N.: Así también lo veo yo. Y cuando estas almas son contaminadas por el cuerpo humano, particularmente las jóvenes, es porque son menos que perfectas. ¿Puede ser así?

P: Bueno, supongo que sí.

Dr. N.: (prosiguiendo) Lo cual me indica que deben trabajar para adquirir más fuerza de la que tenían originalmente con el fin de adquirir una completa tolerancia. ¿Aceptaría esa premisa?

P: (una larga pausa, luego un suspiro) Creo que la perfección está allí... con los recién creados. La madurez comienza rompiendo la inocencia de las nuevas almas, no porque sean originalmente defectuosas. Superar los obstáculos las hará más fuertes las imperfecciones adquiridas nunca serán totalmente eliminadas hasta que todas las almas se reúnan, cuando la encarnación finalice.

Dr. N.: ¿No es esto difícil con nuevas almas siendo creadas constantemente para tomar el lugar de aquellas que están terminando su encarnación en la Tierra.

P: Esto también terminará cuando toda la gente... todas las razas, nacionalidades se unan en una sola. Por eso es que somos enviadas a trabajar a lugares como la Tierra.

Dr. N.: Entonces, cuando el entrenamiento termine, ¿perecerá el universo en que vivimos?

P: Podría morir antes. No importa, hay otros. La eternidad no tiene fin. Es el proceso lo que realmente cuenta porque nos permite... disfrutar la experiencia y expresarnos... y aprender.

Antes de continuar con la evolución del progreso del alma, listaré las diferencias que he descubierto acerca de sus existencias una vez han sido creadas.

1. Hay fragmentos de energía que parecen retornar a la masa de energía que los ha creado, incluso antes de que lleguen a la guardería de almas. No conozco la razón por la cual son abortadas. Otros, que alcanzan a llegar a la guardería no son capaces de aprender a "ser" en el plano individual durante la etapa de temprana maduración. Más tarde, serán asociados con funciones colectivas y por lo que he podido determinar, nunca abandonan el mundo espiritual.

2. Hay fragmentos de energía que poseen una esencia espiritual individual que no tiene la inclinación, o no tienen la capacidad mental necesaria para encarnar físicamente en ningún mundo. Ellos a menudo se encuentran en mundos mentales y también parecen moverse fácilmente entre dimensiones.

3. Hay fragmentos de energía con esencia espiritual individual que encarnan únicamente en mundos físicos. Entre vidas, estas almas pueden recibir entrenamiento en el mundo del espíritu con esferas mentales. No los veo como viajeros entre dimensiones.

4. Hay fragmentos de energía que son almas con la habilidad y aptitud para encarnar y funcionar como individuos en cualquier tipo de ambiente, sea físico o mental. Esto no necesariamente les confiere mayor o menor iluminación que a las otras clases de almas. Sin embargo, su amplio rango de experiencias les favorece para muchas oportunidades de especialización y asignaciones de responsabilidad.

El gran designio para las almas recién nacidas comienza lentamente. Una vez que han sido liberadas de la guardería, estas almas no encarnan inmediatamente ni tampoco entran a hacer parte de un grupo de almas. He aquí una descripción de este período de transición de una joven alma de nivel I cuyos recuerdos aun están frescos y que tan solo tiene en su haber un par de encarnaciones:

> Antes de que fuera asignado a mi grupo de almas y comenzara a venir a la Tierra, recuerdo que se me permitió experimentar, como forma de luz, un mundo semifísico. Era un mundo más mental que físico porque el medio que me rodeaba no era completamente sólido y no había vida biológica. Había otras almas jóvenes conmigo y podíamos movernos fácilmente alrededor del suelo como bulbos luminosos con la semblanza de una forma humana. No actuábamos, sólo éramos, y percibíamos la sensación de lo que representaba ser sólido. Aunque el ámbito era más astral que temporal, estábamos aprendiendo a comunicarnos unos con otros como seres vivos en una comunidad. No teníamos responsabilidades. Había una utópica atmósfera de enorme amor, y protección por doquier. Ya había aprendido que nada es estático y que éste, el momento inicial, sería el momento más fácil de nuestra existencia. Pronto existiríamos en un mundo donde ya no estaríamos protegidos, lugares que nos depararían recuerdos de dolor y soledad, pero de placer también y todos estos son parte de la enseñanza que se graba en la memoria.

Ámbitos espirituales

Durante el trance mis pacientes describen muchas imágenes visuales del mundo del espíritu con simbolismos terrenales. Ellos quizás crean imágenes estructurales de sus propias experiencias planetarias o han sido creadas por sus guías con el fin de acrecentar su confianza con ambientes que sean familiares. Después de discutir este aspecto de la memoria inconsciente en mis conferencias, hay personas que afirman que independientemente de la consistencia de estas observaciones, ponen a prueba la credibilidad. ¿Cómo podría haber aulas de clase, bibliotecas y templos en el mundo del espíritu?

Respondo estas preguntas explicando que la memoria visual pasada es metafórica desde la perspectiva actual. Las escenas originales de todas nuestras vidas nunca abandonan la memoria del alma. En el mundo del espíritu, ver un templo no es el registro literal de unos bloques de piedra sino una visualización de lo que significa el templo para dicha alma. De vuelta en la Tierra, los recuerdos de eventos pasados en la vida de nuestra alma son reconstrucciones de circunstancias y eventos basados en interpretaciones y el conocimiento conciente. La memoria de todos los pacientes se basa en observaciones de la mente del alma que procesa la información a través de la mente humana. Independientemente de la estructura visual de un ámbito espiritual, siempre miro el aspecto funcional en el que actúa el paciente.

Una vez que las almas dejan su capullo protector, entran a la vida en comunidad. Al iniciar sus encarnaciones, descripciones de los lugares y estructuras que han visto entre vidas toman el mismo sentido de aquellas almas más viejas que vienen a la Tierra. Algunas de estas descripciones no son muy terrenales. He escuchado relatos de estructuras de vidrio con forma de catedral, estancias de cristal, construcciones geométricas con muchos ángulos y adornos sutiles en forma de cúpula sin líneas. También mis pacientes podrían decir que sus ámbitos no poseen estructuras, sólo campos de flores y escenas naturales con bosques y lagos. Las personas bajo estado de hipnosis demuestran un sentimiento de temor a medida que relatan el momento en que flotan hacia su destino en el mundo del espíritu. Algunos se han alterado tanto que no pueden describir adecuadamente lo que ven.

Escucho muchas explicaciones sobre el diáfano movimiento de las almas en transición, moviéndose de un lugar a otro. El siguiente relato es de un alma de nivel IV que utiliza formas geométricas para describir las propiedades de los diferentes ámbitos que ve:

> Viajo mucho en el mundo del espíritu. Las formas geométricas que veo representan ciertas funciones para mí. Cada estructura posee su propio sistema de energía. Las pirámides representan soledad, meditación y curación. Las formas rectangulares representan el estudio y análisis de vidas pasadas. Las formas esféricas son usadas para examinar vidas futuras y los portales cilíndricos son para viajar a otros mundos para lograr mayores perspectivas. A veces paso por grandes centros de actividad espiritual, como un aeropuerto con personas que se registran telepáticamente. Estos centros son como enormes ruedas prismáticas con radios en forma de curva que se alejan. Es concurrido pero muy bien organizado. (risas) No debe apresurarse mucho o podría pasarse la fila de salida que está buscando para abandonar el centro. Estos centros son puertos de llamado con almas anfitrionas que dirigen el tráfico y buscan atender las solicitudes de los viajeros. Todo se desarrolla dentro de un suave, cómodo y flotante movimiento, con hermosos tonos armónicos que las almas, por medio de vibraciones, pueden encontrar y seguir para llegar a su destino.

Hay una declaración en *Upanishads* (libro sagrado de India) con relación a nuestros sentidos, los cuales son arrastrados en la memoria después de morir. Considero este viejo texto filosófico correcto al asumir que los sentidos, las emociones y el ego humano son un patrón o camino a la experiencia infinita, la cual provee conciencia física al ser inmortal. Estos sentimientos fueron expresados por un paciente mío de manera muy convincente:

> Podemos crear cualquier cosa que queramos en el mundo del espíritu para recordar los lugares y las cosas que disfrutamos en la Tierra. Nuestras simulaciones físicas son casi perfectas, para muchos son perfectas. Pero sin un cuerpo... bueno... me parecen imitaciones. Me encantan las naranjas. Puedo crear una naranja aquí e incluso aproximarme a reproducir la esencia de su dulce sabor. Pero aun así no es lo mismo que morder una naranja en la Tierra. Esta es una de las razones por las que gozo de mis reencarnaciones físicas.

A pesar de los comentarios de este paciente, otros me dicen que ellos ven el mundo del espíritu como la auténtica realidad y la Tierra como una ilusión creada para enseñarnos. Puede que no haya contradicción en esto. Las personas en la Tierra ha desarrollado apego a los gustos, por lo que las naranjas y los seres humanos se encuentran existiendo en armonía. Hay grados de realidad. El hecho de que nuestro universo sea un campo de entrenamiento no lo hace irreal, simplemente no es permanente. Lo que puede ser una ilusión temporal en el entorno de los seres humanos no desmerita el hecho de que una naranja comida por un ser terrenal tenga mejor sabor que el de una creada en el mundo del espíritu e ingerida por un alma. Con el mismo simbolismo, la realidad de un mundo espiritual interdimensional con su falta de absolutos permite darle al alma una magnitud de experiencias que van mucho más allá de cualquier concepción física.

Mis pacientes describen sus centros espirituales como una imagen maravillosa para ellos. Todos los estereotipos culturales combinados con aspectos de simbolismo metafórico recordados por la mente humana están en juego, pero estos replanteamientos en la vida espiritual de una persona no son menos reales. Cuando el alma retorna a la Tierra con la mortaja del olvido, debe adaptarse a un nuevo cerebro sin memoria conciente. El nuevo bebé aun no posee experiencias pasadas. Lo contrario es verdad justo después de morir. Para quien realiza la hipnosis espiritual hay dos fuerzas operando en regresión. Por una parte, tenemos la mente del alma trabajando con su enorme cantidad de recuerdos de vidas físicas pasadas y de su vida espiritual. Por otra parte, también tenemos los recuerdos concientes de un cuerpo actual y presente comprometido con la imaginación descriptiva mientras el paciente se encuentra bajo hipnosis. La mente consciente no es inconsciente durante la hipnosis. Si así fuera, el paciente sería incapaz de expresarse de manera coherente.

La memoria

Antes de continuar con el análisis de lo que mis pacientes bajo hipnosis ven en el mundo del espíritu, deseo suministrar más información sobre las divisiones de la capacidad de recuerdo de la memoria y el ADN. Hay personas que tienen la creencia de que todos los recuerdos son contenidos por el ADN. En este sentido, ellos se sienten cómodos por lo que consideran una posición científica contra la reencarnación.

Ciertamente, cada quien tiene el perfecto derecho de no creer en la reencarnación por un número de razones personales, religiosas o de cualquier otro tipo. Pero decir que todos los recuerdos de la vida pasada son realmente de origen genético, transmitidas a nuestras células de ADN por nuestros ancestros es un argumento que, en mi opinión, falla en muchas maneras.

Los recuerdos inconscientes de traumas de alguna vida pasada son capaces de acarrear una impresión física estropeada de ese cuerpo muerto hace mucho tiempo en nuestro nuevo cuerpo, pero esto no es resultado del ADN. Estos códigos moleculares son completamente nuevos y vienen con nuestro actual cuerpo material. Actitudes y creencias de la mente del alma afectan la mente biológica. Hay investigadores que creen que nuestra inteligencia eterna, incluyendo impresiones energéticas y patrones de memoria de vidas pasadas pueden influenciar el ADN. En verdad, hay incontables elementos más que involucran secuencias de pensamiento que traemos a nuestro cuerpo anfitrión actual de cientos de vidas anteriores. Esto también incluye nuestras experiencias en el mundo del espíritu, donde no tenemos cuerpo.

Un argumento de peso contra la teoría de la memoria del ADN en vidas pasadas es el gran volumen de investigaciones que he acumulado sobre las vidas pasadas. Los cuerpos anteriores, aquellos que hemos tenido en vidas pasadas casi nunca están genéticamente relacionados con nuestras familias actuales. En una vida pude haber sido miembro de la familia Smith junto con otros miembros de mi grupo espiritual y pudimos haber elegido ser miembros de la familia Jones en la siguiente vida. Sin embargo no volveríamos nuevamente a la familia Smith, lo cual explicaré con mayor detalle en el capítulo 5. Por lo general mis pacientes han llevado vidas como caucásicos, orientales y africanos sin que existan conexiones hereditarias. Es más, ¿cómo pueden ser nuestros recuerdos de seres de otras especies, en otros mundos, provenir de células de ADN humano, creadas solamente en la Tierra? La respuesta es sencilla, la llamada memoria genética es en realidad la memoria que emana de la memoria inconsciente.

Yo clasifico la memoria entre grupos diferentes:

1. **La memoria consciente.** Este estado del pensamiento se aplicaría a todos los recuerdos retenidos por el cerebro en nuestro cuerpo biológico. Es manifestada por un ser de ego consciente que es perceptivo y adaptable a nuestro planeta físico. La memoria consciente es influenciada por las experiencias sensoriales, las motivaciones biológicas y nuestros instintos básicos, así como por las experiencias emocionales. Puede fallar porque hay mecanismos defensivos relacionados con lo que percibe y evalúa a través de los cinco sentidos.

2. **La memoria inmortal.** En esta categoría, los recuerdos parecen llegar a través de la mente subconsciente. El pensamiento subconsciente es enormemente influenciado por las funciones corporales y no está sujeto al control consciente, por ejemplo los latidos del corazón o las funciones glandulares. Sin embargo también puede ser el archivo selectivo de la memoria consciente. La memoria inconsciente abarca los recuerdos de nuestros orígenes en ésta y otras vidas físicas. Es un refugio de mucha de nuestra psiquis debido a que la mente subconsciente crea el puente entre la mente conciente y la mente superconciente.

3. **La memoria divina.** Estos son los recuerdos que emanan de nuestra mente superconciente, la cual reside en nuestra alma. Si bien la conciencia, la intuición y la imaginación se expresan a través de la mente subconsciente, en realidad provienen de esta fuente superior. Nuestra mente espiritual y eterna ha evolucionado de una energía de pensamiento conceptual superior que está más allá de nosotros mismos. La inspiración puede parecer aflorar de una memoria inmortal, pero hay una inteligencia superior fuera de nuestra mente física la cual hace parte de la memoria divina. El origen de estos pensamientos divinos es engañoso, ya que algunas veces lo concebimos como una memoria personal cuando en realidad la memoria divina representa la comunicación entre los seres en nuestra existencia inmortal.

Centros comunitarios

Mi siguiente caso ilustra asociaciones visuales en un estado superconciente que nos trae recuerdos descriptivos del regreso al hogar. Incluye una identificación con la Grecia clásica, lo cual no es inusual. He escuchado visualizaciones tan futuristas y surrealistas que difícilmente se asemejan a la Tierra. Las personas me dicen que las palabras no pueden describir de manera adecuada lo que ven en ese momento. Una vez que llevo a mis pacientes más allá del umbral de los espacios, donde comienzan a establecer contacto con otros espíritus, el alborozo es visible.

En el caso 15, una paciente cuyo nombre espiritual es Ariani asociará un templo griego con su experiencia después de la muerte en su vida pasada inmediata. Quizás esto no debiera sorprendernos ya que muchos de mis pacientes han encarnado durante la época en que la antigua Grecia alumbró con su civilización a un mundo hundido en la oscuridad. Tanto en las artes, como en la filosofía y el gobierno, dejaron un legado y un reto para todos los que le seguirían. Esta sociedad buscó combinar la mente racional con la espiritual, algo que no olvidan aquellos pacientes que hicieron parte de esta era dorada. Ariani vivió su última encarnación en la Grecia antigua durante el siglo II a.C., justo antes de que comenzara la ocupación romana.

Caso 15

Dr. N.: ¿Qué ve cuando se acerca a su centro espiritual, Ariani?

P: Un hermoso templo griego con brillantes columnas de mármol.

Dr. N.: ¿Está creando esta imagen del templo por sí misma o alguien más la imprime en su mente?

P: ¡Está ahí, frente a mí! Tal como la recuerdo... pero... alguien más podría estar ayudándome... mi guía... no estoy seguro.

Dr. N.: ¿Le es familiar este templo?

P: (sonriendo) Lo conozco muy bien. Representa la culminación de una serie de vidas significativas que dudo que haya de volver a encontrar por un largo tiempo en la Tierra.

Dr. N.: ¿Cómo es eso? ¿Qué tiene este templo que significa tanto para usted?

P: Es un templo en honor a Atenea, diosa de la sabiduría. Yo era sacerdotisa, junto con otras tres. Nuestra labor era guardar y cuidar de la llama del conocimiento. La llama se encontraba en el centro del templo, sobre una roca plana y suave, con escritos grabados a su alrededor.

Dr. N.: ¿Qué significado tienen esas escrituras?

P: (pausa) mmm... básicamente... buscar la verdad sobre todas las cosas. Y la manera de buscar la verdad es buscar la armonía y la belleza en todo lo que nos rodea en la vida.

Dr. N.: (deliberadamente lerdo) Bueno, ¿eso era todo lo que hacía, cuidar que la llama no se apagara?

P: (ligeramente exasperada) No, este era un lugar de aprendizaje donde una mujer podía participar. La llama simbolizaba una llama sagrada en nuestros corazones que nos incitaba a buscar la verdad. Creíamos en la santidad de un dios único con deidades menores que representaban partes o valores de aquel poder central.

Dr. N.: ¿Me está diciendo que usted y las otras mujeres tenían creencias monoteístas?

P: (sonriendo) Si y nuestra secta iba más allá del templo. Se nos veía como puras de corazón y no como simples intelectuales. En realidad, muchos de ellos no notaron lo que éramos. Ellos veían a Atenea desde una perspectiva diferente a la nuestra. Para nosotras, la llama significaba que la razón y el sentimiento no tenían que estar en oposición. Para nosotras el templo situaba la mente por sobre la superstición. También creíamos en la igualdad de los sexos.

Dr. N.: Supongo que este tipo de pensamiento radical pudo haberles traído muchos problemas en un establecimiento patriarcal, ¿no es así?

P: Eventualmente, así fue. Su tolerancia disminuyó y la mentira y la intriga se apoderaron de nuestras filas hasta llegar a la traición. Nuestras causas fueron mal interpretadas. Fuimos disgregadas por un estado sexista que perdía poder y sentía que nuestra secta contribuía a la corrupción dentro del estado.

Dr. N.: Y después de esta serie de vidas en Grecia, ¿deseaba el templo consigo en el mundo del espíritu?

P: Esa sería una forma de decirlo. Para mis amigas y yo, esta vida y otras pocas anteriores en Grecia representaron un punto muy alto de la razón, la sabiduría y la espiritualidad. Tuve que esperar un largo tiempo antes de ser capaz de expresar nuevamente de manera abierta estos sentimientos en un cuerpo femenino.

Una vez que llevé a Ariani a su templo, ella vio una enorme galería rectangular, sin techo, abarrotado por unas 1.000 almas. Estas almas eran un gran grupo secundario al cual ella notó organizado apretadamente en grupos más pequeños, llamados grupos primarios conformados entre tres y veinticinco miembros. Su propio grupo de almas se encontraba a medio camino, en la parte posterior, a la derecha (ver figura 1, círculo A). A medida que se encaminaba hacia su grupo, Ariani fue acompañada por su guía. Ella luego describió la sensación del alma que retorna. Esta escena la he escuchado una y otra vez, involucrando grandes números de grupos espirituales, sin importar el ámbito estructural. En la mente superconciente de las personas, estas reuniones podrían darse a lugar en un anfiteatro, la corte de un palacio o el auditorio de un colegio al igual que en un templo.

Dr. N.: Ariani, dígame qué se siente dirigirse hacia su grupo por entre esa multitud de almas.

P: (con emoción) Es excitante y atemorizante al mismo tiempo. Con la orientación de mi guía, comenzamos a desplazarnos a izquierda y derecha por entre los grupos de almas, algunas de las cuales están sentadas en círculos en tanto que otras están de pie, hablando. En las primeras etapas la mayoría de las personas no me prestan atención porque no les resulto familiar. Las almas

Figura 1: El gran Salón del Centro Comunitario

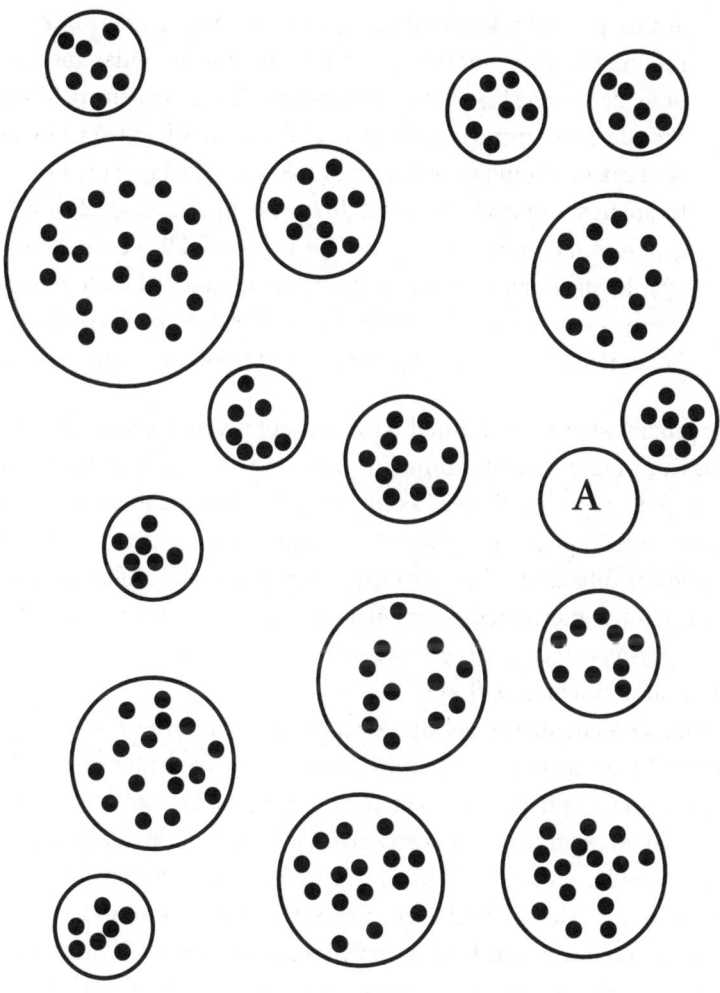

Este diagrama representa la primera visión de muchas personas de un gran número de grupos primarios de almas que conforman un gran grupo secundario de hasta 1.000 almas. El grupo primario A es el grupo espiritual del paciente.

que se encuentran cerca de mi camino pueden asentir a manera de respetuoso saludo de bienvenida. Más tarde, a medida que avanzo por entre la multitud, aquellos que me ven se animan por mi presencia. Un hombre que fue mi amante dos vidas antes se pone de pie, me besa y me pregunta cómo me encuentro. Miembros de otros grupos comienzan a saludarme y hacer señales con sus brazos. Algunos a quienes tan solo conozco ligeramente levantan sus pulgares en señal de saludo. Entonces, al llegar al grupo situado junto al mío, veo a mis padres. Ellos dejan de realizar lo que están haciendo y atraviesan flotando el corto espacio que nos separa para abrazarme y susurrarme palabras de ánimo. Finalmente llego a mi grupo donde todos me dan la bienvenida.

Aproximadamente la mitad de mis clientes ven grandes grupos de almas a su regreso, la otra mitad declara sólo haber sido recibidos por su propio grupo espiritual. Las imágenes visuales de estas reuniones, sean grandes o pequeñas, pueden variar incluso para una misma alma después de diferentes vidas. Los grupos primarios de almas, a quienes estamos más fuertemente vinculados, pueden también presentarse como personas recreándose en actividades campestres en lugares tales como campos llenos de flores.

Independientemente del tipo de ámbito, sea interior o exterior, las figuras 2 y 3 ilustran lo que la mayoría de mis pacientes ven cuando hacen contacto por primera vez con sus grupos. En estos casos, no se observan otros grupos en las cercanías. En la figura 2, las almas que dan la bienvenida, en lugar de acercarse en grupo, lo hacen una a una tomando la posición frontal en turno. La figura 3 muestra la forma usual en que un grupo forma semicírculos alrededor del alma recién llegada. La mayoría de mis pacientes experimentan esta forma de bienvenida en círculo. Una representación descriptiva de esta práctica será presentada en el capítulo 5, con el caso 35.

Aquellos pacientes que dicen haber ido directamente hacia un ambiente de aula de clases, conservan en su memoria una clara imagen de corredores que conectan una serie de espacios destinados al estudio. Casi de manera infalible, parecen saber a cuál espacio pertenecen. En estos casos, los grupos espirituales usualmente cesan sus actividades

Figura 2: Posición 1 del Grupo de Almas

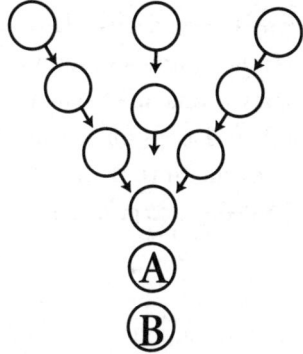

La figura 2 indica la posición falange-diamante de un grupo primario para saludar al alma que retorna A con su guía B detrás. Aquí muchas almas se encuentran ocultas, detrás de otras, antes de que llegue su turno de saludar al miembro que vuelve.

Figura 3: Posición 2 del Grupo de Almas

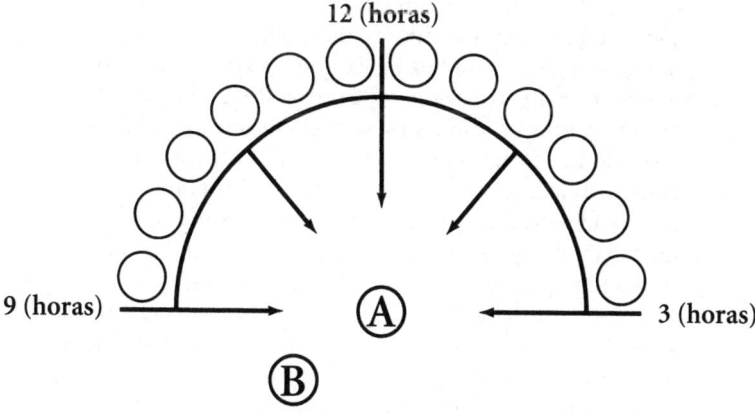

La figura 3 indica la posición de bienvenida en semicírculo más común en un grupo de almas que reciben al alma que vuelve A con (o sin) un maestro-guía en posición B. En este diagrama de reloj, las almas se acercan en turno desde diferentes posiciones en un arco de 180 grados. Las almas que dan la bienvenida no se acercan por detrás, desde la posición de las 6 en punto.

para dar la bienvenida al recién llegado. La figura 4 representa el esquema usual de un centro de aprendizaje donde numerosos grupos de almas trabajan. La consistencia de los relatos, en lo relacionado con los ámbitos mostrados en la figura 4 es asombrosa. Sólo un muy bajo porcentaje de mis pacientes afirma que su encuentro inicial con grupos de almas se limita a flotar en el aire sin nada alrededor. Sin embargo, la ausencia de paisajes o estructuras físicas no perdura por mucho tiempo, incluso en la mente de estos pacientes.

Aulas de clase

Una reunión de almas fuera del ámbito del aula de clase, incluyendo los grandes vestíbulos, indica que es el momento de socializar y recrearse. Esto no quiere decir que en estas áreas no se presenten temas serios de discusión, simplemente que las actividades espirituales no están dirigidas al área de estudios. He aquí una descripción de un paciente que se adentra en un ámbito de aula de clase (ver figura 4):

> Mi guía me conduce a una estructura en forma de estrella y sé que este es mi lugar de aprendizaje. Hay una cámara central con forma de cúpula, en estos momentos está vacía. Puedo ver corredores que van en direcciones opuestas y nos movemos hacia uno de estos vestíbulos donde se encuentran las aulas de clase. Están ubicadas de tal forma que los salones no se encuentran uno frente a otro, de tal forma que no se molesta a otro grupo de almas. Mi aula es el tercer cubículo a la izquierda, pero nunca he visto que haya más de seis aulas por vestíbulo. En cada aula hay entre ocho y quince almas trabajando en sus pupitres. Sé que suena ridículo pero es lo que veo. Mientras avanzo por el vestíbulo con mi guía puedo apreciar que en algunas aulas las almas estudian solas mientras que en otras trabajan en grupos de entre dos y cinco miembros. En otra aula los estudiantes observan a su instructor dictando una charla desde el tablero. Cuando entro a mi aula, todos dejan de hacer lo que estaban haciendo y me dirigen una amplia sonrisa. Algunos hacen señas con sus manos y otros me animan como si me hubiesen estado esperando. Los más cercanos a la entrada me acompañan a mi puesto y me alisto para participar de la clase. Todo el tiempo que estuve alejado de

Figura 4: Centro Espiritual de Enseñanza

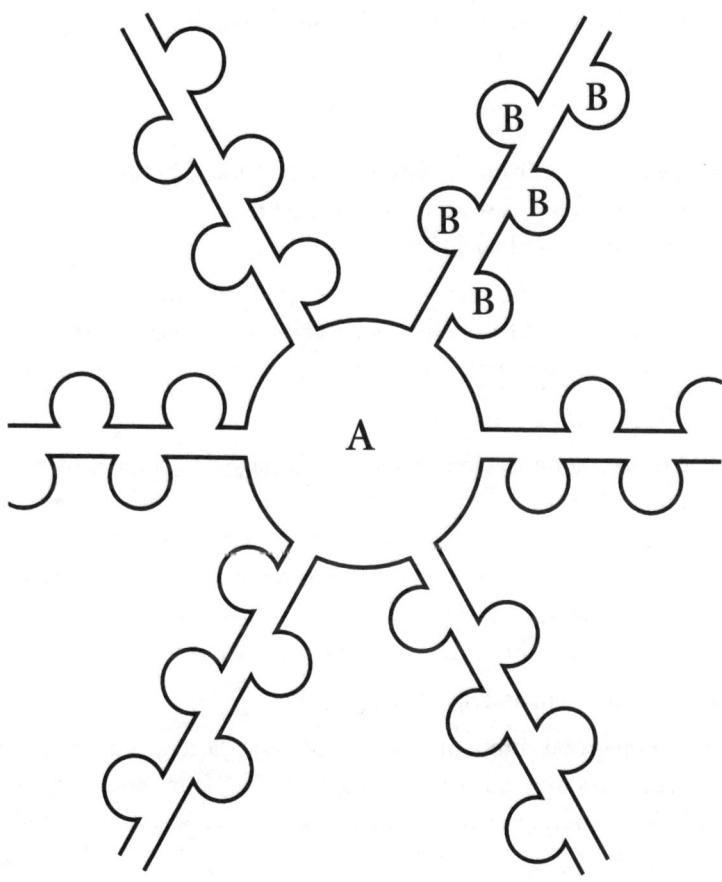

Este diseño de aulas de clase es visualizado por muchas almas, con una rotonda A en el centro, con aulas B de grupos primarios en los corredores adyacentes. Usualmente no hay más de seis aulas por corredor. Estos cuartos redondeados se encuentran ubicados diagonalmente uno del otro. El número de corredores reportados varía.

este mundo parece una breve y rápida salida a la tienda de la esquina para comprar una caja de leche.

Muchos de mis pacientes visualizan las estructuras de sus aulas espirituales de manera sencilla, pero hay excepciones como en el siguiente caso, un alma de nivel intermedio llamada Rudalph.

Caso 16

Dr. N.: Después de que su última vida terminó, descríbame lo que vio a medida que se acercaba a su destino, el lugar al que pertenece en el mundo del espíritu.

P: Al acercarme a mi grupo se percibe una atmósfera similar a la de un parque, donde la naturaleza es tranquila y llena de paz. Puedo ver grupos de burbujas, suaves y transparentes, con almas adentro.

Dr. N.: ¿Y reconoce su propio grupo?

P: Oh... si... aunque... mis señales... toma algo de tiempo acostumbrarse de nuevo. Estoy bien. Pude haberlo hecho por mi mismo, pero mi guía Tahama (quien luce como una india americana) vino a acompañarme en este viaje porque sabía que yo estaba agotada después de una larga y dura vida (había muerto a los ochenta y tres años, en 1937). Ella es tan considerada.

Dr. N.: Está bien, descríbame su grupo.

P: Veo mi grupo como una enorme burbuja (la cual es un centro de enseñanza) dividida en cuatro niveles. En el interior de la burbuja se aprecia muchos puntos brillantes y coloridos de energía espiritual.

Dr. N.: ¿Y todo esto es transparente para usted aún cuando lo mira desde afuera?

P: Semitransparente... lechoso.

Dr. N.: Está bien, ahora entre y describa cómo ve estos cuatro niveles y qué significado tienen para usted.

P: Los cuatro niveles son transparentes y lucen como el cristal. Cada nivel está conectado por una escalera a un compartimiento para estudio. En cada nivel hay grupos que se encuentran bajo inducción. Entro al primer nivel, donde un grupo de nivel principiante conformado por dieciocho almas escuchan a una conferencista invitada, llamada Bion. La conozco, ella sabe de los peligros latentes en los jóvenes. Es fuerte pero tierna.

Dr. N.: ¿Conoce a todos los maestros en esta escuela?

P: Seguro. Soy una de ellos... sólo comenzando, claro está. Por favor no piense que me estoy jactando de ello, soy solamente una maestra en entrenamiento, pero me siento muy orgullosa.

Dr. N.: Ha de estarlo, Rudalph. Dígame, ¿cada nivel tiene un grupo primario?

P: (se desanima) Bueno, los dos primeros si, hay doce trabajando en el segundo nivel. Los niveles superiores tienen almas de otros grupos trabajando en sus especialidades particulares.

Dr. N.: Rudalph, ¿es esto lo mismo que un programa de estudios independientes?

P: Eso sería bastante acertado.

Dr. N.: Bueno, ¿qué pasa a su lado?

P: Tahama me indica el lugar donde debo estar, me recuerda que pertenezco al tercer nivel pero que puedo tomarme el tiempo que quiera, luego se va.

Dr. N.: ¿Por qué lo hace?

P: Oh, usted sabe... nuestros guías conservan con nosotros una relación maestro-alumno. Procuran no ser familiares con nosotros... en el sentido social, debido a su... status profesional. Espero que esto no suene como si se comportaran al igual que ciertos profesores prepotentes en la Tierra. Esto es diferente. Los maestros experimentados como mi otro guía, Relon, se mantienen a alguna distancia de sus alumnos cuando no están enseñando, para darles espacio y permitirles una expresión individual entre ellos. Ellos consideran importante no estar todo el tiempo sobre sus alumnos para facilitar su maduración.

Dr. N.: Eso es muy interesante. Por favor continúe, Rudalph.

P: Bien, Tahama me dice que nos veremos más tarde. Honestamente, aun no me siento completamente adaptado. Siempre me pasa cada vez que regreso, me toma un tiempo aclimatarme, así que me relajaré y disfrutaré con los chiquillos en el nivel inferior.

Dr. N.: ¿Chiquillos? ¿Llama a estas almas del primer nivel chiquillos?

P: (riendo) Bueno, ahora yo también estoy sonando un poco prepotente. Así es como describimos a los principiantes, quienes en su desarrollo son como niños. Este grupo hasta ahora está comenzando. Me respetan porque he sido muy activo con ellos. Conozco aquellos que están cometiendo los mismos errores debido a su falta de disciplina. Ellos no se están esforzando mucho para superarse en su desarrollo. No me quedo mucho tiempo porque no quiero que pierdan la concentración en las enseñanzas de Bion.

Dr. N.: ¿Cómo es la actitud del maestro hacia los más lentos?

P: Francamente, los maestros en el primer nivel se cansan de ciertos alumnos que casi se niegan a progresar, así que muchas veces los dejan solos.

Dr. N.: ¿Me está diciendo que los maestros dejan de apoyar a aquellos alumnos difíciles?

P: Tiene que entender que los maestros tienen una paciencia infinita porque el tiempo no significa nada acá. Simplemente esperan hasta que el alumno se aburra de su estancamiento y se ofrezca a trabajar más duro.

Dr. N.: Ya veo. Por favor continúe con su tour por la escuela.

P: Ahora estoy mirando a través del techo de cristal hacia el segundo nivel, a donde me dirijo ahora. Desde aquí, estas almas tienen una apariencia lanuda. En realidad no necesito de escaleras para subir pero en mi mente ellas representan un medio para llegar hasta allí. A medida que subo al segundo nivel puedo ver a los adolescentes, hiperactivos y llenos de una incansable energía... como esponjas capaces de absorber enormes cantidades de información rápidamente para hacer uso de ella. Están aprendiendo a manejarse ellos mismos pero muchos aun no saben como comunicarse con los otros de manera efectiva.

Dr. N.: Como maestra, ¿diría que estas almas están ensimismadas?

P: (risas) Eso es normal, así como una constante necesidad de estimulación externa. (más seriamente) Aun no estoy calificada para enseñar en este nivel. Enit está a cargo aquí, ella es una amante de la disciplina pero con un enorme corazón. En estos momentos se encuentran en descanso y me divierte verlos rodearme tratando de obtener información sobre la manera en que he aprendido a realizar las cosas en la Tierra. Poco más tarde siento que es hora de ir al tercer nivel.

Dr. N.: ¿Qué pasa si uno de aquellos alumnos le sigue hasta el tercer nivel?

P: (risas) De vez en cuando algún curioso deambula por áreas más avanzadas. Es como en la Tierra, un estudiante de tercer grado husmeando por los corredores de sexto grado se encontrará perdido, algunos le gastarán bromas y finalmente alguien le llevará de regreso a su aula de clase. Aquí es lo mismo.

Dr. N.: Bueno, me parece que está lista para llevarme al tercer nivel. ¿Puede contarme sus impresiones sobre este lugar?

P: (entusiasmada) Esta es mi área y somos como jóvenes adultos. Muchos de nosotros estamos siendo entrenados para ser maestros. Aquí los retos mentales son más constantes. Ahora estamos trabajando en el ingenio, no sólo en reaccionar a diferentes situaciones. Estamos aprendiendo a proteger e informar, a mantener nuestros ojos abiertos y a ver el espíritu de otros a través de la luz en sus ojos en nuestras vivencias terrenales.

Dr. N.: ¿Reconoce personas conocidas?

P: Oh, veo a Elan, mi esposo como un compañero espiritual primario. Él luce como en nuestra última vida. Elan enciende mi cansada energía con su amor, como quien enciende el fuego en una estufa fría. Yo estuve viuda por mucho tiempo (sus ojos se humedecen). Los dos nos sumergimos en un foso de felicidad por unos instantes.

Dr. N.: ¿Alguien más?

P: ¡Todo el mundo! Está Esent, mi madre en la vida actual, también Blay, mi mejor amiga en esta vida (mi paciente es repentinamente distraída por algo). Quiero ir rápido al cuarto nivel para ver a Anna, mi hija en esta vida.

Dr. N.: Dígame lo que pueda acerca de este cuarto nivel.

P: Sólo hay tres almas allí, desde abajo se ven como sombras amorfas de tonos dorados y azul plata. Hay tanto calor y amor con estas almas que están madurando hasta alcanzar su completo crecimiento. Se están volviendo sabias para ayudar a las almas a hacer uso de sus cuerpos humanos. Me parece que se sienten más iluminadas por la esencia divina, están en sintonía con sus existencias. Cuando ellas vuelven después de una vida física no necesitan adaptarse de nuevo, como me sucede a mí.

Dr. N.: ¿Dónde están los adultos de más edad, tales como los guías más experimentados, los mayores y otros como ellos?

P: No están en esta burbuja, pero los vemos por doquier.

La biblioteca de libros de vida

Muchos de mis pacientes hablan de haber estado en ámbitos similares a bibliotecas de investigación al poco tiempo de haberse reunido con sus grupos espirituales. He llegado a aceptar la idea de que estudiar nuestras vidas pasadas en detalle inmediatamente después es una norma imperativa de aprendizaje. Después de escribir, en mi primer libro, sobre el lugar donde los registros de nuestras vidas son almacenados, las personas me preguntaban si sería capaz de suministrar más información al respecto.

Aquellos que describen estructuras terrenales en su hogar espiritual mencionan la biblioteca y las descripciones de este ámbito en forma consistente. En la Tierra, la biblioteca representa una colección sistemática de libros organizados por temas y nombres que proporcionan información. Los títulos de los Libros Espirituales de Vida, poseen los nombres de mis pacientes en ellos. Esto puede sonar extraño, pero si yo estuviese trabajando con un ser acuático dotado de inteligencia, del planeta X, que nunca hubiese estado en la Tierra y cuyo lugar de estudio fuese una piscina de olas, estoy seguro que eso es lo que este individuo reportaría haber visto en el mundo del espíritu. Ya he mencionado las aulas espirituales y los más pequeños cubículos adyacentes donde los grupos primarios interactúan, incluyendo incluso los cuartos más pequeños y aislados donde las almas pueden estar a solas para estudiar más tranquilamente. Pues bien, la biblioteca no tiene nada de pequeño. Todos los que me cuentan sobre el lugar donde se encuentran los Libros de Vida mencionan un gigantesco vestíbulo de estudio, en una estructura rectangular, con libros alineados a lo largo de las paredes y muchas almas estudiando en escritorios; estas almas no parecen conocerse unas a otras. Cuando mis pacientes describen la biblioteca espiritual, la imagen que prevalece en sus mentes presenta un diseño similar al presentado en la figura 5.

En la biblioteca, los guías son almas encargadas del archivo de los libros. Estos seres silenciosos, casi monásticos, colaboran para encontrar la información, con otros guías y con alumnos de muchos grupos primarios. Estas bibliotecas sirven a las almas en diferentes maneras, dependiendo de la capacidad de esas almas. Las almas pueden ser ayudadas por sus propios guías o por los archivadores. Estos los ayudan a encontrar el Libro de la Vida indicado. La mayor parte investiga individualmente, mientras otros en pares. Algunos de mis pacientes, una vez que retornan al mundo del espíritu, van a la biblioteca. Otros van con sus guías rutinariamente. Un guía puede iniciar a su alumno y luego irse del lugar. Muchos elementos entran en juego, incluyendo la complejidad de la investigación y el espacio de tiempo que el alumno desee estudiar. La filosofía oriental sostiene que cada pensamiento, palabra y acción de toda vida en nuestro pasado, así como cada evento en el que participamos es relacionado en el Registro Akashic. Las posibilidades de eventos futuros pueden ser vistas también, con la ayuda de escribientes. La palabra "Akasha" básicamente significa la esencia de toda memoria universal que registra cada vibración energética de existencia, como una cinta magnética de audiovisual. Ya he mencionado las conexiones existentes entre la memoria divina, la inmortal y la consciente. Nuestra

Figura 5: Biblioteca de Libros de Vida

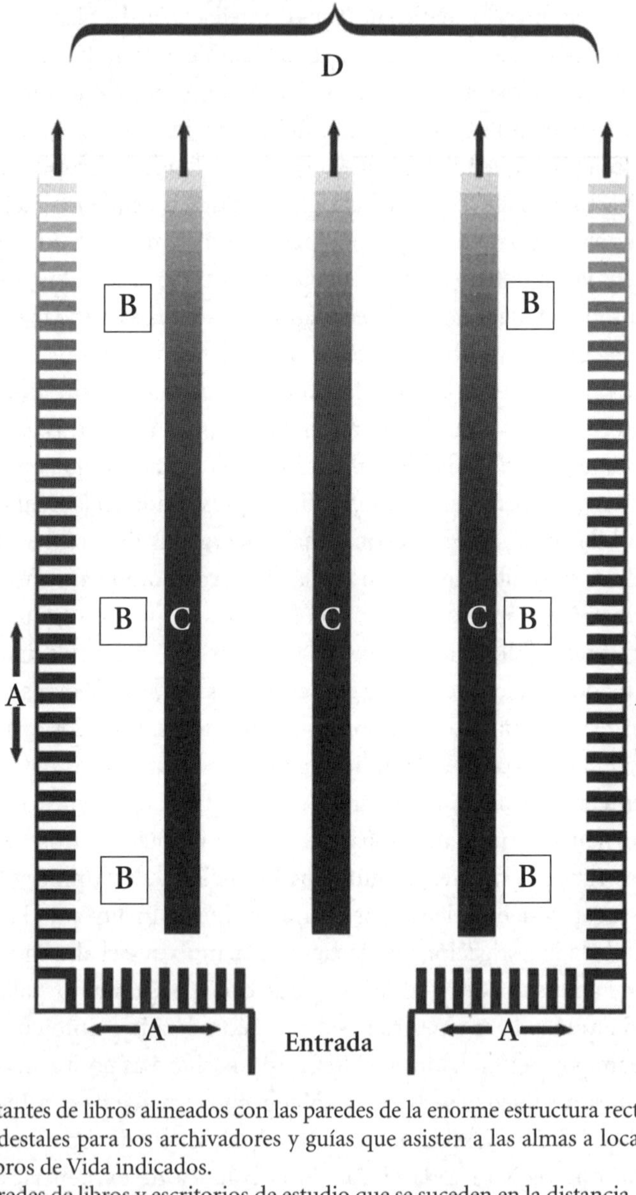

A: Estantes de libros alineados con las paredes de la enorme estructura rectangular.
B: Pedestales para los archivadores y guías que asisten a las almas a localizar los Libros de Vida indicados.
C: Paredes de libros y escritorios de estudio que se suceden en la distancia, más allá del alcance de la vista del alma.
D: Paredes llenas de libros y mesas de estudio ubicadas al fondo, fuera del alcance de la vista del alma.

visualización humana de las bibliotecas espirituales, lugares intemporales donde estudiamos oportunidades desperdiciadas y nuestra responsabilidad por acciones pasadas, es un ejemplo de esas conexiones de la memoria. La gente de oriente ha concebido que la esencia de todo evento pasado, presente y futuro es preservada y contenida en partículas de energía y posteriormente recuperada en un ámbito espiritual sagrado por medio de vibraciones. Yo pienso que todo el concepto de registros personales espirituales para cada uno de nosotros no se originó en la India o cualquier otro lugar de la Tierra. Comenzó con nuestras mentes espirituales que ya tenían conocimiento de estos registros entre vidas.

Creo que es absurdo que ciertos aspectos de la memoria recuperada sobre las bibliotecas espirituales puedan ser arruinadas por algunas creencias humanas que sólo pretenden atemorizar a la gente. En las culturas orientales hay quienes afirman que los Libros de Vida son similares a diarios espirituales que pueden ser utilizados como evidencia contra las almas. Las visiones de bibliotecas espirituales son interpretadas como escenas donde se preparan casos contra almas errantes, basadas en sus registros del karma. Un paso más allá en esta distorsionada creencia nos lleva a un temido tribunal donde se sentencia al alma por sus deficiencias en la vida pasada con base en este testimonio. Algunos psíquicos proclaman su capacidad de ver el futuro por medio de los Registros Akashic y que por medio de estos pueden prevenir y evitar la catástrofe a sus seguidores.

La extravagancia humana no tiene límites cuando se trata de infundir temor. Un ejemplo básico es el miedo a un terrible castigo para aquellos que cometen suicidio. Es verdad que no alcanzar el cielo ha sido un motivo para evitar el suicidio, pero es un acercamiento equivocado. En los últimos años me he dado cuenta que ni siquiera la Iglesia Católica sigue siendo tan obstinada y radical sobre el suicidio como pecado mortal causal de un extremo castigo espiritual. Ahora, un catecismo aprobado por el Vaticano declara que el suicidio "va en contra de la ley natural" pero agrega, "por motivos sólo conocidos por Dios, existe la oportunidad de un sano arrepentimiento". Por sano se refiere a aquello hecho con un buen propósito.

Mi siguiente caso representa a una mujer que se quitó la vida en su vida pasada. Ella describe su análisis del hecho en un ámbito de biblioteca. El arrepentimiento en el mundo del espíritu a menudo comienza en este lugar. Dado que examinaré su suicidio, considero acertado apartarme brevemente de la biblioteca y referirme a ciertas preguntas que me hacen con relación al suicidio y sus subsecuentes consecuencias en el mundo del espíritu.

Cuando trabajo con pacientes que han cometido suicidio en vidas anteriores, lo primero que exclaman después del momento de su muerte es "oh, Dios mío, ¡como he podido ser tan estúpido!". Estas son personas físicamente sanas, libres del sufrimiento ocasionado por enfermedades agobiantes. El suicidio de personas, jóvenes o viejas, cuyo estado físico ha deteriorado su calidad de vida hasta reducirla a casi nada, es tratado en el mundo del espíritu de manera diferente al de aquellos que si gozaban de cuerpos saludables. Aunque todos los casos de suicidio son tratados con amabilidad y comprensión, los casos de personas que se quitaron la vida teniendo cuerpos sanos son considerados para mayor explicación de los actos cometidos.

De acuerdo a mi experiencia, las almas no padecen sentimientos de culpa cuando se encuentran involucradas en casos de muerte piadosa. Daré un ejemplo realista de este tipo de muerte con un hermano y una hermana en la sección de "Libre albedrío" en el capítulo 7. Cuando tenemos un padecimiento físico insoportable, tenemos el derecho a ser liberados de ese dolor y de la humillación de ser tratados como seres inútiles, conectados a aparatos para vivir artificialmente. En el mundo del espíritu no he encontrado ningún estigma asociado a las almas que abandonan un cuerpo terriblemente desecho y que es liberado del dolor por su propia mano o la de un ser que se compadece de su dolor.

He trabajado con un buen número de personas que han intentado quitarse la vida en los años previos a conocerme y creo que esto me ha ayudado a tener una perspectiva útil del tema. Algunos llegaron a mí aun bajo grandes conflictos emocionales, otros ya se habían liberado de aquellos pensamientos autodestructivos. Algo que he aprendido es que aquellas personas que dicen no pertenecer a este mundo deben ser tomadas en serio, pueden ser incluso suicidas potenciales. De acuerdo a mi experiencia, estos pacientes pertenecen a una de las siguientes tres clasificaciones espirituales:

1. Almas jóvenes, muy sensibles, que han iniciado sus encarnaciones en la Tierra pero han permanecido poco tiempo acá. Algunas almas de esta categoría han tenido grandes dificultades para adaptarse al cuerpo humano. Sienten su misma existencia amenazada por la crueldad de la misma.

2. Almas, tanto jóvenes con viejas, que antes de venir a la Tierra han encarnado en otros planetas. Si estas almas vivieron en mundos menos difíciles que la Tierra, pueden verse superadas por las primitivas emociones y la alta densidad del cuerpo humano. Estas son las almas híbridas que había mencionado anteriormente. Básicamente se sienten en un cuerpo extraño.

3. Almas por debajo del nivel III, que han estado encarnando en la Tierra desde su creación pero que no son compatibles con su cuerpo actual. Estas almas aceptaron un compromiso de vida con un cuerpo anfitrión cuyo ego y mente física es radicalmente diferente de su alma inmortal. Ellas parecen no poder encontrarse a sí mismas en esta vida en particular.

¿Qué sucede con las almas involucradas en suicidios de cuerpos sanos? Estas almas me dicen que perciben algo disminuido en los ojos de sus guías y de sus compañeros de grupo por haber roto su pacto en la vida pasada. Hay pérdida del orgullo por una oportunidad desperdiciada. La vida es un regalo y una gran cantidad de pensamientos han sido depositados en ciertos cuerpos para nuestro uso. Somos los custodios de este cuerpo y eso implica una confianza sagrada. Mis pacientes lo llaman contrato. Cuando una persona joven y sana comete suicidio, nuestros maestros lo consideran un acto de tonta inmadurez y evasión de una responsabilidad. Nuestros superiores espirituales han depositado su confianza en nuestro coraje para vivir hasta el final una existencia con cuerpos funcionales y una capacidad de adaptación normal, sin importar que tan difícil resulte. Ellos poseen una paciencia infinita, pero para aquellos que repiten este tipo de ofensa, el perdón toma otra dirección.

Tuve la oportunidad de trabajar con un joven paciente que había intentado suicidarse un año antes de conocerle. Durante nuestra sesión de hipnosis encontramos evidencia de un patrón de autodestrucción en sus vidas anteriores. Al hallarse ante el consejo de Mayores, después de su última vida, uno de ellos dijo:

> Una vez más vuelve antes de tiempo y estamos decepcionados. ¿No ha aprendido que la prueba se hace más difícil con cada nueva vida que usted termina? Su comportamiento es egoísta por muchas razones, sin contar la pena que ha causado a aquellos que ha dejado y que le amaban. ¿Por cuánto tiempo más seguirá desperdiciando los excelentes cuerpos que le damos? Díganos cuando esté listo para dejar esa actitud de autocompasión y valorar sus capacidades.

No creo haber escuchado a un miembro del consejo dirigirse de forma más dura a uno de mis pacientes en lo referente al suicidio. Meses más tarde, este mismo paciente me escribió para decirme que cada vez que pensamientos suicidas atraviesan su mente, él los hace a un lado porque no desea volver a encontrarse cara a cara con aquel Mayor. Una pequeña sugestión post hipnótica de mi parte le hace recordar esta escena en su mente consiente rápidamente y sirve como inhibidor.

En casos de suicidio con cuerpos sanos, generalmente sucede una de dos cosas. Si el alma no es reincidente, usualmente es enviada de regreso a una nueva vida, por su propia solicitud, para recuperar el tiempo perdido. Esto podría ser dentro de los cinco años después de su muerte en la Tierra. El alma promedio está convencida de que es importante volver rápidamente al trampolín después de haber tenido un mal salto en una vida anterior. Después de todo, tenemos instinto de supervivencia como seres humanos y la mayoría de los espíritus luchan tenazmente por permanecer con vida.

Para aquellos que presentan un patrón de evasión para salir de apuros cuando las cosas se ponen difíciles hay lugares de arrepentimiento para un buen propósito. Estos lugares no tienen un panteón de los horrores con áreas destinadas a los pecadores, con espíritus oscuros y perversos. Más que castigados en cierto tipo de purgatorio desierto, estas almas voluntariamente van a un hermoso mundo planetario con agua, árboles y montañas, pero ningún otro tipo de vida. Es un lugar de retiro, no tienen contacto con otras almas salvo las esporádicas visitas de algún guía que busca asistirles en sus reflexiones y autoevaluación.

Los lugares de aislamiento vienen en muchas variedades y debo admitir que lucen terriblemente aburridos. Quizás es la idea. Mientras se está en la banca, los compañeros de equipo siguen asumiendo retos en nuevas vidas. Esta técnica aparentemente funciona porque estas almas vuelven a sus grupos frescas pero conscientes de que se han perdido de una gran cantidad de acción y de oportunidades para su desarrollo propio. Sin embargo hay almas que nunca se adaptan a la Tierra. Me dicen que algunas son reasignadas a otros mundos para sus futuras encarnaciones.

Mis siguientes dos casos representan la exposición del alma a las bibliotecas espirituales y el impacto que les produce ver sus registros. En ambos casos hay evidencia del uso de una realidad alterada, con algunas diferencias. La mujer en el caso 17, un caso de suicidio, mostrará una serie de alternativas que pudo haber escogido en su vida pasada, presentada en cuatro secuencias coexistentes de tiempo. La primer secuencia fue su vida real. Ella será más observadora que participante en estas escenas. En el caso 18, en cambio veremos el empleo de una sola escena de realidad alterada de una vida anterior, en la que el alma entrará dramáticamente para experimentar un diferente desenlace. Ambos casos están diseñados para mostrar los muchos patrones de vida que involucran cambios.

Nuestros guías deciden el medio más efectivo de autohallazgo en la biblioteca. El diseño y alcance de estas investigaciones queda bajo la jurisdicción de los archivadores.

Caso 17

Amy había retornado recientemente al mundo del espíritu después de una vida en una pequeña villa campestre de Inglaterra donde se quitó la vida en 1860, a la edad de dieciséis años. Esta alma debería esperar otros cien años antes de volver a la Tierra, debido a sus dudas y deficiencias para afrontar la adversidad. Amy se lanzó a un pozo de la localidad porque se encontraba embarazada de dos meses y era soltera. Su amante, Thomas, había muerto una semana antes cuando cayó de un techo que reparaba. Supe que ambos estaban profundamente enamorados y planeaban casarse. Durante el recuento de su vida anterior, Amy me confesó que cuando Thomas murió ella sintió que su vida también terminaba. Además ella no quería ocasionar vergüenza a su familia por los rumores de los aldeanos. Con lágrimas en sus ojos, mi paciente dijo, "sabía que me llamarían prostituta y si hubiera huido a Londres, en eso es en lo que se convertiría una mujer joven, pobre y con un niño".

En casos de suicidio, un guía del alma puede ofrecerle retiro, fuerte energía de regeneración, un pronto regreso o alguna combinación de estas alternativas. Cuando Amy cruzó el umbral después de morir, su guía Likiko y el alma de Thomas le consolaron por un tiempo. Más tarde ella quedó a solas con Likiko en un hermoso jardín. Amy percibía la decepción en Likiko y esperaba ser reprendida por su falta de valor. Con rabia, preguntó a su guía por qué la vida no fue como se había planeado desde el comienzo, ella nunca había contemplado la posibilidad de un suicidio antes de encarnar; pensaba que se casaría con Thomas, tendrían niños y vivirían felices en su pueblo hasta la vejez. Sentía como si alguien le hubiese corrido el tapete para hacerla caer. Likiko le explicó que la muerte de Thomas era una de las alternativas en este ciclo de vida y que ella tuvo la libertad para tomar mejores decisiones que el suicidio.

Amy supo que para Thomas, su decisión de subir a un techo alto, impredecible y peligrosamente liso fue probablemente una alternativa, la más probable porque su mente ya había considerado este "accidente" para probarla a ella. También supe que Thomas estuvo cerca de no aceptar el trabajo en el techo porque percibía "fuerzas internas que lo empujaban en otra dirección". Aparentemente, aunque en anteriores vidas ella había presentado comportamientos tenues, todos en este grupo de almas veían en Amy una capacidad de supervivencia mayor que la que ella misma se atribuía.

Una vez del otro lado del umbral, Amy consideró todo este ejercicio cruel e innecesario. Likiko le recordó que ella tenía una historia de autoflagelación y si alguna vez pretendiera ayudar a sobrevivir a otros, debería pasar y superar esta derrota en ella misma. Cuando Amy respondió que dadas las circunstancias ella no había tenido muchas opciones pues era la Inglaterra victoriana, se encontró en la siguiente escena de biblioteca.

Dr. N.: ¿Dónde se encuentra en estos momentos?

P: (algo desorientada) Estoy en un lugar de estudio... luce... gótico... paredes de roca... largas mesas de mármol...

Dr. N.: ¿Por qué cree que está en este tipo de construcción?

P: (pausa) En una de mis vidas viví en un monasterio en Europa, en el siglo XII. Me encantaba el viejo claustro de la iglesia, era un lugar para el estudio en paz. Pero sé donde estoy ahora. Es la biblioteca de grandes libros... los registros.

Dr. N.: Muchos los llaman Libros de Vida. ¿Es lo mismo?

P: Si, todos los usamos... (pausa, está distraída) Hay un anciano de apariencia aprensiva y ataviado con una bata blanca que se acerca... da vueltas a mi alrededor.

Dr. N.: ¿Amy, qué está haciendo el anciano?

P: Bueno, trae un juego de pergaminos, rollos de listas. Está murmurándome algo y sacudiendo su cabeza.

Dr. N.: ¿Tiene idea de por qué?

P: Es el bibliotecario. Me dice, "ha llegado temprano".

Dr. N.: ¿A qué cree usted que se refiere?

P: (pausa) A que... yo no tenía razones de peso para volver tan rápido.

Dr. N.: ¿Razones de peso?

P: (se quebranta) Oh... padeciendo un terrible dolor, incapaz de funcionar en la vida.

Dr. N.: Ya veo. Dígame lo qué hace ahora el bibliotecario.

P: Hay un enorme espacio abierto donde veo a muchas almas en largos escritorios, con libros por doquier, pero no voy hacia allí. El anciano me lleva a uno de los pequeños cuartos privados localizados hacia un lado, donde podemos hablar sin molestar a los demás.

Dr. N.: ¿Cómo se siente por todo esto?

P: (mueve su cabeza resignadamente) Supongo que necesito un tratamiento especial e inmediato. El cuarto es muy plano, con una mesa sencilla y una silla. El anciano trae un gran libro y lo sitúa frente a mí, como si fuera una pantalla de televisión.

Dr. N.: ¿Qué se supone que usted debe hacer?

P: (abruptamente) ¡Prestarle atención! Él coloca su pergamino frente a mí y luego lo abre. Entonces apunta a una serie de líneas que representan mi vida.

Dr. N. Por favor, vaya despacio y explíqueme lo que estas líneas significan para usted, Amy.

P: Son las líneas de la vida... mis líneas. Las gruesas y ampliamente espaciadas representan las experiencias prominentes en nuestra vida y la edad en que muy probablemente ocurrirán. Hay líneas más delgadas que cortan y dividen a las principales, representan una variedad de otras... circunstancias.

Dr. N.: He escuchado que estas líneas menos prominentes son posibilidades de actuar que se oponen a las probabilidades. ¿Eso es lo que usted dice?

P: (pausa) Correcto.

Dr. N.: ¿Qué más puede decirme de estas líneas gruesas y delgadas?

P: Bueno, la línea gruesa es como el tronco de un árbol y las más pequeñas son como sus ramas. Sé que el tronco es mi patrón principal. El anciano está apuntando esta línea y me reprende un poco por haber tomado una rama que significaba un callejón sin salida.

Dr. N.: Usted sabe, Amy, a pesar de que este archivador está molestándola por las líneas, sabemos que representan una serie de alternativas. Desde la perspectiva del karma, todos tomamos el camino equivocado de vez en cuando.

P: (acaloradamente) Si, pero esto es serio. Ante sus ojos, no cometí un pequeño error. Sé que a él le preocupa lo que hago. (hace una pausa y luego dice con tono alto) QUISIERA PEGARLE EN LA CABEZA CON SU MALDITO PERGAMINO. LE DIGO, "¡VAYA E INTENTE VIVIR MI VIDA POR UN RATO!".

Nota: En este momento Amy me comenta que el rostro del anciano se ablanda y abandona el cuarto por algunos minutos. Ella cree que le está dando algo de tiempo para que se recupere pero en cambio trae otro libro. Este libro está abierto en una página donde Amy puede ver al archivador, joven, siendo destrozado por los leones en un antiguo coliseo romano, sentenciado a esta muerte por sus convicciones religiosas. De nuevo retira su libro y abre el libro de Amy. Le pregunto qué ve a continuación.

> P: Viene a la vida en color tridimensional. Me muestra la primera página con un universo de millones de galaxias. Luego la Vía Láctea... y nuestro sistema solar... de manera que recuerde de donde vengo, como si pudiera olvidarlo. Luego me muestra más páginas.
>
> Dr. N.: Me gusta esta perspectiva, Amy. Luego, ¿qué más ve?
>
> P: Ahh... prismas de cristal... oscuros y luminosos dependiendo de los pensamientos enviados. Ahora recuerdo que he hecho esto antes. Más líneas... y retratos... donde puedo adelantar o retroceder en el tiempo con mi mente. Pero de alguna manera el anciano me está ayudando.
>
> Nota: Me han relatado que estas líneas forman secuencias de vibraciones que representan alineaciones de la línea del tiempo.
>
> Dr. N.: ¿Cómo interpretaría el significado de las líneas?
>
> P: Ellas forman los patrones de los retratos de la vida en el orden que uno desea mirarlos, que uno necesita mirarlos.
>
> Dr. N.: No quiero adelantarme, Amy. Sólo dígame lo que el anciano hace con usted ahora.
>
> P: Está bien, él se dirige a otra página y me veo en la villa que acabo de dejar. En realidad no es un retrato, es tan real, tiene vida. Estoy allí.
>
> Dr. N.: ¿Está realmente en la escena o simplemente observa la escena?
>
> P: Podemos hacer cualquiera de las dos cosas, pero en estos momentos se supone que sólo debo observar las escenas.

Dr. N.: Eso está bien, Amy. Vayamos por la escena tal como el anciano se la presenta. Explique lo que está sucediendo.

P: Oh... vamos a mirar... otras alternativas. Después de ver lo que en realidad hice en el pozo en que me quité la vida, la siguiente escena me lleva de vuelta al pozo, en la orilla. (pausa) Esta vez no me arrojo, no me ahogo, camino de regreso a la villa (se ríe por primera vez) Aun estoy embarazada.

Dr. N.: (riendo con ella) Bien, pase la página. ¿Ahora qué?

P: Estoy con mi madre, Iris. Le confieso que llevo al bebe de Thomas. No está escandalizada como pensé que lo estaría, aunque si molesta. Aprendo una lección. Luego... está llorando conmigo, abrazándome. (mi paciente se derrumba mientras con lágrimas intenta seguir hablando) Le digo que soy una buena muchacha, pero estaba enamorada.

Dr. N.: ¿Iris le cuenta a su padre?

P: Esa es una de las alternativas en la pantalla.

Dr. N.: Prosiga con ese patrón de alternativa, por favor.

P: (pausa) Nos mudamos a otra villa, allí decimos que soy una viuda. Años más tarde me casaré con un hombre mayor. Son tiempos muy difíciles. Mi padre perdió mucho cuando nos mudamos y éramos aun más pobres que antes. Pero permanecimos juntos como una familia y la vida eventualmente mejora. (vuelve a llorar) Mi pequeña niña era hermosa.

Dr. N.: ¿Es esa la única acción alternativa que estudia en este momento?

P: (resignada) Oh, no. Ahora miro otra alternativa. Vuelvo del pozo y confieso mi embarazo. Mis padres me gritan y discuten amargamente entre sí, culpándose mutuamente. Finalmente me dicen que no perderán la pequeña granja por la que tanto han luchado y que no abandonarán el lugar por culpa de mi deshonra. Me dan algo de dinero para que viaje a Londres e intente conseguir algún trabajo como empleada de servicio.

Dr. N.: ¿Y cómo resulta?

P: (con amargura) Tal como lo había pensado. Londres no habría sido bueno. Termino en las calles, durmiendo con otros hombres. (tiembla) Muero joven y mi bebita, una niña abandonada que eventualmente muere también. Horrible...

Dr. N.: Bueno, pero al menos usted intentó sobrevivir en esta vida alternativa. ¿Se le presentan más oportunidades de elegir?

P: Me estoy agotando. El anciano me muestra una última alternativa. En esta escena mis padres siguen considerando que debo marcharme, pero esperan hasta que por la villa pasa un mercader ambulante a quien le pagan algo de dinero para que me lleve a otro lugar. No vamos a Londres, sino a otras villas del área. Finalmente consigo empleo con una familia a la que les digo que mi esposo murió. El mercader me dio un anillo de latón y relató mi historia. No estoy segura si me creyeron, no importa. Me establezco en ese pueblo, nunca llego a casarme, pero mi hija crece sana.

Dr. N.: Después de haber contemplado otras alternativas al suicidio, ¿cuáles son sus conclusiones?

P: (con tristeza) Fue un desperdicio quitarme la vida. Ahora lo sé. Creía que lo sabía todo. Justo después de morir me dije, "Dios, fue una estupidez, ahora tendré que volver a hacer todo de nuevo". Cuando comparecí ante el consejo, me preguntaron si deseaba probar de nuevo pronto. Dije, "déjeme pensarlo por un tiempo".

Después de esta sesión mi paciente me comentó algunas de las decisiones que ha tenido que tomar en su actual vida y que han requerido de valor de su parte. Como quinceañera, quedó embarazada y tuvo que luchar contra este conflicto con la ayuda de consejeros escolares y finalmente de su madre, quien fue Iris en su vida como Amy. Ellas la apoyaron para levantarse sin importarle las opiniones de los demás. En nuestras sesiones juntos, ella aprendió que su alma tenía una tendencia a prejuzgar de manera negativa aquellos eventos serios de su vida. En muchas vidas pasadas hubo un sentimiento de incertidumbre porque sus decisiones en los momentos de crisis fueran equivocadas.

Aunque Amy estaba renuente de volver a la Tierra, hoy es una mujer de mucha más confianza en sí misma. Se tomó cien años entre vidas, reflexionando sobre su suicidio y las decisiones tomadas en los siglos anteriores a esta vida. Amy es un alma musical y en un momento dijo:

> Debido a que desperdicié el cuerpo que me habían designado, estoy haciendo un tipo de penitencia. Durante la recreación no puedo ir al salón de música, lo cual me encanta hacer, porque necesito estar a solas en la biblioteca. Uso las pantallas para revisar mis acciones pasadas involucrando las alternativas en aquellos casos en que me he lastimado a mí misma o a aquellos que me rodean.

Cuando un paciente usa la palabra "pantalla" para describir como ven los eventos, el ámbito es importante. Los pequeños cuartos de conferencia y la biblioteca muestran mesas con una variedad de libros del tamaño de un televisor. Estos así llamados libros tienen pantallas iluminadas tridimensionales. Una paciente resume los pensamientos de la mayoría de personas con que he trabajado, "Estos registros dan la ilusión de ser libros con páginas, pero son hojas de energía que vibran y forman patrones vívidos de eventos".

El tamaño de estas pantallas depende del uso dentro de un determinado ámbito. Por ejemplo, en los cuartos de selección de vida que utilizamos justo antes de nuestra próxima encarnación, las pantallas son mucho más grandes que las vistas en las bibliotecas y aulas espirituales. A las almas se les da la opción de entrar estas pantallas del tamaño de la vida. Las enormes y brillantes pantallas usualmente envuelven el alma y han sido llamadas el Anillo del Destino. Discutiremos más sobre el Anillo en el capítulo 7.

A pesar del impresionante tamaño de las pantallas las almas pasan más tiempo observando escenas en la biblioteca. La función de las pantallas más pequeñas es monitorear el tiempo pasado y presente en la Tierra. Todas las pantallas, grandes o pequeñas han sido descritas como hojas de película que lucen como cascadas y en las que se puede entrar mientras parte de nuestra energía permanece en el cuarto.

Todas las pantallas de visión cósmica son multidimensionales, con coordenadas que registran el espacio y el tiempo de ocurrencia de los eventos. A menudo se les denomina líneas de tiempo y pueden ser manipuladas mediante la exploración del pensamiento. Pueden haber otras fuerzas participando en este proceso, no vistas por las almas. Muy a menudo los pacientes emplean invenciones tecnológicas en la descripción de sus exploraciones, tales como consolas, palancas y diales. Al parecer, todas estas son ilusiones creadas por almas que encarnan en la Tierra.

Independientemente del tamaño de la pantalla, la longitud, el ancho y la profundidad en cada cuadro permite al alma ser parte de una procesión de secuencias de causa y efecto. ¿Pueden las almas entrar en las pantallas más pequeñas asociadas con libros en la misma forma que lo hacen en las pantallas más grandes encontradas en el Anillo? Aunque no hay restricciones para el estudio del viaje en el tiempo, la mayoría de mis pacientes parecen usar las pantallas pequeñas para observar eventos del pasado en los que han participado. Las almas toman porción de su energía, dejando el resto en la consola y entrando en la pantalla en una de dos formas:

1. Como observadores que se mueven como espíritus invisibles por los escenarios terrestres sin tener ninguna influencia sobre los eventos. Veo esto como trabajar con realidad virtual.

2. Como actores que participan asumiendo roles en la acción de la escena, hasta el punto de alterar la realidad original mediante la recreación.

Una vez repasados los eventos, todo vuelve al estado original ya que la realidad constante de un evento pasado en el mundo físico permanece inalterado desde la perspectiva del alma que tomó parte en el evento original.

A medida que el diálogo progrese en mi siguiente caso, se hará obvio que un ser invisible está recreando con alteraciones una escena de una vida pasada. Estos ajustes pretenden obtener empatía y enseñar al alma del caso 18. Este caso es un ejemplo de lo que algunos de mis pacientes quieren decir cuando se refieren a entrar a mundos de tiempo alterado y causalidad mediante pantallas encontradas en libros, consolas y teatros. Aunque estos ejercicios de entrenamiento en espacio y tiempo no cambian el curso del evento histórico original en la Tierra, aquí pueden actuar otras fuerzas. Acepto la posibilidad de que los recuerdos de mis pacientes podrían demostrar que ellos se están moviendo a través de universos paralelos que podrían duplicar casi con exactitud nuestro propio espacio y tiempo. Incluso, en las aulas espirituales y en las bibliotecas, ellos no ven eventos pasados en la Tierra como hechos ocurridos fuera de la realidad de nuestro universo. Tengo la sensación que lo que un alma de la Tierra es capaz de ver y explicarme es regulado por la resonancia de sus guías personales. Cuando llegan a la sala de selección de vida, con pantallas más grandes para observar únicamente el futuro, su perspectiva sobre una realidad constante cambia más a una realidad fluctuante.

Los eventos en cualquier pantalla pueden ser adelantados o retrocedidos. Pueden presentarse en movimiento rápido o lento, o congelarse para su estudio. Todas las posibles acciones por parte de quien observa las imágenes están disponibles para su análisis, tal como si se usara un proyector de películas. Uno puede percibir del caso 18 que un evento pasado en nuestro mundo físico no es cambiado indeleblemente por este individuo a pesar de que su alma existe en el eterno ahora del mundo del espíritu. Algunos llamarían estas proyecciones "no tiempo" para almas, porque el pasado puede ser alterado con posibilidades futuras en la siguiente vida desde un tiempo espiritual siempre-presente.

Caso 18

Este caso involucra a un alma llamada Unthur, quien acaba de terminar una vida marcada por la agresividad física hacia las demás personas. Sus mentores decidieron iniciar la revisión de su vida en la biblioteca con una escena de su niñez en un patio de juegos.

Dr. N.: Cuando retorna al mundo del espíritu, Unthur, ¿hay algo que se destaque de su revisión de la vida que acaba de terminar y que usted recuerde de manera particular?

P: Después de visitar a mi grupo por un rato, mi guía Fontanious me acompaña a la biblioteca para estudiar en privado mientras mi vida pasada está aun fresca.

Dr. N.: ¿Es esta la única vez que vendrá a este lugar?

P: Oh, no. A menudo venimos por nosotros mismos a estudiar. Es también una forma de prepararnos para nuestra próxima vida. Estudiaré vocaciones y ocupaciones para la nueva vida a la luz de mis objetivos, para ver si son compatibles.

Dr. N.: Esta bien, entremos a la biblioteca. Por favor describa todo lo que ve, en el orden que lo ve.

P: El cuarto está en un gran edificio rectangular. Todo es de un blanco transparente y reluciente. Las paredes están alineadas con grandes y gruesos bloques.

Dr. N.: ¿Lo ha traído Fontanious hasta acá?

P: Sólo al principio. Ahora estoy con una mujer de blancos cabellos. Su rostro infunde tranquilidad. Lo primero que noto al entrar son las largas hileras de mesas que se alargan a la distancia, no puedo ver donde terminan. Veo muchas personas sentadas en las largas mesas, observando libros que tienen enfrente suyo. No están muy cerca los unos de los otros.

Dr. N.: ¿Por qué?

P: Oh... no encarar al prójimo es cuestión de cortesía y respeto a la privacidad.

Dr. N.: Por favor continúe.

P: Mi bibliotecaria luce tan escolar... nosotros llamamos a esta gente los Escolásticos (para otros son los archivadores). Ella se mueve hacia una sección de la pared y saca un libro. Sé que son mis registros. (con voz lejana) Ellos contienen historias que han sido contadas y aquellas que otros desconocen.

Dr. N.: (con algo de frivolidad) ¿Tiene su carné de biblioteca?

P: (risas) No se requiere carné, sólo sintonía mental.

Dr. N.: ¿Tiene más de un Libro de Vida asignado a usted?

P: Si y este es el que usaré hoy. Los libros están organizados en orden en los estantes. Sé donde están los míos, relucen cuando los miro desde la distancia.

Dr. N.: ¿Puede ir usted mismo al estante?

P: mmm... no... pero creo que los de mayor edad lo hacen.

Dr. N.: ¿Así que en este momento la bibliotecaria le ha traído el libro que se supone va a estudiar hoy?

P: Si, hay grandes pedestales ubicados cerca de las mesas. La escolástica abre el libro en la página donde he de comenzar.

Nota: Ahora estamos en la etapa en que cada caso toma una calidad única de compromiso personal con la pantalla del Libro de Vida. La mente consiente puede o no ser capaz de traducir al lenguaje humano lo que la mente superconsciente ve en la biblioteca.

Dr. N.: ¿Entonces ella lo inicia en el pedestal antes de que usted lleve el libro a una mesa?

P: Si... estoy mirando una página con... escritura... letras doradas...

Dr. N.: ¿Puede leer esta escritura para mí?

P: No... no puedo traducirla ahora... pero sé que es mi libro.

Dr. N.: ¿No puede entender siquiera una palabra? Mírelo de cerca.

P: (pausa) Puedo... ver el símbolo griego PI (símbolo PI).

Dr. N.: ¿Es este un simbolismo de una letra del alfabeto griego o tiene un significado matemático para usted?

P: Creo que tiene que ver con relaciones, cómo una cosa se relaciona con otra. La escritura es un lenguaje de movimiento y emoción. Uno siente la escritura como... vibraciones musicales. Estos símbolos representan las causas y efectos de un conjunto de relaciones proporcionales entre circunstancias similares y diferentes en mis vidas. Hay más, pero no puedo... (se detiene).

Dr. N.: Gracias por eso. Ahora dígame, ¿qué va a hacer con este libro?

P: Antes de llevar el libro a un espacio vacío en una de las mesas, vamos a hacer un ejercicio juntos. Los símbolos escritos nos dicen dónde pasar las páginas... pero no puedo decirle cómo... no sé cómo explicarlo.

Dr. N.: No se preocupe, está haciendo un gran trabajo con sus explicaciones. Sólo dígame cómo le ayuda la bibliotecaria.

P: (toma aire profundamente) Pasamos a una página que me muestra siendo un niño jugando en el patio de juegos de mi escuela. (el paciente empieza a temblar) Esto... no va a ser divertido... me dirijo a la época en que era un chico malo y perverso... se supone que debo experimentar esto de nuevo... ellos quieren que vea algo... una parte de mi energía... se arrastra hasta la misma página...

Dr. N.: (animándolo) Está bien, deje que la escena se desenvuelva y dígame todo lo que pueda.

P: (retorciéndose en su silla) Después que... me arrastro dentro del libro... estoy completamente metido en la escena, en todo sentido, como si fuera parte de una filmación que es reproducida toda de nuevo. Estoy en la escuela. Soy un chico rudo que abusa de los más pequeños y menos agresivos... golpeándolos y arrojándole piedras a todos cuando los encargados del patio de recreo no están observando. Y luego... OH, ¡NO!

Dr. N.: ¿Qué sucede?

P: (alarmado) Oh... ¡por amor de Dios! Ahora soy el más pequeño en el patio y estoy siendo golpeado ¡POR MÍ! Esto es increíble. Después de un rato soy yo de nuevo, siendo apedreado por todos los demás. OW, ¡ESTO DE VERDAD DUELE!

Dr. N.: (después de calmar al paciente y llevarlo de nuevo a la biblioteca) ¿Estaba en el mismo marco de tiempo al de su niñez o en una forma alterada de la realidad?

P: (pausa) Era el mismo tiempo, pero la realidad fue alterada. Nada de esto pasó en mi niñez, pero debería haber sucedido. El tiempo fue reproducido en una forma diferente. Podemos volver a vivir un evento para ver si podemos asimilarlo mejor. Sentí el dolor que inflingí a otros al intimidarlos y agredirlos.

Dr. N.: Unthur, ¿qué ha aprendido de todo esto?

P: (una larga pausa) Que era un chico rabioso, llevado por el temor a mi padre. Aquellas son las escenas que haré a continuación. Estoy trabajando la compasión y aprendiendo a controlar mi naturaleza rebelde como alma.

Dr. N.: ¿Cuál es el significado de su Libro de Vida y su presencia en toda esta atmósfera de biblioteca?

P: Estudiando mi libro soy capaz de reconocer errores y experimentar alternativas. Estar en esta pacífica área de estudio, observando a todas las otras almas en sus mesas, haciendo lo mismo, bueno, genera una sensación de camaradería, en cierta forma todos estamos pasando por lo mismo.

Más tarde, en nuestra sesión, descubrimos que Unthur necesitaba autodisciplina y más consideración con los demás. Este había sido un patrón de conducta durante muchas vidas. Cuando pregunté si era posible estudiar vidas futuras en la biblioteca, recibí esta respuesta. "Si, podemos explorar una variedad de posibilidades aquí en las líneas de tiempo, pero los eventos futuros son muy indeterminados y este no es el momento para tomar una decisión sobre lo que ha de venir".

Cuando escucho este tipo de declaraciones, pienso en universos paralelos donde se pueden examinar todas las posibilidades y probabilidades existentes. En este escenario, el mismo evento podría ocurrir ligera o radicalmente alterado en la misma línea de tiempo pero en múltiples espacios y uno podría existir en muchos universos simultáneamente. Sin embargo, la Fuente de todo tiempo y espacio podría emplear realidades alternas sin necesidad de universos paralelos. En capítulos posteriores, citaré reportes de universos múltiples que existen a nuestro alrededor y que no son duplicados de nuestro universo. En el mundo del espíritu, las almas que observan las pantallas parecen moverse del pasado al presente y al futuro y regresan simultáneamente en el mismo espacio.

Cuando las almas están en la biblioteca, me han dicho que ciertas secuencias de eventos futuros pueden lucir borrosos y en algunos casos casi desaparecer. Por otra parte, en las aulas de clase con pantallas más grandes y especialmente en el lugar de selección de vida, con gigantescas pantallas con consolas, las líneas de tiempo parecen ser más notorias. Esto permite una más fácil exploración por parte del alma para el estudio de vidas futuras. Las almas más nuevas deben adquirir estas habilidades aprendiendo a combinar sus ondas de luz con las líneas en las pantallas. Concentrando su esencia de esta forma, las imágenes se enfocan de manera que les resultan propias. Las líneas de tiempo en las pantallas se mueven hacia atrás y hacia delante, cruzándose como ondas de resonancia de probabilidad y posibilidad desde el tiempo ahora del mundo del espíritu, donde el pasado y el futuro se unen y todo puede ser conocido.

Los casos 17 y 18, como todos los casos presentados, generan la pregunta sobre lo que la verdadera realidad es. ¿Son reales las aulas de clase y la biblioteca, con sus pantallas de tiempos pasados y futuros? Todo lo que sé sobre la vida después de la muerte proviene de la observación de mis pacientes. El observador me comunica, en estado de trance, desde la mente de su alma por intermedio del cerebro. Es el observador el que define las propiedades de la materia y de la sustancia etérea tanto en la Tierra como en el mundo del espíritu.

Consideremos el último caso. Unthur me dijo que no podía cambiar su pasado mediante una segunda visita al lugar de los eventos. Sin embargo, cuando ya muerto regresó al patio de juego de su niñez para participar activamente. Una vez más él fue un niño, jugando con otros niños, con todas las visiones, sonidos, olores y sentimientos asociados con ese evento. Algunos de mis pacientes dicen que estos son eventos simulados, pero ¿lo son? Unthur se hizo parte de la escena en la que intimidaba a otros niños y luego fue atacado por ellos. Pudo sentir el dolor y se retorció en su silla por un dolor que no había sufrido en la línea de tiempo de su niñez. ¿Quién puede decir que no hay una realidad alterada que existe simultáneamente para todos los eventos, en la que el origen y el resultado son intercambiables? El alma observadora puede trabajar con muchas realidades al tiempo en el momento en que estudia en el mundo del espíritu. Todos poseen un patrón espiritual de enseñanza.

Nos preguntamos si nuestro universo es sólo una ilusión. Si los pensamientos eternos del alma son representados por una energía luminosa inteligente que no tiene tiempo ni forma, no puede ser restringida por nada en nuestro universo. Entonces, si una conciencia cósmica controla lo que la mente del observador ve en la Tierra, todo el concepto de causa y efecto dentro de determinados intervalos de tiempo es simplemente una ilusión diseñada para entrenarnos. Incluso, si todo lo que creemos que es real es en verdad una ilusión, entonces la vida sencillamente no tendría sentido. Sabemos que si empuñamos una roca en nuestras manos, esta es real desde el punto de vista de observador y participante en el mundo físico. Debemos recordar que una inteligencia divina nos puso en este medio para aprender y crecer para un bien mayor. Ninguno de nosotros está aquí por accidente ni tampoco los eventos que nos afectan en nuestra propia realidad en un momento dado.

El color de los espíritus

La combinación de colores en los grupos de almas

Cuando las personas en trance mentalmente abandonan los lugares destinados a la renovación de su energía, la orientación y la biblioteca, para dedicarse activamente a relacionarse con otras almas, el contraste de sus colores se hace más evidente. Un factor para el entendimiento de la dinámica de los grupos de almas es la identificación individual del alma por su color. En *El viaje de las almas,* describía mis hallazgos sobre los colores de energía de las almas. En esta sección intentaré corregir algunas fallas que las personas tienen con relación al reconocimiento del color. Durante el curso de mis aclaraciones puede resultar útil a aquellos lectores que tiene mi primer libro, comparar la figura 3 en *El viaje de las almas* con la figura 6 de esta sección.

En la figura 6, presento todo el rango del espectro de colores del núcleo que identifican el nivel de desarrollo del alma, tal como ha sido observado por mis pacientes en estado hipnótico. Lo más importante, he intentado indicar las sutiles superposiciones y mezclas de colores de energía dentro de estos niveles. Los colores de núcleo blanco, amarillo y azul generados por un alma son los mayores indicadores de su desarrollo. A medida que sus ondas de luz se tornan de matices más oscuros, de claro a oscuro en su progreso, se hacen menos difuminadas y tiene un mejor enfoque en el movimiento de sus vibraciones. La transición es lenta y hay muchas tonalidades salpicadas de diversos colores a medida

Figura 6: Espectro de Colores de las Auras Espirituales

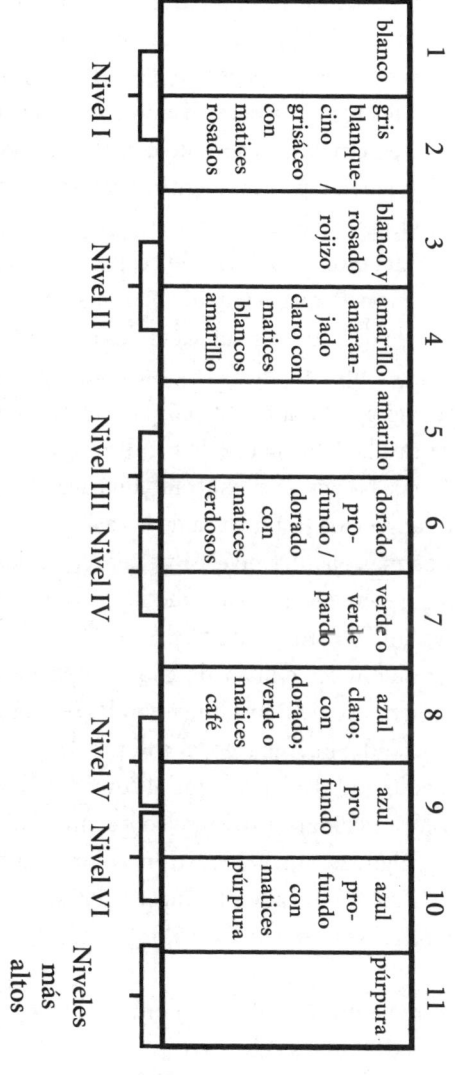

Esta clasificación indica cómo los colores primarios del núcleo del alma se hacen más profundos desde los principiantes en la casilla 1 hasta ascender a los grandes maestros en la casilla 11. El color de las aureolas se superpone en diferentes matices y puede rodear los colores primarios del núcleo de un alma. También hay superposición del color del aura entre almas de los niveles I al VI.

que las almas se desarrollan. Por eso es restrictivo establecer reglas definitivas sobre la transmisión de colores.

Refiriéndonos a la figura 6, casilla 1, podemos ver los tonos blancos y puros reflejados en las almas principiantes. Es un indicador de inocencia y aun puede verse a través de todo el espectro de colores para todas las almas. El color universal del blanco será explicado con más detalle en el siguiente caso. Este color es a menudo asociado con el efecto de aureola. Los guías, por ejemplo, pueden repentinamente cargar su normalmente intensa y estable luz y rodearse de una brillante aureola blanca. Las almas que retornan al mundo del espíritu a menudo relatan la aproximación de un alma desde la distancia, lo que ven es luz blanca.

Las almas cuyo nivel de desarrollo se ubica en las casillas 1, 5, 9 y 11 son usualmente vistas sin ningún tipo de tintes superpuestos en el núcleo de su masa de energía. Raramente veo pacientes que muestren colores como los de la casilla 7, lo cual podría indicar que necesitamos más sanadores en la Tierra. Nunca he encontrado un paciente cuya energía se encuentre en el rango violeta-púrpura de la casilla 11. Los rangos de color comprendidos más allá del nivel V pertenecen a los grandes maestros, quienes no parecen encarnar, así que lo poco que sé de ellos proviene de las observaciones de mis pacientes.

Existen variables individuales dentro de cada grupo de almas en cuanto a su color central básico debido a que no todas se están desarrollando a la misma velocidad. Sin embargo, el color de la energía de un alma puede verse afectado por otro factor que al comienzo me confundía. Además de los colores primarios del núcleo que indican el estado general de desarrollo, algunas almas arrastran colores secundarios. Estos han sido llamados colores de aureola porque, a la vista del observador, usualmente parecen ser externos al color central de la masa de energía del alma.

Los colores de la aureola no son diluidos por matices o sombras de otros colores, como sucede con los colores del núcleo. La única excepción sería si la aureola y el color central fueran exactamente iguales. Los relatos de mis pacientes, identificando colores, no han sido tan complicados porque este efecto envolvente no se ve a menudo. Los colores de la aureola representan actitudes, creencias e incluso aspiraciones frustradas de las almas y debido a que cada vida les representa muchas cosas en estos sentidos, los matices de la aureola pueden fluctuar más rápidamente entre vidas que los colores del núcleo, que reflejan un desarrollo más lento del carácter. Durante una sesión de hipnosis, estos colores secundarios de la aureola son como autorretratos instantáneos del momento en que son observados. En el caso 19, un alma V altamente avanzada describirá este efecto. Este paciente se encuentra entre el grupo de personas que me ayudó a descifrar los códigos de color de las aureolas.

Caso 19

Dr. N.: Si yo estuviera de pie en el mundo del espíritu, frente a usted y sosteniendo un espejo de cuerpo entero, ¿que colores veríamos?

P: Usted vería un centro azul claro con tonos blancos y dorados a los extremos de mi energía, mi aureola.

Dr. N.: Y cuando usted ve a su gran maestro, ¿cómo luce su energía?

P: Clandour tiene... centro azul oscuro... que se extiende hacia fuera en un violeta pálido... coronado con una aureola blanca.

Dr. N.: ¿Qué significa para usted "energía del núcleo" y "energía de aureola"?

P: Clandour irradia el estado sólido de su experiencia en el núcleo de su energía, mientras que su violeta representa su avanzada sabiduría producto de ese conocimiento. El blanco transmite esa sabiduría.

Dr. N.: Eventualmente, ¿cómo piensa que será el núcleo de Clandour y cómo aparecerá?

P: El violeta profundo de espiritualidad divina irradiando desde todos los puntos en su masa de energía.

Dr. N.: ¿Puede definir la diferencia entre las variaciones de color del núcleo y de la aureola en la energía del alma?

P: El núcleo central representa la realización.

Dr. N.: ¿Tal como el azul claro en su propia energía representaría sus logros en el aprendizaje?

P. Sí.

Dr. N.: Y los bordes, la aureola, su blanco con dorado, ¿qué me puede decir de esto?

P: (pausa) Ah... mis atributos... bueno, siempre he intentado cuidar de otros en mis vidas, así soy, pero también es lo que deseo llegar a ser... debería decir, quiero apresurarme para lograr ser más fuerte en este aspecto.

Dr. N.: Usted no es un alma principiante pero aun presenta algo de blanco en su energía. Siento curiosidad por esta aureola blanca y brillante que rodea a tantas almas con diferente color al de su energía.

P: La vibración del color blanco indica que somos capaces de mezclar nuestras vibraciones con las de otras almas para facilitar la comunicación.

Dr. N.: Supongo que esta es la razón por la que los guías a menudo presentan brillantes aureolas blancas, pero ¿cómo se diferencia este blanco de la sólida luz blanca de una joven alma?

P: El blanco representa la base de color para todas las almas, es el sombreado del blanco con otras mezclas de colores las que identifican a cada alma. El blanco es una energía muy receptiva. Las almas más nuevas reciben grandes cantidades de vibración mientras que los maestros envían información para ser absorbidas como verdades organizadas.

Dr. N.: ¿Y el alma principiante ha tenido tan poca experiencia que usted no visualiza ningún color con excepción del blanco?

P: Eso es correcto, ellas no se han desarrollado.

Aunque hay muchas cosas que desconozco sobre la matriz completa de los colores de energía del alma, he aprendido que los cambios en el color se hace mucho menos evidente después del nivel IV. A lo largo de muchos años de investigación he llevado un registro de lo que mis pacientes me han contado acerca de estos colores secundarios de la aureola. Los colores principales poseen su propio rango de atributos. Más del 90 por ciento de mis pacientes están de acuerdo con las cualidades que estos colores representan en un alma. He resumido lo que he aprendido en tres características comúnmente reportadas para cada color, independientemente de las variaciones y matices que se presentan. El negro se asocia con almas negativas, dañadas o manchadas, el cual generalmente es visto en los centros de restauración de almas.

Blanco: Pureza, claridad, inquietud.

Plateado: Etéreo, confianza, flexibilidad.

Rojo: Pasión, intensidad, sensibilidad.

Anaranjado: Exhuberancia, impulsividad, franqueza.

Amarillo: Protección, fuerza, coraje.

Verde: Curación, nutrición, compasión.

Café: Madurez, tolerancia, diligencia.

Azul: Conocimiento, perdón, revelación.

Púrpura: Sabiduría, verdad, divinidad.

En el próximo capítulo se encontrarán otras referencias espirituales al significado de los colores, relacionadas con los trajes de color que los miembros del consejo visten tal como lo perciben las almas que comparecen ante ellos. Además mostraré cómo los diseños de ciertos emblemas utilizados por los Mayores (algunos de los cuales son gemas) transmiten ciertos mensajes mediante el color.

La figura 7 es una representación de un grupo de almas de nivel II, luciendo tanto colores de núcleo como de aureola. Deliberadamente he omitido un caso en el que el color del núcleo de desarrollo también es el color de la aureola. Para evitar confusiones, la figura 7 no incluye aureolas blancas, amarillas o azules. Hay doce miembros en este grupo primario de almas, incluido mi paciente, un nivel II de sexo masculino. El diagrama indica las relaciones de los miembros de la familia en su actual encarnación. Un grupo primario más usual no encarnaría en una sola familia.

En estado de hipnosis, este paciente (3B) está observando once almas de su grupo primario, diez de las cuales son miembros de su familia en la presente vida y la otra es un gran amigo. Su hermana posee un núcleo cuyo color es caso amarillo pleno por lo que se está moviendo hacia el nivel III. Si también hubiese tenido un color protector y fuerte a su alrededor, en lugar del azul (conocimiento) que en realidad tiene, habría resultado muy difícil para mi paciente reportar la situación basándose solamente en el color, puesto que su aureola y su núcleo habrían tenido colores casi idénticos.

Junto a su hermana, otros aspectos de la figura 7 indican que los abuelos y el hijo de mi paciente son ligeramente más avanzados que el resto de los miembros, en cambio, su padre y una tía no lo son tanto. El abuelo y la madre son sanadores. Nótese que casi la mitad del grupo no tiene colores secundarios de aureola, de hecho no me resulta inusual encontrar grupos sin ellos. La aureola de color rojo brillante de mi paciente, sobre una masa nuclear de energía blanca con tonos rosados y rojizos confirman su naturaleza fiera e intensa. Su hijo en esta vida presenta los mismos patrones de comportamiento, en tanto que su esposa es más analítica, de mente más abierta y confiada, su hija, por su parte, es muy espiritual y nada prejuiciosa. Cuando le pedí a mi paciente que me mencionara sus pensamientos respecto al color rojo en su energía, dijo:

> Debido a mi naturaleza intensa, tengo problemas de ira a lo largo de mis vidas. A menudo escojo cuerpos que son bastante inquietos emocionalmente porque se identifican con mi carácter. No me gustan los cuerpos pasivos. A mi guía no le importan estas elecciones porque confía que aprenderé a controlarme, relajando el cerebro de esos cuerpos. Este tipo de control es bastante difícil de lograr debido a mis pasiones y reacciones impulsivas en situaciones difíciles. Me ha tomado muchos siglos de vidas pasadas, pero estoy mejorando en la autodisciplina. En el pasado la agresión me dominaba pero ahora esto está cambiando lentamente, además cuento con la ayuda de mi compañera espiritual (actual esposa).

A veces me sucede que encuentro almas cuyo desarrollo tiene lugar de forma anómala y esto se hace evidente cuando mis pacientes me describen almas con colores de núcleo aparentemente fuera de sitio en su grupo. Un ejemplo significativo son las luces blancas de las almas

Sistemas de Grupos Espirituales ~ 115

Figura 7: Colores de Energía mostrados por un Grupo de Almas

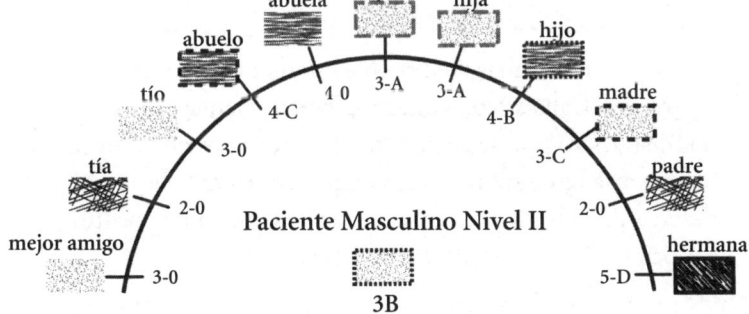

Colores de núcleo primarios

2	3	4	5
blanquecino	blanco rosado	anaranjado amarillo	amarillo

Colores de aureola secundarios

A	B	C	D	0
plateado r	rojo	verde	azul	ninguno

Paciente Masculino Nivel II

Esta carta indica los parientes actualmente encarnados y el mejor amigo del paciente 3B. Las casillas para cada pariente están relacionadas con la figura 6, tanto para colores de núcleo como de aureola. Las casillas numeradas 2, 3, 4 y 5 son los colores de núcleo primarios. Las casillas marcadas con las letras A, B, C y D son los colores de aureola secundarios presentados por los miembros del grupo.

jóvenes. El siguiente caso involucra grupos con almas de nivel III a IV. Apenas terminaba de analizar los miembros amarillo y azul cuando mi paciente me advierte que a su lado se encuentra un alma casi completamente blanca.

Caso 20

Dr. N.: ¿Qué hace una luz blanca en un grupo de almas avanzadas, como el suyo?

P: Lavani se encuentra en entrenamiento con nosotros, está aquí por sus dones. Se decidió que, aunque joven y sin mucha experiencia, no se rezagaría.

Dr. N.: ¿No está como perdida en su grupo? ¿Cómo se mantiene a la par?

P: En estos momentos está siendo probada, para ser honesto, creo que Lavani está un poco aturdida.

Dr. N.: ¿Por qué fue asignada a su grupo?

P: Nuestro grupo es más bien poco común porque somos muy tolerantes para trabajar con almas inexpertas. La mayoría de los grupos de nuestro tipo se encuentran tan atareados que muy probablemente la ignorarían. No digo que no sean amables, pero después de todo ella aun es una niña y así luce ante nosotros, con sus pequeños y menudos patrones de energía.

Dr. N.: Supongo que los grupos más avanzados no querrían esta responsabilidad.

P: Eso es muy cierto. Los grupos en desarrollo están muy absortos con sus propias labores. Para una niña, ellos podrían parecer casi despectivos.

Dr. N.: ntonces explíqueme, ¿por qué el guía de Lavani le permitió venir a su grupo?

P: Lavani posee un enorme talento. Somos un grupo de rápidos aprendices y nuestras vidas han sido muy difíciles y rápidas (mi paciente sólo ha pasado 1.600 años en la Tierra). A pesar de nuestro rápido desarrollo, tenemos la reputación de ser muy modestos, algunos dicen que en exceso. Además, estamos estudiando para ser maestros de niños y entonces Lavani también nos resulta beneficiosa.

Dr. N.: Estoy confundido. ¿Fue Lavani separada de su propio grupo en tan temprana etapa de su existencia?

P: ¡Oh, por favor, no! ¿De dónde sacó esa idea? Ella permanece con su propio grupo la mayor parte del tiempo (risas) y ellos no saben de sus aventuras con nosotros. Es mejor así.

Dr. N.: ¿Por qué?

P: Oh, ellos podrían molestarla y preguntarle demasiadas cosas. Ella está muy unida a ellos y nosotros queremos que Lavani conserve una relación normal con sus propios amigos, aunque sabemos que será retirada de su grupo más temprano por sus dones. Ellos aun no están motivados por el mismo deseo.

Dr. N.: Pero, si las almas poseen telepatía y saben todo entre ellas, no entiendo cómo Lavani podría ocultarlo de sus amigos.

P: Es verdad que las blancas no poseen la capacidad para levantar barreras y proteger sus asuntos privados, pero a Lavani se le enseñó a hacerlo, le dije que tiene potencial (pausa y luego agrega), claro está que en el mundo del espíritu todos respetan los pensamientos privados de los demás.

No es raro encontrar que cuando almas como la del caso 20 encarnan, las almas más jóvenes con las que están trabajando piden ser sus hijos en la vida física. Lavani es la hija de mi paciente en su vida actual. El caso contrario también puede ocurrir, es decir, cuando el hijo es un alma avanzada que vive con un padre que posee un alma más joven.

En ocasiones he escuchado de almas cuyo color se encuentra en retroceso. Aunque la mayoría de nosotros ha sufrido retrocesos después de algunas vidas, cuando el color sufre un retroceso de grandes proporciones, es algo serio y prolongado. He aquí la declaración de un paciente que transmite un vivo mensaje para todos nosotros:

Es una lástima lo de Klaris. Su color verde solía ser tan brillante... era un gran sanador que se corrompió por el poder. Para Klaris todo era demasiado fácil, era tan talentoso. Su caída ocurrió en un número de vidas que involucraron muchos abusos. Adoraba que le veneraran y adularan, su vanidad se convirtió en su disfraz. Comenzó a perder sus dones y pudimos ver que su color palidecía y se silenciaba. Finalmente, Klaris se volvió tan poco eficiente que fue enviado de nuevo a entrenamiento. Todos tenemos la esperanza de que eventualmente vuelva a brillar.

Los colores de los visitantes en los grupos

De vez en cuando escucho que una o dos almas de un grupo presentan colores diferentes que no parecen acordes a los del resto del grupo. He aprendido que esto puede significar visitas de almas altamente especializadas o de grupos cercanos. De vez en cuando escucho sobre visitas de viajeros de diferentes dimensiones, cuya experiencia es muy superior a la del grupo. Tengo una cita condensada de un interesante relato acerca de estos visitantes:

> Cuando observamos seres avanzados que vienen a visitar nuestro grupo a través de otras dimensiones, es como si pasaran a través de una pantalla, que llamamos Lente de Luz, para llegar a nosotros. Vienen de vez en cuando, invitados por nuestro guía, Joshua, con quien tienen amistad. Mientras pasan junto a nosotros, estas almas parecen tener el color plateado del agua que fluye. Para nosotros la corriente plateada es como... la capa de un pasaje... la pureza de una inteligencia translúcida capaz de atravesar dimensiones. Son seres flexibles que poseen la habilidad de atravesar muchas esferas, físicas y mentales, conservando su funcionalidad. Vienen a ayudarnos a luchar contra la oscuridad de nuestra ignorancia, pero estos hermosos seres nunca permanecen mucho tiempo.

Yo agregaría que estos coloridos caracteres que hacen breves apariciones en los grupos de almas tienen un profundo efecto en ellos. En el caso mencionado, cuando le pedí a mi paciente que me diera un ejemplo específico del conocimiento adquirido gracias a las enseñanzas de estos seres plateados, me dijo, "Ellos ensanchan nuestro campo de visión para apreciar más probabilidades al momento de tomar decisiones y haciéndonos más astutos para conocer a los demás. Esta habilidad desarrolla nuestro pensamiento crítico y nos permite tomar decisiones basadas en mayores verdades".

Aureolas cumanas versus aureolas del espíritu

Hay otra equivocación que a menudo se presenta con relación al color y que se ha manifestado repetidamente desde la publicación de *El viaje de las almas*. Muchas personas pretenden encontrar comparaciones entre mis clasificaciones del color de las almas y aquellas de las aureolas humanas. Pienso que estas interpretaciones nos pueden llevar a tomar conclusiones equivocadas. Las vibraciones del color y la energía están fuertemente relacionadas en las almas y se reflejan en el medio inmaterial del mundo del espíritu. Así, en un medio físico, la frecuencia de la misma energía del alma se altera. El cuerpo humano cambia el color de estos patrones de energía aun más.

Cuando los sanadores identifican aureolas de colores alrededor de seres humanos, estos colores son usualmente reflejos de manifestaciones físicas. Además de los pensamientos del cerebro humano, los cuales están influenciados por nuestra carga emocional, el sistema nervioso central y el equilibrio químico, todos los órganos vitales del cuerpo están involucrados con las aureolas humanas. Incluso los músculos y la piel juegan un papel en la creación de la energía física a nuestro alrededor. Ciertamente hay correlaciones entre la mente espiritual y nuestros cuerpos, pero el factor determinante en la aureola humana es la salud física y mental.

Debo declarar que yo no veo aureolas humanas. Toda la información que poseo al respecto proviene de especialistas en este campo y de mis pacientes. Me dicen que durante el paso por la vida, nuestro cuerpo temporal fluctúa rápidamente y esto afecta los colores externos de nuestra energía. Toma siglos para que cambien los colores del ama. La filosofía oriental sostiene, y estoy de acuerdo, que todos tenemos un cuerpo espiritual que existe en armonía con el físico y que este cuerpo etéreo tiene su propia energía. La verdadera curación debe tener en cuenta ambas, la física y el cuerpo sutil. Cuando meditamos o practicamos yoga, trabajamos para desbloquear nuestra energía emocional y espiritual a través de varios puntos del cuerpo.

En ocasiones, cuando hablo con mis pacientes bajo hipnosis sobre la distribución de la energía luminosa de otras almas en sus grupos, me cuentan de patrones de energía más fuertes que emanan de áreas específicas de lo que parece ser una forma humana. Tal como podemos traer recuerdos o impresiones de vidas pasadas a nuestras vidas presentes, también podemos traer impresiones corporales al mundo del espíritu en forma de recuerdos de energía de nuestras encarnaciones físicas. Por momentos, durante las conversaciones correspondientes a mi siguiente caso, he llegado a dudar si mi paciente permite a su memoria conciente sobre los chakras, filtrarse dentro de sus explicaciones inconscientes. Los chakras supuestamente son vórtices de las fuentes de poder emanadas desde siete puntos principales del cuerpo humano. Este paciente percibía a los chakras como expresiones espirituales de la individualidad a través de manifestaciones físicas.

Caso 21

Dr. N.: Usted ha dicho que Roy es uno de los miembros de su grupo de almas que en la vida actual forma parte de su familia. Cuando mira el punto focal de energía de Roy, ¿qué ve?

P: Veo una concentración de rosado y amarillo que proviene de la mitad de su forma corporal, donde sería su plexo solar.

Dr. N.: ¿Qué forma corporal? ¿Por qué presenta Roy un cuerpo físico a su grupo?

P: Presentamos las características de los cuerpos que hemos ocupado y que nos han agradado.

Dr. N.: Bueno, ¿qué significa para usted una concentración de energía proveniente del estómago?

P: El punto más fuerte de Roy, en sus vidas, son sus entrañas, independientemente del cuerpo. Tiene nervios de acero. (risas) También tiene otros apetitos en esta área.

Dr. N.: Si la rata de energía metabólica de Roy presenta ese atributo, ¿puede destacar alguna distribución de energía luminosa extra proviniendo de determinados puntos del cuerpo en otros miembros del grupo?

P: Si, Larry presenta su mayor esplendor en su cabeza. Él ha sido un gran y creativo pensador en muchas vidas.

Dr. N.: ¿Alguien más?

P: Si, Natalie. La esencia de su poder se manifiesta más rápidamente en su corazón, seguramente debido a su compasión.

Dr. N.: ¿Qué hay de usted?

P: La mía se concentra en la garganta, por las habilidades de comunicación por medio de la palabra en vidas pasadas y como cantante en la vida actual.

Dr. N.: ¿Tienen estos puntos de energía algo que ver con la proyección de aureolas de color en los seres humanos?

P: En lo concerniente al color, usualmente no. En lo concerniente a la fuerza en la concentración de la energía, sí.

La meditación espiritual mediante el uso del color

Las personas que han leído mi trabajo sobre el mundo del espíritu me han preguntado si este tipo de información acerca del color puede ser útil para la curación física. La verdad es que la meditación espiritual como medio para entrar en contacto con nuestro ser interior es muy beneficioso para la salud del cuerpo. Existe una gran variedad de excelentes libros que explican las diversas formas de meditación. Dado que la transmisión del color es la expresión de la energía del alma y de los guías espirituales, quizás deba citar un ejemplo de meditación usando el color.

El ejercicio de meditación de seis-pasos que he escogido proviene de una mezcla de propias visualizaciones sugeridas y aquellas de una valerosa mujer de cincuenta y cuatro años de edad con la que trabajé y cuyo peso bajó a sólo sesenta y nueve libras durante su lucha contra un cáncer de ovario. Ella se encuentra en remisión después de quimioterapia y la rapidez de su recuperación no deja de desconcertar a los doctores.

Un buen número de mis pacientes genera una sensación de fortalecimiento espiritual mediante el uso de la meditación con colores. Aquellos que padecen de severos problemas de salud física me dicen que los mejores resultados se logran cuando se medita una vez al día durante treinta minutos o dos veces al día durante quince a veinte minutos. Quiero aclarar que no ofrezco estos pasos de meditación como una cura contra las enfermedades físicas. El poder de la mente de cada persona y su habilidad para concentrarse es diferente, al igual que la naturaleza de su enfermedad. No obstante, creo que el sistema inmunológico puede reactivarse al conectarse con nuestra conciencia más alta.

1. Comience relajando su mente. Perdone a las personas por las acciones reales e imaginarias que le han lastimado. Tómese cinco minutos limpiando donde visualice toda la energía del pensamiento negativo (incluyendo los temores provocados por su enfermedad) representada por el color negro. Piense en una aspiradora moviéndose desde la punta de sus cabellos hasta los dedos de los pies, absorbiendo y expulsando de su cuerpo toda la oscuridad del dolor ocasionado por la enfermedad.

2. Ahora cree una aureola azul clara sobre su cabeza, la cual representará su guía espiritual, a quien invoca por ayuda al tiempo que envía pensamientos de amor. Ahora tómese otros cinco minutos para concentrarse en su respiración mientras cuenta sus aspiraciones. Regule su respiración mientras se concentra en atraer la comodidad y alejar la tensión. La idea es buscar la armonía entre su respiración y el ritmo del cuerpo.

3. En este momento, comience a visualizar su más alta conciencia como un globo blanco-dorado en expansión que le ayuda a proteger su cuerpo. Pronuncie mentalmente las siguientes palabras, "deseo que la parte de mí que es inmortal defienda aquella que es mortal". Ahora inicia la etapa en que requerirá su más profunda concentración. Extraerá del globo la pureza de la luz blanca y la enviará como una emanación de fuerza a los órganos de su cuerpo. Dado que los glóbulos blancos de la sangre representan la fuerza de su sistema inmunológico,

visualícelos como burbujas y movilícelos por todo el cuerpo. Piense en los glóbulos blancos atacando a las células cancerígenas, destruyéndolas con el poder de la luz sobre la oscuridad.

4. Si está bajo quimioterapia, complemente este tratamiento enviando color alhucema a todas las partes del cuerpo, como se vería desde una lámpara de calor infrarrojo. Este es el divino color de la sabiduría y el poder espiritual.

5. Ahora envíe el color verde para sanar aquellas células dañadas por el cáncer. Puede mezclar este calor con el azul de su guía espiritual, haciéndolo de manera intermitente durante los períodos más difíciles. Escoja su propia sombra y piense en el verde como un líquido que fluye sanando su interior.

6. El último paso es crear de nuevo la aureola de luz azul alrededor de su cabeza para mantener la fuerza y el valor sobre el debilitado cuerpo. Extiéndalo alrededor de las partes externas del cuerpo como un escudo. Sienta el poder curador de esta luz de amor tanto en su interior como en su exterior. Visualícese a usted mismo en un estado de suspensión y repita unas palabras como "Sane, Sane, Sane".

La meditación como disciplina diaria es un arduo trabajo que paga grandes dividendos. Cada persona debe encontrar un programa que esté acorde a su sistema intelectual y emocional, en un marco que se ajuste a sus necesidades. La meditación profunda nos lleva a la conciencia divina y a la liberación temporal del alma de la personalidad. Con esta liberación podemos trascender a una diferente realidad no dimensional, donde el enfoque de la mente es unificado en un todo único.

La mujer con cáncer de ovario pudo ayudar a sus doctores al lograr una concentración mental que le permitiera soportar la curación de su cuerpo. Cuando la mente se encuentra en estado puro y centrado, podemos descubrir quienes somos en realidad, aquella esencia que podemos haber perdido en algún momento durante el camino de la vida. La meditación también es benéfica como medio para conectarnos con la presencia de espíritus amorosos.

Las formas del color de la energía

Además de los efectos del color, otros medios externos para investigar las almas en grupos incluyen la comparación de sus formas. Estas formas de energía incluirían simetría en comparación con la irregularidad de la forma, brillo u opacidad de la configuración de la luz y la calidad del movimiento, todos los cuales suministran señales propias de los miembros del grupo. Cuando se observan otras almas, muchas personas bajo hipnosis son concientes de la resonancia de la vibración del alma. Después que reviso los matices del tono de color con un paciente, ambos estudiamos la clasificación de la pulsación y la vibración del movimiento de las almas que le acompañan.

Al discutir la forma de energía de cualquier alma, mi primera pregunta es, "¿cuánta energía dejó en el mundo del espíritu antes de su actual encarnación?". Esta pregunta tiene mucho que ver con el grado de actividad o pasividad del alma y está relacionada con el brillo u opacidad de su energía. A pesar de las cantidades de energía, todas las formas de generación de energía están identificadas por un carácter, capacidad y estado de ánimo del alma. Estas son variables que pueden cambiar después de una serie de vidas.

Durante la entrevista que tiene lugar antes de la hipnosis con un nuevo paciente, pregunto por los personajes que tienen un rol en sus vidas actuales, tomo nota de sus parientes, amistades y amores pasados. Esto debido a que tengo asiento de primera fila en la obra que se va a desarrollar en sus mentes y quiero, por decirlo así, tener el programa de la misma. Mi paciente será el personaje principal, con otros en papeles de reparto.

En los apartes del caso que sigue, se puede observar lo rápido que se obtiene información mediante las preguntas que involucran colores y formas de los personajes de reparto del grupo de almas de un paciente. Durante la entrevista previa a la hipnosis de mi paciente Leslie, me enteré de Rowena, su cuñada, quien era una verdadera espina en su costado. Leslie, cuyo nombre espiritual es Susius, se describió a sí misma como alguien que busca la seguridad en sus vidas y siempre trata de rodearse de personas pacíficas. En su vida actual, mi paciente comentó, "Rowena parece disfrutar confrontándome y desafiando mis convicciones". Lo que sigue es la escena inicial de la película mental de Leslie sobre su grupo espiritual.

Caso 22

P: (muy alterada) Oh, ¡no lo puedo creer! Rowena está aquí, más bien es Shath, esa es Rowena.

Dr. N.: ¿Qué hay de malo en ver el alma de Rowena en su grupo espiritual?

P: (aprobando, con tensión en su boca) Bueno, Shath es una de... las disociadoras...

Dr. N.: ¿Disociadora en qué sentido?

P: Oh... comparada con aquellas de nosotras que tenemos vibraciones de energía suaves, tranquilas.

Dr. N.: Susius, al observar a su cuñada, ¿en qué forma es ella diferente en términos de color y forma?

P: (aun verificando el reconocimiento de Rowena) Ahí está, ¡bien! Su energía anaranjada está pulsando rápidamente, sus usuales bordes afilados y dentados, esa es Shath. Chispas, así la llamamos.

Dr. N.: ¿La forma que presenta le indica que ella es antagonista aquí, en este ámbito espiritual, al igual que en su vida actual?

P: (Leslie se está adaptando a la presencia de Rowena y su voz se suaviza) No... en realidad ella nos desarrolla... es buena para nuestro grupo... puedo verlo.

Dr. N.: Quiero establecer cómo las proyecciones de Rowena son diferentes al color y forma de su energía. ¿Qué me puede decir de usted en el mundo del espíritu?

P: La mía es un blanco suave con algunas variaciones rosadas... mis amigos me llaman Campanas, porque ven mi energía como gotas de agua lluvia que ocasionan un eco... de campanitas que se desvanecen. Shath tiene una aguda claridad en su energía y puedo ver matices dorados. Su energía es brillante y dominante.

Dr. N.: ¿Y qué significa eso para usted y su grupo?

P: Sencillamente no podemos estar cómodas con Chispas a nuestro alrededor. Ella es tan inquieta, un remolino en constante movimiento, siempre haciendo preguntas y cuestionando nuestras acciones. Ella disfruta involucrándose en nuestras vidas, alterando nuestra comodidad.

Dr. N.: ¿Cree que ella es menos abrumadora en el mundo espiritual que en cuerpo actual, como Rowena?

P: (risas) Puede apostarlo. Ella escogió un cuerpo fuerte con poca tolerancia y que lo exagera todo. En esta vida ella vino como la hermana de mi esposo. Shath puede ser tan molesta pero ahora puedo ver quien es en realidad es, que los motivos para sus acciones nacen del amor y deseo de que demos lo mejor de nosotros mismos. (nuevamente risas) También le ayudamos a que se calme un poco, porque tiene la costumbre de saltar al fuego sin siquiera mirar.

Dr. N.: ¿Hay alguien en su círculo de amigos cuya energía sea similar a la de Shath, a la de Rowena?

P: (muecas) Si, el esposo de Megan, mi mejor amiga. Roger. Su nombre aquí es Siere.

Dr. N.: ¿Cómo aparece su energía?

P: Proyecta patrones geométricos, angulares, que zigzaguean hacia delante y hacia atrás. Son ondas agudas, como su lengua y desde la distancia su energía repercute como el sonido de los címbalos en una orquesta. Siere es un alma atrevida e intrépida.

Dr. N.: Basados en lo que me cuenta sobre las formas de energía, ¿podrían Shath y Siere (Rowena y Roger) ser compatibles en esta vida?

P: (rompe en risas) ¡Usted debe estar bromeando! Se matarían el uno al otro. No, el esposo de Rowena es Sen, mi hermano Bill, un alma pacífica.

Dr. N.: Describa su energía, por favor.

P: Él tiene una energía asentada, de color entre verdoso y café. Uno sabe que enredaderas está cerca cuando escucha ese suave silbido en el aire.

Dr. N: ¿Enredaderas? No le entiendo.

P: En nuestro grupo, cuando a alguno se le da un apodo, se le queda. Sen tiene ondas de vibración que parecen una enredadera... con patrones que forman trenzas... de hebras... usted sabe... como el pelo largo.

Dr. N.: ¿Este patrón de energía identifica a Sen, su hermano Bill, de alguna manera?

P: Claro. Complejo pero constante... muy dependiente. Refleja su habilidad para tejer una variedad de elementos en amorosa armonía. Enredaderas y Chispas se mezclan bellamente porque Rowena nunca permite que Bill sea demasiado conformista y a su vez él le proporciona cierto control a la vida de Rowena.

Dr. N.: Antes de continuar, he notado que todos los nombres de los espíritus en su grupo comienzan con S. ¿Significa algo? O los estoy deletreando incorrectamente.

P: No se preocupe por eso, es el sonido lo que emite la entonación del movimiento de la energía. Eso refleja quienes son mis amigos.

Dr. N.: ¿Sonido? Así que además del color y la forma en la energía del grupo, sus ondas poseen sonidos que los identifican y relacionan, tal como en la Tierra.

P: Bueno... algo así... con nosotros, es la resonancia de energía la que asociamos con la Tierra, aunque usted no podría escuchar estas vibraciones con el oído humano.

Dr. N.: ¿Podemos volver a su amiga Megan? Usted la mencionó pero no conozco el color de su patrón de vibración.

P: (con una sonrisa cálida) Su espigada y pálida energía amarilla es como el abrazo de la luz del Sol sobre una plantación de grano... es suave, inalterable y delicada.

Dr. N.: ¿Y su carácter como alma?

P: Amorosa, dueña de una compasión absoluta e incondicional.

Antes de profundizar el tema del sonido y la similitud de algunos nombres espirituales, debo explicar la conexión del karma entre mi paciente, Leslie y su mejor amiga en esta vida, Megan. Para mí es una historia emocionalmente comprometedora. Durante la preparación del caso 22, Leslie me comentaba que es una cantante profesional y que ocasionalmente su garganta y laringe se tornaban sensibles. Inicialmente lo consideré como un simple riesgo ocupacional y no le di mayor atención hasta que llegamos a la escena de su muerte en la vida anterior. Fue necesario acudir a las impresiones de un cuerpo anterior que se relacionaban directamente con la garganta de Leslie.

En sus vidas pasadas, Megan era la hermana menor de Leslie. Siendo muy joven, Megan había sido obligada, por su padre, a casarse con un hombre mayor, adinerado y brutal, llamado Hogar, quien la golpeaba y abusaba sexualmente de ella. Después de un corto tiempo Leslie ayudó a Megan a escapar de Hogar para huir con un joven hombre que la amaba (Roger). Aquella noche, Hogar encontró a Leslie y encolerizado la arrastró a un lugar recóndito donde la violó y golpeó durante horas para que le confesara el paradero de su hermana.

Leslie se negó a confesar, hasta que Hogar comenzó a estrangularla como último recurso para obtener información. Dando indicaciones falsas, Leslie brindó a su hermana más tiempo para que huyera sana y salva. Hogar dio muerte a Leslie, después de estrangularla se apresuró a perseguir a Megan, pero nunca pudo encontrarla. Más tarde, en nuestra sesión Leslie diría, "cantar en esta vida es una expresión de amor porque mi voz fue silenciada por amor en la vida anterior".

Sonidos y nombres espirituales

Hemos visto cómo el color, la forma, el movimiento y el sonido son indicadores individuales de las almas en sus grupos. Estos cuatro elementos se encuentran interrelacionados, aunque la energía lumínica, las formas de la vibración y el movimiento de sus ondas, así como la resonancia del sonido no son uniformes entre los miembros del grupo espiritual. No obstante, entre ciertas almas hay resemblanza con estos elementos, siendo el sonido el más obvio para el regresionista espiritual.

En el mundo del espíritu existe un lenguaje para el sonido que va más allá del sistematizado lenguaje hablado. Risas, susurros, cánticos y canciones existen, así como el sonido del viento y de la lluvia, pero son indescriptibles. Algunos pacientes pronuncian los nombres de las almas de su grupo como si éstos fueran cuerdas musicales que se balancean para armonizar unas con otras. El caso 22 es un ejemplo de cómo la pronunciación de los nombres espirituales dentro de un círculo interior de amigos tiene una afinidad de sonido con la letra S. En el caso 16, dos maestros espirituales llevan los nombres de Bion y Relon. Parece haber una interacción rítmica entre ciertas energías espirituales dentro de un grupo, que se manifiesta de esta manera.

Algunos pacientes bajo hipnosis tienen dificultad para producir nombres espirituales. Estas personas dicen que los nombres de las almas en sus mentes consisten en una resonancia de vibraciones que les resulta imposible traducir. Y se vuelve más complicado. Un paciente dijo, "en mi caso, nuestros verdaderos nombres espirituales son algo similar a las emociones, pero no a las emociones humanas por lo que no puedo reproducir nuestros nombres mediante sonido". También hay un simbolismo vocal conectado a los nombres, el cual puede contener significados ocultos que el paciente es incapaz de descifrar de manera humana.

No obstante, para muchos pacientes que luchan por recordar su nombre espiritual, el uso de una fonética elemental y una cadencia de sonidos puede resultarles de utilidad. Un paciente podrá usar los sonidos de las vocales para caracterizar a los miembros de su grupo. Tuve un paciente que bautizó a tres miembros de su grupo como Qi, Lo y Su. No me resulta extraño encontrar casos, como el último, en que los nombres del grupo enfatizan en alguna letra del alfabeto. Por alguna razón, muchos guías espirituales poseen nombres terminados en A.

He tenido pacientes que encuentran más sencillo deletrear que pronunciar sus nombres espirituales, aunque me aclaran que sin el sonido estos no significan mucho para ellos. En el proceso de indagación de nombres espirituales también logro obtener versiones cortas de los nombres reales. Un paciente me decía, "en mi grupo espiritual, el apodo para nuestro guía es Ned". No satisfecho con esto, persistí y eventualmente logré que escribiera su nombre completo en un papel. El resultado fue Needaazzbaarriann. Capté el mensaje y durante el resto de la sesión nos quedamos con Ned.

La privacidad es otro factor cuando un paciente siente que al darme el nombre del guía espiritual podría comprometer, de alguna manera, su relación con el guía. En tal sentido, debo respetar sus preocupaciones y ser paciente. A medida que la sesión se desarrolla esta inquietud puede aflorar, por ejemplo, una paciente me decía que el nombre de su guía era Mary. Luego agregó, "Mary me permite que la llame por ese nombre frente a usted". Lo acepté y proseguimos por un tiempo cuando, repentinamente, el nombre de su guía se transformó en Mazukia. Hay momentos en una regresión en los que no es apropiado presionar demasiado para obtener información.

Para terminar, debo añadir que nuestros propios nombres espirituales pueden cambiar ligeramente a medida que evolucionamos. Tuve una paciente altamente avanzada que su nombre, cuando era un alma joven, era Vina y que ahora había cambiado a Kavina. Cuando pregunté el por qué, Kavina respondió que ahora era discípula de una guía mayor llamada Karafina. Cuando insistí en el significado de nombres tan similares en el mundo del espíritu, me dijo que eso no me concernía. Hay pacientes que no tienen reparo en cortar fulminantemente un tema cuando consideran que he sobrepasado el límite de la privacidad.

Grupos espirituales de estudio

En mi primer libro dediqué capítulos enteros a examinar los grupos principiantes, intermedios y avanzados de almas y sus guías. También presenté ejemplos de casos de entrenamiento de energía de grupo, en los que las almas aprenden a crear y dar forma a cosas físicas como rocas, tierra, plantas y pequeñas formas de vida. No es mi intención repetirme en estos temas, salvo que al hacerlo pueda ampliar el conocimiento del lector sobre otros aspectos de la vida en las colectividades de almas.

En esta sección examinaré las relaciones entre los aprendices dentro del grupo espiritual de estudio en oposición a los aspectos estructurales de escuelas y aulas de clase estudiadas anteriormente en este capítulo.

Los centros de aprendizaje espiritual no son visualizadas necesariamente por mis pacientes como lugares con atmósfera de aula de clase o biblioteca. Muy a menudo, estos centros son descritos simplemente como "el espacio de nuestro hogar" y las representaciones de las atmósferas de aprendizaje pueden cambiar rápidamente en la mente de mis pacientes a medida que se estudian sus períodos de instrucción.

Cuando mi investigación sobre la vida entre vidas fue publicada, algunas personas criticaron mis analogías de las escuelas y aulas de clase humanas como modelo para la instrucción de las almas. Una pareja de Colorado me escribió "encontramos desagradables sus referencias a las escuelas en el más allá, probablemente debido a su predisposición como antiguo educador". Otros me han dicho que para ellos, las escuelas eran una serie prolongada de malas experiencias con la burocracia, autoritarismo y humillación personal a manos de otros estudiantes. Ellos no querían ver algo que recordara las aulas de clase humanas al otro lado del umbral.

Entiendo que haya lectores que tienen recuerdos amargos de sus tiempos en la escuela, porque infortunadamente, las escuelas en la Tierra, al igual que otras instituciones, poseen defectos forjados por los mismos seres humanos. Profesores y estudiantes pueden ser culpables de arrogancia, algo de tiranía e indiferencia hacia los demás. Donde quiera que haya aprendizaje, habrá escrutinio. Sin embargo, muchos de nosotros recuerda profesores solícitos que nos brindaron información esencial mientras construíamos amistades para toda la vida con compañeros de clase.

Los aspectos funcionales de adquisición de conocimiento espiritual son interpretados por la mente humana como centros de aprendizaje y estoy convencido de que los guías están involucrados en la creación de visualizaciones terrenales para las almas que vienen a nuestro planeta. Las personas bajo hipnosis hablan sobre similitudes en forma y estructura a sus equivalentes terrenales en algunos aspectos, pero también de grandes diferencias en otros aspectos. Mis pacientes me hablan de una abrumadora gentileza, benevolencia e infinita paciencia en las áreas etéreas de estudio. Incluso el análisis del desempeño del alma por parte de sus compañeros de aprendizaje es realizado con total amor, respeto y mutuo compromiso para hacer mejor las cosas en la próxima encarnación.

Los grupos de almas aprecian el individualismo. Se espera que usted sobresalga y haga contribuciones. Hay almas enérgicas y almas tranquilas pero ninguna es dominante, de igual forma que ninguna es inoportuna. El individualismo es apreciado porque cada alma es única, con sus fortalezas y debilidades que se complementan con los otros del grupo. Estamos asignados a un cierto grupo de almas por nuestras diferencias y similitudes. Estas diferencias de carácter son importantes porque las almas que comparten sus vidas aportan una rica sabiduría personal a cada experiencia que representa una vida en la Tierra.

Las almas bromean y usan el humor en sus grupos pero siempre guardando respeto entre ellas, incluso con ellas que han ocupado cuerpos que les han causado dolor en vida. Más que el perdón, las almas ejercitan la tolerancia. Ellas saben que los rasgos más negativos de la personalidad, conectados al ego del cuerpo de la persona que les ocasionó tristeza y dolor fueron enterrados cuando el cuerpo murió. Al tope de la lista desechada de emociones negativas se encuentran la rabia y el temor. Las almas se ofrecen voluntariamente tanto para enseñar como para aprender ciertas lecciones y los designios del karma no siempre funcionan en la manera que se pretendía, dadas las variables que se presentan en el medio terrenal.

Recuerdo que después de una de mis conferencias un psiquiatra alzó su mano y comentó, "su disertación sobre los grupos de almas me recuerda al tribalismo". Le respondí que los grupos de almas parecen tribus en su lealtad y apoyo mutuo en la comunidad espiritual. Sin embargo los grupos de almas no son tribales en su relación con otros grupos. Las sociedades terrenales tienen el desagradable hábito de la desconfianza en el mejor de los casos y la manifestación de la amargura y la crueldad en el peor de ellos. Las sociedades en el mundo del espíritu tienden a ser rigurosas, moderadas y dóciles en sus relaciones interpersonales, pero no veo ninguna evidencia de discriminación o alineación, ya sea internamente o entre grupos. A diferencia de los humanos, los seres espirituales están unidos por lazos muy fuertes. Al mismo tiempo, las almas observan estrictamente la santidad de otros grupos.

Cuando era profesor de medio tiempo en las noches, encontré que algunos de mis estudiantes, incluyendo adultos, confundían los hechos con sus propios patrones de valoración. Mientras se debatían en problemas conceptuales, había momentos en que discutían a partir de una falsa premisa e incluso se contradecían ellos mismos. Después de todo, esta es la naturaleza de los estudiantes. Eventualmente aprendieron a extrapolar y sintetizar ideas de manera más efectiva. De esta experiencia, mi introducción a la enseñanza en el mundo tuvo una perspectiva.

Durante mis primeros años de investigación mediante la hipnosis, estaba pasmado por la falta total de autoengaño en las aulas espirituales de clase. Veía que los guías maestros parecían estar presentes en todo lugar, aunque no siempre en forma manifiesta. Nuestros maestros vienen y van en sesiones de estudio espiritual pero esto nunca interfiere el auto descubrimiento. Aunque las almas como tal no son aun omniscientes, al tener un conocimiento infinito de todas las cosas, no tienen dudas sobre las lecciones del karma y el papel que jugaron en eventos de vidas pasadas. Un axioma del mundo del espíritu reza que las almas son siempre más exigentes con ellas mismas en términos de desempeño.

Dentro de los grupos de estudio espiritual existe una maravillosa claridad del pensamiento racional. La ilusión propia no existe, pero debo aceptar que la motivación para trabajar arduamente en cada vida no es uniforme entre las almas. He tenido pacientes que me dicen, "voy a patinar por un rato". Esto podría significar reducir el número de encarnaciones, o escoger existencias fáciles, o ambas. Aunque los maestros del alma y el concejo puedan no sentirse felices con esta decisión, dicha posición es respetada. También en el mundo del espíritu, algunos estudiantes deciden no dar lo mejor de sí algunas veces. Creo que son una minoría de almas viciadas por la Tierra.

Para los griegos la palabra "persona" era sinónimo de "máscara". Este es un término apropiado para la forma en que el alma utiliza un cuerpo anfitrión para la vida. Cuando reencarnamos en un nuevo cuerpo, el carácter del alma se une al temperamento de su anfitrión para conformar la persona. El cuerpo es la manifestación externa del alma, pero no es la personificación completa del ser espiritual. Las almas que vienen a la Tierra piensan en ellas mismas como actores disfrazados, con máscaras, en el escenario del mundo. En *Macbeth*, la obra maestra de Shakespeare, el rey se prepara para la muerte diciéndonos, "la vida no es otra cosa que una sombra que camina, un pobre actor que se pavonea y va gastando su tiempo en el escenario y luego no se le vuelve a escuchar más". En ciertos aspectos, esta famosa línea describe cómo las almas perciben sus vidas en la Tierra, con la diferencia que una vez se inicia la obra la mayoría de nosotros ignora que hacemos parte de ella hasta que termina, todo esto debido a una variedad de bloques amnésicos.

Así con esta analogía de una obra teatral, como con la del aula de clases, se asemeja a lo que mi paciente ve en estado hipnótico. He tenido pacientes que me cuentan que al volver a sus grupos espirituales después de una vida particularmente difícil, son recibidos con aplausos y gritos de "¡Bravo!" por parte de sus amigos. El aplauso al final del último acto de la obra es el reconocimiento a un trabajo bien realizado. Un paciente dijo, "en mi grupo, después que la obra ha terminado y antes de que se inicien los ensayos para la siguiente obra a representar, los miembros más importantes del reparto en la obra que termina se ubican en una esquina para estudiar las escenas individuales que cada uno representó". A menudo escucho reír a mis pacientes cuando relatan el momento en que se les ofrece representar una determinada parte en la nueva obra (que es la vida actual) y los debates que tuvieron lugar antes de que el reparto definitivo fuera asignado.

Nuestros guías se transforman en directores de escena que van repasando con nosotros las escenas de la vida pasada, cuadro a cuadro, tanto buenos como malos momentos. Los errores de juicio son presentados a manera de pequeños bocados. Todos los posibles resultados son estudiados y comparados con nuevos libretos para estas escenas con una serie de alternativas que pudieron haber sido escogidas de acuerdo a las circunstancias. Los patrones de comportamiento son minuciosamente analizados para cada uno de los actores, así como la revisión de todos los roles incluidos en el libreto. Las almas pueden luego optar por intercambiar roles entre sí y volver a actuar completamente las escenas claves para probar los resultados con un diferente actor, sea del grupo o reclutado de un grupo vecino. Yo animo a mis pacientes a que me cuenten acerca de la sustitución de roles. Las almas ganan perspectiva al ser testigos de su propio desempeño pasado mediante la representación de otros actores.

La recreación de las alternativas de la vida pasada presenta un psicodrama que encuentro útil como herramienta terapéutica en la vida actual del alma. Estas analogías escénicas por grupos de almas no trivializan lo que las almas viven cuando encarnan en la Tierra. Al contrario, le ofrecen un medio objetivo de comprensión e induce a adoptar un deseo de mejorar. El sistema es ingenioso, las almas no parecen aburrirse nunca en estos ejercicios educacionales que invitan a la creatividad, originalidad y deseo de triunfar sobre la adversidad al adquirir sabiduría a partir de las relaciones humanas. Siempre desean hacerlo mejor la próxima vez. Cualquiera que sea el formato, los espacios de aprendizaje proveen una fascinante oportunidad a las almas de estudiar, una vez terminado el juego, todos los movimientos posibles para buscar la mejor solución. De hecho, algunos de mis pacientes llaman al proceso completo de reencarnación "el Juego".

El resultado del desempeño en la obra puede encontrarse entre satisfactorio, aceptable e insatisfactorio. Sé que algunos lectores podrán pensar que esto suena sospechosamente parecido al sistema de calificación utilizado en la Tierra, pero esta idea no ha sido mía. Me cuentan que en los grupos de almas la evaluación de desempeño, por parte de nuestros compañeros, no es algo amenazante, sino que más bien alienta y motiva. La mayoría de las almas parecen ser guiadas por un deseo de repasar el último juego de vida en que han participado para lograr una mejor mirada previa al siguiente. Como atletas profesionales, buscan mejorar su desempeño en cada intento; saben que a cierto nivel de desarrollo y pericia este aspecto del juego terminará con la caída del telón y de sus encarnaciones físicas. Esta es la meta de las almas que vienen a la Tierra.

Como lo comentaba al comienzo de esta sección, la instrucción en los centros de enseñanza no se limita a repasar vidas pasadas. Además de las otras actividades, la manipulación de la energía es una parte muy importante del entrenamiento. El perfeccionamiento de estas habilidades toma muchas formas en el trabajo de clase. También se me ha dicho que el humor es una característica notable del mundo del espíritu. La alumna del siguiente caso nos proporciona una idea de lo caprichoso cuando nos relata cómo una de sus clases de creación se salió un poco de control:

Caso 23

Dr. N.: Usted ha comentado acerca de cómo su grupo se ha agrupado en una concentración que recuerda un aula de clases de una escuela, pero no estoy seguro de lo que está sucediendo aquí.

P: Nos hemos reunido para practicar en el entrenamiento de creación con nuestra energía. Mi guía, Trinity está de pie en el tablero, dibujando algo para que lo estudiemos.

Dr. N.: ¿Qué está haciendo usted en estos momentos?

P: Estoy sentada en mi pupitre, con los demás, observando a Trinity.

Dr. N.: Descríbamelo. ¿Están todos compartiendo un mismo pupitre largo, alineados, o qué?

P: No, tenemos pupitres individuales, con tapas superiores para abrirlos.

Dr. N.: ¿Dónde está sentada con relación a sus amigos?

P: Estoy hacia la izquierda, el travieso Ca-ell (hermano de mi paciente en la vida actual) está junto a mi. Jac (el actual esposo de mi paciente) está detrás de mí.

Dr. N.: ¿Cómo está el animo en el aula en estos momentos?

P: Recostados en nuestros puestos, muy relajados porque esta asignatura es demasiado sencilla, casi aburrida, simplemente observamos a Trinity dibujando.

Dr. N.: ¿De veras? ¿Qué está dibujando Trinity?

P: Está dibujando... mmm, como hacer un ratón rápidamente... a partir de diferentes partes de energía.

Dr. N.: ¿Van a separarse en grupos para combinar su energía con otros para llevar a cabo esta tarea?

P: (con un movimiento de su mano) Oh, no. Hace rato pasamos por eso. Seremos evaluados individualmente.

Dr. N.: Por favor, explique la evaluación.

P: Debemos visualizar rápidamente un ratón en nuestras mentes... así como las partes de energía necesarias para crear el ratón completo. Existe un orden de progresión de cómo la energía debe ser ordenada en cada creación.

Dr. N.: ¿Entonces la prueba o evaluación consiste en los pasos apropiados para crear un ratón?

P: Mmm... si... pero... en realidad se trata de una prueba de velocidad. La clave del éxito en el entrenamiento para creación es conceptuar rápidamente, saber con qué parte del animal se debe iniciar. Luego usted prepara la cantidad de energía que necesita aplicar.

Dr. N.: Esto suena difícil.

P: (con una gran mueca) Es fácil. Trinity debió haber escogido una criatura más compleja.

Dr. N.: (obstinadamente) Bueno, a mí me parece que Trinity sabe lo que hace. No veo... (me interrumpe con una carcajada, pregunto qué sucede).

P: Ca-ell acaba de picarme el ojo, ha abierto su pupitre y veo un ratón blanco saliendo del mismo

Dr. N.: ¿Quiere decir que él está adelantado para esta asignatura?

P: Si, y lo demuestra.

Dr. N.: ¿Trinity se da cuenta de todo esto?

P: (aun riendo) Por supuesto, a él no se le pasa nada. Simplemente se detiene y dice, "está bien, hagámoslo rápido ya que están tan listos para comenzar".

Dr. N.: ¿Qué sucede entonces?

P: Hay ratones corriendo por toda el aula. (ríe) Le pongo orejas muy grandes al mío, sólo por divertirme y animar aun más las cosas.

Concluiré esta sección con un caso que representa un ejemplo más serio del uso de la energía en grupo. Es un tipo de lección que no había reportado antes. El caso 24 involucra un círculo interno de tres compañeros que desean ayudar a un cuarto miembro que acaba de encarnar en la Tierra. A diferencia del caso anterior, donde existía la capacidad del alma de nivel superior, estas almas forman parte de un grupo que recientemente ingresó al nivel II.

Caso 24

Dr. N.: A medida que su mente visualiza las cosas destacables que suceden en su grupo de estudio, por favor acérqueme a un ejercicio significativo y explique lo que está haciendo.

P: (una larga pausa) Oh... usted quiere que... bueno, mis dos amigos y yo estamos haciendo nuestro mejor esfuerzo para ayudar a Kliday con energía positiva después que entró a morar en el cuerpo de un bebé. Queremos que esto funcione porque en poco tiempo todos nosotros le seguiremos a la vida terrenal.

Dr. N.: Vamos despacio. ¿Exactamente qué están haciendo ustedes tres en este momento?

P: (respira profundamente) Estamos sentados juntos en un círculo, nuestro maestro se encuentra detrás, dirigiéndonos. Estamos enviando un rayo unificado de energía a la mente del chico Kliday. Él acaba de arribar y bueno... mmm... no quiero violar la confidencialidad, pero no la está pasando bien.

Dr. N.: Veo... bueno, quizás hablar de ello ayude a aclarar las cosas. ¿Cree que estará bien comentar más detalladamente lo que está haciendo?

P: Yo. supongo que si... no veo nada de malo...

Dr. N.: (gentilmente) ¿En qué mes, después de la concepción, Kilday se unió al bebé?

P: En el cuarto mes. (después de una pausa añade) Pero comenzamos a ayudarle en el sexto mes. Requiere mucho trabajo arduo para llegar hasta el noveno mes.

Dr. N.: Puedo entenderlo, la concentración necesaria y todo eso. (pausa) Dígame por qué Kliday necesita la ayuda de ustedes tres.

P: Estamos intentando enviarle una energía alentadora que ayude a Kliday a ajustarse mejor al temperamento de este bebé. La unión con un bebé debería ser como introducir la mano en un guante que tiene la talla exacta para ambos, sin embargo en este caso el guante de Kliday no está hormando adecuadamente.

Dr. N.: ¿Esto le sorprende a ustedes y a su maestro?

P: Ah... no realmente. Mire, Kliday es un alma tranquila, pacífica, en cambio el bebé tiene una mente inquieta y agresiva... a Kliday le resulta difícil adaptarse, aunque él ya sabía lo que debía esperar en esta encarnación.

Dr. N.: ¿Está diciendo que él deseaba cierto tipo de reto desde antes que este bebé fuera escogido?

P: Si, él sabía que necesitaba aprender a lidiar con este tipo de cuerpos, ya que en el pasado ha tenido problemas de incapacidad para controlar la agresión.

Dr. N.: ¿El bebé será una persona hostil? Quizás con pocas inhibiciones... conflictos emocionales y cosas así?

P: (risas) Exacto, ese es mi hermano mayor.

Dr. N.: ¿Quiere decir, en su vida actual?

P: Si.

Dr. N.: ¿Qué roles jugarán en la vida de Kliday las otras dos almas con que está trabajando en estos momentos?

P: Zinene es su esposa y Monts es su mejor amigo.

Dr. N.: Suena como un gran equipo de apoyo. ¿Puede explicarme un poco mejor por qué Kliday necesita esta clase de alma de personalidad tipo A en un cuerpo?

P: Bueno, Kliday piensa y cavila demasiado y es tentativo, nunca salta a una situación determinada. Se pensaba que este cuerpo serviría para hacerle ampliar sus capacidades y ayudar al infante también.

Dr. N.: ¿Fue problemática la vida anterior de Kliday?

P: (encogiéndose) Problemas, problemas... el mismo tipo de cuerpo... cayó en obsesiones y adicciones... poco control. También abusó de Zinene.

Dr. N.: ¿Entonces por qué...?

P: (interrumpiendo) En realidad estudiamos esa vida pasada... repasando cada cosa una y otra vez... Kliday quería otra oportunidad en el mismo tipo de cuerpo. Le pidió a Zinene que volviese a ser su esposa y ella accedió (mi paciente comienza a reír).

Dr. N.: ¿Qué le causa gracia?

P: Sólo esta vez voy a su lado como su hermano menor para ayudarlo a mantenerse en línea, con un cuerpo fuerte.

Dr. N.: Continuemos con su actual ejercicio de emanación de energía. Cuénteme cómo usted y sus dos compañeros usan su energía para ayudar a Kliday.

P: (una larga pausa) Los patrones de energía de Kliday y los del bebé están dispersos, no se alinean.

Dr. N.: ¿El bebé ha esparcido su energía emocional y Kliday tiene problemas para fundirse con ella?

P: Si.

Dr. N.: ¿Esto involucra los patrones de impulsos eléctricos del cerebro, o qué?

P: (pausa) Si, los procesos del pensamiento... desde las terminaciones nerviosas (se detiene y luego prosigue) estamos tratando de ayudar a Kliday a seguirle el rastro.

Dr. N.: ¿Está el bebé resistiéndose a Kliday, considerándolo un intruso?

P: Oh, no... no creo... (risas) pero Kliday piensa que se ganó otro cerebro primitivo, en ciertos aspectos.

Dr. N.: ¿Hacia que parte del cuerpo del bebé dirigen su emanación de energía?

P: Nos instruyen para que trabajemos desde la base del cráneo y hacia arriba, comenzando en la base del cuello.

Dr. N.: (llevo al paciente al tiempo pasado) ¿Tuvieron éxito en ese ejercicio?

P: Creo que ayudamos a Kliday, especialmente al comienzo. (risas otra vez). Pero mi hermano sigue siendo un cabeza dura en esta vida.

En capítulos posteriores se citarán ilustraciones adicionales de la interacción de los grupos de almas. En el capítulo 7, en la sección que describe la asociación entre cuerpo y alma, entraré en más detalles acerca de los aspectos fisiológicos de nuestra lucha contra el lado primitivo de la mente humana. El próximo capítulo está dedicado a la asistencia espiritual más alta que nosotros recibimos como parte de un grupo de estudio espiritual. Las ramificaciones psicológicas de las alternativas de la vida futura en realidad comienzan con nuestra primera orientación cuando retornamos al mundo del espíritu. Las ideas que involucran desempeños pasados y expectativas futuras son estudiadas con un enfoque más agudo en la primera reunión del concejo a que acude el alma.

~4

El Consejo de Mayores

El temor humano al juicio y al castigo

No mucho después que las almas han regresado a su grupo, son llamadas a comparecer ante una asamblea de seres sabios. Un grado o dos delante de nuestros guías, estos grandes maestros son las más avanzadas entidades identificables que mis pacientes, aun encarnando, ven en el mundo del espíritu. Ellos les dan diferentes nombres como los Mayores, los Maestros Sagrados, los Venerables y títulos pragmáticos como los Examinadores o el Comité. Los dos nombres más comunes que yo escucho para describir estos altamente evolucionados maestros son Consejo y Mayores, así que yo acostumbro utilizar estos términos para describir este cuerpo.

Como el Consejo de Mayores representa autoridad en el mundo del espíritu, hay personas que en mis conferencias inmediatamente se alteran cuando yo hablo acerca de seres vestidos con túnicas que desean interrogar a las almas sobre sus actuaciones en vidas pasadas. Un hombre en Toronto no pudo contenerse y ruidosamente proclamó a todos en el público, "Ah ah, ¡lo sabía! ¡Una sala de tribunal, jueces, el castigo!"¿De dónde viene este temor y cinismo acerca de la vida posterior en la mente de tantas personas? Las instituciones religiosas, cortes civiles y tribunales militares nos dictan códigos de moralidad y justicia que impactan la conducta de millones de personas. Existe crimen y castigo, así como tradiciones culturales de juicio áspero para las transgresiones humanas que nos han acompañado desde nuestros días tribales. Los efectos positivos de un código de comportamiento y ética asociado a todas las religiones a través de la historia han sido enormes. Se ha defendido que el miedo al castigo divino es lo que hace que las masas persistan en mantener una mejor conducta de la que tendrían si no fuera así. Existe la oportunidad para que cualquier doctrina religiosa genere la angustia personal con relación a una áspera autoridad final y espíritus malignos después de la muerte.

Las religiones organizadas han estado con nosotros solamente durante los últimos cinco mil años. Antropólogos nos cuentan que en el milenio anterior la gente común estaba naturalmente inclinada a creer que todas las cosas animadas e inanimadas tenían buenos y malos espíritus. En tal sentido las viejas prácticas tribales no son muy diferentes de la idolatría de las religiones históricas. Muchos dioses del pasado eran coléricos y rencorosos, mientras otros eran benévolos y auxiliadores. El ser humano siempre ha sentido inquietud por aquellas fuerzas más allá de su control, particularmente con divinidades que puedan regular su vida después de la muerte.

Debido a que los temores relacionados con la supervivencia siempre han sido una parte de nuestras vidas, los seres humanos encuentran a la muerte como el mayor peligro. A lo largo de nuestra historia, la brutalidad de la vida significó que el juicio, castigo y sufrimiento probablemente continuaría de alguna manera después de la muerte. Muchas culturas alrededor del mundo han mantenido estas creencias para sus propios propósitos. Las personas fueron llevadas a creer que todas las almas buenas y malas pasarían a través de un oscuro submundo de peligro y juicio, justo después de la muerte.

En Occidente, el purgatorio siempre ha sido descrito como una solitaria estación del camino para las almas atrapadas entre el cielo y el infierno. En décadas recientes las iglesias no evangélicas proclaman una definición más liberal del purgatorio como un estado de aislamiento para la purificación de los pecados y las imperfecciones antes de que el alma entre al cielo. Con La filosofía oriental, especialmente entre los cánones del hinduismo y las sectas Mahayama Budistas, ha existido una larga tradición de prisiones espirituales de los más bajos y manchados planos de la existencia, las cuales también se han liberalizado. Este concepto es otra razón por la cual estoy en contra del uso del círculo concéntrico imaginario de los planos astrales múltiples como un mapa para describir el viaje de las almas después de la muerte. Históricamente fueron diseñados para mostrar las celdas de múltiples purgatorios en un submundo de jueces, cortes y demonios.

Aquellos que buscan la verdad se inclinan hacia las antiguas tradiciones metafísicas orientales, encuentran, al igual que en la teología occidental, una confusa mezcla de supersticiones. Mientras la reencarnación ha sido siempre aceptada en el Oriente, ha habido una retención de la doctrina de transmigración. En mis viajes a través de India, encontré que las transmigraciones son un concepto intimidante, el cual ha sido usado para controlar la conducta. Bajo este credo, una amplia variedad de pecados son enfrentados con una posibilidad muy real de que el alma pueda transmigrar hacia una forma de vida inferior y subhumana en su siguiente ciclo de existencia. En mis investigaciones, no he encontrado evidencias que apoyen la transmigración de las almas. Mis estudios indican que la energía de las almas de diferentes formas de vida sobre la Tierra no parece entremezclarse en el mundo del espíritu. Para mí la intimidación y el miedo a la transmigración engendran una coerción de la justicia kármica. He encontrado almas de humanos de otros mundos que en encarnaciones anteriores han habitado cuerpos ligeramente más o menos inteligentes que nuestras propias especies, pero nunca he tenido un paciente asignado a otro mundo donde ellos no pertenecieran a la inteligencia más dominante en ese planeta particular. Esto es por regla general.

Antes que etapas de castigo, nosotros pasamos a través de etapas de auto esclarecimiento. La mayor parte de la raza humana, todavía es incapaz de erradicar los sentimientos arraigados construidos durante miles de años de acondicionamiento cultural de que el juicio y castigo debe existir de alguna forma después de la vida, como existe en la tierra. Tal vez no sea un infierno con torturas por parte de las fuerzas de la oscuridad, pero es algo desagradable. Es mi esperanza, en este capítulo, poder reconfortar a aquellas personas inclinadas a sentir temor por la posibilidad de castigo después de la muerte. Por otro lado están aquellos que piensan que presentarse ante un Consejo de Mayores no debe ser del todo reconfortante. Los epicúreos de este mundo, aquellos devotos solamente a la desinhibición del placer en la vida, colocando poca atención a las dificultades de los demás, tampoco pueden ser felices en este capítulo. Tampoco lo estarán los iconoclastas, opuestos a la autoridad de cualquier forma, moral o de otro tipo.

El mundo del espíritu es un lugar de orden y el Consejo de Mayores, ejemplariza justicia. Ellos no son la última fuente de autoridad divina, pero representan el más alto rango de seres responsables por las almas que aun encarnan en la Tierra. Esos seres sabios tienen gran compasión por la debilidad humana y demuestran infinita paciencia con nuestras faltas. Nosotros tendremos muchas segundas oportunidades en vidas futuras. Éstas no serán vidas de fácil elección kármica, de lo contrario no aprenderíamos nada viviendo en la Tierra. Sin embargo los riesgos de vida y sanidad en este planeta no son diseñados para causarnos ningún daño después de la muerte.

El escenario para la evaluación de las almas

De acuerdo a los relatos de mis pacientes, ellos aparecen ante su Consejo justo después de una encarnación y muchos comparecen otra vez poco antes de nacer nuevamente. De las dos presentaciones, la primera parece tener un mayor impacto sobre el alma. Durante esta reunión las mayores acciones que realizamos en la vida recién vivida son revisadas conjuntamente con el alma. La conducta y la responsabilidad con nuestras acciones, como importantes bifurcaciones en el sendero de nuestro karma son analizadas cuidadosamente. En la primera reunión conocemos perfectamente nuestros errores, especialmente si hemos lastimado a otros. Si hay una nueva visita, en tiempos próximos a una nueva reencarnación, ésta es más tranquila, con discusiones centradas sobre las potenciales acciones, oportunidades y expectativas para el futuro.

Nuestros guías nos notifican cuando es tiempo de presentarse ante el Consejo y usualmente nos escoltan a las cámaras de esos maestros superiores. Para el promedio de los pacientes, los guías no parecen tener un rol importante en esas conferencias. Sin embargo cuando un alma superior es citada, ellas van solas a la reunión y no les resulta extraño ver a sus guías sentados en el Consejo mientras ellos están allí. Cuando nuestros guías permanecen con nosotros frente al Consejo, ellos se muestran bastante tranquilos. Esto es porque antes de la reunión ha habido una previa discusión acerca de nuestra vida pasada, entre los guías y los miembros del Consejo.

Como nuestros primeros maestros y defensores, los guías pueden desear interferir con sus puntos de vista para aclararnos o ayudarnos a interpretar un concepto si ellos creen que estamos confundidos en algún punto durante los acontecimientos. Yo presiento que los guías hacen mucho más en esas audiencias de lo que la mayoría de mis pacientes creen.

Las descripciones sobre la forma y procedimientos de las reuniones del Consejo son muy consistentes entre todos los pacientes hipnotizados. Cuando inicio esta parte en la sesión con un paciente, mi aproximación usual es preguntarles qué ocurre en el período previo a la presentación ante el Consejo de Mayores. Veamos un ejemplo de una respuesta típica:

> "El tiempo de mi espera ha terminado, voy a ver a los Maestros Sagrados. Mi guía Linil, viene y me escolta desde mi grupo primario hacia un largo corredor, pasando por otros salones de clase. Nos movemos dentro de otra área con un corredor más grande que está alineado con columnas de mármol. Las paredes están recubiertas con lo que parece ser paneles de vidrio escarchado de muchos colores. Escucho música suave e instrumentos de cuerda. La luz es muy suave, de un tono dorado. Todo es tranquilo, casi sensual; pero estoy algo asustado. Llegamos a un atrio lleno de hermosas plantas y fuentes de agua burbujeante. Esta es el área de espera. Después de unos momentos, Linil me lleva a un salón redondo con un cielorraso alto en forma de cúpula por donde entran rayos de luz alumbrando hacia abajo. Los Maestros Sagrados están sentados en una mesa grande de forma creciente. Yo voy al centro del salón, al frente de la mesa mientras Linil se queda parado a la izquierda detrás de mí".

Figura 8: La Cámara del Consejo

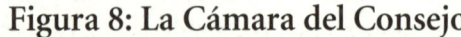

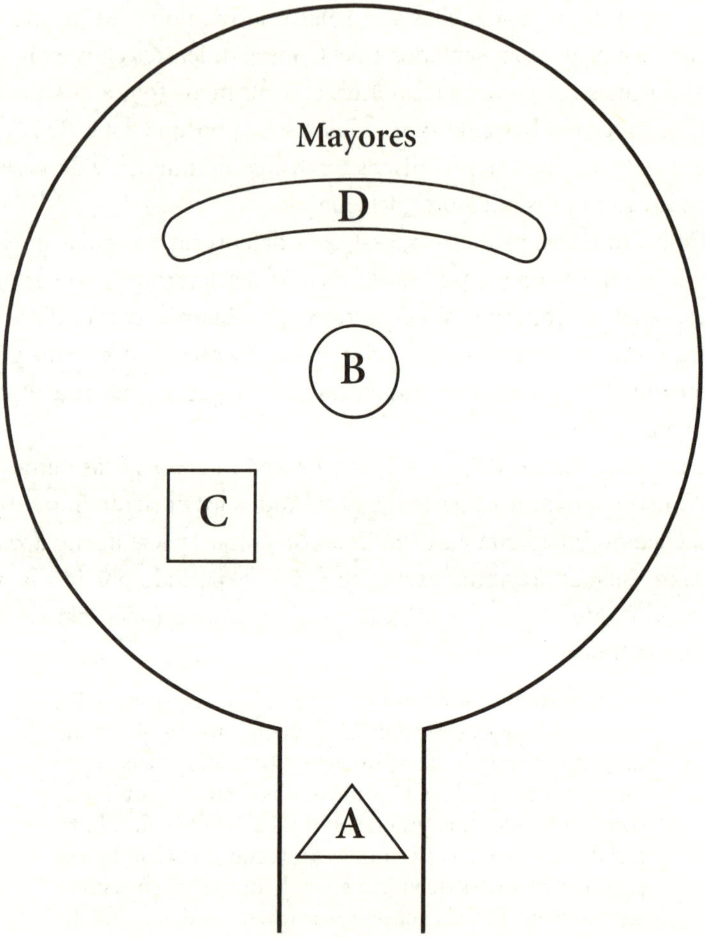

Un diseño estructural típico donde los Mayores se reúnen con las almas. Este espacioso salón aparece a la mayoría de las personas como una gran rotonda con un cielorraso en forma de cúpula. Las almas entran a la cámara al final de un pasillo (A). El alma se para en el centro del salón (B), con su guía a sus espaldas, usualmente a la izquierda (C). Los Mayores generalmente se sientan en una larga mesa en forma de media luna (D), enfrente del alma. La mesa puede ser rectangular.

La primera vez que escuché sobre las reuniones del Consejo, me preguntaba por qué era necesario para ellos ser vistos en una especie de escenario autoritario. ¿Por qué no en una sencilla escena campestre si ellos están llenos de benevolencia? Mientras las almas más jóvenes describen que este escenario "sería el correcto y propio para sus exámenes", las almas más viejas explicaban que había una razón primordial para el encerramiento en forma de cúpula. Con este diseño, una presencia superior irradiaba su energía luminosa a todos los acontecimientos desde arriba. Más adelante, en este capítulo discutiré sobre el poderoso impacto de esta presencia.

La gran mayoría de mis pacientes visualizan un diseño de cúpula para la cámara del Consejo de Mayores, como se muestra en la figura 8. Ellos ven la estructura de la cámara como una manifestación de un lugar santo sobre la tierra. Esta "concha de compasión celestial", como un paciente llamó su Consejo, es simbólica de templos, mezquitas, sinagogas e iglesias. La figura 8 muestra la mesa central (D), la cual es usualmente larga al frente y puede curvarse alrededor de los sabios para acomodar un mayor número de Mayores. Algunos pacientes indican que ellos ven esta mesa sobre una tarima ligeramente levantada justo encima del nivel de los ojos.

He aprendido del relato de las almas, que estos matices en el escenario son necesarios para que una reunión particular sea más efectiva para ellos. Si las almas ven su Consejo en más de una forma de autoridad, podrían ser razones por las cuales se podría sondear la existencia ya vivida del alma.

Pacientes que han regresado del mundo del espíritu de manera no voluntaria relatan acerca del alcance de una pregunta específica de los Mayores. Ellos deben sentirse confortados de que el facilitador de la hipnosis ya conozca el camino alrededor de la cámara del Consejo. En un nivel de inconsciencia, esta confidencia en las regresiones espirituales parece darles permiso mental para hablar acerca de sus memorias sagradas. Esta es la razón por la cual mis investigaciones en la memoria humana del mundo del espíritu tomó tantos años. Era como ajustar las piezas de un misterioso rompecabezas. Pequeñas piezas de información acerca del mundo del espíritu, conducían a grandes implicaciones, de las cuales nunca se me hubiera ocurrido preguntar en un contexto general. Por ejemplo la razón detrás de una tarima levantada en la cámara del Consejo fue un pequeño detalle que se convirtió en un gran razonamiento. Otra fue la posición del guía, particularmente en la primera audiencia.

Como puede verse en la figura 8, la posición del guía (C) en esta ilustración es a la izquierda. Por mucho tiempo no entendí por qué los guías se ubicaban detrás y a la izquierda de la mayoría de mis pacientes. Si el alma tiene dos guías, ocasionalmente el menos experimentado entrará al salón y se parará al lado derecho. La mayor parte del tiempo, tenemos solamente nuestro guía superior atendiéndonos y sólo un reducido porcentaje de mis pacientes menciona a este otro guía parado a la derecha. Siempre que preguntaba por qué esto era así, recibía respuestas vagas como "Oh, es menos restrictivo" o "es una costumbre para nuestra comunicación" o "todos nos paramos en ciertos lugares por respeto". Por un largo período simplemente me detenía en esta pregunta. Entonces llegó el día en que estaba trabajando con un sujeto muy perceptivo que me contó acerca de la importancia de distinguir todas las comunicaciones del Consejo. Yo repetí mi pregunta sobre la posición del guía y recibí esta respuesta.

Caso 25

Dr. N: ¿Por qué está su guía de pie a su izquierda, detrás suyo?

P: (risas) ¿No lo sabe? En la mayoría de los cuerpos humanos el lado derecho de la cabeza no es tan predominante como el izquierdo.

Dr. N: ¿Qué tiene eso que ver con su posición?

P: El lado izquierdo, el lado derecho... no sincronizados.

Dr. N: ¿Está usted hablando de un desbalance entre los hemisferios izquierdo y derecho del cerebro humano?

P: Si, mi problema y el de muchos que acaban de regresar de la Tierra es una ligera debilidad de recepción de energía en nuestro lado izquierdo. Eso no dura mucho.

Dr. N: ¿Y cuando usted está frente al Consejo, aun siente los efectos de su cuerpo humano? ¿Tiene todavía esa impresión física?

P: Si, es lo que le estoy diciendo. Nosotros aun no hemos eliminado esos efectos al momento de nuestra primera reunión con el Consejo. Eso parece ser como unas pocas horas después de mi muerte. Toma un tiempo librarnos de la densidad de nuestro cuerpo físico... su constricción... antes éramos completamente libres. Esta es la razón por la que no necesité mucho de Jerome (guía) en la segunda reunión.

Dr. N: ¿Por qué?

P: Para entonces estamos enviando y recibiendo comunicación telepática de una manera más eficiente.

Dr. N: Por favor, explíqueme por qué ahora Jerome está de pie a su izquierda, ayudándole.

P: En la mayoría de los seres humanos el lado izquierdo es más rígido que el derecho. Jerome colabora con la recepción de energía del Consejo que entra por mi lado derecho, bloqueando pensamientos que podrían escapar por el lado izquierdo.

Dr. N: ¿Está diciendo que su aura de energía es como un tamiz?

P: (risas) Eso parece algunas veces, en el lado izquierdo. Pero al servir como un agente de bloqueo de los pensamientos que podrían escapar, también sirve como un apoyo rebotando las ondas de pensamiento dentro de mí, para una mejor retención. Esto ayuda para mi comprensión.

Dr. N: ¿Cree usted que él agrega sus propios pensamientos en este proceso?

P: Claro que lo hace, él desea dejar penetrar todo y quedarse conmigo.

Posteriores entrevistas con otros pacientes, confirmaron el efecto de apoyo del caso 25. Al principio de sus encarnaciones, mientras las almas aprenden a utilizar su único y complejo modelo de circuitos, ellos encuentran que la mayoría de los cerebros humanos no están balanceados entre los hemisferios izquierdo y derecho. Me dicen que dos cuerpos físicos no son iguales en la forma en que los hemisferios cerebrales se asocian para los procesos críticos de juicio, creatividad y comunicación lingüística. Esta es una razón primordial por la cual las almas más sabias se unen al feto de un nuevo cuerpo en una forma más temprana que tardía en términos maternales.

Los terapeutas de regresión a vidas pasadas trabajamos con las impresiones del cuerpo físico de formas de vida que pueden desconectarse de su cuerpo actual. Esas personas usualmente vienen a nosotros después de que la medicina natural no les ha dado alivio. Por ejemplo, un problema físico puede tener relación con la incomodidad por una muerte violenta en una vida pasada. Una parte de nuestro trabajo es desprogramar esas cargas incómodas siempre que ellas estén afectando al paciente.

Las impresiones corporales también afectan a las almas que regresan al mundo del espíritu con daños en su energía física. Debo decir que antes del caso 25, nunca imaginé que las impresiones de un cuerpo humano pudieran afectar las comunicaciones en las reuniones del Consejo. Yo era consciente, que en el transcurso de esas audiencias, los miembros del Consejo podían comunicarse entre sí con una rápida señal de altas y bajas vibraciones y que el promedio de las almas no percibía la mayoría de este tipo de comunicación entre los Mayores. Aquí el efecto de reverberación es aparentemente intencional. Creo que podemos concluir con seguridad que ninguna conversación de las reuniones del Consejo que requiera interpretación es manejada por nuestros guías.

Yo tengo un procedimiento más bien poco ortodoxo, pero efectivo, para que un paciente bajo regresión espiritual narre sus experiencias ante el Consejo. Cuando estoy trabajando con un paciente que se encuentra frente al Consejo, frecuentemente le digo que pregunte a los Mayores y a su guía si ellos conocen *mi* espíritu guía. El paciente comúnmente responde de manera afirmativa, diciendo algo con relación a que todos los maestros se conocen unos a otros en el mundo del espíritu. Entonces continúo preguntando por qué el paciente cree que esos maestros, sus guías y el mío se han confabulado para enviarle a mi oficina en ese día en particular. Las respuestas pueden ser muy reveladoras debido a que mis pacientes se sienten sincronizados con este trabajo. Con este proceso metodológico de hipnosis, muy frecuentemente alguien comentará "usted ya sabe, veo a su guía suspendido sobre su hombro izquierdo ayudándole y riéndose de sus esfuerzos por adquirir más información que usted necesita saber acerca del mundo del espíritu".

Las almas que vienen ante sus respectivos Consejos han sido entrevistadas durante las sesiones de orientación con sus guías. Sin embargo es frente al Consejo donde las almas se sienten más vulnerables acerca de sus actuaciones pasadas. El objetivo de las reuniones con el Consejo no es rebajar las almas que vienen ante ellos o castigarlas por sus limitaciones. El propósito de los Mayores es interrogar a las almas para ayudarlas a alcanzar sus metas en su próxima vida. Cada alma tiene conocimiento del formato de preguntas para la revisión de su vida, aunque ellos saben que dos visitas al Consejo no pueden ser iguales. En las reuniones con las almas jóvenes, he notado que los dos guías y el Consejo son especialmente indulgentes y solícitos. Durante mis investigaciones recientes sobre las reuniones del Consejo, he aprendido que los cuestionamientos dirigidos por esos maestros espirituales hacia mis pacientes son a la vez firmes y benevolentes.

Admito que cuando empecé a escuchar sobre estas audiencias había muchas dudas en mi mente. Sentía que si un alma era convocada para presentarse delante de este cuerpo de sabios, se presentarían ciertos aspectos punitivos de la revisión kármica. Esto era debido a mi propio condicionamiento cultural. Finalmente llegué a la conclusión de que presentarse frente al Consejo tiene muchas facetas. Los Mayores son como firmes pero amorosos padres, gerentes, animados profesores y consejeros de conducta, todos en uno. Lo que las almas sienten por el Consejo es reverencia. En realidad, las almas son severamente críticas con ellas mismas. He encontrado que las evaluaciones del grupo de almas acompañantes son más severas que cualquier Consejo de Mayores, aunque sus compañeros hacen sus críticas con humor.

Durante el tiempo en que las almas se están moviendo hacia el sitio donde el Consejo espera, se presentan reacciones entremezcladas; he tenido pacientes que dicen estar ansiosos por ver a los Mayores y para tener una perspectiva sobre sus progresos. Otros están aprehensivos, pero esta sensación pasa rápidamente una vez que el proceso comienza.

Los Mayores tienen la manera de hacer que las almas que vienen ante ellos se sientan bienvenidas casi inmediatamente. Una de las diferencias más obvias entre una sala del tribunal en la Tierra y una asamblea de maestros es el hecho de que cada uno en la cámara es telepático. Así todos los asistentes conocen totalmente la verdad acerca de cada aspecto de nuestra conducta y las acciones que hemos realizado en la vida pasada. La decepción es imposible. No hay necesidad de reglas evidentes, abogados defensores o jurados. Entonces ellos pueden planear apropiadamente nuestro futuro. Los Mayores desean estar seguros de que entendemos totalmente las consecuencias de nuestras acciones, particularmente hacia los demás.

Los Mayores nos preguntan acerca de qué pensamos sobre los principales episodios de nuestra vida y qué curso de acción tomamos. Acciones deseables y aquellas que fueron contraproducentes son discutidas abiertamente con nosotros sin recriminaciones ni dedos acusadores. Independientemente del número de veces que hayamos cometido los mismos errores, nuestro Consejo tiene una enorme paciencia con nosotros. Tenemos mucha menos paciencia con nosotros mismos. Yo creo que si los Consejos de todas las almas de la Tierra con las que he trabajado no fueran tan indulgentes, las almas promedio simplemente se rendirían y no regresarían. Las almas tienen el derecho de rehusar volver a la Tierra.

Los Mayores sondean las respuestas de cómo nuestro cuerpo anfitrión y físico facilitaba o impedía nuestro desarrollo y al mismo tiempo consideran nuestro próximo cuerpo y ambiente futuro. Ellos desean saber cómo nos sentimos acerca de una nueva encarnación. Muchos pacientes tienen la sensación de que sus Consejos no han tomado todavía una determinación acerca de nuestras vidas futuras. Nada sobre esta reunión parece estar previamente definido.

Nuestros intentos en la vida son de suma importancia para las reuniones del Consejo. Los Mayores conocen todo acerca de nosotros antes de que aparezcamos, pero durante las deliberaciones es cuidadosamente analizada la forma en que nuestra alma se une con un cerebro humano. Ellos conocen nuestras experiencias pasadas con otros cuerpos. Esto incluye el control, la falta del mismo, que ejercitamos sobre la naturaleza más baja y emociones negativas de los cuerpos en la tierra.

Compulsiones, emociones y ataduras, jamás son ofrecidas como excusas para la conducta de las almas. No estoy diciendo que las almas no se escuden en sus dificultades frente al Consejo. Sin embargo, el raciocinio sobre los juicios de nuestras vidas no son sustituidos por una honestidad brutal.

El Consejo quiere ver si el carácter inmortal interno de nuestra alma, mantiene su integridad en términos de valores, ideales y acción durante la encarnación. Ellos desean saber si nosotros fuimos absorbidos por nuestro cuerpo terrenal o si brillamos a través de él. ¿Emergió nuestra alma efectivamente como un socio de nuestro cerebro humano convirtiéndose en una armoniosa personalidad humana? Los miembros del Consejo cuestionan las almas acerca del uso del poder. ¿Fue nuestra influencia positiva o fue corrompida por la necesidad de dominar a otros? ¿Nos dejamos arrastrar por las convicciones de otros, demostrando falta de poder personal o hicimos contribuciones originales? Al Consejo no le interesa cuántas veces caímos en nuestros progresos a través de la vida pero si le interesa nuestro coraje y valor para auto superarnos y hacernos fuertes.

Apariencia y composición del consejo

La palabra Mayor es considerada apropiada por muchos de mis pacientes porque los seres avanzados que se sientan en sus Consejos son visualizados como hombres de más edad. Ellos son frecuentemente descritos como seres calvos o de cabellos blancos y barba. Al preguntarle a las personas acerca del género de esos seres he llegado a algunas conclusiones. La alta predominancia de seres masculinos es un estereotipo cultural. La sabiduría es asociada con la edad y los hombres son más frecuentemente vistos que las mujeres debido a nuestra larga historia de dominación masculina en posiciones de autoridad.

Hay dos factores que crean esas imágenes estereotipadas: Primero, que es proyectada desde el Consejo con la intención de impactar las experiencias y concepciones, teniendo en cuenta que es un alma que viene desde la tierra. Segundo, la memoria devuelta en la regresión involucra unos procesos ocultos. Mientras los pacientes revelan sus experiencias ante el Consejo en un estado puro del alma, ellos están también en comunicación conmigo desde sus cuerpos terrenales actuales, con todas las influencias culturales que existen en la vida actual. Nosotros estamos bajo las mismas influencias como desencarnados cuando proyectamos un grupo de rasgos faciales de una vida pasada a los miembros de nuestro grupo de espíritus. Estos reflejos conjuntos de nuestro carácter y humor en el momento, también son como la creación de una forma de reconocimiento instantáneo para las almas que podrían no habernos visto durante un tiempo. Yo estoy convencido de que los terapeutas de regresión que desarrollan trabajos de mi clase, en años futuros encontrarán tantas mujeres como hombres en esos Consejos. Tengan presente que cuando reviso una reunión del Consejo ésta es usualmente entre formas de vida de centurias pasadas. Siempre tengo en consideración calendarios, cuando evalúo la realidad de una escena del mundo del espíritu en la mente de mi paciente.

Habiendo hecho esta aclaración sobre el prejuicio del genero, debo añadir que la mayoría de mis pacientes avanzados, así como un gran número de almas intermedias, ven sus Consejos como andróginos. Un Mayor puede aparecer asexuado o ser una mezcla de géneros, alternando imágenes de los dos, masculino y femenino al alma. No obstante, dado que casi ninguno de mis pacientes puede o desea darme los nombres de los miembros de su Consejo, ellos tienden a llamarlos, él más que ella, a pesar de una falta de apariencia de género. Sus espíritus guías por otro lado son representados como masculinos o femeninos entre los pacientes.

Volviendo a la figura 8, el lector notará que la mesa del Consejo (A) se encuentra hacia la parte posterior de la rotonda. El alma (B) se para directamente en el centro del salón. La mayoría de mis pacientes dicen, "nosotros destacamos el respeto". No estoy seguro que ellos tengan elección. En realidad he tenido almas avanzadas sentadas en uno de los extremos de la mesa con su Consejo, pero eso es poco común y considerado presuntuoso por la mayoría de las almas. Cuando me dicen que no hay mesa y que los Mayores desean que mi paciente se una a ellos de manera informal, yo sé que estoy trabajando con un alma altamente desarrollada que está aproximada a un status de guía.

Las almas muy jóvenes, que han estado en la Tierra menos de cinco veces, ven su Consejo de manera diferente que todos mis otros pacientes, como lo ilustra la siguiente cita:

> Hay cuatro de nosotros que juegan mucho. Hacemos cosas tontas cuando nuestro profesor, Minari, no está cerca. Mis amigos y yo nos tomamos las manos cuando nos llevan a ver dos personas importantes. Vamos a un lugar que tiene colores brillantes por todas partes. Hay un hombre y una mujer sentados en dos sillas de espaldar alto con grandes sonrisas en sus caras. Ellos acaban de terminar con un pequeño grupo de muchachos que nos rodean cuando se van. Esta pareja, calculo, está alrededor de los treinta años. Parecen ser nuestros padres, son cariñosos y amables y nos invitan a seguir. Ellos sólo preguntan unas cuantas cosas sobre si la estamos pasando bien y qué nos gustaría hacer en nuestra próxima vida. Nos han pedido poner mucha atención a todo lo que nos dice Minari. Es como Navidad en un gran almacén con dos Santas.

El hecho de que más de un alma pudiera comparecer ante una reunión del Consejo estipula sin duda alguna que el sujeto es considerado todavía un "alma niño". Yo aprendí que estos individuos han estado en la Tierra solamente una vez antes de su vida presente. Según mis apreciaciones, en algún momento entre la segunda y la quinta vida esta clase de escena del Consejo es alterada. Un paciente que justo había hecho esta transición exclamó:

> ¡Oh, cuántas cosas han cambiado! Esta reunión es más formal que la última vez. Estoy un poco ansioso. Hay una larga mesa y estoy describiendo mis progresos a tres Mayores. Es igual que si hubiera presentado un examen recientemente y estuviera averiguando la calificación.

Los pacientes típicos asisten a Consejos de entre tres y siete miembros. Un alma avanzada podría tener de siete a doce representantes. En cualquier forma, ésta no es una regla general. Sin embargo, como las almas se desarrollan y se vuelven más complejas, ellos parecen requerir más especialistas en sus paneles. He encontrado que esas almas menos desarrolladas son usualmente incapaces de diferenciar entre los miembros individuales de los Consejos, excepto por su presidente y quizás algún otro Mayor en la mesa. Esos dos Mayores parecen ser los más comprometidos con el caso, mientras que los otros, que no cuestionan directamente al alma, son bastante nebulosos en el fondo.

Eso me hace caer en cuenta, que existe alguna clase de protocolo, asociado con el orden de los puestos. Los miembros se organizan ellos mismos en una línea, con los participantes menos activos al final de la mesa. Casi siempre hay un presidente sentado en el centro, directamente frente al alma. Este Mayor es el principal interrogador y puede también considerarse como el director o moderador. El número de miembros del Consejo que asiste a estas reuniones puede cambiar cada vez que alguien comparece, dependiendo de las circunstancias de la vida recién vivida y de la persona que viene. Nuestro presidente y quizás uno o dos de los otros Mayores, están normalmente presentes durante grandes espacios de tiempo entre varias vidas. Otro aspecto curioso de este procedimiento es que los miembros de un mismo grupo de almas comparece ante Consejos diferentes. Yo supongo que esto es debido a los diferentes aspectos del carácter de cada alma y su estado de desarrollo. Mis pacientes son incapaces de explicarme la razón por la que esto es así.

Cuando un paciente me dice que un miembro de su Consejo ha reaparecido en el panel después de una ausencia que involucra varias vidas, o si un nuevo miembro ha aparecido, yo lo anoto. Un paciente de sexo masculino me dijo:

> Después de mi última vida, vi una mujer nueva haciendo parte como miembro en mi Consejo. Ella no era severa, pero sí suavemente crítica de mi continua insensibilidad con las mujeres en mis vidas pasadas. Ella está aquí para ayudarme a desarrollar un plan para superar mi tendencia a rechazar a las mujeres de mi vida, ya que eso está impidiendo mi desarrollo.

Aparentemente algunos especialistas vienen algunas veces a nuestros paneles, para prestar su experiencia si continuamos cayendo en los mismos errores. Mientras se presentaba ante tres Mayores, el paciente comentaba:

> Sólo el director en el centro me habla. El Mayor de mi izquierda emana una tibia y benevolente energía hacia

mí, mientras que el de la derecha me envía serenidad. Es como si yo necesitara tranquilidad en este momento porque estamos hablando sobre mi encubrimiento de emociones enfadadas en la vida.

Otra de mis pacientes me explicaba lo que había estado pasando en sus recientes reuniones del Consejo de la siguiente manera:

> Después de muchas de mis vidas, mi Consejo ha cambiado de tres a cuatro miembros. A veces tres, a veces cuatro. He notado que este cuarto miembro parece tener un color plateado, mientras que los otros tres tienen profundos colores violeta. Yo le llamo mi consejero para la confianza. Invariablemente, cuando le veo sentado en el panel, ya sé que voy a tener una conferencia sobre mi falta de confianza. Él me dice que soy un alma reticente, miedosa de enfrentarme con otros, aun cuando yo sé que es lo correcto. Yo le digo lo temerosa que me siento en la Tierra y él me explica suavemente que cuando yo extienda mi personalidad, me volveré gratamente querida y apreciada. Tengo miedo a la confrontación y a las vidas de adversidad. Él me dice "Nunca te damos más de lo que puedes manejar, mantente extendiéndote, tienes mucho para dar".

Esta paciente escogió ser una mujer de estatura pequeña y rasgos ordinarios en su vida presente, en lugar de aceptar una tentadora oferta de elegir otro cuerpo como una belleza deslumbrante. Ella me contaba que esperaba que este plateado consejero de confianza estuviera feliz con este reto adicional, además de que ella había aceptado una vida con padres que la empequeñecían y devaluaban mientras estaba creciendo. Yo le preguntaba a esta paciente por qué la simple declaración de este miembro plateado del Consejo había sido su mayor apoyo durante los recientes siglos pasados. Ella replicaba, "lo que se gana por cada vida difícil, se gana para toda la eternidad".

Mientras un guía personal analiza como hemos priorizado nuestros objetivos y estudia cada paso después de la vida, nuestros Mayores hacen más preguntas de tipo de apreciación global. El Consejo no solamente pregunta por nuestra vida pasada más inmediata. Muchas preguntas abarcan el total de nuestras vidas y cubren el espectro más grande de nuestros progresos hacia el auto mejoramiento. Los Mayores desean explorar si estamos desarrollando nuestro potencial. Yo he llegado a creer que el Comité es cuidadosamente balanceado por ciertos Mayores cuyo carácter y antecedentes tienen alguna clase de relación con las almas que vienen a comparecer ante ellos. Algunas veces descubro una afinidad personal entre un Mayor y uno de mis pacientes. Mayores individuales parecen identificarse con un carácter de alma, esfuerzos y debilidades, intereses y propósitos.

A pesar de lo que acabo de decir, debo agregar que la gran mayoría de personas en hipnosis no se sienten realmente cercanas a los Mayores en sus Consejos. Ellos tienen reverencia y veneración por ellos, pero no el profundo afecto que despliegan hacia sus guías espirituales. Esta es la razón por la que el siguiente caso es excepcional.

Caso 26

Dr. N: ¿Ve algunas caras nuevas en su Consejo desde la última vez que fue ante ellos?

P: (con una aspiración repentina y luego un profundo suspiro de placer) ¡POR FIN! Rendar ha regresado, oh... estoy tan contento de verlo de nuevo.

Dr. N: ¿Quién es Rendar?

Nota: El paciente está agitado y no responde.

Dr. N: Ahora, respire profundamente de nuevo y relájese para que juntos podamos descubrir qué está pasando. ¿Dónde está sentado Rendar?

P: A la izquierda del centro de la mesa. (Todavía meditando). Ha sido tanto tiempo...

Dr. N: ¿Cuántos años terrestres han pasado desde la última vez que vio a Rendar?

P: (con lágrimas, después de una larga pausa) Unos... 3.000 años...

Dr. N: Eso debe representar una multitud de vidas para usted. ¿Por qué Rendar ha estado alejado por tanto tiempo?

P: (todavía lloroso, pero recobrando la compostura) Usted no entiende el significado de que él regrese a mi Consejo. Rendar es muy viejo y sabio... él es... pacífico... ha estado conmigo desde antes de mis ciclos terrestres (vidas pasadas). Había numerado tantos. Rendar me dijo que me mostraba como una gran promesa y me desarrollaba rápidamente, estaba recibiendo asignaciones de importancia... y entonces... (el paciente se detiene, ahogándose de nuevo).

Dr. N: (suavemente) Lo está haciendo bien. Por favor sigamos, dígame lo que está pasando.

P: (después de otra larga pausa) Yo... caí en desgracia. Caí en las trampas en que muchos caemos. Yo crecí muy seguro de mi poder. Asumir posiciones de autoridad sobre los demás fue divertido. No importaba la clase de cuerpo que tuviera. Me volví autoindulgente y egoísta vida tras vida. Rendar me había advertido que redujera la velocidad de mis progresos y yo le hice promesas que no cumplí. Tantas vidas... desperdiciadas... yo malgasté oportunidades... y corrompí mi conocimiento y poder.

Dr. N: Bien, ¿obviamente las cosas han cambiado o de lo contrario Rendar no estaría aquí?

P: He estado trabajando muy duro para mejorar los últimos 500 años. Para cuidar a los demás, para comprometerme en el servicio al prójimo, para sentir compasión y conocer mi recompensa. ¡Rendar REGRESÓ! (el paciente comienza a temblar violentamente y no puede hablar).

Dr. N: (después de un descanso donde hago lo posible por tranquilizar a este paciente) ¿Qué fue lo primero que le dijo Rendar en el momento que usted lo vio después de esa larga ausencia?

P: Él me dirigió una cálida sonrisa y me dijo "es bueno trabajar contigo de nuevo".

Dr. N: ¿Sólo eso? ¿Nada más?

P: No es necesario. Yo sentí el poder de su gran mente y supe que de nuevo una vez más, él tenía confianza en mi futuro.

Dr. N: ¿Qué le dijo usted?

P: Juro no resbalar nuevamente.

El color de Rendar fue reportado como una toga violeta fosforescente. El vestido usado tanto por los guías como por los miembros del Consejo es casi siempre una toga. Algunas veces es descrita como una túnica. Los espíritus no necesitan ropas ni requieren construcciones para vivir en el mundo del espíritu. Como muchas otras imágenes que las personas tienen de su vida espiritual ésta también es metafórica. Como energía pura, los Mayores presentan profundas sombras púrpuras, pero el color de sus ropas puede ser diferente. El simbolismo de usar togas confiere dignidad, honor y un cierto sentido de historia en las personas que se reportan ante ellos. La gente asocia las togas con el campo de las leyes, academias y teología en la sociedad humana.

Hay muchas pistas que un terapeuta puede obtener de las preguntas hechas a pacientes hipnotizados, con relación al color de las togas usadas por cada Mayor en su Consejo. Esas togas aparecen para la edificación de las almas de la tierra. Cuando empecé a reunir información sobre la variedad de colores de las togas, asumía que esas diferencias de color conferirían algún tipo de estatus o rango del miembro del Consejo en la mente de las personas. Durante mis recientes investigaciones a este respecto, he formulado preguntas basadas en mi falsa concepción acerca de la autoridad. Encontré que la ropa usada por esos seres, su posición en la mesa y el grado de participación de cada miembro del Consejo no era jerárquico.

Los colores de toga más comúnmente vistos por mis pacientes son blanco y púrpura. Dado que estos colores son opuestos en el espectro de color, esto podría parecer una incongruencia, sin embargo como lo explicaba el caso 19, el blanco es energía receptiva para los principiantes, al mismo tiempo que es un color de transferencia o intervención por senderos avanzados del pensamiento. La energía blanca de las almas más jóvenes, representa un proceso continuo de auto limpieza y renovación. Para los más avanzados significa pureza y claridad. La razón por la que togas blancas son vistas frecuentemente en los miembros del Consejo y en los guías a la entrada del mundo del espíritu es porque aquí el blanco representa la transmisión de conocimiento y sabiduría. Togas blancas de energía, al igual que una aureola o aura blanca alrededor de un ser iluminado, significa armonía y alineación del pensamiento con la energía universal.

El púrpura es el color de la sabiduría y del profundo entendimiento. Los miembros del Consejo con togas púrpuras o violetas reflejan su habilidad, nacida de una vasta experiencia, para manejar con benevolencia y amor los deslices de las almas que comparecen ante ellos. Esos colores de energía reflejados en la toga de un Mayor tienen una calidad idealista de perfección conferida a ellos por mis pacientes. Togas negras jamás son vistas, sólo una vez con cierto paciente temeroso que llamaba a los Mayores "jueces" cuando se aprestaba a entrar a la cámara del Consejo. Una vez dentro, creo, ninguna alma visualiza este espacio como una sala del tribunal.

Capuchas, birretes y gorras, teniendo todas un sabor anticuado, pueden ser visualizadas en los Mayores. Las capuchas son usualmente echadas hacia atrás de las cabezas, lo cual es menos ominoso para quien los ve. Esas visualizaciones me recuerdan una orden religiosa como los dominicos que usan capuchas con togas blancas.

Esas influencias terrenales de togas y túnicas hechas de tela se remontan a lo largo de nuestra historia. Los vestidos y otros atavíos, que según mis pacientes, usan los Mayores, engendran respeto y reverencia hacia esos seres sabios, quienes como oráculos, interpretan los eventos en la existencia de las almas. El siguiente caso es un alma de Nivel I, que acaba de entrar a la cámara del Consejo después de su última vida finalizada en 1937.

Caso 27

Dr. N: ¿Cuántos miembros hay en su Consejo de Mayores?

P: Yo prefiero llamarles los Sabios. Hay seis sentados en la mesa.

Dr. N: Explíqueme la forma en que cada Sabio está vestido y dígame su impresión de lo que ve.

P: (pausa) Bien, el del centro está usando una toga púrpura y los otros son blancos mezclados con púrpura... ah... excepto la que está en el extremo derecho... ella es más blanca con un toque de amarillo. Está más animada conmigo que los otros.

Dr. N: ¿Qué significan todos esos colores para usted?

P: Eso depende del tipo de vida que acabo de vivir. El Sabio de blanco a la derecha quiere que yo vea las cosas más claramente. La persona de toga amarilla... tiene algo que ver con mi envío y recepción de apoyo... pero, yo no sé qué tiene eso que ver conmigo ahora. Recuerdo a alguien más usando una toga roja que estaba en su lugar hace dos vidas. Eso fue cuando regresé a casa (al mundo del espíritu), después de ser lisiado físicamente.

Dr. N: ¿Qué pensó cuando vio su toga roja hace dos vidas?

P: Es físico, un cuerpo orientado de color. El rojo distribuye influencias Kármicas envolviendo ese cuerpo. Yo estaba realmente desgastado y disgustado después de esa vida. Había un Sabio usando color verde entonces, ahora no lo veo.

Dr. N: ¿Por qué verde?

P: Ellos tienen experiencia para sanar... mental y físicamente.

Dr. N: ¿Y usted ve a menudo esos colores en las togas de los Sabios?

P: De hecho, no. Usualmente, los veo a todos usando las mismas tonalidades de color púrpura. Creo que esta vez estaba recibiendo algunos mensajes especiales.

Dr. N: Vamos a hablar del ser vestido de púrpura en la mitad. ¿Usted cree que es alguien importante?

P: (se ríe de mí) Hey, ¡todos ellos son importantes!

Dr. N: Está bien, quiero decir ¿alguien más importante para usted que los demás?

P: Si, es el líder. Él dirige las cosas.

Dr. N: ¿Por qué piensa que es así?

P: Porque los otros parecen deferentes con él. Él conduce las cosas, la mayoría de los otros parecen hablar a través de él.

Dr. N: ¿Usted sabe su nombre?

El Consejo de Mayores ∽ 165

P: (risas) ¡De ninguna manera! Nosotros no estamos en el mismo círculo social aquí.

Dr. N: ¿Cómo se abre la reunión para usted?

P: El director me dice "Bienvenido, estamos contentos de tenerlo con nosotros de nuevo".

Dr. N: ¿Qué contesta usted?

P: "Gracias", pero estoy pensando, "ojalá que todo salga bien".

Dr. N: ¿Qué clase de pensamientos capta del presidente, quien parece estar dirigiendo las cosas?

P: Él no quiere hacerme sentir muy inferior ante los Sabios, ni que crea que no puedo hablar con ellos. Esta reunión es por mí, entonces él dice, "¿Cómo se siente acerca de sus progresos desde la última vez que nos vimos? ¿Aprendió algo nuevo de lo que podamos hablar?". (pausa) Esta es la forma como se inician las reuniones. Ellos desean escuchar lo que tengo que decir.

Dr. N: ¿Se siente más tranquilo ahora?

P: Sí.

Dr. N: Deme una idea de cómo pasan las cosas

P: (pausa) Empezamos con lo que hice bien. Yo tenía en mi vida pasada una exitosa compañía que empleaba muchas personas. Yo estoy visualizando esto en mi mente. Quiero darles una buena impresión contándoles acerca de mis contribuciones de caridad, usted sabe, mis buenos actos. (pausa) Entonces la conversación se dirige a la forma en que manejé mi compañía, mi inhabilidad para evitar conflictos, tales como desacuerdos y disgustos con mis empleados (el paciente está agitado). Es muy frustrante... y estoy trabajando en esto... pero entonces... (se detiene).

Dr. N: Siga, por favor. ¿Su guía le colabora de alguna forma con esto?

P: Mi guía Joaquín habla detrás de mí. Él resume las más importantes partes de mi vida y mis objetivos para contribuir a la sociedad empleando gente durante la Depresión.

Dr. N: Eso me parece bien. ¿Está usted contento con la forma en que Joaquín está presentándolo ante los Sabios?

P: Bueno, sí. Él declara lo que deseaba hacer y lo que realmente sucedió. Su tono es sereno. Joaquín no me defiende o alaba, simplemente relata mi participación en los eventos durante una época difícil en América.

Dr. N: ¿Usted piensa en Joaquín como su abogado defensor?

P: (abruptamente) No, así no son las cosas aquí.

Dr. N: ¿Es Joaquín objetivo en el resumen de su vida?

P: Sí, pero el comienzo es difícil. Estoy dirigiendo mis pensamientos hacia qué tan bien actue con mi familia, sin embargo esta clase de pensamientos se mezclan con mi vida profesional... no consigo sacar a mis empleados de mi mente. Eso me fastidia realmente, Joaquín está tranquilo ahora, no quiere interferir con mis pensamientos.

Dr. N: Entonces vamos a enfocarnos en los pensamientos entre usted y su Consejo de Sabios, por favor continúe.

P: Yo trato de anticipar sus preguntas. Sé que disfruté acumulando posesiones materiales en mi vida. Ellos quieren preguntarme por qué y yo les digo que me hacía sentir valorado como persona, pero pasé sobre la gente. Entonces ellos plantean situaciones similares en mis vidas anteriores... y si considero que estoy haciendo lo correcto.

Dr. N: ¿Usted cree que al sondear sus acciones del pasado ellos están poniendo en riesgo el resumen de su vida presente de alguna forma?

P: No, no hay esa intención en sus preguntas. Yo estoy bien con esto, pero ahora mi mente está corriendo y pienso en mi trabajo de caridad de nuevo como algo que debo enfatizar... (se detiene).

Dr. N: (animándolo) dígame que sucede después.

P: El Sabio del centro... su mente poderosa me envuelve.

Dr. N: ¿Qué le comunica exactamente?

P: (lentamente) Esto es lo que escucho en mi mente: "Manuel, no estamos aquí para juzgarte, castigarte o atropellar tus pensamientos. Queremos que te mires a ti mismo a través de nuestros ojos, si puedes. Es un medio para perdonarte a ti mismo. Este es el aspecto más desafiante de tu tiempo con nosotros, porque es nuestro deseo que te aceptes a ti mismo y lo que eres con el mismo amor incondicional que tenemos por ti. Estamos aquí para ayudarte con tu trabajo en la tierra. Con ese fin queremos recordarte el incidente de la parada del bus".

Dr. N: ¿El incidente de la parada del autobús... qué significa eso?

P: (pausa) Yo me confundí cuando él dijo eso. Miré atrás a Joaquín para que me ayudara.

Dr. N: Manuel, explíqueme qué pasó entonces.

P: El Sabio del centro... sus pensamientos vienen hacia mi una vez más: "¿No recuerdas ese incidente? ¿La mujer que ayudaste un día mientras estaba sentada en la parada del autobús?". Yo dije, "No, no recuerdo". Entonces ellos esperan que mi memoria trabaje y alguien envía una señal dentro de mi mente. Estoy empezando a ver... había una vez una mujer... yo caminaba hacia mi oficina con mi maletín, tenía prisa. Entonces escuché a esta mujer llorando suavemente a mi izquierda, ella estaba sentada en la parada del autobús, cerca de la acera. Fue durante la Depresión, la gente estaba desesperada. Me detuve. Entonces en un impulso me senté a su lado y puse mi brazo alrededor de ella, tratando de confortarla. Eso era algo inusual en mi. (pausa) Mi Dios, ¿es eso lo que les interesa? Estuve con esta mujer sólo unos pocos minutos antes de que el autobús llegara. Nunca más volví a verla.

Dr. N: ¿Qué siente ahora que el Sabio le recuerda este incidente durante su audiencia?

P: ¡Es una locura! ¡Una vida entera dando dinero para caridad y ellos están interesados en esto! Yo no le di dinero a esta mujer, sólo hablamos...

Cuando mi paciente y yo evaluamos esta reunión yo le recuerdo porqué pienso que la sonriente mujer miembro del Consejo en el extremo derecho usaba una toga amarilla. Esto debe ser para reconocer su espontáneo acto de reconfortar a un extraño en la parada del autobús. Almas menos desarrolladas, de pie frente a su Consejo a menudo sufren confusiones de la memoria, como una auto purga. Mientras ellos son auto absorbidos, pueden olvidar lo que es importante. Manuel sintió compasión por la mujer en la parada del autobús. Aunque tenía prisa por llegar a su oficina, se sentó al lado de ella. Aquel breve gesto de compasión no duró por mucho tiempo, pero en esos momentos, supe que Manuel entendió el dolor de la mujer, miró dentro de sus ojos y le dijo que ella iba a resolver sus problemas porque tenía confianza en que ella podía ser fuerte. Ella dejó de llorar y cuando el autobús llegó se puso de pie y le dijo que iba a estar bien. Entonces él se fue deprisa y olvidó su breve acto de amabilidad por el resto de su vida.

El incidente de la parada del autobús parece ser insignificante cuando se compara con una vida de otros actos, pero no fue un simple acto para el Consejo. Cuando nos movemos a través de la vida hay muchos gestos entre las personas que son capaces de elevar nuestro espíritu y pueden ser tan momentáneos, que no somos conscientes de ellos en el tiempo, sin embargo en el mundo del espíritu nada es insignificante. Ningún acto queda sin registrar.

No hay reglas rígidas sobre el significado de cada color que los Mayores pueden escoger para mostrarse a las almas que se presentan ante ellos. Por ejemplo, la toga roja usada por el miembro del Consejo en el último caso relacionado con la necesidad de Manuel de sentir la pasión por la vida con un cuerpo destrozado en su vida pasada. En la siguiente sección explicaré el significado de otros símbolos usados por los miembros del Consejo, una toga roja, una piedra roja sobre un medallón o un anillo usado por un Mayor, puede tener muchos significados dependiendo de la escena. El rojo es el color de la pasión y la intensidad y Manuel vio una toga roja después de una de sus vidas con invalidez física. Sin embargo en otro caso, un Mayor puede usar un medallón rubí para denotar la necesidad de un alma de tener mayor pasión por la verdad que la mostrada en una vida anterior. Las variaciones sutiles de color en las reuniones del Consejo son únicas para las percepciones de las almas. La siguiente descripción de uno de mis pacientes lo confirma:

> La ropa usada por mi Consejo muestra su dominio sobre una cierta disciplina. Los colores que despliegan en cierta forma tienen relación con los tópicos de la discusión. Representan reconocimientos o premios para mí cuando yo enfrento mi Consejo. Ningún Mayor es mejor que los otros, porque cada uno es un aspecto de última perfección.

Signos y símbolos

Desde los albores de la historia de la humanidad, nuestra raza ha buscado significados espirituales escondidos a través de las interpretaciones de lo que vemos a nuestro alrededor. Recuerdo cómo me sentí, escalando en el interior de las cavernas santuarios de los humanos del paleolítico a lo largo del valle Dordogne en Francia. Dentro de esas cavernas uno vuelve a la edad de piedra gracias al arte simbólico de las paredes. Ellos se encuentran entre las más tempranas representaciones de la conciencia espiritual humana. Por miles de años las culturas primitivas alrededor del mundo usaron la pintura en las rocas y los diagramas pictográficos para representar ideas relacionadas con la magia, fertilidad, sustento, valor y muerte.

De hecho, durante siglos hemos buscado revelaciones personales a través de los signos de lo sobrenatural. Los más tempranos signos fueron tomados del reino animal, de las rocas y de los elementos. Usamos símbolos de todas las clases como encarnaciones de poder e instrumentos de visión y autodesarrollo. Culturas ancestrales asociadas al simbolismo místico, fueron a menudo relacionadas con el deseo de la transfiguración de nuestra más alta autosuperación del lado primitivo de la naturaleza humana. Los ritos y símbolos de las sociedades míticas secretas, como los Gnósticos y Cabalísticos, pueden bien representar memorias de las almas en la Tierra y memoria humana en el mundo del espíritu.

Quizás no me sorprende haber encontrado emblemas como importantes signos en el mundo del espíritu. Como todos los objetos físicos visualizados por pacientes en la hipnosis, los emblemas que ellos ven que usan algunos Mayores están relacionados con la Tierra en experiencias de vidas pasadas. Recíprocamente, ¿por qué no podríamos traer mensajes del Consejo a la Tierra, junto con la mente de nuestra alma también? Antropólogos que han estudiado las tablas de arcilla, sellos de piedra, escarabajos y amuletos de nuestro pasado, creen que su doble influencia, sobre portadores y observadores, van más allá de la vida física hasta llegar al reino de las almas separadas del cuerpo. Estas creencias continúan hoy con pendientes grabados, anillos y encantos. Muchas personas que usan estos talismanes simbólicos, creen que ellos los protegen, pero son también recordatorios de poder personal y oportunidad. Los siguientes casos pueden darnos algunas luces sobre el origen de nuestros sentimientos acerca de los símbolos proféticos.

Casi la mitad de mis pacientes ven medallones colgando alrededor de los cuellos de uno o más Mayores en su Consejo. La otra mitad no ve ningún objeto. Francamente, no he encontrado correlación entre esos dos grupos de pacientes de ninguna manera, incluyendo su nivel de desarrollo. Cuando un medallón es visto por la gente, aproximadamente el 85 por ciento de ellos, visualizan un diseño circular. Los otros pueden ver cuadrados, rectángulos, triángulos y diseños estriados, algunos de los cuales son vistos en tres dimensiones. Todas esas formas de medallones, asociados con su diseño son significativos y representan una continuidad del espíritu sobre el alma.

Los medallones usualmente cuelgan de una cadena o algunas veces simplemente de un cordón. Comúnmente, el metal del disco es oro, pero ellos también pueden ver plata o bronce. La mayoría de los pacientes se han enfocado sobre únicamente un medallón en el Consejo, el cual está casi siempre usando el interrogador principal. Este Mayor está generalmente posicionado enfrente del alma.

Caso 28

Dr. N: ¿Cuántos miembros del Consejo están sentados frente a usted?

P: Cinco.

Dr. N: ¿Cómo están vestidos?

P: Todos ellos tienen togas blancas.

Dr. N: Quiero que mire cuidadosamente, ¿ve alguno de esos seres sabios usando algo sobre sus togas? Si usted no puede ver algo, está bien, no se preocupe, sólo tengo curiosidad.

P: (pausa) Bien, el del centro tiene algo alrededor del cuello.

Dr. N: Descríbame por favor lo que ve.

P: No lo sé. Está en una cadena.

Dr. N: ¿Qué está en una cadena?

P: Algo redondo, un disco de metal.

Dr. N: (siempre hago esta pregunta) ¿Es del tamaño de una toronja, naranja o nuez?

P: (la respuesta usual) Una naranja.

Dr. N: ¿De qué color es este ornamento?

P: Dorado.

Dr. N: ¿Qué cree usted que significa este medallón de oro?

P: (la respuesta normal) Oh, probablemente algún tipo de insignia de oficio, o quizás su área particular de experiencia.

Dr. N: Claro. ¿Usted cree que es necesario para los miembros del Consejo usar emblemas que les muestren a los otros cuál es su posición o algún talento especial que ellos puedan tener?

P: (confundida) Bien... no sé... quiero decir, ¿cómo podría saberlo?

Dr. N: No vamos a rendirnos tan fácilmente. Podemos aprender algo juntos.

P: (no responde)

Dr. N: Describa lo que ve en el medallón.

P: (la respuesta usual) Yo no puedo verlo muy bien.

Dr. N: Quiero que se acerque para que pueda ver el emblema más claramente.

P: (renuente) No estoy segura de poder.

Dr. N: Miremos esto lógicamente. Si se supusiera que usted no debe ver el emblema, su presidente no le permitiría verlo. Piense en esto. ¿Tiene sentido que esos seres altamente desarrollados pudieran portar abiertamente adornos sobre sus togas que se supone que usted no debe ver? ¿Y por qué necesitarían mostrárselo a los demás miembros?

P: Supongo que tiene razón (todavía renuente). Creo que está bien que me acerque un poco.

Dr. N: Sólo quiero decirle que esto no es una violación de la confidencialidad. Mire la expresión en la cara del Mayor que usa el emblema. Él sabe lo que usted está pensando. ¡Dígame lo que ve!

P: Una expresión amable, colaboradora hacia mí.

Dr. N: Entonces, ahora estoy seguro que él no desea que usted pierda nada pertinente a esta reunión. Muévase adelante y dígame lo que ve en el disco de metal.

P: (ahora más confidente) No puedo entender lo escrito alrededor. Parece un lazo afiligranado, pero sobre la parte en relieve en el centro del disco, veo un gato grande con su boca abierta.

Dr. N: Deme más detalles sobre el gato, ¿es un gato casero?

P: (más enérgicamente) No, es el perfil de un león de montaña, un puma con una cara fiera y dientes largos.

Dr. N: ¿Algo más?

P: (con recogimiento) Oh, hay una mano con una daga debajo el cuello del puma. (pausa larga) Ah... si...

Dr. N: Ya sabe de qué se trata, ¿no es así?

P: (tranquilamente) Si, ya lo creo, es de mi vida indígena.

Dr. N: No hemos hablado de esa vida. ¿Dígame cuándo y dónde tuvo lugar esa vida y cómo el gran gato entra en ella?

Esta paciente, cuyo nombre espiritual es Wan, procedió a explicarme que en 1740, ella era una joven mujer india de Norteamérica. Ella estaba un día en el bosque desenterrando raíces con sus dos hijos. Los hombres de su villa estaban cazando. De repente, ella vio un puma saltando de un árbol y moviéndose hacia los niños. Wan soltó su canasta y corrió directamente hacia el felino. Ella pensó, "sólo había tiempo de sacar mi cuchillo de piedra, entonces él ya estaba encima de mí. Justo antes de que el puma me matara pude hundir mi cuchillo profundamente en su cuello. Después, los hombres nos encontraron al animal y a mi muertos, los niños estaban a salvo". Cuando le pregunté a Wan por qué le mostraban este emblema del gato, ella dijo, "para significar que yo demostré coraje en esta situación y que debo usarlo más en otras vidas".

Siempre verifico el diseño de la entalladura del medallón con una sugestión pos hipnótica al final de mi sesión. Hago que mis pacientes dibujen lo que vieron. El dibujo visualizado por Wan es mostrado en la figura 9A.

La representación de la mano de Wan matando un puma en el medallón, pretendía enviar un mensaje muy fuerte de capacidad y coraje. Mi paciente vino a verme porque ella estaba temerosa de morir a la edad de 39 años. Su hermano había muerto dos años antes, a sus 39 años, mientras manejaba imprudentemente. Ella acababa de cumplir 39 años y en su regresión encontramos que había una tenue calidad sobre su existencia.

En el curso de la sesión, mi paciente aprendió que en la vida siguiente a su vida indígena, ella y sus dos hijos habían sido abandonados por su marido trampero en una cabaña de Wyoming, durante un crudo invierno en el siglo XIX. Este marido, quien era su hermano hoy, era inquieto y buscaba evadirse de las responsabilidades familiares. Así, este caso involucraba una transferencia kármica de roles para un alma desubicada en el grupo espiritual de Wan quien iba desde un errante marido de la vida pasada en el siglo XIX a un hermano poco responsable en el siglo XX.

Como la abandonada esposa del trampero, Wan me dijo que ella no luchó lo suficiente para salvarse junto con sus niños al haber calzado sus zapatos de nieve, alistado un morral y haber intentado llegar a la civilización mientras todavía tenían comida. Estaba asustada y pensó que su marido regresaría antes que ella y sus niños estuvieran hambrientos. El Consejo le mostró a Wan que el medallón del gato no servía únicamente como un contrapunto a su falta de resolución en su vida de Wyoming,

Figura 9 (A-D): Diseño de Medallones usados por los miembros del Consejo

Estos diseños no son dibujos a escalas. Las almas los ven en diferentes tamaños y colores. Pero ellos casi siempre van alrededor y colgando del cuello de un Mayor. Todos los emblemas están ilustrados con el borde del círculo doble, grabado con marcas lingüísticas indescifrables

Figura 9 (E-H) continuación

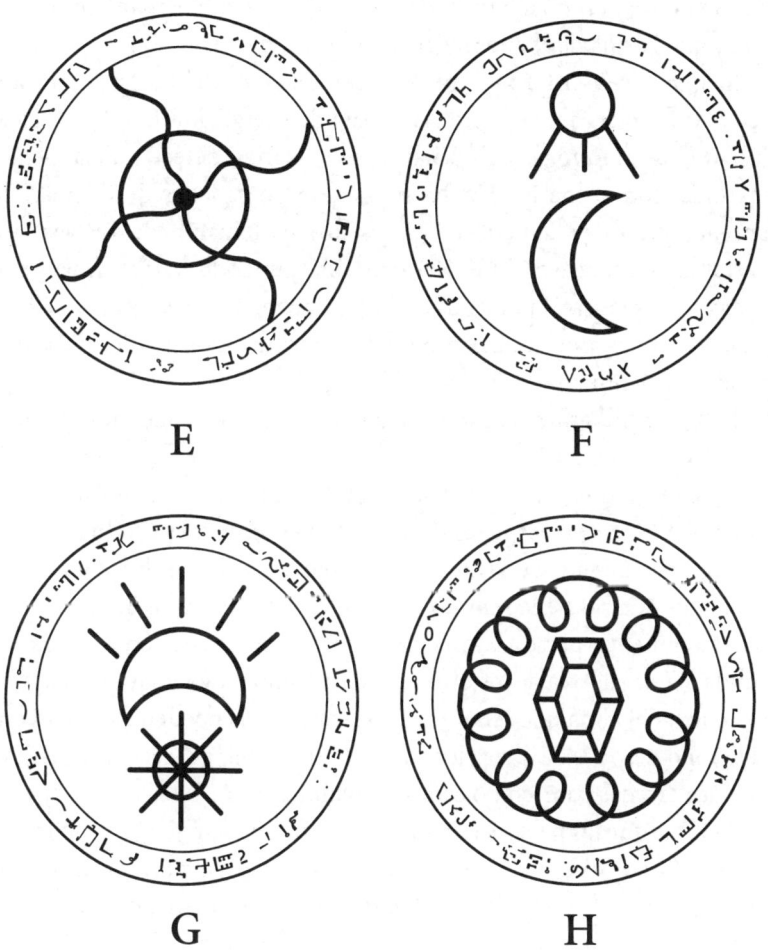

sino también para sus temores actuales. Me alegro de que Wan haya visto el mensaje contemporáneo de este símbolo de coraje en nuestra sesión, porque el alma de su hermano se había ofrecido, probablemente por su corta vida, para probar a mi paciente de nuevo y también de confrontar su propio karma de abandonar a la gente.

Sé que parece impropio que esos seres etéreos del Consejo puedan ser vistos por las almas como un cuerpo de energía lumínica, en forma humana usando togas con ornamentos. Cuando detecté inicialmente los medallones, me imaginaba si ellos serían cadenas de oficina. Yo aprendí que esos pendientes y sus diseños, no tenían nada que ver con el status de un Mayor en el Consejo, sino que todo lo que hacían era ofrecer un mensaje de inspiración a las almas que venían ante ellos. Como muchos aspectos del mundo del espíritu, esos símbolos no se me revelaron fácilmente.

En las primeras fases de mis preguntas sobre los medallones, obtenía respuestas enigmáticas tales como la interpretación de un emblema era insondable, o que el Mayor estaba sentado muy lejos para distinguirlo. Por mucho tiempo acepté esas explicaciones. Entonces cambié de táctica. Como puede ser visto en el último caso, ahora les digo a los pacientes que no tiene sentido que los Mayores usen insignias para el reconocimiento personal con otros. Puesto que esos seres sabios ya conocen todo acerca de los otros, esos medallones tienen que ser para el beneficio del alma que están entrevistando. Estos pueden cambiar con el tiempo después de que la lección kármica es aprendida; sin embargo, algunas escenas parecen no cambiar totalmente.

Una vez que las personas en hipnosis comprenden que los emblemas no son símbolos de una sociedad secreta perteneciente únicamente a su Consejo particular, empiezan a hablar más abiertamente de sus observaciones. Esto permite al paciente hacer la distinción elemental entre un observador atrapado en un evento en el cual ellos no tienen control como un participante activo. Las respuestas mejoran dándole al paciente permiso de reconocer lo que esencialmente ya les corresponde a ellos como almas. Las terapias que utilizó en sus vidas presentes para este aspecto de reuniones del Consejo durante una encarnación pretenden valorar el esfuerzo. Los pasajes del siguiente caso son inusuales, porque el paciente conoce los nombres de tres miembros del Consejo, todos los cuales tienen medallones. El diseño del emblema del presidente está en la figura 9B.

Caso 29

Dr. N: A medida que se acerca el emblema usado por su presidente, por favor descríbamelo.

P: Drit usa la cabeza de un águila. Está volteada de lado en el disco dorado en alto relieve. Su pico está bien abierto. Puedo ver la lengua del ave.

Dr. N: Muy bien, ¿qué significa eso para usted?

P: Drit me está dando el mensaje de volar alto y gritar dentro del silencio.

Dr. N: ¿Puede decirme más?

P: Drit dice que debo comprometerme con mi silencio en vida. Yo no puedo vivir en mi propio mundo todo el tiempo. A menos que yo salga y me levante por encima de las circunstancias de la vida, no progresaré.

Dr. N: ¿Y cómo responde usted al mensaje de Drit?

P: Yo no acepto esto, le digo a Drit que había mucho ruido de otros en mi vida pasada. Yo no necesitaba unirme a ellos.

Dr. N: ¿Qué responde Drit?

P: Él dice que yo podría haber hecho un mundo más ruidoso, pero mejor, pronunciándome en aquello que yo sabía que era verdad.

Dr. N: ¿Está de acuerdo con esta valoración?

P: (pausa) Supongo... probablemente debí haber participado más... para comprometer a otros... y pelear por mis convicciones.

Dr. N: ¿Siempre ve el diseño de águila después de sus vidas?

P: No, solamente cuando caigo dentro de mis viejos modelos de silencio. Algunas veces su disco es blanco.

Dr. N: ¿Está afrontando problemas de este tipo en su vida actual?

P: Si, es por lo que vine a verlo a usted y por lo que Drit está recordándome esta lección.

Dr. N: ¿Alguien más de su Consejo usa un emblema?

P: Si, ese debe ser Tron, él se sienta a la derecha de Drit.

Dr. N: Por favor descríbame el diseño de la medalla de Tron.

P: Él usa un emblema grabado con un racimo de uvas doradas.

Dr. N: ¿Está diciendo que las uvas son doradas, más de lo que parecen en su color natural?

P: (encogiendo los hombros) Si, son doradas porque el disco es de ese color. Los emblemas siempre son metálicos.

Dr. N: ¿Por qué es así?

P: En realidad, no estoy seguro, para mí ellos representan objetos que son preciosos y duraderos.

Dr. N: ¿Qué significa para usted el símbolo de un racimo de uvas?

P: (pausa) Tron usa el símbolo de... la fruta de la vida... que puede ser comida... absorbida... eso es, para crecer con conocimiento.

Dr. N: ¿Por qué un racimo de uvas en vez de, por decir algo, una manzana?

P: El racimo de uvas no sólo representa una fruta singular, sino múltiplos de la misma fruta... para absorber diferentes aspectos de un mismo todo.

Dr. N: ¿Le importaría extenderse sobre este mensaje de Tron?

P: Que absorbiendo este símbolo, cada uva, dentro de mí mismo, creceré y floreceré con cada experiencia.

Dr. N: ¿Algunos otros miembros de su Consejo usan emblemas?

P: (pausa) Shai, ella usa el emblema de la llave como un recordatorio para abrir la puerta del conocimiento y para hacerme aceptar el hecho de que las respuestas a mis problemas están dentro de mis habilidades para resolverlos.

En el caso 29, era el diseño del águila el que tenía la mayor prominencia. Los pájaros en los medallones no son raros. Un hombre me dijo que su presidente tenía un emblema de plumas de pájaro, con un cardo en el centro para recordarle el número de vidas en las tierras altas de Escocia. Él declaró, "en esas vidas como miembro de un clan, yo crucé sobre riscos montañosos peleando contra la opresión británica por la libertad de mi pueblo".

Una paciente de sexo femenino vio un emblema de cisne en un Mayor, el cual denotaba el crecimiento a través del cambio. Ella decía, "Se me está recordando que esta hermosa criatura, al nacer es torpe y no puede volar. Esto representa mi propia metamorfosis de un patito feo en alguien imponente, una persona productiva en mi última serie de vidas". Ocasionalmente, un pez es visto en un medallón. Un paciente me dijo que para él, este símbolo representaba una criatura que podía nadar contra la corriente y aun así estar en armonía con su ambiente.

Por alguna razón, figuras humanas son raramente vistas en los emblemas del Consejo. Cuando escucho acerca de ellas, encuentro que sus interpretaciones simbólicas son intrigantes. Para ilustrar el uso de una figura humana en un medallón, remitámonos a la figura 9C. Ésta representa el caso de una mujer de 30 años, llamada Noreen, quien vino a verme porque no deseaba continuar viviendo. Su marido se había suicidado unos meses antes y ella deseaba seguirlo, durante la sesión descubrimos que esta compañera espiritual había perdido su vida en un accidente registrado a la edad de 26 años, en una vida previa juntos.

Las parejas en la vida tienen cada uno su propio sendero kármico, el cual puede involucrar diferentes aspectos asociados con el otro. Sin embargo esos aspectos son frecuentemente entrelazados cuando las almas de un mismo grupo están de acuerdo en trabajar juntas, especialmente en un matrimonio. Noreen no actuó bien como una joven viuda en su vida pasada, particularmente al rehusarse a abrir su corazón a alguien más. Por el resto de esa vida, Noreen estuvo inconsolable y murió en la amargura de sus auto inflingidas heridas emocionales.

Enfrentando su Consejo al final de esa vida pasada el presidente le dijo, "¿No dejaste crecer tu espíritu, no es así?". Aparentemente la misma lección ha sido presentada a Noreen en su vida actual, para ver cómo la manejará. Quiero enfatizar que esta no fue la razón por la cual su marido cometió suicidio. He tenido casos donde un esposo escoge intencionalmente un cuerpo que tiene una alta probabilidad de morir joven de una variedad de causas naturales que permitan al esposo superviviente trabajar de nuevo en su desgracia de un modo más saludable. El suicidio no es una de esas opciones. El suicidio cometido por una persona joven físicamente sana no es una opción kármica organizada de antemano por nadie. Por mi experiencia, yo creo que lo más probable es que si el marido de Noreen no hubiera cometido suicidio, él probablemente habría muerto joven por alguna clase de accidente.

Durante nuestra reunión, mi paciente creía que no era posible seguir adelante sin el hombre que ella amaba. Su extremo desaliento también provocaba sentimientos de culpa de que de algún modo ella podría haber sido responsable, aunque la nota de suicidio de su marido tenía justamente el mensaje opuesto. Siento que regresando esta paciente a su última reunión del Consejo y revisando una vez más el medallón que ella vio, está representando una diferencia en su vida actual.

Caso 30

Dr. N: Yo quiero que me diga exactamente el diseño que ve en el medallón del presidente.

P: La primera cosa que veo es un animal... un ciervo. No, creo que es una gacela. Está saltando a medio vuelo.

Dr. N: Bien, ¿y ve algo más que pueda decirme?

P: (pausa) Hay un humano sobre su espalda. Esta figura se resalta en el centro.

Dr. N: Ya veo, ¿es similar a una entalladura de bajorrelieve?

P: Si, la gacela y la figura humana están volteadas hacia mí. Ya sabe, como si estuviera mirándolas correr desde un ángulo a través de una planicie. El ser humano no tiene rostro, pero tiene cabello largo y un delicado cuerpo de mujer. La pierna que puedo ver está inclinada... ella está montando. Un brazo está levantado sosteniendo una antorcha.

Dr. N: (un cambio a tiempo presente y luego una orden) Muy bien, lo que quiero que haga es que redescubra la interpretación de lo que está viendo. No es accidental que estemos hoy aquí discutiendo este emblema juntos. Él representa algo que necesita recordar. Usted es una joven viuda por segunda vez en dos vidas sucesivas. Pida ayuda a su guía si es necesario.

P: (después de una larga pausa, ella responde llorosamente) Conozco el significado. El ser humano soy yo y estoy montando hacia el Este en dirección de la salida del Sol. La dirección significa el alba de un nuevo día. Este animal normalmente no le permitiría nunca a un humano acercarse a él, mucho menos montar en su espalda. La gacela confía en mi y yo debo confiar en mí misma para ir donde el animal me lleve porque debemos viajar rápidamente.

Dr. N: ¿Y por qué deben viajar rápidamente?

P: (después de algunas incitaciones de parte mía y unas pocas salidas en falso) Porque en la vida hay peligro. Parte de estos peligros están con nosotros, nuestra debilidad, y esto nos impide alcanzar un destino. Es fácil caer al fondo.

Dr. N: ¿Está usted diciendo que la gacela representa una fuerza liberadora?

P: Si, yo debo tener el coraje y esforzarme para seguir adelante con mi vida con un mayor sentido de propósito. La gacela también representa la libertad para conquistar el miedo y tener fe en mi misma.

Dr. N: ¿Qué hay de la antorcha que usted carga en el emblema?

P: (suavemente) Siempre... la luz del conocimiento. Nuestra búsqueda de sabiduría. Las sombras jamás pueden extinguir o hacer inefectiva esta llama.

Dr. N: ¿Ve usted algo más en el pendiente?

P: (todavía en estado de ensoñación) Oh, no me parece importante, yo creo. Soy incapaz de leer las letras griegas en el círculo alrededor del borde.

Desafortunadamente debo reportar que ninguno de mis pacientes que ven medallones pueden descifrar los extraños símbolos entre los dos anillos exteriores cerca del borde. La escritura secreta permanece como un misterio en mis investigaciones y he concluido, con renuencia, que este es un rasgo de los emblemas que se supone que mis pacientes y yo no debemos conocer. También debería agregar que mucho de lo que las almas ven y escuchan en sus reuniones del Consejo no puede ser recreado en mi oficina. Con mis años de trabajo, he concluido que las personas bajo hipnosis no pueden explicar completamente lo que sucede en sus vidas espirituales, por las limitaciones humanas en comunicación y traducción, las cuales deben ser procesadas a través del cerebro humano. Mis pacientes no saben por qué no pueden descifrar los "garabatos" en los medallones. Se refieren a ellos como jeroglíficos, escritura cuneiforme, runas o incluso símbolos matemáticos. La escritura no parece ser traducible. Podría ser pictórica o de carácter ideográmico?

Sospecho que los mismos tipos de símbolos aparecen en los Libros de Vida, en las bibliotecas espirituales, tales como el símbolo griego PI, en el frente del libro descrito en el caso 18. Mientras que los Libros de Vida son muy personales e indudablemente usados como una crónica del pasado de las almas por sus guías y Consejos, la escritura alrededor de los bordes de un medallón de un Mayor, podría no tener nada que ver con el alma. He concluido que si se supusiera que mis pacientes debieran conocer acerca de estas escrituras, mientras están en estado de trance, sus guías espirituales les ayudarían. Sin tener en cuenta si las marcas simbólicas que ellos ven representan sonidos, ideas o palabras de algún tipo, debe haber una buena razón para que las personas no puedan traducirlas, la cual no tiene nada que ver con el paciente. Un paciente dijo: "Creo que no entiendo su significado, porque este es un mensaje para mi Mayor de una fuente superior. Quizás este es su derrotero que él debe descifrar por sus propios medios".

Yo divido lo que se ve en los emblemas del Consejo dentro de dos categorías generales. La primera involucra objetos vivos o naturales. Estos símbolos pueden también incluir minerales como piedras preciosas. La segunda categoría son los diseños geométricos, tales como círculos y dibujos de líneas rectas. Las piedras preciosas pueden aparecer en los dos tipos de medallón. Los medallones del Consejo son símbolos de dolor y propósito, triunfos y limitaciones de las almas que van ante ellos. Los colores de piedras preciosas presentadas al alma se relaciona con los dos, los Mayores presentándose ante ellos mismos y también al alma observadora. El diseño general de un medallón involucra atributos del alma, logros y metas. Como los oráculos del pasado, los Mayores pueden mostrar un signo como una advertencia para impedir problemas si aquello por lo que nos esforzamos en la vida es puesto de lado.

Los ejemplos de casos a continuación son de pacientes que vieron diseños geométricos y piedras preciosas en los emblemas de su Consejo. Descifrar dibujos lineales en diseños geométricos no es tan rápidamente discernible como con objetos de la naturaleza, los cuales incluyen piedras preciosas. Hay culturas como la japonesa, donde los emblemas personales involucran dibujos lineales que tienen una heráldica armoniosa. En el Oriente, esos símbolos familiares usados en la ropa pueden ser de objetos naturales o diseños geométricos para identificar miembros de un clan específico. Al contrario de los clanes japoneses tradicionales, los miembros de un grupo de almas no verían exactamente el mismo emblema desplegado en sus respectivos Consejos.

Yo encuentro intrigante el significado de los diseños de remolino sobre emblemas geométricos. Existe un aspecto universal para algunos de ellos, tal como con el diseño mostrado bajo la figura 9D. Personalmente he visto variaciones menores de este diseño de remolino en rocas en diversos sitios en Europa, África del Norte, Australia y en los desiertos de Norteamérica. Muchos arqueólogos lo llaman el diseño de la fuente de la vida. Cuando le pregunté al paciente que vio el diseño de la figura 9D, sobre su significado en la reunión del Consejo, él me dijo, "La mujer del Consejo que usa el diseño de remolino me está recordando que, empezando por el interior del mundo del espíritu, nos movemos hacia afuera en espiral desarrollándonos y que algún día retornaremos a la fuente de nuestros orígenes". Cuando aparece un diseño de espiral o círculo concéntrico sobre un medallón, la interpretación usualmente está relacionada con la existencia del alma dentro de la vida continua. Este signo también proyecta una connotación de protección espiritual.

En la figura 9E, las líneas están torcidas. La siguiente es la declaración de un paciente que vio este diseño en un Mayor:

> Hay cuatro líneas onduladas que vienen del borde exterior de la insignia desde diferentes direcciones. Ellas convergen en el círculo de unidad, en el centro del disco. Las líneas onduladas representan diferentes senderos hacia nuestras metas. No hay senderos rectos porque nosotros somos almas imperfectas. Las líneas hacen parecer la insignia fracturada tal como la mayoría de las vidas parecen ser desencajadas en momentos. Podemos tomar muchos rumbos en nuestros viajes, pero eventualmente todos arribaremos al mismo lugar en el centro.

También me han relatado acerca de signos celestiales con estrellas, lunas y soles. Después de un tiempo de recopilar todos los signos de los medallones, comprendí que un diseño de Luna creciente ha sido visto más a menudo que otros signos celestiales. Las figuras 9F y 9G (las cuales presentaré en el caso 32) representan diferentes variaciones de ese diseño de Luna creciente en las mentes de dos paciente.

> El Sol nos da rayos dorados de vida, nos da luz, mientras la Luna parcial es un símbolo de crecimiento para mí. Esta luz plateada representa las fuerzas de mi potencial. A medida que crezca, así también crecerá mi ser superior.

> Yo soy un viajero interdimensional entre vidas. La Luna al revés representa el techo y contención del mundo del espíritu, el cual tiene jurisdicción sobre la tierra, el universo y las dimensiones alrededor de éstos. Las líneas en la parte superior del emblema son puntos pivotes de mi alma viajera, los cuales personifiqué, motivándome con mi trabajo. En el fondo de este emblema está la estrella del átomo, la luz purificadora y conectiva de los universos.

Generalmente cuando un paciente habla de una Luna creciente en un medallón, ésta representa el incremento del poder del alma en la tierra. Mis pacientes dicen que ésta es una Luna creciente, la cual está creciendo, opuestamente a la Luna menguante. El signo es casi siempre reportado como plateado en un disco dorado. Líneas rectas, las cuales están dobladas, anguladas, horizontal o verticalmente, tienen innumerables interpretaciones. Por ejemplo, la figura 9G tiene cinco líneas rectas anguladas en lo alto del medallón. Un paciente que vio tales líneas de todas las formas alrededor de un disco sin ninguna otra marca dijo: "El diseño de estrella grande, de esas largas líneas convergiendo hacia el centro del disco, significa que yo estoy apoyado por todos los lados por los Mayores de mi Consejo". Me resulta imposible clasificar la gran variedad de signos y símbolos de los que escucho porque cada uno es muy individual para cada alma.

La figura 9H es otro diseño de medallón, el cual combina un modelo geométrico con una piedra preciosa. Este emblema fue reportado por una mujer, cuyo nombre espiritual es Unz, la cual vive en constante dolor debido a una enfermedad que inhibe la función muscular.

Caso 31

Dr. N: Explíqueme lo que ve en la toga de su presidente.

P: Kars usa un medallón dorado para que lo observe. Hasta donde recuerdo, éste ha tenido círculos entrelazados alrededor de la cara del disco.

Dr. N: Dígame Unz, ¿qué significa este diseño para usted?

P: Los círculos son un recordatorio de que cada vida que vivimos hace parte de un conjunto con todas nuestras otras vidas en una continuidad hacia el cumplimiento de nuestro propósito primario.

Dr. N: ¿Ve algo más en el disco usado por Kars?

P: (alegremente) Si, si, he ascendido al nivel de Esmeralda, la cual está en el centro.

Dr. N: ¿Y qué significa esa piedra para usted?

P: (con gran satisfacción) Es la piedra del sanador.

Dr. N: ¿Tiene esto algo que ver con el hecho de que usted tenga esta enfermedad muscular en su vida actual?

P: Absolutamente. Para esta vida, específicamente pedí un cuerpo que padeciera de una enfermedad incurable.

Dr. N: (con sorpresa en mi voz) ¿Puede usted aclarar por qué hizo esto?

P: Escogí este camino hace mucho tiempo. Descubrí que siempre que estaba sufriendo con una enfermedad que generaba dolor, eso ayudaba a mi arte sanador. Cuando uno está bajo dolor constante, aun en leve grado de intensidad, representa una oportunidad especial para el sanador.

Dr. N: ¿Para hacer qué?

P: Para experimentar con los niveles de vibración del dolor en el cuerpo. Se puede aprender el sutil arte de ajustar la energía para aliviar secciones de dolor. Trabajando con mi propia energía aprendí a asistir a otros más hábilmente.

Dr. N: ¿Qué más puede decirme acerca de esta experiencia?

P: Estando bajo constante dolor nos mantenemos con los pies en la tierra, anclados a la experiencia humana. Para liberar el dolor debemos estar completamente concentrados. Eso nos ayuda a tener conciencia de que hay un propósito más alto en aprender a trabajar a través del dolor. Yo presté mucha atención a otros seres humanos que sufren enfermedades físicas en vida. Soy capaz de ayudar a aquellos que son receptivos al uso del control mental para aliviar.

Dr. N: Me parece que usted se siente muy orgulloso por haber obtenido la esmeralda presentada por Kars.

P: La piedra representa el linaje de quien la usa como un sanador. Es una demostración de mi carácter personal y el de Kars, quien ha sido asignado para monitorear el progreso de mis ensayos a través de los tiempos. Esto representa mis logros.

Dr. N: ¿Es correcto que asuma que a usted le está siendo mostrada esta piedra por un maestro sanador con la expectativa de que usted pueda realizar este trabajo hasta convertirse en un especialista?

P: Si, la confianza que tiene Kars en mí es una gran motivación.

El caso 31 es lo que se podría llamar un alma acelerada. Unz ha estado encarnando en la Tierra por unos cinco mil años, un tiempo realmente muy corto considerando sus avances. Esto es porque ella ha tenido retos en todas sus vidas. Ella acepta cuerpos enfermos, lo que realmente me asombra. En su vida presente, Unz es ministra de la Ciencia de la Mente, quien incorpora una mezcla ecléctica de disciplinas espirituales. A través de su ministerio, ella ayuda a muchas personas con problemas de salud, usando la imaginería guiada y la meditación.

Otro aspecto interesante del caso 31, es que Unz solamente empezó a recibir la piedra verde de este medallón en las últimas cuatro o cinco vidas. Antes había una piedra ámbar en el centro del disco. Unz me contó que éste era el color de la nutrición y la protección para el débil y el enfermo, el cual vino antes de la piedra verde. Ella llamó esta piedra preciosa "mi piedra de crecimiento" y añadió, "El verde esmeralda, muestra mi ubicación presente". Esto me indica que Unz es un alma de nivel IV. Preguntas posteriores revelaron algo más. Unz dijo que en sus primeras vidas en la tierra, los círculos no tenían ninguna piedra en la mitad del emblema.

Recuerdo un nivel V que me dijo, "Hay cinco joyas en el emblema de mi inspector, un diamante, un rubí, un ámbar, una esmeralda y un zafiro, los cuales simbolizan mis logros en los diferentes niveles de desarrollo".

Así, no es la piedra preciosa como un mineral de valor lo que tiene significado en un medallón, sino, más bien el color del logro que la joya representa. Las metáforas de las piedras preciosas reportadas por las personas en trance ofrecen paralelos usuales con tradiciones terrenales. Las culturas antiguas del Oriente Medio, India y China pensaban que ciertos colores representados en gemas y piedras semipreciosas otorgaban una clase de personalidad viviente a su dueño. Por ejemplo, los sumerios creían que quien usaba una piedra azul tenía su Dios del espíritu personal con ellos "quien debía ser escuchado". La mayoría de mis pacientes ven a sus guías espirituales como una luz azul oscura. Los antiguos también creían que la amatista púrpura confería conocimiento y sabiduría trascendentales. Este color de gema representa el nivel VI de las almas y superiores.

De aquellos pacientes que vieron medallones usados por sus miembros del Consejo, algunos vieron únicamente piedras preciosas.

Ellas no siempre están unidas a un disco. He tenido casos donde las piedras o esferas resplandecientes de energía de colores, aparecen en collares, anillos o están simplemente sostenidas por la mano de un Mayor y exhibidas a las almas que vienen frente a ellos. Esencialmente, el despliegue de ciertos colores de energía lumínica, representa diferentes aspectos de nuestra vida física y espiritual. Ciertos colores emanados del cuerpo de un Mayor, como una aureola, toga, o medallón pueden indicar también el área de especialidad del Mayor, la cual puede estar directamente relacionada con lo que el alma que está enfrente de ellos espera lograr eventualmente.

El facilitador de la hipnosis debe ser cauto con relación a sus propias preconcepciones sobre las interpretaciones de los colores. La interpretación del color en las imágenes presentadas al paciente bajo hipnosis, visualizando reuniones del Consejo no tendrán siempre la misma interpretación para todos. No obstante, yo creo que es apropiado decir que para las personas en estado de trance, los signos y los símbolos presentados a ellos a través de la memoria del alma están relacionados con el efecto de fuerzas sobre las cuales ellos desean ejercer algún control en sus vidas presentes. Mis pacientes asocian todos los medallones de los que he hablado en sus encuentros con los Consejos, con percepción y sabiduría. Sus interpretaciones son cosas intensamente personales y son mostrados con la intención de motivar e instruir las almas de la Tierra hacia una conciencia personal. El impacto de ver esos signos y símbolos bajo la hipnosis es muy fuerte para algunos pacientes que después de sus sesiones han ordenado duplicados en joyas personales para recordar su sendero kármico.

La presencia

"Cuando lleva a alguien al mundo del espíritu, ¿ellos ven a Dios?". Esta es una pregunta que me formulan frecuentemente en mis conferencias y la respuesta no es corta. Yo puedo ver a mis pacientes sentir en sus cuerpos la Fuente de sus orígenes en el mundo del espíritu. Los más avanzados explican que todas las almas eventualmente regresarán a una conjunción con la fuente de la luz púrpura. Sin embargo, ¿existe algún lugar en el mundo del espíritu, donde un ser superior a los Mayores es evidente a las almas aun encarnadas? La respuesta es sí, en las reuniones del Consejo.

Durante el tiempo en que estamos reunidos con el Consejo de Mayores, hay un sentimiento aplastante de una fuerza celestial más alta la cual es simplemente llamada "La Presencia". Muchos pacientes declaran, "Esto es lo más cerca que se puede llegar a Dios", mis pacientes más avanzados, que están cerca del final de sus encarnaciones regulares, indican que ellos no creen que la Presencia sea exactamente Dios. Para ellos es una deidad o entidad, con unas capacidades inmensamente superiores a las de los miembros del Consejo. Todos están de acuerdo que la Presencia está allí para ayudar al trabajo del Consejo.

Típicamente mis pacientes no gustan de usar la palabra Dios para describir una presencia superior, la cual ellos dicen *sentir* más que realmente *ver* en el mundo del espíritu. Prefieren usar palabras como Fuente o Alma superior debido a que la palabra Dios ha sido muy personalizada en la tierra. En la medida en que muchas almas se aproximan al más avanzado estado de desarrollo, la Presencia puede pluralizarse en sus mentes como parte de muchas fuerzas divinas en el mundo del espíritu con un conocimiento infinito. Ellos sienten que esta fuerza superior influencia las reuniones del Consejo, pero podría no ser el último creador. Mis pacientes ven la más grande evidencia de la Presencia en las reuniones del Consejo, aun así la Presencia es igualada con la más grande omnipotente y omnipresente fuerza de energía en el mundo del espíritu.

Después de repasar cientos de casos en donde se describe la Presencia, decidí ofrecer un poco de ellos en una serie de citas. En sus sesiones, cada sujeto habla de la Presencia en sólo unas pocas frases. Espero que la lista de citas que he seleccionado ofrezca la esencia de lo que las almas promedio sienten acerca de este aspecto en sus reuniones del Consejo.

> En realidad no veo ahora la Presencia, pero la siento como la energía superior. La energía está para ayudar al Consejo, pero principalmente por mí. Los Mayores no sirven como intermediarios entre esta fuente de poder y yo. Yo siento una conexión directa con la luz púrpura divina.

Cuando estoy en la cámara del Consejo, la presencia supervisa los Mayores por medio de sus pulsaciones de luz violeta. Algunas veces se torna en un plateado brillante para calmar y purificar mi mente.

La Presencia está encima y detrás del Consejo. Únicamente con dificultad yo puedo observar este poder. Yo siento tan fuertemente su santidad que no creo poder intentar mirarlo directamente durante la reunión del Consejo. Si lo hago no podría enfocarme en los Mayores.

El Consejo parece aceptar la Presencia sin ignorarla demasiado, de tal manera que no interrumpa los procedimientos. Creo que intenta que tanto el Consejo como yo nos prestamos atención mutuamente. Todavía tengo la impresión que la magnitud de toda esta energía inteligente combinada es diseñada sólo para mí en este momento. Mi guía, los Mayores y la Presencia son guardianes de la sabiduría detrás de mis experiencias.

La Presencia representa la pureza de energía que ayuda al Consejo en mi nombre. Creo que el Consejo necesita la ayuda de la Presencia porque ha pasado mucho tiempo desde que ellos mismos encarnaron en forma biológica. La sabiduría pura de esta energía nos permite al Consejo y a mi ver más claramente hacia dónde debemos ir todos.

El brillo y el poder de la imagen de la Presencia es un llamado... una avidez dirigida a cada uno en la cámara para que todos nosotros nos unamos a ella algún día. Es como un padre esperando que maduremos y nos unamos a él en un entendimiento adulto.

Cuando se comparece en la cámara del Consejo y se puede sentir la Presencia, es como una resonancia penetrante en la mente. Incluso mi guía maestro encuentra sentido en mi beatitud. Sé que esta es la razón por la cual ellos realmente disfrutan viniendo a las reuniones del Consejo conmigo. Él es una Fuente de amor y entendimiento. Cuando mi tiempo con el Consejo se termina y yo dejo la Presencia, siento como un anhelo de regresar y estar cerca de ella una vez más.

La gente me ha preguntado si alguna vez he tenido alguien que pueda verter alguna luz como un miembro del Consejo y estar más cerca de la Presencia. He tenido muy pocos pacientes con tal experiencia, los cuales se encuentran en transición desde el nivel V. No obstante, un individuo me viene a la mente.

Chinera es una de las pacientes más avanzadas que he tenido. Nadie me ha llevado tan cerca de la Presencia como esta alma. Chinera se entrenó en otra dimensión antes de venir a la Tierra hace varios miles de años. Hoy, esta paciente es maestro de la acupuntura y práctica una variedad de artes de sanación. El medallón usado por el presidente del Consejo de Chinera es mostrado en la figura 9G. Posteriores detalles acerca de la capacidad de viaje interdimensional de las almas serán examinados en el capitulo 6.

Caso 32

Dr. N: Cuando su trabajo como guía personal termine, ¿espera ser asignada al Consejo de Mayores?

P: No, eso no pasará todavía. Debo convertirme en una profesora maestra trabajando con profesores jóvenes, ayudándolos a entrar en contacto con sus estudiantes en muchos niveles.

Dr. N: ¿Cómo sabe eso?

P: Porque yo aun estoy entrenándome aquí (encarnando), aprendiendo más acerca de las formas biológicas de vida en la tierra.

Dr. N: Chinera, es mi creencia que estamos juntos aquí hoy para ayudar a otros a entender ciertas cosas. Vamos a empezar esta parte de nuestra discusión preguntándole acerca de su relación con los Mayores de su Consejo. Comience por decirme cuantos de ellos ve.

P: Hay doce miembros en mi Consejo ahora. Después de mi última vida, los cuatro del centro de la mesa fueron quienes preguntaron acerca de mis logros en la tierra. Todavía tengo algunos bloqueos que necesitan ajustes. Los cuatro del lado derecho son de mi dimensión original. Ellos están aquí para ayudarme en la mejor utilización de la energía que traje conmigo a mi universo terrenal.

Dr. N: ¿Qué hay de los otros cuatro miembros de su Consejo?

P: Los cuatro del lado izquierdo de la mesa actúan como estabilizadores de la luz y el sonido universal entre todas las dimensiones alrededor del universo terrenal. Ellos actúan como un punto pivote para conectarme en un mundo físico.

Dr. N: ¿Puede darme alguna idea de qué bloqueos están impidiendo su progreso en la tierra?

P: En primer lugar, el Consejo quiere que aumente mi influencia con las personas. Me he estado resistiendo a extenderme a mí misma. Yo me quejo de que eso podría diluir mi poder. Ellos no están de acuerdo con mis argumentos acerca de extenderme a mi misma en forma tan discreta.

Dr. N: Conozco esa sensación. ¿Acepta usted esta evaluación?

P: (pausa larga) Yo sé que ellos tienen la razón pero todavía me siento algunas veces como extranjero en la tierra.

Dr. N: Dígame Chinera, ¿alguna vez se ha presentado con los miembros de su Consejo para discutir sobre ciertos estudiantes con los que usted trabaja?

P: Si, brevemente.

Dr. N: Entonces quizás usted pueda ayudarme a entender la progresión del avance de las almas. ¿Dónde se clasificaría usted misma?

P: Estoy trabajando para ser una profesora maestra.

Dr. N: ¿El siguiente grado sobre este nivel de un guía sería una posición en el Consejo?

P: No necesariamente. Hay muchas otras clases de especializaciones. Una podría no sentirse cómoda siendo miembro de un Consejo.

Dr. N: Vamos a decir que usted está lista y se le diera un asiento en el Consejo y fuera efectiva allí. ¿Dónde podría ir después como un alma?

P: (dudando en responder) Al lugar de la armonía total.

Dr. N: ¿Es esto representado por la Presencia en las reuniones del Consejo?

P: (vagamente) Dentro de esa esencia, si.

Dr. N: ¿Describa la "armonía", es eso una supra alma?

P: Yo creo que son muchos quienes son Uno... es el centro de creación como yo lo conozco... es donde los creadores de nuevas almas forman luz y energía para ciertas funciones.

Dr. N: Chinera, por favor descríbame mejor ese proceso.

P: Yo... no puedo decirle mucho... es donde la energía de nuevas almas es difundida fuera de la supra alma. Donde ayudamos a los jóvenes a crecer, a encontrar su identidad única.

Dr. N: ¿Es la "armonía" lo que nosotros llamamos Dios?

P: Es una divinidad.

Dr. N: Como usted lo ha dicho, esta divinidad puede ser compuesta por muchos, que son Uno, ¿son ellos la máxima deidad de todos los universos y todas las dimensiones conectando esos universos, incluyendo nuestro mundo del espíritu?

P: (larga pausa) No lo creo.

Dr. N: De dónde cree usted que proviene la esencia de la Presencia.

P: (débilmente) De todas partes. (se detiene).

Dr. N: ¿Cómo sabe usted esas cosas?

P: Yo tengo un mentor en el Consejo... hablamos mucho... mis amigos y yo tenemos pensamientos que se comunican... y hacemos preguntas acerca de la máxima realidad.

Dr. N: Cuando habla con su mentor y sus amigos sobre una fuerza que podría estar por encima aun de la Presencia, ¿qué ha escuchado y sentido?

P: Podría ser la misma fuerza de la cual la Presencia es una parte, no lo sé... es... masiva pero suave... poderosa... pero gentil. Es un respiro... un susurro... de sonido... muy puro...

Dr. N: (colocando la palma de mi mano en la frente del sujeto) Permanezca con esos fragmentos de pensamiento, Chinera. Flote con ellos tan lejos como puedan llevarlo hacia el sonido (hablando en un susurro) ¿Es este sonido creado por alguna clase de energía lumínica?

P: No, el sonido crea todo... incluyendo luz y energía.

Dr. N: Muévase más cerca, como si estuviera flotando sin esfuerzo, más cerca hacia el origen del sonido (un comando) ¿AHORA, QUÉ VE Y ESCUCHA?

P: Estoy en el borde... no puedo...

Dr. N: (fuertemente) ¡SIGA CHINERA!

P: (Tranquilamente, con gran dificultad) Yo... con mis amigos... cuando hemos unificado nuestras mentes hacia el sonido que vemos dibujado en nuestras mentes... ellos son... diseños geométricos... alineados en modelos... (se detiene).

Dr. N: (ahora presionándolo suavemente) Un pequeño esfuerzo... justo más allá... ¿qué hay?

P: Yo... siento... el sonido abraza esta estructura... y... la hace mover... cambiando y ondulándose... creando todo. Es una campana de reverberación profunda... entonces un zumbido alto y puro... como un eco de... (se detiene).

Dr. N: Llegue allá Chinera, un último esfuerzo. ¿Un eco de qué?

P: (un suspiro profundo) Una madre... llena de amor... cantando a su niño.

Presioné durante a Chinera para obtener la información porque sabía que en toda mi vida probablemente nunca tendría otra paciente como ella. Ellas y otros pacientes altamente avanzados han indicado que el Consejo de Mayores existe dentro de una realidad del más profundo pensamiento, más allá de la concepción de las almas que todavía vienen a la tierra.

La cadena de la influencia divina

Para muchos de mis pacientes, la Presencia no parece ser un "Quién" sino un "Es". Para otros, La Presencia es una entidad que funciona como un ecualizador, armonizando el conocimiento superior de los Mayores con el conocimiento inferior de las almas que vienen ante ellos. Este efecto produce que la cámara del Consejo respire con energía sincronizada. Varios de los niveles V han tenido ya la oportunidad de participar brevemente como miembros de un consejo como parte de su entrenamiento de guías. Cuando le pregunté a uno de ellos cómo fue la experiencia, recibí la siguiente respuesta:

> Cuando me senté en el panel, fue como estar dentro del alma que estaba frente a mí. Lo que usted siente es mucho más que empatía hacia alguien que acaba de regresar de una vida. Usted está realmente en sus zapatos. La Presencia le da el poder de sentir todo lo que el alma siente en ese momento. El prisma de luz de la Presencia toca cada miembro del Consejo de esa forma.

¿Se mueve la Presencia de Consejo en Consejo? ¿Hay más de una entidad, o "Eso" simplemente es Dios que está en todas partes? Esas preguntas por supuesto, no las puedo responder. A pesar de las responsabilidades compartidas de jurisdicción entre los grupos de almas, ¿cuántos Consejos deben existir para ser responsables de todas las almas que vienen de la tierra? Esto también me es imposible de medir, pero el número debe ser inmenso. Si es cierto que otros mundos en nuestro universo tienen almas necesitando Consejos y otros universos que los maestros espirituales deben supervisar, su tarea está más allá de nuestra concepción.

Al contrario de las almas altamente avanzadas, como en el caso 32, la mayoría de mis clientes son incapaces de reconocer que los Mayores pueden ser seres falibles a sí mismos. Fuera de encuentros fugaces con una Presencia más poderosa y amorosa, el Consejo de Mayores es la más alta autoridad que mis pacientes contactan directamente en las visiones espirituales. Como un resultado de lo que ellos ven en estado de trance, mis pacientes tienen la sensación de un efecto de graduación vertical del logro de las almas en el mundo del espíritu. Esta percepción del cosmos no es un sistema de creencias nuevas en la civilización humana.

Textos antiguos de origen hindú, egipcio, persa y chino, hablan de "Las agencias de Dios" que fue personificado como unas entidades metafísicas, algunas de las cuales eran incluso antropomórficamente iguales. Las primeras filosofías religiosas greco–hebreas también fueron identificadas con un concepto de escalones de maestros espirituales, cada uno más divino que el último. Muchas culturas creían que mientras Dios es la fuente de toda creación y es totalmente Dios, la administración de nuestro universo fue delegada a través de una combinación de seres inferiores quienes eran mediadores de razón y los proveedores del divino pensamiento de un ser perfecto y un mundo finito. Ellos eran considerados emanaciones del creador, pero menos que perfectos. Quizás esto ayude a explicar que las imperfecciones de nuestro mundo con Dios todavía siguen siendo la Primera causa.

La teoría panteísta dice que todas las manifestaciones en el universo *son* Dios. A través del tiempo, la filosofía espiritual de algunas culturas evolucionaron en el concepto de que las fuerzas divinas que gobiernan nuestras vidas son esencialmente palabras de sabiduría, análogas a los poderes de la razón de seres humanos. En otras sociedades esas fuerzas fueron tomadas como unas Presencias capaces de influenciar nuestro mundo. La Iglesia Cristiana califica de inaceptable la idea global sobre las emanaciones intermediarias de una fuente Suprema. La posición del cristianismo es que un ser perfecto no delegaría a seres menos perfectos (que podrían cometer errores) el manejo del universo.

En el Antiguo Testamento Dios habló a través de profetas. En el Nuevo Testamento, la palabra de Dios viene a través de Jesús quien, los cristianos consideran la imagen de Dios. Aun los profetas de todas las más grandes religiones son reflexiones de Dios a sus seguidores. Yo siento que la aceptación de los profetas en muchas religiones alrededor del mundo tiene sus raíces en la memoria de nuestra alma, sobre intermediarios sagrados, (tales como guías o Mayores) entre nosotros mismos y la Fuente creadora. En nuestra larga historia sobre este planeta han existido muchas culturas con figuras mitológicas teniendo funciones cosmológicas como mediadores entre un Dios desconocido y un mundo hostil. No creo que debamos relegar los mitos, como una manera de explicar el mundo a un pensamiento primitivo. Lo que conocemos racionalmente hoy, no es suficiente para descifrar el misterio de la creación mejor que en el pasado.

En términos de la Primera Causa, encuentro que el viejo y el nuevo concepto espiritual pueden ser reconciliados de una manera significativa. Las almas son capaces de crear cosas vivientes provenientes de una fuente de energía proporcionada por ellos. Así las almas son capaces de crear algo a partir de algo en una variedad de situaciones. En teología religiosa, la creación divina es hacer algo de la nada. Hay quienes piensan que la cabeza de Dios, no crea materia física sino solamente las condiciones que permiten a seres altamente avanzados hacerlo.

¿Es la Tierra un laboratorio creado por las más altas formas de energía para permitir a las más bajas avanzar a través de muchas fases de desarrollo? Si es así, esos seres superiores son nuestra Fuente pero *no la Fuente*. En *El viaje de las almas*, escribí sobre la posibilidad de un creador al que le falta la perfección completa y tiene la necesidad de crecer y hacerse más fuerte mediante la expresión de su esencia. Sin embargo él podría tener la necesidad de hacer esto aun si fuera perfecto. La filosofía de una autoridad divina escalonada valida la creencia de mucha gente acerca de que la Tierra y nuestro universo físico es muy caótico para haber sido formado por la última perfección. Desde mi punto de vista, esta idea no aminora nada de una fuente perfecta en algún lugar, quien pone todo en movimiento para que todas las almas eventualmente lleguen a la perfección. Nuestra transformación de la total ignorancia al conocimiento perfecto involucra un proceso continuo de esclarecimiento, teniendo fe que podemos ser mejores de lo que somos.

Procesando reuniones del consejo

Durante una sesión de hipnosis, llega el momento cuando el paciente me dice que su reunión del Consejo ha terminado y ellos están listos para dejar la cámara y retornar a su grupo de almas. Este es un momento de intensa reflexión y juntos evaluaremos la información recibida. Las apariciones frente a nuestro Consejo Espiritual involucran materias de responsabilidad para la vida recién vivida y es aquí cuando utilizo los apartes más relevantes de esta información para evaluar la vida presente de mi paciente.

Dentro de la textura de la evaluación de cualquier alma por su concilio es donde se empieza a tejer el hilo del perdón divino. Los Mayores proporcionan un foro de interrogación y compasión y despliegan su deseo de sostener la confianza del alma para sus esfuerzos futuros. Un alma que partía afirmó lo siguiente:

> Cuando los Mayores han terminado conmigo siento que ellos me han dicho mucho más acerca de lo que hice bien que cuando me equivoqué. El Consejo sabe que he tenido reuniones críticas con mi guía acerca de mi desempeño. Ellos no me apoyan, pero siento que parte de su trabajo es elevar mis expectativas. El Consejo dice que ellos prevén grandes cosas para mí. La última cosa que los Mayores me dicen es que deje de buscar en otros la autoaprobación. Cuando los dejo, siento que ellos han absorbido todos mis temores y me han limpiado.

Las personas me preguntan si las almas sienten remordimiento durante y después de las reuniones del Consejo (si estuvieron involucradas en actos de crueldad). Por supuesto que si, pero a menudo debo recordar a quienes me preguntan que la responsabilidad por los actos malos frecuentemente viene con la selección del siguiente cuerpo para el pago de las deudas kármicas. Las almas están directamente involucradas en este proceso de selección a través de su Consejo porque esto es lo que *ellos* desean para sí mismos. Aunque el Karma es asociado con justicia, su esencia no es punitiva pero si busca traer equilibrio a la suma de nuestros hechos en todas las vidas pasadas.

Hay otra pregunta subsiguiente que se me hace con respecto a la conclusión de esas reuniones del Consejo. "¿Es todo dulzura y luz para aquellas almas que no han estado involucradas en actos crueles, o algunas almas regresan infelices con el carácter general de la reunión?". Yo respondo esas preguntas explicando que he tenido unos pocos pacientes que dejan la cámara del Consejo un poco insatisfechos. Son almas que sienten que pudieron haberse presentado a sí mismos un poco mejor ante un Mayor en particular. Hay otros casos no comunes, especialmente con jóvenes, almas rebeldes, donde he tenido la impresión que ellos están peleando con lo que llaman "un acto de contrición" al estar enfrente de los Mayores. La siguiente cita es un ejemplo:

> Estoy un poco enfadado con los Sabelotodos. Ellos te calman con complacencia porque quieren que tu les digas todo. Seguro, cometí una cantidad de errores pero es culpa suya por enviarme a la Tierra en un cuerpo que me metió en problemas. Cuando me quejé sobre la Tierra ellos no estuvieron de acuerdo conmigo. Son tacaños con la información. ¡Les dije que la vida implica tomar riesgos y mi director me pidió moderación! Le dije, "Está muy bien para ustedes decir cosas aquí seguros y confortablemente mientras que yo estoy luchando por sobrevivir abajo en una zona de guerra".

Estas almas inmaduras no se dan cuenta que para ser parte de un Consejo, un Mayor ha sobrevivido muchas zonas de guerra. En contraste, la siguiente cita es de un alma vieja y avanzada cercana a completar sus encarnaciones en la tierra:

> Como mi sesión con el Consejo está próxima a terminar, los Mayores se levantan y se acercan, me rodean. Una vez en posición levantan sus brazos (extendidos como un pájaro gigante), envolviéndome con alas de unificación. Esta es una demostración por un trabajo bien hecho.

Yo no creo haber tenido un paciente que se visualice a sí mismo asistiendo a una reunión del Consejo sin ninguna clase de temor, penitencia y la necesidad de reconciliación. Ellos llevan estos sentimientos de regreso a sus grupos de almas. Por esta razón, no estaba preparado para aprender sobre la ley del Silencio.

A continuación citaré un caso que involucraba privacidad de la mente, la cual se extendía no sólo al grupo de almas sino a mis propios cuestionamientos sobre las reuniones del Consejo. Existen aspectos de las reuniones del Consejo que están fuera del alcance de la realidad presente para mis pacientes. Por una variedad de razones espirituales y personales, la gente es incapaz de recordar todos los detalles de esas reuniones. Algunas partes de este bloqueo pueden ser deliberadas por parte del paciente. En el caso 33, el paciente evidentemente sabe lo que no desea contarme. Con otros pacientes ellos no saben porque no pueden recordar.

Caso 33

Dr. N: Ahora quiero adelantarme a la parte más significativa de su discusión con el Mayor sentado a la derecha del presidente de su Consejo.

P: (con dificultad) No estoy cómodo con esto.

Dr. N: ¿Por qué?

P: No quiero romper la Ley del Silencio.

Dr. N: ¿Conmigo, quiere usted decir?

P: Con cualquiera incluidos los miembros de mi grupo.

Dr. N: ¿No se intercambian los miembros del grupo toda la información?

P: No toda, especialmente las comunicaciones más privadas y personales con el Consejo. La Ley del Silencio es una forma de probarnos a ver si podemos guardar las verdades que son sagradas.

Dr. N: ¿Podría ser más específico?

P: (riéndose conmigo) ¡Entonces debería estar diciéndoselo!

Dr. N: Yo no quiero violar nada que considere sagrado para discutir pero, después de todo usted vino a verme por una razón.

P: Si, y he ganado mucho. Es sólo que no deseo compartir con usted todo lo que estoy viendo ahora en mi mente.

Dr. N: Respeto eso. Sin embargo, encuentro curioso que no quiera compartir esto con sus almas compañeras.

P: La mayoría de ellos tienen un Consejo diferente al mío, pero hay otra razón. Si compartimos todo nuestro conocimiento, eso puede causar estragos en una persona que no está preparada para ciertas cosas. Lo profundo puede ser usado impropiamente y así por violar la Ley del Silencio, generamos interferencia con otra alma.

Dr. N: Ya entiendo, pero ¿esta ley también tiene que aplicarse a nuestra conversación acerca de su crecimiento y aspiraciones personales?

P: (sonriendo) ¿No se da por vencido, cierto?

Dr. N: Si fuera fácilmente disuadido de hacer preguntas acerca de la vida en el mundo del espíritu, yo sabría muy poco y sería menos eficaz para ayudar a la gente.

P: (suspiros) Yo no quiero hablarle de ciertas cosas sagradas que me pertenecen.

Las mayores implicaciones que tienen que ver con la privacidad mental entre las almas en los grupos de este ejemplo ha sido corroborada por otros. Parece muy disparejo para mí que las almas no quieran comparar notas con sus amigos acerca de todo lo que les ha pasado en las reuniones del Consejo. Quizás ésta es una razón por la cual miembros de un mismo grupo de almas son raramente llevados al mismo Consejo. Aquí hay otro ejemplo de privacidad:

> Yo no discuto mis encuentros con nadie más que dos de mis amigos. Aún así, nosotros tres somos cuidadosos de discutir lo transpirado en nuestras reuniones y hablamos de una forma general, como "Yo sé que necesito hacer esto o aquello porque un Mayor me dijo cosas y cosas sobre mí".

Considerando que nuestra vida entre vidas se desarrolla en un mundo telepático, desde una etapa muy temprana de mis investigaciones me preguntaba cómo las almas podían mantener algunos pensamientos escondidos para otros. Encontré que las almas jóvenes tienen gran dificultad en enmascarar sus pensamientos a las almas de más experiencia, especialmente sus guías. En el nivel III, la telepatía mental se convierte en una forma de arte y esto incluye bloqueo en beneficio de la privacidad. Sin las restricciones emocionales de un cuerpo humano como la vergüenza, culpabilidad y envidia, no hay motivos para el subterfugio. En un mundo telepático la principal consideración entre las almas es su respeto por la privacidad personal. Las almas viven en comunidades con intensa socialización grupal donde trabajan en sus propias lecciones y las de otros. Abren sus mentes entre sí en una magnitud tal que parece imposible intentar ocultar. Esto estimula la franqueza absoluta en materias kármicas las cuales afectan aquellas almas que serán conectadas en la tierra.

¿Cómo son las almas telepáticas capaces de comprometerse en pensamientos selectivos de protección y bloqueo? Este es un proceso que conozco poco, pero he descubierto algunos detalles. De lo que he podido conocer, cada alma tiene un patrón de vibración mental distintivo, como una huella digital. El patrón es similar a un cesto herméticamente tejido con cuerdas concentradas alrededor y un centro individual de carácter. Las cuerdas son películas de pensamiento cuya transferencia es a voluntad del alma. Esto involucra ideas, conceptos, pensamientos, símbolos y distinciones personales particulares a esa alma. Con experiencia, el alma tiene la habilidad de enmascarar un cuadro de película en cualquier momento. Así, mientras nada está escondido en un concepto general, es posible no abrir las cuerdas del centro para permitir una buena distinción de pensamientos a menos que un alma desee que otra entre.

Habiendo dicho todo esto, encuentro esta práctica usual en guías y Mayores para sondear por debajo de un umbral mental particular de las almas menos avanzadas. Esto es para el beneficio de esas almas. Ya sé que esto suena ominoso, y seria si todo eso ocurriera en la Tierra. Nuestros profesores también se comprometen en una selectiva protección mental hacia las almas que ellos desean sondear mentalmente. Esto es porque los guías no desean recargar las almas jóvenes con conceptos para los cuales aun no están preparados, particularmente los que involucran el futuro.

Cada uno respeta la santidad y sabiduría de su Consejo. La información es considerada privilegiada y muy personal. Una vez retornan a sus grupos individuales después de esas reuniones, las almas no desean que sus pares sean tentados por segundas interpretaciones de ciertos pensamientos derivados de los Mayores. Un paciente me dijo, "decirle a mis amigos sería como hacer trampa en un examen oral. Ellos serían incapaces de resistir sus propias interpretaciones de las reuniones para ayudarme". Por otra parte en la mesa del Consejo, los Mayores animan silenciosamente, porque ellos saben que si la privacidad es honrada, esto asegura gran franqueza con las almas que vienen delante de ellos. Una indebida interferencia posterior por su grupo de compañeros espirituales, aunque fuese bien intencionada, podría tergiversar los mensajes de los Mayores. La única excepción que he visto a la Ley del Silencio involucra almas más avanzadas entrenándose en grupos especiales. Ellas parecen disfrutar compartiendo lo que consideran "información gremial" sobre sus reuniones del Consejo.

Como el mundo espiritual tiene un ambiente eterno, yo uso las reuniones del Consejo como un trampolín terapéutico para rápidas revisiones kármicas, las cuales abarcan centurias. Colocando todo en espera, llevo a mis pacientes hacia atrás para codificar uniones de sus vidas pasadas involucrando decisiones críticas. Dirijo al paciente hipnotizado a recrear momentos en sus vidas pasadas que son relevantes para el tópico que está en discusión por parte de los Mayores. Muchas de nuestras actitudes y alteraciones del ego vienen de otras vidas y viéndolas desde un contexto diferente dan al paciente una nueva perspectiva en el tiempo presente. Con frecuencia percibo el apoyo de mi guía y también del guía de mi paciente.

A través de esta forma de intervención terapéutica mi paciente y yo buscamos pistas de modelos de comportamiento presente. Esto puede abrir la puerta hacia una reprogramación saludable. La terapia de reencarnación es más que entendimiento cognitivo. Las personas necesitan ver que los giros en sus vidas tienen interpretaciones y propósitos. También puedo llevar a mis pacientes hacia adelante a la habitación de Selección de Vidas para discutir por qué los Mayores les ofrecieron sus cuerpos presentes. Si se supone que el alma no debe conocer todavía aspectos de su futuro en esta vida, él será bloqueado. Cuando he terminado, saco los Mayores del estado de espera y la reunión del consejo continúa sin perder información.

Nunca olvido el hecho de que soy sólo un intermediario temporal en la dinámica entre mi paciente, su guía y el Consejo de Mayores. Sé que ellos están ayudándome porque de otra manera mis pacientes no serían capaces de visualizar las reuniones del Consejo cuando están en trance. Con el uso de la hipnosis profunda tengo la ventaja como regresionista espiritual de utilizar tanto la mente del alma como el ego humano presente. La mente superconsciente opera dentro de un marco eterno, donde el subconsciente es capaz de procesar dentro de la realidad presente.

La importancia del reconocimiento de nuestro verdadero ego interior no puede ser super enfatizada para una vida productiva. No estoy sugiriendo que una sesión de regresión espiritual de tres horas ofrezca una rápida solución o ajuste para una persona perturbada. No obstante un renovado conocimiento consciente de nuestra verdadera naturaleza, el conocimiento acerca de nuestras vidas pasadas y nuestra vida inmortal en el mundo del espíritu puede proporcionar bases sólidas para una terapia más convencional en el área local del paciente. Por otra parte, una simple regresión espiritual para un cliente mentalmente sano puede hacer maravillas para el reconocimiento de su interior y su propósito.

5

Relaciones Comunitarias

Compañeros espirituales

La renovación del alma se lleva a cabo entre la primera y la segunda reunión con el consejo. Como seres etéreos, nuestro desarrollo y crecimiento comienza en el reino mental del mundo del espíritu junto con otras almas antes de encarnar, así, aunque nuestro ser interior es único e individual, una parte vital de la vida espiritual entre encarnaciones es dedicada a las relaciones de empatía con otras almas. De esta manera, nuestro desarrollo como almas se convierte en desarrollo colectivo. Parte de la expresión de esta colectividad es la asociación que tenemos con estas almas en una realidad material como la Tierra. Durante la reencarnación, la cercanía que las almas experimentan entre sí en el ámbito mental es puesta a prueba por retos de índole kármico en los cuerpos que ocupan. Esta interrupción de una dichosa existencia mental es un medio por el cual los maestros espirituales amplían nuestra conciencia.

He escuchado intrigantes historias de amor de vidas pasadas entre compañeras espirituales, que han atravesado el tiempo y el espacio para reencontrarse en una nueva vida terrenal. He aquí unos pocos ejemplos:

> Donde el amor fue tortuoso; en una cultura de la Edad de Piedra, en la que el lascivo jefe del clan tomaba a la pareja de mi paciente de manera regular y luego se la devolvía.
>
> Donde el amor fue privativo; una esclava en la antigua Roma, quien servía la comida a los gladiadores. Uno de ellos, a quien ella amaba, le declaró amor eterno la noche antes de ser muerto en la arena.
>
> Donde el amor fue cruel; un reto a muerte en las mazmorras de un castillo medieval, entre un noble y mi paciente, por haberle encontrado con su hija en uno de sus encuentros clandestinos.
>
> Donde el amor fue heroico; cuando un muchacho polinesio se ahogó después de salvar a su novia (mi paciente) de sólo algunas horas, cuando la canoa en que viajaban fue golpeada por una repentina tormenta hace tres siglos.
>
> Donde el amor fue mortal; cuando mi paciente, un alemán en la Europa del siglo XVIII, apuñaló a su esposa en un arranque de furia originada por los celos. Falsamente acusada por los chismes de la localidad, ella murió proclamando su inocencia, diciendo que sólo lo amaba a él.
>
> Donde el amor no perdonaba; en el que un veterano de la guerra civil cuya solitaria esposa, mi paciente, había desposado a su hermano un año después de que el soldado había sido declarado oficialmente muerto en la guerra.

Todas estas parejas mencionadas se encuentran hoy en día felizmente casadas. Sus experiencias en las vidas pasadas les han preparado para las siguientes, al tiempo que han fortalecido sus vínculos como compañeras espirituales. Las regresiones a vidas pasadas generan información de interés para su vida en pareja, pero ubicar a estos pacientes entre sus vidas les provee una mayor perspectiva sobre sus relaciones.

Existen muchos retos envueltos en el estuche del amor. Mezcladas con aquellas vidas en que hemos disfrutado de una larga y feliz existencia con nuestros compañeros espirituales, se encuentran aquellas vidas en las que nos hemos encargado de destruir la relación o hemos sido devastados por las acciones de nuestro compañero espiritual. En las vidas difíciles con las almas compañeras, algo se interpone en el camino de la aceptación del amor. Las relaciones con compañeros espirituales puede darnos alegría y dolor, pero de ambas aprendemos. Siempre existen razones kármicas detrás de los eventos serios que involucran relaciones en nuestras vidas.

Tuve una paciente llamada Valerie, quien vivió como una hermosa mujer en China hace dos siglos. En esa vida, ella rechazó a su compañero espiritual primario, el hombre por quien más se interesaba, porque la enfrentaba y se negaba a alimentar su vanidad mientras que otros se desvivían por hacerlo. "Además", me relataba durante el trance, "tenía una apariencia tan desmañada y brusca que me apenaba ser vista con él, por lo que los demás pudieran pensar. Por orgullo y a pesar de los sentimientos que no quería aceptar, me casé con un hombre apuesto que satisfacía todos mis antojos. Perdí la felicidad que pudo haber sido mía".

En su siguiente vida, en la América del siglo XIX, Valerie fue la hija de un jefe indio Cherokee quien le ordenó casarse con el hijo de otro jefe como parte de un trato entre tribus. Después de aceptar los deseos de su padre y casarse, este hombre la despreció físicamente e hizo su vida miserable. El guerrero de su propia tribu y a quien en realidad amaba era aquel mismo compañero espiritual a quien rechazó cuando vivió en China. Al retornar al mundo del espíritu después de su muerte como mujer india, Valerie me dijo:

> Mi amado y yo pudimos haber huido juntos. Pero aparte del enorme peligro que esto implicaba, algo en mi interior me decía que tenía que soportar todo lo que mi padre había planeado. Ahora veo que era una prueba. Tenemos la capacidad de lastimar a la persona que nos ama, así como a nosotros mismos en el trato. Mi vida como mujer Cherokee fue un recordatorio de mi orgullo y vanidad como mujer china.

Estar con la persona "equivocada" por un período en la vida no quiere decir que el tiempo haya sido desperdiciado. La relación probablemente ha sido planeada con anticipación; de hecho, en el mundo del espíritu es posible encontrar esa alma de nuevo pero en un cuerpo diferente. Esto es cierto en el caso del hombre con quien mi paciente fue obligada a casarse durante su vida india. Su alma pertenecía a un grupo vecino al de Valerie. El alma de los hombres que Valerie amó en sus dos vidas anteriores se ha vuelto a unir con ella en el siglo XX, ahora como esposo. Debo agregar que Linda, la mejor amiga de Valerie en su vida actual y miembro de su mismo grupo espiritual, eventualmente se convirtió en la compañera del guerrero Cherokee que Valerie amaba durante su vida india. Después de nuestra sesión, Valerie hizo una mueca mientras me decía, "ahora entiendo por qué me siento un poco incómoda cuando Linda está cerca de mi esposo".

Antes de avanzar, creo que es indicado considerar algunas ramificaciones involucradas en la experiencia mágica de encontrar un compañero espiritual. Cuando me reúno por primera vez con un paciente y establecemos una relación de concordancia, siempre pregunto por sus relaciones, pasadas y actuales, que han tenido significado en su vida. De esta forma adquiero una idea del reparto de personajes que aparecerán en la obra de su vida actual y dado que estaré sentado en primera fila, a medida que la trama se desarrolle, requiero conocer el programa de la obra.

Una vez bajo profundo trance, muchas conexiones del alma se manifestarán claramente. Las personas en el reparto de mi paciente pueden ser amantes, amistades, parientes, mentores o socios. Nuestras relaciones con las personas pueden desarrollarse de muchas maneras en la vida y usualmente involucran tanto a almas de otros grupos como del propio. Generalmente mis pacientes tienen el fuerte deseo de identificar estas conexiones espirituales en su vida actual, aunque la mayoría tiene una idea de cuáles son.

En un sentido amplio, el amor es cariño, el cual puede tomar muchas formas. Siempre hay una conexión mental, de uno u otro tipo, con el compañero espiritual sin importar el papel que éste juegue. Nos conectamos con personas en muchos niveles que representa una multitud de lecciones kármicas en cada vida. Cuando la amistad se ilumina, se convierte en amor, pero donde no hay amistad, un amor profundo no puede medrar. Es muy diferente del capricho, que existe a nivel superficial, nivel en que tenemos persistentes dudas sobre el real significado de la conexión. Sin confianza, la intimidad sufre y el amor no puede crecer, ya que el amor es la aceptación de todas las imperfecciones de nuestra pareja. El verdadero amor nos hace mejores de lo que seríamos si esa persona no estuviera en nuestras vidas.

Las personas a menudo confunden el amor con la felicidad. Sin embargo la felicidad es un estado de la mente que se debe desarrollar en el interior de cada uno de nosotros y no debe depender de nadie más. El tipo más saludable de amor es aquel en que nos sentimos bien por nosotros mismos, por lo que hacer extensivo nuestro amor a alguien más está despojado de todo egoísmo. El amor implica un duro esfuerzo y un constante mantenimiento. He tenido numerosos pacientes divorciados que han aprendido que su primer amor era un compañero espiritual primario y que aceptan que las cosas podrían haber funcionado si ambas partes lo hubiesen intentado con mayor esfuerzo.

Por otra parte, pueden existir razones por las que nuestro compañero espiritual sólo aparezca hasta más tarde en nuestras vidas. De tiempo en tiempo se alejan por una o dos vidas, desapareciendo por completo. "Mi compañero espiritual y yo nos estábamos volviendo muy dependientes el uno del otro, necesitábamos crecer interiormente" es un comentario que escucho a menudo cuando los compañeros espirituales se encuentran alejados. Cada época en la Tierra es diferente en cuanto al tipo de relación y experiencias que tendremos con un compañero espiritual, sin embargo cada vida con ellos se construirá con base en vidas anteriores.

Aprendemos valiosas lecciones a partir de relaciones rotas, lo importante es mantenernos en movimiento en la vida. Antes de sus sesiones, algunos pacientes pueden llegar a decir que el verdadero amor parece eludirles, sin embargo después de las mismas generalmente logran comprender las razones que se encuentran detrás de esta situación. Si el amor indicado no le acompaña, libérese a sí mismo, comprenda que quizás usted se encuentra aquí para aprender otras lecciones. Equivocadamente asumimos que aquellas personas que escogen vivir solas son solitarias cuando en realidad poseen existencias llenas, que son calmadas, reflexivas y productivas. Conectarnos a alguien por quien no sentimos amor, sólo para no estar solos representa más soledad que el vivir solos. Como dice la canción, "enamorarse del amor es enamorarse porque sí". Esta clase de amor es una fantasía porque es guiada por una adicción a poseer el amor a cualquier precio. Si su compañero espiritual ha de aparecer, lo hará y muy probablemente en el momento menos esperado.

Con el paso de muchos años en contacto con almas en el mundo del espíritu he desarrollado medios para clasificar a los compañeros espirituales. Las almas se definen en tres categorías que se apoyan en el tipo de relación con nosotros en el drama de la vida. Estas divisiones no incluyen a guías y otros seres que vienen de áreas espirituales más allá de la nuestra.

Compañeros espirituales primarios

Un compañero espiritual primario o principal, frecuentemente se nos presenta como una compañía cercana y perdurable. Esta compañía puede ser una esposa, un hermano, una hermana, un gran amigo u ocasionalmente un padre. Ninguna otra alma es más importante para nosotros que un compañero espiritual primario y cuando mis pacientes me describen sus vidas con estas almas, la mayoría está de acuerdo en admitir que sus existencias se vieron enriquecidas más allá de cualquier medida. Una de las mayores motivaciones de las almas al momento de encarnar es la oportunidad de expresarse en forma física. Esto sin duda atrae a los compañeros espirituales primarios. Pueden cambiar de género entre una vida y otra cuando son almas avanzadas. Las almas usualmente escogen un género aproximadamente el 75 por ciento del tiempo.

Un compañero espiritual primario no debe ser confundido con el uso del término grupo espiritual primario, en el que muchas almas interactúan con otras como familia. Las personas utilizan el término "compañero espiritual verdadero" para definir a su compañero espiritual primario, lo cual está bien siempre que no implique que todas las otras almas resulten menos verdaderas. Los desacuerdos con personas en mi campo y que están relacionadas con el uso de estos términos son a menudo más simbólicos que literales, pero quiero mencionar otro concepto relacionado con los compañeros espirituales que me molesta.

Durante mis giras se me ha preguntado acerca de cómo mis descripciones sobre los compañeros espirituales y las declaraciones acerca de la dualidad del alma se relacionan con la teoría de las almas gemelas. Mi respuesta es sencillamente no, no se relacionan. He mencionado cómo somos capaces de dividir nuestra energía espiritual para vivir existencias paralelas, aunque la mayoría de las almas no desean apresurarse aprendiendo de esta forma. También he mencionado cómo la capacidad para dividirnos nos permite dejar parte de nuestra energía en el mundo del espíritu como duplicado exacto mientras encarnamos. Casi todas las almas adoptan esta práctica, lo cual representa dualidad del alma, pero mis hallazgos sobre las relaciones de los compañeros espirituales primarios y la capacidad de las almas para dividirse no tienen ninguna relación con la teoría de las almas gemelas o de la llama gemela. Mis verdades son mías solamente pero procuro transmitirlas, nunca he encontrado la menor huella de evidencia que apoye el concepto de las almas gemelas.

Tal como yo entiendo la teoría de las almas gemelas, el alma y su gemela fueron creadas en el mismo momento a partir de un huevo de energía y luego se separaron, para no reunirse sino hasta el final de sus respectivas encarnaciones kármicas. Recuerdo pacientes, como el del caso 14, que decían que dos almas nunca eran iguales en el momento de la concepción. Cada partícula de energía es única en sí misma y creada como una entidad individual. Lo que me resulta ilógico sobre la teoría de las almas gemelas es el ¿para qué tendríamos un compañero espiritual primario con quien no podríamos desarrollar nuestras lecciones kármicas hasta alcanzar un estado de perfección? Los compañeros espirituales, primarios o verdaderos, existen para colaborarse en el logro de metas, no son almas gemelas.

Almas acompañantes

Nuestro compañero espiritual primario es nuestro eterno socio, pero existen otras almas en nuestro grupo espiritual primario que también pueden ser considerados compañeros espirituales. En esencia, ellas son nuestras almas de compañía. Estas almas presentan diferencias en carácter y una variedad de talentos que permiten el complemento entre las almas, tal como muchas de las historias relatadas en mis casos lo muestran. Dentro del grupo de almas, usualmente hay un círculo interior de almas que son especialmente cercanas a nosotros y que juegan un papel importante de apoyo en nuestras vidas, en la misma forma en que nosotros lo hacemos en las suyas. Aunque el número varía, los pacientes promedio tienen de tres a cinco almas en este círculo interior.

Aunque las almas acompañantes de un grupo espiritual se inician juntas, tienen diferentes niveles de desarrollo dependiendo de su conducta, motivación y talento. Cada alma posee ciertas fortalezas que sus acompañantes pueden asimilar durante las encarnaciones en grupo. A medida que el grupo se hace más pequeño, algunas se alejan buscando diferentes especializaciones pero nunca pierden el contacto entre sí.

Almas asociadas

Esta clasificación de almas pertenece a miembros de grupos secundarios por fuera del grupo primario pero localizados en la misma vecindad espiritual. Como lo mencioné en el capítulo 3 bajo la figura 1, los grupos secundarios alrededor del grupo primario pueden totalizar hasta 1.000 o más almas. Muchos de estos grupos trabajan en aulas cercanas a las nuestras. Hay ciertas almas asociadas en otros grupos, que han sido seleccionadas para trabajar con nosotros y a las que encontraremos en muchas vidas, otras en cambio cruzarán nuestros destinos de manera breve. Muy a menudo nuestros padres provienen de estos grupos cercanos.

En términos de interacción social en el mundo del espíritu, al igual que el contacto durante las encarnaciones físicas, las almas de un grupo pueden tener escasa o ninguna asociación con muchas de las almas de un grupo secundario. En un contexto más amplio, todas las almas de grupos secundarios están asociadas de una u otra manera pero mis pacientes no las consideran como compañeros espirituales, sino que conforman un gran conjunto de actores disponibles para hacer parte del reparto que participará en el drama de nuestra vida. Un alma asociada puede tener características específicas que son las requeridas para ofrecernos una lección kármica en nuestra vida. Generalmente encarnan en personas que conllevan una fuerte energía, positiva o negativa, en su asociación con nosotros. Estas decisiones dependen de los acuerdos entre las partes y sus respectivos maestros en relación con los beneficios y desventajas de ciertos roles.

El papel puede ser muy breve. Usted recordará el incidente de la parada de autobús, relatado en el caso 27. La asistencia dada a la mujer en este caso fue más espontánea, considero que no se trataba de un alma asociada. Pero citaré un contacto breve y positivo relatado por un paciente que encontró a un alma claramente asociada:

> Yo caminaba sola por la playa, completamente devastada por haber sido despedida de mi trabajo. Un hombre apareció y comenzamos una conversación. No lo conocía y nunca habría de verlo nuevamente en esa vida, pero aquella tarde él vino a mí y hablamos. Sentí que descargaba todos mis problemas en ese extraño que me calmó y me dio una mayor perspectiva de mi situación laboral. Después de aproximadamente una hora se había marchado. Ahora sé que era un conocido en el mundo del espíritu, de otro grupo. No fue un accidente que nos encontráramos aquel día. Él me fue enviado.

Sin embargo, es con los compañeros espirituales con quienes experimentamos nuestros más profundos contactos. Mientras concebía este libro, muchas personas me pidieron que les prometiera que les relataría una detallada historia de amor entre compañeros espirituales primarios. Para alguien romántico como yo, esta solicitud era irresistible.

Caso 34

Había un tono de urgencia en la voz de Maureen cuando llamó a pedirme una cita. Fue en los días previos a que tuviera una lista de espera de más de un año para atender a quienes deseaban hablar conmigo. Maureen vivía cerca de mi oficina en California y se preguntaba si podría atenderla a ella y a un amigo que venía de Nueva York para verla por primera vez. Le pregunté por este amigo a quien nunca había visto y me contó la siguiente historia.

Tres meses antes, en una página de la red, un grupo de veinticinco personas interesadas en el tema de la vida después de la muerte formaron lo que en el lenguaje de las computadoras se conoce como "chat room". Las conversaciones se realizan en línea por medio de la red mundial de computadoras y es compartida por personas con intereses similares. Todo esto me fue explicado, ya que no conozco mucho sobre computadoras. Maureen me contó que ella y un hombre de nombre Dale encontraron que estaban muy sintonizados en sus conversaciones sobre el tema de los compañeros espirituales y se sentían conectados en una forma inusual. Ella agregó que era sobrenatural la forma en que Dale reflejaba sus pensamientos, así que decidieron crear su propio chat room privado para conversar por medio de la red.

Maureen y Dale se enteraron que habían nacido con sólo unos pocos meses de diferencia hace cincuenta años en los alrededores de San Francisco. Hablaron de sus matrimonios fallidos y la mutua sensación de una tristeza inexplicable relacionada con la búsqueda de algo que no habían encontrado y que abriría la puerta de sus corazones. Sus conversaciones se centraban principalmente en la vida después de la muerte y Dale mencionó haber leído mi trabajo. Pronto, ambos decidieron conocerse personalmente en California y visitarme para llevar a cabo una regresión simultánea.

Acepté darles una cita que resultó tener lugar el día siguiente a su encuentro. Llegaron a mi oficina con sus ojos brillando como estrellas y me pareció como si ya se encontraran en trance y no me necesitaran. En el momento en que se vieron por primera vez hubo un reconocimiento instantáneo. Maureen dijo, "la forma en que nos sonreímos, la expresión en nuestros ojos, el sonido de nuestras risas, la vibración que sentimos al darnos la mano, crearon una euforia tan fuerte que estábamos absortos al estar juntos".

Relataré este caso desde la perspectiva de Maureen, ya que ella fue el contacto inicial. Durante la inmersión, supe que había momentos en su vida en que tenía la sensación de haber vivido situaciones en el pasado cuando escuchaba música de los años 20s o veía bailarinas bailando Charleston, vistiendo aquellos trajes de moda de aquella época. Maureen también me comentó que desde su niñez había sido asaltada por pesadillas recurrentes de una muerte súbita.

Es mi costumbre llevar a mis pacientes al mundo del espíritu después de su última vida, de tal forma que no se pierdan de las maravillas naturales de la llegada al mundo del espíritu. Las ventajas de esta técnica de hipnosis son muchas, incluyendo la de saber si las impresiones desorganizadas de un cuerpo de la vida anterior puedan haber sido transmitidas al cuerpo actual del paciente. Acelerar este proceso, llevando los pacientes directa y abruptamente al mundo del espíritu, por ejemplo desde el vientre de la madre, genera desorientación. Sería como llevar a alguien a la parte trasera de una casa y pedirle que describiera la parte del frente. Este procedimiento acelerado para entrar al mundo del espíritu también causaría la omisión de una variedad de estaciones de orientación. Estas paradas pueden ser vitales si la muerte que precede a la entrada fue repentina y traumática. Al no evitar la escena de la muerte, el paciente está mejor protegido contra los recuerdos físicos dolorosos.

Con base en mi estrategia de movernos hacia le escena más significativa en su vida anterior, Maureen me llevó a los eventos que condujeron a su muerte. Esto es a menudo una señal de problemas a la vista y el facilitador de la regresión debe estar preparado para lidiar con estas escenas que pueden resultar horrorosas para el paciente. Lo que sigue es una versión condensada de la historia de Maureen.

Dr. N.: ¿Es usted hombre o mujer?

P: En realidad, una chica.

Dr. N.: ¿Cuál es su nombre?

P: Samantha. Me dicen Sam.

Dr. N.: ¿Dónde está y qué está haciendo en este momento?

P: Me encuentro ante el tocador de mi habitación, alistándome para ir a una fiesta.

Dr. N.: ¿De qué se trata la fiesta?

P: (pausa, luego una ligera sonrisa) Es... para mí, hoy cumplo dieciocho años y mis padres me celebran una presentación en sociedad.

Dr. N.: Bueno, feliz cumpleaños, Sam. ¿Qué fecha es hoy?

P: (después de un corto desaliento) Julio 26 de 1923.

Dr. N.: Ya que se encuentra en el tocador, me gustaría que se observara en el espejo y describiera lo que ve.

P: Soy rubia, hoy luzco una moña. Llevo un vestido blanco de seda. Es mi primer traje para fiestas de mayores. Voy a calzarme mis nuevos zapatos de tacón alto.

Dr. N.: Debes estar muy bonita.

P: (con una sonrisa) Mejor que Rick lo crea así.

Dr. N.: ¿Quién es Rick?

P: (ahora distraída y sonrojada) Rick es... mi chico... mi parejo para esta noche. Debo terminar de maquillarme, pronto estará aquí.

Dr. N.: Escúcheme Sam, estoy seguro de que puede hablarme mientras termina de maquillarse porque no la retrasaré. Dígame, ¿tiene intenciones serias con Rick?

P: (se sonroja de nuevo) Mmm... pero no quiero parecer muy ansiosa. Me estoy haciendo la difícil. Rick se cree muy atractivo, pero sé que yo le gusto.

Dr. N.: Veo que es una fiesta importante. Supongo que pronto estará pitándole para que salga corriendo a su auto.

P: (molesta) ¡Por supuesto que no! Oh, a él le gustaría eso, claro, pero tendrá que golpear en la puerta de la casa de manera educada y el ama de llaves le hará seguir para que me espere en el piso de abajo.

Dr. N.: ¿Entonces la fiesta es a cierta distancia de su casa?

P: No muy lejos, es en una elegante mansión en el centro de San Francisco.

Dr. N.: Está bien, Sam, ahora ubiquémonos en la fiesta y explíqueme lo que está sucediendo.

P: (regocijada) ¡La estoy pasando de maravilla! Rick luce muy apuesto, por supuesto. Mis padres y sus amigos me están diciendo cuan crecida luzco. Hay música, baile... muchos de mis amigos me están felicitando... y (el rostro de mi paciente se oscurece por un instante) hay mucha bebida, mis padres no saben de esto.

Dr. N.: ¿Esto le ocasiona problemas?

Relaciónes Comunitarias ~ 217

P: (luchando contra nuevos sentimientos se pasa la mano rápidamente por su cabello y vuelve al momento) Oh... la bebida siempre hace parte de estas reuniones, nos pone alegres pero nada cuidadosos. También estoy bebiendo... Rick y algunos de sus amigos están ahogados en licor.

Dr. N.: Movámonos al siguiente evento significativo de esta velada y explíqueme lo que está sucediendo.

P: (el rostro de mi paciente se suaviza y su voz es más pausada) Rick y yo estamos bailando... está tan cerca de mí... estamos... emocionados... me susurra al oído para que nos escabullamos de la fiesta para estar a solas por un rato.

Dr. N.: ¿Y cómo la hace sentir esto, Samantha?

P: Excitada... pero algo parece retenerme... lo supero... es intencional. Supongo que es mi sentimiento de culpa ante mis padres... pero aun siento que hay algo más. Me libero a favor de la excitación del momento.

Dr. N.: Permanezca con esta emoción. ¿Qué sucede ahora?

P: Nos marchamos por una salida lateral para evitar ser vistos y nos dirigimos al auto de Rick. Es un hermoso auto deportivo rojo convertible. Es una noche maravillosa y le quitamos la capota al auto.

Dr. N.: ¿Qué hacen usted y Rick luego?

P: Nos subimos al auto. Rick me retira los ganchos del cabello y éste se suelta libre, me da un profundo beso. Rick quiere impresionarme... hace rugir su auto al llegar a la vía principal.

Dr. N.: ¿Puede describir la localización de la calle y la dirección que toman?

P: (poniéndose muy nerviosa) Vamos hacia el Sur por la vía Pacific Coast Road, fuera de San Francisco.

Dr. N.: ¿Cómo le parece el paseo, Sam?

P: (por un breve momento la paciente parece liberarse de sus premoniciones) Me siento tan viva. Es una noche cálida y el viento en mi cabello juega con mis trenzas por sobre mi rostro. Rick tiene un brazo a mi alrededor, me aprieta y me dice que soy la chica más bella en el mundo. Ambos sabemos que estamos enamorados.

Dr. N.: (noto que las manos de mi paciente comienzan a temblar y que su cuerpo se pone rígido; tomo su mano porque sospecho lo que viene) Ahora Samantha, quiere que comprenda que mientras me hable yo estaré con usted cada etapa del camino y que puedo ayudarla rápidamente si algo le sucede, lo sabe, ¿no es así?

P: (débilmente) Si...

Dr. N.: Vamos al momento en que las cosas comienzan a cambiar durante este paseo con Rick y describa la acción.

P: (ahora todo el cuerpo de la paciente comienza a temblar) Rick ha estado tomando demasiado y la carretera tiene demasiadas curvas. Los giros se hacen más bruscos y Rick sólo tiene una mano sobre el volante. Estamos cerca de una zona escarpada... cerca del océano... hay un acantilado... perdemos el control del auto. (ahora gritando) ¡RICK, FRENA!

Dr. N.: ¿Lo hace?

P: (ahora llorando) OH, DIOS, NO. ¡NO LO HACE! EL RÍE Y ME MIRA, NO MIRA LA CARRETERA.

Dr. N.: Rápido, Sam, siga.

P: (sollozando) Perdemos la siguiente curva... el auto está en el aire... caemos al océano... estoy muriendo... el agua... tan fría... no puedo respirar... Oh, Rick... Rick...

Nos detenemos un momento para procurar aliviar la sensibilidad de este traumático recuerdo mientras que al mismo tiempo sacamos el alma de Samantha de su cuerpo físico. Le recuerdo que ella ha pasado por muchas muertes físicas y que estará bien. Samantha explica que está poco dispuesta a morir porque su vida sólo comenzaba. No quería dejar a Rick pero la sensación de atracción fuera del océano era "demasiado insistente".

Cuando comencé mi investigación sobre las almas, asumía que cuando dos personas, como fue el caso de Samantha y Rick, morían juntas también entraban al mundo del espíritu juntas. He encontrado que esto no es verdad en las escenas de muerte, con una excepción. Niños pequeños que son muertos con aquellos que los aman se elevan con esa persona. Más adelante, en el capítulo 7, trabajaremos este asunto, bajo las almas de los jóvenes. Incluso compañeros espirituales primarios muertos al mismo tiempo normalmente ascenderán por rutas diferentes. Sentí que esta pérdida de compañía era un poco triste hasta que me aclararon que las almas son recibidas por sus guías y amigos del mundo del espíritu en el lugar y momento apropiado. Cada alma requiere su propia ruta de ascenso, lo cual incluye paradas de orientación y renovación de la energía, incluso si retornan al mismo grupo de almas, como fue el caso de Rick y Samantha.

Dr. N.: ¿Ve a Rick por alguna parte?

P: No, estoy intentando resistirme a la fuerza que quiere llevarme hacia arriba. Quiero seguir observando el fondo... quiero ayudar a Rick.

Dr. N.: ¿Esta fuerza eventualmente la hace girar y la aleja del Océano Pacífico?

P: (la paciente ahora está calmada y resignada, pero también luctuosa) Si, ahora está lejos sobre la Tierra.

Dr. N.: (esta es una pregunta que usualmente le hago a mis pacientes) ¿Desea despedirse de sus padres antes de alejarse más?

P: Oh... no... no ahora... más tarde lo haré... ahora sólo quiero irme.

Dr. N.: Entiendo. Dígame, ¿qué ve ahora, Samantha?

P: El ojo de un túnel... se abre y se cierra... coordinando su movimiento con el mío. Paso a través de él y me siento mucho más ligera. Ahora todo es tan brillante. Alguien con un atavío se acerca.

En la sesión con Dale supimos que él era Rick y sus recuerdos corroboraron el relato de Maureen. Mientras Samantha aparentemente vivió algunos segundos después del accidente y ascendió desde el océano, el alma de Rick salió de apuros mientras el auto aun estaba en el aire. Cuando relaté esta historia ante una audiencia en Dallas, una dama reclamó, "¡así son los hombres!". Le dije que cuando la mente sabe que no hay oportunidad de sobrevivir a una devastación inminente del cuerpo, las almas pueden abandonarlo un instante antes de que la muerte real se produzca. De esta manera el alma emerge con su energía más intacta.

Después de que las sesiones con Dale y Maureen terminaron, me reuní con estos compañeros espirituales primarios para revisar lo que habíamos aprendido. Maureen explicó que cada vez que conducía por la autopista 1, al Sur de San Francisco, inexplicablemente se ponía nerviosa y aprensiva en cierta sección de la ruta costera. Ahora sabía por qué. Yo tenía la esperanza de que mi desprogramación de la escena de su muerte en 1923 también acabaría con las pesadillas recurrentes. Un mes más tarde Maureen me escribió confirmando que la pesadilla finalmente había desaparecido.

Las maravillas del sincronismo se hicieron evidentes en este caso cuando Dale me contó que una de las razones por las que había dejado el lugar donde nació era la incomodidad que sentía conduciendo por los alrededores de San Francisco. Usted pensará que el tiempo que pasamos en el mundo del espíritu, entre vidas terrenales, debería eliminar todos los efectos residuales de las experiencias de nuestras vidas pasadas. En la mayoría de los casos lo hace, pero como ya lo he dicho, algunas personas arrastran impresiones corporales físicas y emocionales de una vida a la siguiente. Esto es especialmente cierto si esa impresión conlleva una lección kármica particular en la vida que viene.

¿Por qué estuvieron separados durante cincuenta años en sus vidas estos compañeros espirituales primarios? Para entenderlo debemos comenzar con la dinámica del grupo espiritual. Dale y Maureen vienen de un grupo de almas de nivel I. En diversos grados, estas doce almas son intensas y osadas luchadoras. Su guía regularmente las lleva a grupos vecinos para que observen cómo funcionan otros grupos con mayor paz y armonía. Dale y Maureen me comentaron que estas visitas eran interesantes pero que encontraban a las almas pacíficas "algo aburridas". Ciertamente hay miembros de su grupo que son menos inquietos, pero Rick/Dale no es uno de ellos. En su vida actual fue un piloto de la armada que participó en tres incursiones en Vietnam. "Nunca esperé volver", me dijo, "y eso habría estado bien". Porque a él le gusta vivir en el borde del peligro, dejó el servicio después de la guerra porque ser soldado en tiempos de paz resultaba demasiado aburrido.

Después del accidente automovilístico de 1923, el guía superior del grupo seleccionó el alma de Rick, que pasó considerablemente más tiempo en interrogatorios y orientación que Samantha. Cuando volvió al grupo, Rick estaba muy mortificado y en una tierna escena de cuidado de energía, Rick dijo a su compañera espiritual primaria cuánto lamentaba haber truncado su corta vida. De la sesión no quedó muy claro cuánto sabían sobre la posibilidad de un accidente. Ellos han sido amantes en numerosas vidas pasadas, muchas de ellas en situaciones de crisis. Aunque Dale y Maureen encarnaron al mismo tiempo en esta vida y en el mismo lugar que en los años 20s, no estaban destinados a encontrarse durante la juventud. La misma experiencia sensorial y energía emocional de esta locación geográfica simplemente eran parte de las condiciones que los habría de reunir más tarde en sus vidas presentes.

Estos compañeros espirituales sabían que en sus vidas actuales las condiciones para su encuentro no serían las mejores hasta después que pasaran los años. Dale necesitaba sentir la frustración de años de espera por la mujer correcta. Él ya no es un hombre descuidado ni irresponsable. Samantha/Maureen también requería la madurez que no alcanzó a tener cuando mantuvo aquella relación con Rick en los años 20s. Ni Dale ni Mauren dan la vida por hecha a este punto de su unión. Han pasado por muchas tristezas sin la compañía del otro. Mi trabajo con esta pareja terminó con ellos haciendo esencialmente la misma declaración. Maureen dijo, "estamos terminando de sanar, con claro respeto por la santidad de la vida y la importancia del perdón. Ahora que conocemos el significado de la pérdida, vamos a atesorar el tiempo que hemos dejado juntos en esta vida".

Antes de cerrar esta sección dedicada a los compañeros espirituales, debo añadir que muchas de estas almas tiene clases de preparación antes de su siguiente encarnación. Una característica de este ensayo con nuestros guías es el repaso final de los asuntos importantes que se presentarán en la vida por venir. Un aspecto de esta clase preparatoria podría incluso incluir a los dos compañeros espirituales saliendo y

Figura 10: Genealogía Espiritual y Humana

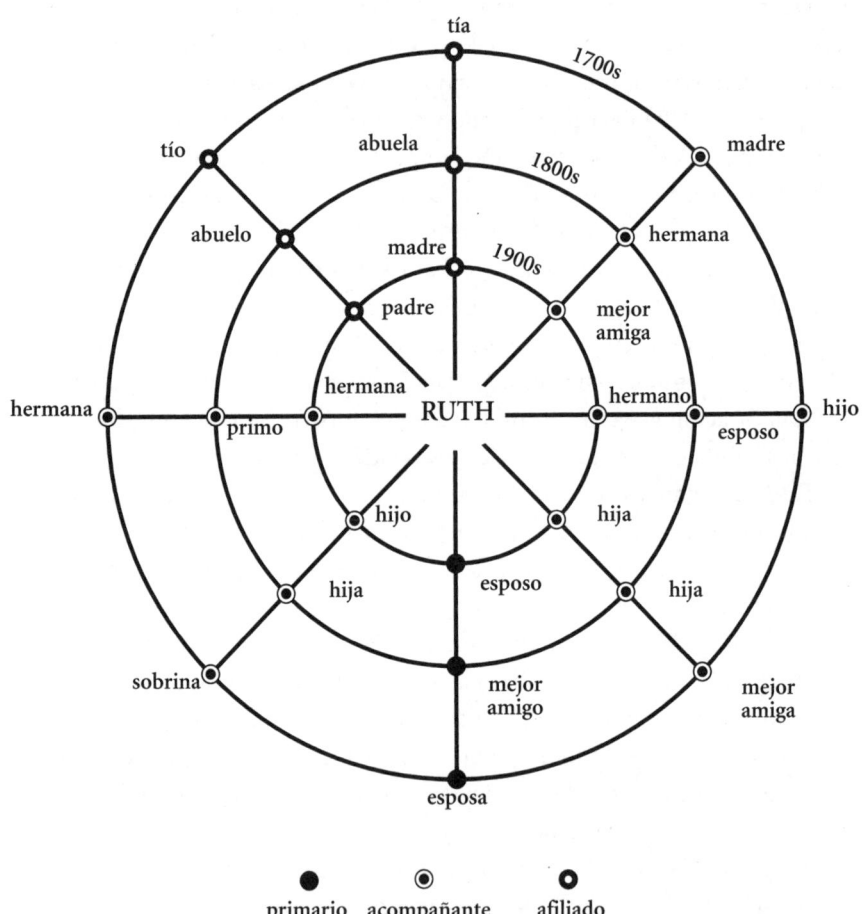

Este diagrama en red ilustra los compañeros espirituales primarios, las almas acompañantes y las almas asociadas que han encarnado en cuerpos relacionados con mi paciente, Ruth, a lo largo de tres siglos. Cada línea generacional desde el centro hacia fuera representa la misma alma en cuerpos diferentes.

enviándose mutuamente imágenes visuales de cómo lucirán en sus nuevos cuerpos humanos y bajo qué condiciones han de encontrarse. En *El viaje de las almas* escribí un capítulo que citaba ejemplos de este tipo de preparación para el viaje. Los compañeros espirituales no siempre se reúnen antes de partir. Entonces, dependiendo del karma involucrado, algunas veces un alma sabe más que la otra sobre su encuentro futuro y la apariencia que esta persona tendrá. Este es un corto ejemplo de un compañero espiritual estudiando el encuentro con su futura esposa:

> Se me permitió ver a mi esposa en un cuarto de proyección para la siguiente vida. Era una atractiva instructora de aeróbicos a la que conocería en un gimnasio. Estudié cuidadosamente su cuerpo y sus rasgos faciales, ya que no quería arruinar la reunión como lo había hecho en mi vida anterior. El aroma de su cuerpo bañado en sudor se grabó en mi memoria... sus gestos... su sonrisa... y más que cualquier otra cosa... sus ojos. El momento del encuentro en esta vida fue como dos imanes que se atraían mutuamente.

Enlaces entre familias espirituales y humanas

Como norma general, los miembros de un mismo grupo espiritual no retornan en sus siguientes encarnaciones como miembros de la misma familia genética humana. Esto significa que a diferencia de la tradición india americana, el alma de un abuelo generalmente no regresa al cuerpo de su nieto. Para las almas que buscan aprender lecciones frescas, resulta limitante e incluso redundante el hecho de retornar a cuerpos que poseen la misma información hereditaria, étnica, cultural y muy probablemente hasta el mismo ámbito geográfico que experimentaron en una vida pasada. Al encarnar en diferentes familias alrededor del mundo en cada vida, las almas son capaces de aprovechar la gran variedad de alternativas de cuerpos humanos. Esta variedad es la que da profundidad a nuestras encarnaciones en la Tierra.

En casos inusuales, nuestros guías pueden ser indulgentes con almas que tienen fuertes sentimientos acerca de asuntos kármicos inconclusos y que por ello desean retornar a la misma familia. Estas almas pueden recibir otra oportunidad por perjuicios recibidos o para corregir los daños causados a otros en la familia. Ellas pueden retornar como los hijos de una nueva generación, pero siempre dentro del tiempo de vida de aquellas personas que estuvieron involucradas con los eventos kármicos que requieren su atención. Deseo recalcar que los casos de reencarnación genética por motivos kármicos son muy raros. Es mucho más probable que el alma retorne a otra familia con asociación periférica a la familia de su anterior vida para remediar un daño severo. Sin embargo, ésta también sería una decisión muy poco convencional, especialmente en casos de almas lastimadas, porque podría conllevar venganza.

Aunque las almas generalmente no encarnan en la misma familia hereditaria que tuvieron en vidas pasadas, los miembros del mismo grupo espiritual usualmente escogen nuevas familias donde pueden estar juntos. Los miembros de los grupos espirituales tienden a estar asociados por lazos de sangre y proximidad geográfica. ¿Qué tipo de papel escogen? Estoy seguro que los lectores podrían sentarse y concluir cuáles de los miembros significativos de su familia, amigos, amantes e incluso simples conocidos serían candidatos para su propia familia espiritual.

En el capítulo 3, la figura 7 muestra una carta con las aureolas de color de una familia espiritual en su vida actual. La figura 10 es un diagrama que muestra cómo un grupo de almas encarnó en familias humanas con el fin de permanecer en contacto durante más de tres siglos. Mi personaje central en este diagrama es Ruth. Nótese que de un siglo al siguiente, la herencia familiar es completamente diferente a pesar de las suposiciones genealógicas de mi carta. Esta figura es una versión condensada de los amigos espirituales encarnados de Ruth. En cada siglo hay seis almas de su grupo espiritual y dos miembros de un grupo asociado.

Ruth aparece en el centro del diagrama y cada una de las líneas que conectan desde el centro hacia fuera representan la misma alma asumiendo diferentes roles familiares relacionados con Ruth desde el siglo XX y retrocediendo hasta el siglo XVIII. Podemos ver que el compañero espiritual primario de Ruth en esta vida es su esposo. En su vida anterior, esta alma fue su mejor amigo y en la anterior a ésta, fue su esposa (en el siglo XVIII Ruth fue un hombre). El compañero espiritual primario de Ruth tenía una aureola matizada de amarillo protector mientras que la aureola de Ruth es una mezcla de matices blancos y azules que indican claridad y amor por el aprendizaje. Estos compañeros espirituales primarios se han unido en forma regular durante unos 7.000 años desde su primera vida juntos.

Junto con las almas acompañantes en el grupo espiritual de Ruth, he mostrado dos almas asociadas, pertenecientes a grupos cercanos. Estas almas son los actuales padres de mi paciente. Los roles que jugaron en el siglo XIX fueron los de abuelos. En el siglo XVIII estas dos mismas almas fueron tíos de Ruth. La carta de Ruth representa la de un paciente típico. Cada grupo espiritual tiene sus propias variaciones sutiles en cuanto a preferencias familiares humanas. En la misma semana que atendí a Ruth, tuve un paciente extremadamente cercano a su madre. El alma de la madre fue miembro del grupo espiritual de mi paciente y fue su hermana en la vida anterior.

Los abuelos a menudo tienen gran influencia en nuestras vidas tempranas como confidentes sensatos. A menudo encuentro que los abuelos favoritos en esta vida fueron hermanos o un gran amigo en una vida pasada. La dinámica social del contacto humano íntimo es tan poderosa que en la mayoría de los casos, las almas juegan roles en nuestra vida así como nosotros en la de ellas, conllevan lecciones kármicas para el grupo. Cuando somos lastimados por alguien cercano o cuando causamos dolor, que resulta en una alineación o separación, es porque se han prestado como voluntarias para enseñarnos algún tipo de lección al tiempo que aprenden por sí mismas. Estas lecciones preparan a ambas partes para relaciones futuras, como lo demostrará el caso 35.

Debo anotar que los roles periféricos en nuestras vidas, por cientos de almas asociadas de grupos cercanos, pueden continuar por generaciones. Por problemas de espacio no listé la totalidad de estas almas en la carta de la vida pasada de Ruth presentada en la figura 10. Un ejemplo de una alma asociada importante no incluida aquí es el de un alma llamada Zenda, quien fue la maestra favorita de Ruth en sexto grado. Descubrí que en el siglo pasado Zenda fue una vecina muy colaboradora. En el siglo XVIII, Zenda fue la propietaria de un negocio en el que trabajaba mi paciente. El diseño de red de la figura 10 es apropiado cuando consideramos todas las interrelaciones de las personas cuyas vidas están ligadas a la nuestra.

El perfil psicológico de los compañeros espirituales, las almas acompañantes y las asociadas en la vida actual y pasadas de un paciente instruye mucho cuando se encuentra detallado en una carta de tipo genealógico. En cada uno de los tres siglos pasados encontramos otro personaje principal en las vidas de Ruth; un miembro de un grupo espiritual asociado. No hubo espacio para ella en la figura 10. Esta alma, conocida como Ortier, asumió roles que involucraban personas celosas, impasibles y manipuladoras. Ella fue enviada para poner a prueba la naturaleza confiada de Ruth, de manera que pudiera aprender a recuperarse más rápidamente del dolor y a lidiarlo de manera más saludable. Aunque este personaje también demostraría buenas cualidades del temperamento humano, sus rasgos negativos eran una constante. En la vida presente de Ruth, Ortier es su suegra. En su vida anterior, esta alma representó a una amiga cercana que traicionó a Ruth. Hay evidencia de que los ciclos kármicos de Ortier asumiendo roles protagonistas en la vida de Ruth terminarán pronto.

Ruth es una persona cálida, apasionada y tierna. Su compañero espiritual primario posee estas cualidades, pero también es tenaz, decidido y brutalmente sincero. Muchas otras almas de la figura 10 son más bien reservadas y tranquilas, pero también tienen similitudes en su carácter perfeccionista y necio.

Un alma en el grupo es desprevenida, amistosa y más complaciente que las demás. Se trata del hermano de mi paciente, Andy en esta vida. Esta alma aceptó voluntariamente ser el esposo de Ruth en el siglo pasado para ocasionar un cambio en su marcha. En aquella vida, el compañero espiritual de Ruth eligió el rol de un amigo y se compenetraron tanto que llegaron a tener un romance que por poco destruye el matrimonio de Ruth y Andy. Ella finalmente razonó que Andy, una pareja inusual, era la persona que abría su mente relajadamente a una existencia más optimista, en la que aprendería a apreciar cada día, a contemplar la vida con humor y complementar su cálida naturaleza humana. Aunque Andy no era su gran amor, Ruth encontró tolerancia y diversión al tenerlo como esposo en el siglo XIX. Por su parte, su compañero espiritual superaba un nuevo reto al desposar a alguien con un temperamento más desafiante que el de Ruth.

No quiero dejar la impresión de que no casarse con el compañero espiritual signifique infelicidad. De hecho, he tenido pacientes que han alternado deliberadamente a sus parejas en una serie de vidas, con tres o cuatro almas de su círculo para asumir ciertos retos. Aunque las almas de Ruth y Andy sólo lo intentaron por primera vez hasta el siglo XIX, los resultados fueron positivos.

Reuniéndonos con almas que nos han lastimado

Ahora que tenemos una idea de los roles que los diferentes compañeros espirituales pueden desempeñar en nuestras vidas, deseo discutir un aspecto específico de estas relaciones que resulta de sumo interés para las personas. A menudo me preguntan qué se siente encontrar a un miembro de nuestro grupo espiritual que de alguna manera nos ha lastimado en la vida que acaba de terminar. El filósofo Heidegger dijo, "nadie diferente a nosotros puede saber cómo amamos o sufrimos". Esta máxima podrá ser verdad en la Tierra, pero no en el mundo del espíritu. Las almas tienen la capacidad de adentrarse en la mente de sus amigos y sentir lo que ellos sienten. Esto lo hacen con el fin de lograr empatía, entendimiento y evaluación del comportamiento disociador de cada uno en la vida anterior.

En el caso 35, he escogido a un hombre que tuvo un difícil comienzo en su vida pasada, con un padre abusador y tiránico que nunca estuvo satisfecho con lo que su hijo hacía. Para resumir, usaré los nombres terrenales de estos personajes, mi paciente se llamará Ray y su padre, Carl. Ray fue un muchacho lleno de conflictos que creció adoleciendo de autoestima y que posteriormente pasó su vida intentando vencer todos aquellos sentimientos negativos. Ray ocultó su sensibilidad de los demás levantando barreras a su alrededor para protegerse del mundo. Pero lo significativo de este caso es lo que sucedió cuando padre e hijo se encontraron de nuevo en el mundo del espíritu.

Nos centraremos en lo que Ray llamó "una sesión crítica y motivadora" con Carl. La primera escena comienza inocentemente con la usual bienvenida, por parte de los miembros del grupo espiritual, al alma que llega. Podemos guiarnos por la figura 3 en la página 79 donde presento un diagrama del grupo de almas como aparecerían en la mitad superior del reloj. Empleo la "técnica del reloj" con las almas que llegan para ayudarme a determinar la posición del alma a medida que mi paciente bajo hipnosis identifica a los miembros de su grupo espiritual.

Caso 35

Dr. N.: A medida que se acerca a estas almas, ¿cómo están organizadas ante usted?

P: Mmm... como medio círculo y yo estoy en el medio.

Dr. N.: Quiero imaginar que sus posiciones reflejan la cara de un reloj, con usted en el centro, donde se encuentran las manecillas del reloj. La persona frente a usted estaría a las doce en punto. Aquella a su izquierda se encuentra a las nueve en punto y a las tres en punto se encuentra aquella situada a su derecha. ¿Me hago entender?

P: Si, pero mi guía Ix-Ax está detrás de mí en estos momentos.

Dr. N.: Eso es normal en la primera reunión, Ray. Él estaría localizado entre las siete y las cinco en punto. Ahora dígame, ¿de qué dirección proviene la primera persona en acercarse a saludarlo?

P: Desde lejos a mi izquierda... las nueve en punto.

Nota: La primera persona en acercarse y darnos la bienvenida después de una vida siempre es un alma significativa.

Dr. N.: Eso está bien. ¿Esta alma parece masculina o femenina, o no parece tener genero?

P: (tiernamente) Es mi esposa, Marian.

Dr. N.: ¿Y qué hace ella en estos momentos?

P: Toma mi rostro entre sus manos... me da un suave y gentil beso y luego abraza mi cabeza.

Cada espíritu tiene su propia forma de saludar al alma recién llegada. Después de Marian, la abuela de Ray le rodea completamente con su amorosa energía. Luego, su hija Ann se aproxima. Parte de su energía aun se encuentra en la Tierra porque su actual encarnación no ha finalizado. A pesar de esta reducción en su masa de energía, Ann saluda a

Ray meciéndolo exuberantemente mientras ríe ante la reacción un poco incomoda de Ray.

A medida que nos movíamos en la dirección de las manecillas del reloj, percibí una creciente intranquilidad en mi paciente. Sospeché que un miembro importante del grupo aun no aparecía en el campo visual de Ray. A medida que nos acercábamos al final del círculo de almas el ánimo de Ray comenzó a cambiar cuando encontró lo que yo llamo "el síndrome de esconderse", el cual es causado por un alma que se oculta detrás de otra. Algunas veces esta situación es divertida, como el juego de las escondidas, pero no en esta ocasión.

Dr. N.: ¿Ya están todos?

P: (moviéndose incómodamente en su silla) No... veo una sombra detrás de mi tía Bess.

Dr. N.: (después de calmarlo y asegurarle de que todo está bien). Ray, cuénteme exactamente lo que sucede a continuación.

P: Veo un destello de luz. (reconociendo) Oh... es mi padre... Carl. Se está ocultando detrás de los demás. Quiere ser el último. Me está evitando. Está avergonzado de la situación, todos los abrazos, risas y emoción. Mi padre no parece estar participando del momento. (apesadumbrado) Tampoco yo.

Nota: Un poco más adelante en la sesión haré la transición al alma que fue Carl.

Dr. N.: Quiero que vaya al momento en que usted le habla a Carl. Procure dar detalles de cómo se desarrolla la conversación.

P: Pronto llegamos a eso... las críticas por lo que sucedió y el por qué... hablamos de nuestras actitudes y juicios. Marian y Ann están presentes, Carl sigue mortificado. Comienza por decir "fui demasiado severo como padre, sé que lo que planeamos se salió de nuestras manos. Esa vida... simplemente se me fue...".

Dr. N.: ¿Qué significa para usted que él lo admita?

P: (con sensación de revelación) El alma de Carl no es como el hombre abusivo y alcohólico que era mi padre... oh, veo algunas similitudes... pero su bondad innata fue anulada. No fue capaz de controlar las obsesiones de su cuerpo.

Dr. N.: Perdóneme Ray, pero ¿no está disculpando el comportamiento de Carl? Quiero decir, él también tenía lecciones por aprender, ¿no es así?

P: Bueno, él aceptó voluntariamente unirse a un cuerpo físico con disposición a explosiones emocionales. Además del plan de hacer las cosas deliberadamente difíciles para mí, Carl deseaba saber si podía moderar un cuerpo con tendencia a la violencia. La anterior vida de Carl había sido de excesos y él admite que esta última vida que vivimos juntos no funcionó bien. Él no hizo lo correcto, para ninguno de los dos.

Dr. N.: (presionando) ¿Aun no cree que Carl está justificando lo que le hizo como padre por el tipo de cuerpo violento que tenía?

P: No, eso no se hace aquí. Carl está explicando que me falló en muchas maneras, pero que aprendió de la vida y me pregunta si yo también lo hice (pausa).

Dr. N.: Por favor, continúe.

P: (un profundo suspiro) Puedo ver que toda su rabia ha desaparecido y me resulta extraño porque aun no me he acostumbrado a su verdadero ser... pero no me tomará mucho.

Dr. N.: Cuando usted considera todo esto, Ray, ¿qué inclinaciones negativas tiene el alma de Carl y qué refleja en sus encarnaciones?

P: Él sabe que es el deseo de controlar a las personas y las situaciones que le rodean. Su vida anterior, como mi padre, se alimentó de estas tendencias. Los dos tenemos problemas con las confrontaciones. Por eso trabajamos tan bien con Ann y Marian. Ellas parecen eliminar las frustraciones de la vida mucho más fácilmente que nosotros.

Dr. N.: Volvamos a las circunstancias que lo llevaron a la necesidad de estar bajo el control de un padre autoritario que estaba dispuesto a hacerle las cosas deliberadamente difíciles. Incluso si

Carl no se hubiese excedido en su asignación, no entiendo por qué aceptó ser su hijo.

P: (risas) Para eso tendría que conocer a nuestro guía, Ix-Ax. Él utiliza el sentido del humor en lugar de los sermones. No nos presiona excesivamente con actitud autoritaria porque sabe que Carl y yo no reaccionamos positivamente ante una mano ruda. Ix-Ax nos empuja sutilmente, permitiéndonos que adquiramos nuestros propios conceptos a partir de nuestras percepciones. (pausa) Ix-Ax me deja creer que estoy haciendo lo que quiero y entonces hace un llamado a mi conciencia. Es un entrenador, no un director.

Dr. N.: Bueno, aprecio toda esa información que me brinda acerca de Ix-Ax, pero ¿cómo se relaciona todo esto con Carl y la fallida relación que tuvieron en la vida pasada?

P: (pacientemente) En mi vida anterior a la vivida con Carl como padre, fui un huérfano y adquirí algunos malos hábitos. Perdí mi identidad en ese cuerpo. Esta fue una llamada de atención.

Dr. N.: ¿En qué forma?

P: De niño no tuve una orientación. Mi madre había muerto y una niñez así puede fortalecer o destruir a una persona. El problema fue que... al crecer fuerte e independiente perdí mi interés por los demás. Establecí una existencia en la que tomaba cosas de la vida pero no brindaba mucho a cambio. Sentía como si las personas me debieran algo.

Dr. N.: ¿Tiene que ir a tales extremos? ¿Qué tal tener un padre amoroso en la vida que planeó con Carl para compensar la vivida como huérfano?

P: (se encoge) Muy fácil. Después de mi vida como huérfano, Ix-Ax me preguntó, "¿supongo que ahora estás listo para una vida en la que serás consentido por padres indulgentes?". Dije, "eso no suena nada mal". Entonces él agregó, "¿te parece si también eres hijo único de padres adinerados?". Nos divertimos por un rato asumiendo ese escenario y con Carl participando en la conversación con eventuales chistes acerca de ser mi padre, con mucho dinero para jugar en las carreras. Él amaba los caballos.

Dr. N.: ¿Entonces cómo llegaron usted y Carl a la decisión de tener una vida difícil juntos?

P: Ix-Ax nos conoce muy bien. He llegado muy lejos como para aceptar una situación fácil en la vida. Al final le pedimos que nos asignara juntos en un ambiente difícil.

Dr. N.: ¿No fueron las cosas de mal en peor, toda esa soledad y alineación en sus dos últimas vidas? Me pregunto si usted y Carl aprendieron algo de esa relación tan pobre que tuvieron como padre e hijo.

P: (pausa, se frota las manos mientras piensa) Sí y no. Es verdad que dejé que la alineación en ambas vidas sirviera como excusa para mostrar un verdadero progreso, pero por lo menos en mi última vida mi padre no me abandonó. Me fue mejor con los abusos de Carl que con el abandono total que sufrí cuando fui huérfano, en la vida anterior a la de Carl.

Dr. N.: Eso no es mucho respaldo. ¿Fue el alma de Carl su padre en la vida como huérfano?

P: No.

Dr. N.: ¿Cuál fue la lección más importante de las dos últimas vidas?

P: Mantener mi identidad sin importar la adversidad. Esto me hará un alma más fuerte.

Dr. N.: Estoy seguro de eso, Ray. Pienso que usted podría considerar apaciguarse de vez en cuando y tener vidas más fáciles para cambiar el ritmo de sus existencias. ¿No suena bien detenerse para recuperar el aliento y construir bases más fuertes para retener la identidad en cuerpos por venir?

P: (claramente alterado por mi sugerencia) ¡No! Le dije que puedo hacer esto y Ix-Ax lo sabe. Mi fuerza es la perseverancia para luchar contra la adversidad. Mi vida con Carl fue una prueba de recuperación de la vida anterior y no fue un fracaso para mí. (enérgicamente) Aprendí mucho para la siguiente vida y se lo hago saber a Carl para que se sienta mejor.

Dr. N.: ¿Cómo hacen ustedes dos para llegar a este tipo de decisión en el mundo del espíritu?

P: (en tono más suave y contemplativo) Cuando estamos solos acordamos intercambiar la energía de nuestros pensamientos y todas las memorias de esa vida juntos.

Dr. N.: ¿Es este el intercambio mental del que he escuchado hablar?

P: Si, cada partícula de mi identidad como hijo de Carl en aquella vida es transferida a Carl al tiempo que él proyecta en mí todos sus recuerdos como padre. Es muy subjetivo y eso es bueno. En mi grupo lo llamamos pasar la copa de las penas.

Dr. N.: ¿Es cada una de las perspectivas totalmente honesta?

P: Aquí no puede haber decepción.

Dr. N.: ¿Tarda mucho este intercambio?

P: No, la transferencia es breve pero completa. Así conocemos todos los intentos y cargas, el dolor y la rabia, los motivos desde la perspectiva de la otra persona porque es como estar dentro de su antiguo cuerpo. Nos convertimos en la otra persona.

Dr. N.: ¿Este intercambio mental conlleva perdón?

P: Es mucho más que eso. Es una fusión indescriptible de las dos mentes. Ambos experimentamos las circunstancias que llevaron al otro a tomar ciertas decisiones. Puedo sentir la falta de realización de Carl y él la mía. Una vez que el intercambio se ha hecho, nos ha llegado tan profundo que el perdón se hace innecesario. Nos auto perdonamos y luego nos sanamos mutuamente. La comprensión es absoluta. Lo intentaremos de nuevo en una vida diferente hasta que lo logremos.

Siguiendo el desconcierto inicial en el mundo del espíritu, después de sus vidas juntos, Ray y Carl se relajaron de nuevo en su grupo espiritual. Esto significa que la conducta de Carl fue exonerada rápidamente. Durante la revisión y evaluación de su vida, antes de encontrarse con Ray, Carl tenía conocimiento del excesivo dolor que causó en Ray. Aquí hay dos fuerzas actuando. La primera es el dominio potencial del carácter del alma por parte de los atributos biofísicos del cuerpo anfitrión, junto con los efectos de la influencia de un ambiente determinado. El segundo factor es el papel que fue asignado a cada uno para desempeñar en la corriente de la causalidad kármica.

Cada vida es como un pedazo de tela que hace parte del tapiz de nuestra existencia. Si un amigo o miembro de nuestra familia es difícil, falto de compromiso o quizás débil y emocionalmente distante con relación a nosotros, sólo estamos viendo la parte externa del carácter completo de esa alma. Todas las asignaciones de roles en la vida tienen un propósito. Si se ha crecido con padres particularmente difíciles, como le sucedió a Ray con Carl, uno se pregunta: ¿Qué he aprendido de esta persona que no sabría si nunca hubiese estado en mi vida?

En su vida actual, Ray ha tenido dificultades con la dependencia a químicos y un comportamiento obsesivo, pero aun hoy, a sus 45 años, busca dentro de sus recursos internos para cambiar las cosas. De lo que me ha contado Ray, ponerse en contacto con su verdadera identidad espiritual durante nuestras sesiones le ha sido muy útil. El alma de Carl ahora es el hermano mayor de mi paciente y su relación no fue muy fácil durante la adolescencia. Muchos de los mismos patrones en la relación están presentes hoy como en el pasado, pero aun así, estas dos almas han estado mucho más unidas la una a la otra como hermanos que como lo fueron como padre e hijo.

Al no enterrar recuerdos dolorosos en esta vida, el alma de Ray vive en un cuerpo mentalmente más sano. Esta vez el alma de Ann, un personaje principal, es la madre de Ray en lugar de su hija. Ella da una dimensión generacional diferente a su vida actual. Gershen Kaufman ha dicho que "la vergüenza es una especie de asesinato del alma". Uno de los problemas que Ray tiene que enfrentar es el manejo de la vergüenza. La vergüenza conlleva un adormecimiento de nuestras mentes porque se manifiesta en sentimientos de no aceptación, de no calidad humana y de invalidez. Puede ser tan poderosa como para anular cualquier progreso en el alma humana que la padece. Sin embargo, Ray es un alma inusualmente determinada que como hemos visto no cederá ante estas vidas difíciles por un descanso ocasional. Se hace más fuerte con cada vida difícil.

El caso 35 presenta dos almas que continuamente solicitan cuerpos que desafíen su debilidad de carácter. Tanto Ray como Carl son almas que caen en hábitos adictivos ante ciertos tipos de química corporal. ¿Por qué continúan pidiendo este tipo de cuerpos? Lo hacen por practicar. Cualquier comportamiento obsesivo de estado de ánimo variable es un desafío y Ray está decidido a dominarlo antes de seguir adelante. Sé que esta alma está progresando. Después de dos matrimonios fallidos, Ray me contó que había conocido a la mujer de sus sueños, pero tenía que estar libre de las drogas y el alcohol para realmente apreciarla. Supimos que aquella mujer destinada a ser su esposa es el alma de Marian.

Una última palabra sobre el síndrome "de esconderse", donde un alma que retorna al mundo del espíritu puede no ver claramente a un miembro del grupo. Cuando esto le sucede a alguien en mi oficina puede ser que el alma que se está ocultando de la conciencia de mi paciente va a tener un profundo impacto en el futuro. Recuerdo una joven viuda que vino a verme mientras aun sufría la pérdida reciente de su esposo. Habíamos revisado todos los miembros de su grupo espiritual, incluyendo el alma recién ida de su esposo. Él la abrazó en una escena emocional en la que le pidió ser fuerte y le garantizó que todo saldría bien. Luego ella dijo, "Ah, hay alguien más. Una figura oscura, agachándose detrás de los demás. Oh, es el alma de mi futuro esposo, estoy segura de eso, pero aun no nos hemos conocido en esta vida. Se supone que no debo saber quién es en estos momentos porque estropearía la espontaneidad de nuestro encuentro".

Interacción entre grupos de almas

Ya he mencionado que la mayoría de grupos de almas más jóvenes permanecen en sus propias áreas de estudio. Particularmente en el caso de niveles I y II, sus espacios son sacrosantos, con límites auto impuestos entre aulas de clase. El fundamento para estas convenciones es que todas las almas sienten respeto por la privacidad del trabajo que se está llevando a cabo en otras áreas de estudio. Las aulas de clase espiritual no son como sus equivalentes terrenales, donde se requieren excusas para ausentarse de clase. Las almas son libres de evadir, en cualquier momento, compromisos de estudio con sus compañeros de clase. Si un alma desea soledad o involucrarse de manera privada en algún tipo de trabajo individual que considera beneficioso si lo realiza aparte de sus compañeros, es libre de hacerlo siempre y cuando esta actividad no interfiera con el trabajo de otro grupo.

He encontrado que las almas no son forzadas a estudiar y que algunas toman prolongados períodos de descanso. Aun así, la mayoría de las almas con las que he hablado se sienten marginadas si no están con sus compañeras de clase en un determinado proyecto que estén adelantando. Es el ánimo de dominar magistralmente ciertas habilidades lo que las motiva. Así, la mayoría de las almas no desea ser involucrada en proyectos ya iniciados de otros grupos. Me he dado cuenta que dos grupos vecinos no se encuentran exactamente al mismo nivel en un determinado aspecto de aprendizaje. Así que independientemente del nivel de desarrollo, no es tan fácil visitar otra aula de clase y obtener beneficios de una lección que ya se está llevando a cabo.

Las visitas entre miembros de grupos espirituales son selectivas y motivadas por razones específicas. Dado que tales visitas son suscitadas por invitación de los guías maestros, son en realidad excepciones y no la regla general en el mundo del espíritu. Hay grupos que se asocian con visitantes temporales, pero otros parecen no tener ningún contacto con almas de otros grupos, excepto cuando están fuera de sus áreas de estudio. Cuando las almas se acercan al final del entrenamiento del nivel II comienzan a presionar, hablando más frecuentemente de la oportunidad de visitar otros grupos espirituales. El paciente en mi siguiente caso relató lo siguiente en una de sus visitas.

Caso 36

Dr. N.: ¿Por qué quería visitar a este grupo vecino?

P: Vengo de un grupo mucho menos serio que la mayoría. Me gusta visitar este grupo porque están ligeramente más avanzados que yo y en el juego de la vida ayuda a rodearse de buenos jugadores. La mayoría está lista para iniciar estudios independientes y son muy determinados. Les cuento algunas bromas sobre mi grupo para divertirlos y a cambio recibo ideas prácticas y constructivas.

Dr. N.: ¿Los visita a menudo?

P: No, todos sabemos cuán ocupados permanecemos y respetamos eso. No me gusta interrumpirlos demasiado.

Dr. N.: Cuénteme sobre su última visita y lo que sucedió en ella.

P: (pausa) Estaban en medio de una acalorada conversación. Uno de sus miembros, llamado Orick hablaba sobre una secuencia onírica que tuvo de una encarnación recientemente finalizada. Orick pensaba que a los demás les interesaría saber acerca de este incidente.

Dr. N.: ¿Un incidente relacionado con un sueño de Orick de cuando estuvo en forma humana en la Tierra?

P: Correcto. Alguien del grupo, que no estaba encarnando, había enviado una información mientras él dormía y su mente humana la malinterpretó.

Dr. N.: ¿Fue error de quien envió el mensaje o de Orick?

P: Debe comprender que el grupo que estoy visitando es de profesionales en este tipo de asuntos. No les gustan los errores. Son un grupo muy serio.

Dr. N.: Siga por favor. ¿Qué aprendió del relato de Orick sobre el incidente del sueño?

P: La mañana después de su sueño en la Tierra, Orick dijo haber meditado profundamente, procurando descifrar el mensaje que había recibido la noche anterior. Supongo que era demasiado confuso en su mente humana como para tener sentido. Orick estaba reprendiendo ligeramente a su amigo, aquel que envió el mensaje, para que perfeccionara su manera de transmitir mensajes por medio de los sueños.

Dr. N.: ¿Qué dijo el reprendido amigo a Orick?

P: Él dijo de manera abrupta, "no, el mensaje que envié fue interpretado de manera imperfecta y con base en esa desinformación se actuó de manera errada".

Dr. N.: ¿Y qué concluyó el grupo de esta discusión entre Orick y su amigo?

P: Creo que todos coincidieron en que aunque dos almas sean muy cercanas, las imperfecciones de recepción del cerebro humano pueden arruinar cualquier transmisión. Igualmente, que lo más seguro para un alma en el mundo del espíritu es transmitir el mensaje más de una vez y no confiarse en un medio como lo es el estado del sueño. Igualmente, que los mensajes sean cortos y muy claros.

Dr. N.: Entonces, ¿fue una visita productiva para usted? ¿Aprendió algo?

P: Siempre lo hago. Con este grupo, la mayoría de las veces permanezco callado y escucho. La discusión sobre la transmisión de mensajes espirituales fue útil para mí y llevé los conocimientos adquiridos a mi grupo.

Estos grupos, que usualmente se sienten incómodos con visitantes ordinarios, pueden recibir con agrado a especialistas avanzados o almas con un alto perfil que sea único para su experiencia. Ya había presentado un ejemplo de este tipo de visitas bajo el tema del color de los visitantes en el capítulo 3. Incluso los grupos cerrados parecen disfrutar socializando fuera de las áreas de estudio. Ya hemos estudiado las áreas comunitarias en que grandes números de grupos primarios se encuentran para entablar conversaciones unos con otros. Para muchas almas esta actividad es considerada recreación.

Debido a que muchas almas se tornan inquietas por momentos con su trabajo formal, las almas instructoras a menudo organizan reuniones y encuentros en centros comunitarios para escuchar a conferencistas invitados. Estas conferencias le dan a las almas un descanso de sus profesores usuales, lo cual les permite apreciar nuevas perspectivas sobre temas de interés general para los grupos espirituales. Estos mensajes pueden centrarse en cómo apreciar a otros, los beneficios de los actos nobles, la lealtad y la integridad y cómo ser generosos con los dones que cada uno posee. Sé que las expresiones de todos estos sentimientos morales no suenan como recreación, pero los conferencistas animan la situación con anécdotas propias y alegorías que comparan con sus experiencias terrenales. Hay también otras sutiles conversaciones entre maestros de su equipo y miembros de la audiencia que mis pacientes no son capaces de traducir para mí. Tengo aquí una cita que da una idea del sabor de estas reuniones:

> Nuestro entrenamiento es impulsado por los conferencistas invitados. Ellos difieren de mis guías en carácter y en la forma que abordan las situaciones y eso es útil para mí. Hay una mujer llamada Shalakin a quien adoro. Viene a nuestro centro de vez en cuando y nunca dejo de verla. Tiene la particular habilidad de abordar un problema y llegar rápidamente al meollo del asunto. Puede tomar una idea compleja y transmitírmela tan claramente que de alguna manera sé que la próxima vez que afronte una situación similar en la Tierra, responderé de manera más efectiva. Me recomienda que escuche a aquellas personas que no me agradan en la Tierra, porque siempre podemos aprender algo de cada una de las personas que nos rodean.

Actividades recreativas en el mundo del espíritu

Momentos de ocio

Esta sección es dedicada a aquellos que temen que la vida entre vidas implique solo trabajo y nada de descanso. El término D & R, descanso y recreación es muy apropiado en el mundo del espíritu y he escuchado los comentarios de cientos de pacientes con relación a lo que hacen cuando se encuentran fuera de las áreas de entrenamiento. Después de la muerte física, nuestro espíritu conserva todas los recuerdos queridos de nuestra vida terrenal. Lo vívido de las sensaciones del sabor de los manjares, las caricias del cuerpo humano, el olor, la visión y los sonidos del caminar por los desiertos, escalar las montañas y nadar los mares de la Tierra permanecen con el alma. La mente eterna nos recuerda los movimientos motores y los placeres sensoriales del cuerpo humano y todos los sentimientos generados. Entonces, es natural que las almas quisieran preservar estos recuerdos planetarios, recreando sus antiguos cuerpos en el mundo del espíritu. Después de todo, fue aquí (en el mundo del espíritu) donde el diseño conceptual y los eventuales modelos de energía para los organismos físicos fueron originados.

En esta sección también discutiré el viaje, entre vidas, de las almas a la Tierra como parte de D & R. El capítulo 6 tratará con almas que viajan a mundos diferentes a la Tierra. Estos viajes terrenales podrían ser interpretados como "vacaciones de trabajo" para exploración y estudio o podrían ser dedicadas simplemente al ocio. La distribución de estudio versus ocio en los mundos físico y mental, lejos del hogar de las almas, es flexible, dependiendo del propósito primario del viaje y del ánimo del alma. Dado que estoy dedicando esta sección a la recreación de las almas, los casos que presentaré se relacionan con viajes de entretenimiento de éstas a la Tierra o con otras actividades que tienen lugar en el mundo del espíritu.

Recesos

Mis pacientes diferencian entre recesos cortos en el estudio espiritual y aquellos que involucran mayor tiempo para la recreación. Este ejemplo es de un paciente refiriéndose a un intervalo típico del trabajo de clase:

> Hay diez personas en mi grupo, durante los recesos cortos nos separamos los unos de los otros. Me agrada deambular, alejarme del enclaustramiento. Usualmente bajo por el pasillo y salgo a alguna área abierta donde individuos de muchos otros grupos caminan y se comunican. Lo que me gusta de estos períodos de descanso es la espontaneidad. Fácilmente podemos encontrarnos con alguien con quien nos gustaría interactuar de alguna manera en una vida futura. No es que salgamos sólo a parlotear en estos descansos, sino que más bien tenemos la oportunidad de entrar en contacto con otro tipo de almas. Claro está que siempre es divertido abordar a alguno de una vida pasada a quien no habíamos visto por un tiempo y comparar notas.

Otra paciente me contaba sobre sus recesos con miembros de su grupo que tienen la inclinación a escoger cuerpos femeninos:

> Vamos a un espacio rodeado de frondosos jardines con flores. Hay una hermosa piscina con energía líquida vibratoria y restauradora. No es honda, por lo que vadea-

mos en lugar de nadar. Flotamos como ninfas acuáticas y nos contamos anécdotas divertidas sobre nuestras vidas.

En estos grupos en que las almas no son completamente andróginas existen actividades recreativas enfocadas por género. Como lo he mencionado anteriormente, las almas más jóvenes se inclinan hacia un género cuando encarnan en la Tierra. Una paciente me decía, "durante nuestros recesos, mis amigas y yo coqueteamos con algunas almas de orientación masculina pertenecientes a grupos cercanos al nuestro. Los amenazamos con convertirnos en sus esposas en la próxima vida si no se comportan correctamente".

Aislamiento como D & R

Debido a que las actividades de trabajo de los grupos espirituales son intensas, hay almas que prefieren ámbitos de soledad durante su tiempo libre. Todos conocemos personas que prefieren estar solas en lugar de socializar. Hay almas que requieren un período significativo de adaptación después de una vida particularmente difícil y no me estoy refiriendo a las almas monásticas que requieren permanentes dosis de soledad durante su existencia. Ciertamente, la mayoría de las almas se renueva con algo de aislamiento, pero también he conocido almas que parecen requerir períodos regulares de retraimiento intercalados con actividades de clase en grupo. Creo que muchas de estas almas gustan reprimirse de los placeres y pienso que los períodos de receso representan una forma de contemplación mental similar a la experimentada en monasterios y conventos en la Tierra, cuando nos enfocamos en principios espirituales. Un paciente hacía el siguiente comentario simbólico:

> Mi grupo me llama el Tejedor. Me gusta estar por mi cuenta de manera que me veo a mí mismo. En mi tiempo de receso me gusta formar bandas de energía, tejiéndolas como un tapiz de mis vidas y de las de mis seis amigos más cercanos. Represento la diversidad de nuestras experiencias tejiendo diferentes materiales (atributos de energía) que representan las trampas de la gente y las circunstancias. Para ejecutarlo adecuadamente necesito concentración total.

Mis pacientes dicen que el deseo de permanecer aislados por momentos viene de la intensa necesidad de morar en los sagrados confines del pensamiento puro y de procurar alcanzar el Origen del cual ellos provienen. Muchos aseguran haber tenido profundos momentos de éxito, resultado de un intenso trabajo. Me he dado cuenta que muchas de estas almas ascetas experimentan problemas al participar en actividades de grupo y evitan los períodos de recreación porque prefieren la contemplación; sin embargo, a pesar de su alejamiento durante el entrenamiento muchas de estas almas son capaces de hacer grandes contribuciones en sus áreas de especialización.

Viajando a la Tierra por D & R

Hay almas que, entre vidas, vienen a la Tierra como seres invisibles para experimentar de nuevo antiguos ambientes físicos. El único problema es que deben retornar al tiempo cronológico, lo que implica que las almas encuentran cambios con respecto a la última vez que estuvieron en la Tierra. Por otra parte, almas que han vuelto a la Tierra se han encontrado con otras almas desencarnadas que resultan ser disociadoras. Ese factor, más el deseo de no mezclar viejas memorias, puede disuadir a las almas a volver a la Tierra, al menos entre vidas. Algunas almas encuentran que este nostálgico viaje sin un cuerpo físico, puede resultar frustrante. Esta situación no se refiere a aquellas almas que vuelven para confortar y ayudar a sus seres queridos, casos en que la motivación no es la recreación.

Por lo que he observado, el mayor impacto en las almas que viajan es producido por el cambio. Muchas no regresarán por recreación debido a la modernización que acontece día a día en las comunidades que alguna vez habitaron. En una dimensión diferente a la terrestre, las imágenes de lugares y personas que alguna vez vivieron allí se encuentran congeladas en un vacío intemporal que nunca se desvanece de la existencia. Los patrones de las partículas de energía que representan momentos en la historia de la humanidad pueden ser recuperados por las almas que se encuentran absolutamente fuera del tiempo físico.

No obstante, hay almas que aun desean venir a la Tierra en sus visitas planetarias a pesar de todos los factores negativos involucrados. Mi próximo caso es una de esas almas que disfruta paseando por sus viejas guaridas terrestres. Entre los múltiples casos, el siguiente lo he seleccionado por razones personales. Tiene lugar donde crecí. El paciente del caso 37 y yo participamos en la misma actividad, la cual incluso llegó a coincidir en el tiempo durante sus últimos años de vida, que terminó en 1948. Al considerar este caso pienso si yo estaré imitando la recreación espiritual de esta alma en el siglo XXI.

Caso 37

Dr. N.: ¿Cuál es la actividad recreativa que más disfruta entre vidas?

P: Me gusta venir a la Tierra.

Dr. N.: ¿Adónde viene?

P: En mi última vida, amaba las playas del sur de California, así que vuelvo a sentarme en la arena, bajo el Sol, caminar por la playa entre aves marinas y hacer surfing. Las olas son mi pasión, la sensación de su movimiento y la espuma de la rompiente en la playa.

Dr. N.: ¿Cómo puede experimentar todo esto sin un cuerpo físico?

P: Traigo la suficiente energía para experimentarlo sin ser visible.

Dr. N.: Me han dicho que en muchos viajes de recreación un alma puede traer hasta el 100 por ciento de su energía. ¿Qué hace usted?

P: No hacemos esto en la Tierra porque no sería justo asustar a las personas. Yo no utilizo más del 5 por ciento, a veces menos.

Dr. N.: ¿Es capaz de cabalgar las olas?

P: (riendo) Por supuesto, ¿por qué cree que vengo? También me remonto en el aire con las aves y juego con los delfines.

Dr. N.: Si usted se encuentra en la playa, disfrutando del Sol y yo pasara a su lado, ¿qué vería yo?

P: Nada, soy transparente.

Dr. N.: ¿Eso quiere decir que si yo fuese caminando por la playa, pasaría a través de su espacio sin percibir su presencia?

P: Bueno... unas pocas personas pueden sentir algo, pero seguramente no le pondrían atención y pensarían que fue producto de su imaginación.

Dr. N.: ¿Puede viajar a otros mundos físicos y experimentar lo que me está contando?

P: Si, pero yo amaba este lugar y he estado aquí en más de una vida. Por eso vuelvo. Para mí, el mar es parte de mi alma. Podría ir a otros mundos acuáticos o crearlo todo en el mundo del espíritu, pero para mí no sería lo mismo.

Dr. N.: ¿Dónde están sus otros lugares favoritos para jugar, basándose en otras vidas anteriores en la Tierra?

P: Alrededor del Mar Mediterráneo y el Mar Egeo.

Creación de ambitos terrestres

Los Apaches creen que "la sabiduría se establece en el lugar". Dado que en el mundo del espíritu es posible crear cualquier realidad, no resulta extraño que algunas almas deseen pasar algo de su tiempo libre en las casas que moraron cuando vivieron en la Tierra. Con frecuencia, estas almas prefieren suspender el tiempo en el cual vivieron en una vida anterior y no exponerse a nuevas personas y a cambios sufridos en sus antiguos vecindarios. Esto es como congelar momentos del pasado, lo cual es posible en el mundo del espíritu.

Estas almas pueden desear construir mentalmente una duplicación exacta del ámbito familiar cerca del lugar donde solían vivir, como una campiña, parques y calles, o cualquier edificación que les recuerde su antiguo ámbito. Sólo tienen que conjurar estos lugares en su memoria y emanar energía para que las imágenes aparezcan. Para implementar estos proyectos, creados de pura energía, pueden requerir de la ayuda de otros. Una vez en el lugar, podrán ser desintegrados cuando el alma pierda el interés.

Los cuerpos que tuvieron cuando habitaron un lugar pueden ser recreados cada vez que se encuentren en ese duplicado mental. También pueden agregar sus antiguas mascotas a la escena, lo cual explicaré más a fondo en la sección dedicada a animales. Debo decir que muchas de las almas que gustan de este tipo de recreación son amantes de la diversión y el humor y podrían pedirle a sus antiguas amistades acercarse y socializar en los lugares recreados que sean de interés mutuo. Los compañeros espirituales tienen la prioridad aquí, como la siguiente cita claramente lo indica:

> Mi esposa Erika y yo amábamos la pequeña casa que construimos en los Alpes de Bavaria. La queríamos de nuevo después de nuestra muerte y la construimos con ayuda de nuestro maestro. Él consideró que sería un buen ejercicio para nosotros. El modelo estaba en mi memoria y él lo vio antes de que comenzáramos la transmisión de energía. Los toques adicionales del exterior provinieron de nuestros amigos, Hans y Elfie, quienes vivieron cerca de nuestra casa en Alemania y que están ahora con nosotros. Los muebles del interior, que Erika y yo construimos sin ayuda, mi vieja biblioteca y la cocina fueron recreadas tal como eran. Es maravilloso estar sólo con ella de esta forma.

Las personas sienten curiosidad por saber si las almas pueden tener relaciones íntimas con sus cuerpos recreados. Si el buen sexo se origina en la mente, entonces podemos decir que el alma pura obtiene todos los beneficios sin los inhibidores físicos. No hay posibilidad de pretensiones en el mundo del espíritu. Por lo que he podido saber, hay una pérdida de la sensación táctil por no haber un cuerpo físico denso que posea un sistema nervioso. Pero en cualquier caso, la recreación espiritual de un cuerpo humano que adolece de una completa capacidad sensorial no es más que un maquillaje para el poder erótico de dos almas que están completamente unidas.

El amor es el deseo de unificación con el ser amado. Entre vidas, los espíritus tienen la capacidad de expresar amor más íntimamente que en la Tierra. Aun así, algunas almas son motivadas a establecer las escenas de vidas anteriores en que su amor floreció y recrear esos momentos es muy significativo para ellas, ya que después de todo uno de los mayores incentivos para reencarnar es el placer de la expresión física en forma biológica.

Almas de animales

Recuerdo una conferencia que tuvo lugar en la ciudad de Nueva York en la que durante la sesión de preguntas y respuestas una dama sentada en la primera fila me lanzó la retadora pregunta: "¿Usted cree que los gatos tengan alma?". Le respondí con, "¿tiene usted gatos?". Mientras la dama dudó por momentos, un amigo sentado a su lado sonrió y alzó su mano mostrando cuatro dedos en alto. Entre todos los amantes de animales en el mundo que están interesados en esta pregunta, debo ser más cuidadoso con aquellos que poseen gatos. Le dije a la dama que dado que nunca había hipnotizado a un gato no podría asegurar que los gatos tuviesen alma, lo cual no la hizo nada feliz hasta que agregué que algunos de mis pacientes, entre vidas, han declarado haber visto animales en el mundo del espíritu.

Las religiones del mundo han debatido por mucho tiempo si los animales poseen alma. Las religiones orientales dicen que las almas de los animales equivalen a las de los humanos. En el Judaísmo existen diferentes niveles de almas, donde las inferiores son las de los animales y las superiores corresponden a las del ser humano. Los musulmanes sostienen que los animales tienen espíritus, pero estas almas no son inmortales porque los animales no puede distinguir racionalmente entre cielo e infierno. Las religiones Cristianas reservan el alma eterna exclusivamente a los seres humanos honestos.

Los propietarios de mascotas que interactúan con ellas proyectan gran parte de su energía espiritual hacia estas criaturas, que la hacen recíproca de una u otra forma dependiendo del animal y su personalidad. ¿Representan estas características la presencia de un alma? Sabemos que los animales piensan, pero no estamos seguros del grado de dicho pensamiento. Los perros son protectores, los gatos son recursivos, los delfines poseen complejos patrones de comunicación. ¿El nivel de pensamiento racional, o la ausencia del mismo, establecen un criterio que permita determinar la existencia de un alma?

Cualquier persona que tenga mascotas puede decir que los animales tienen personalidades propias, sentimientos e incluso un sentido de las necesidades de su dueño. Sabemos que los animales nos reconfortan en los momentos de congoja y enfermedad física. Las mascotas tienen la capacidad de elevar nuestros espíritus y ayudar a sanar al proveernos de compañía amorosa sin reserva alguna. Para aquellas personas que creen que los animales sólo son seres que perciben sentimientos con sensaciones instintivas, debo decir que si los animales poseen percepción del pensamiento, entonces también tienen una energía individual en cierto nivel.

Mis pacientes dicen que cada animal posee su propia clasificación de energía inteligente y que las almas humanas no ascienden o descienden dicha escalera de una forma de vida a otra. Estas partículas de energía varían desde las formas complejas, como es el caso de los chimpancés, hasta las estructuras más simples. A pesar del rechazo de mis pacientes a la idea de la transmigración, es posible que toda materia orgánica e inorgánica proyecte vibraciones de energía en la Tierra y que probablemente interactúe con otros con algún propósito.

Pacientes que han tenido conexión con animales en el mundo del espíritu me cuentan que todos estos tienen un tipo de energía espiritual y aunque no son como las almas humanas, también difieren entre ellos mismos. Después de la muerte, la energía de estos animales, "existe en esferas diferentes a las del alma humana". Para las personas bajo hipnosis, las esferas son espacios, cada uno de los cuales posee sus propios patrones y funciones. He tenido un buen número de reportes de almas de animales en el mundo del espíritu y mi próximo caso es un buen ejemplo de un paciente cuyo nombre es Kimoye.

Caso 38

Dr. N: Kimoye, ¿Qué le gusta hacer para recrearse?

P: Francamente, soy muy tranquilo, poco sociable y disfruto haciendo dos cosas, cultivar y jugar con animales durante el tiempo que estoy lejos de mi grupo.

Dr. N: ¿Realmente cultiva cosas en el mundo espiritual?

P: Crear cosas vivientes, con energía es uno de nuestros ejercicios más importantes aquí.

Dr. N: Cuénteme sobre sus juegos con animales.

P: Tengo un perro, un gato y también un caballo. Son mis mascotas de la última vida.

Dr. N: ¿Ellos aparecen cuando usted lo desea?

P: No, debo llamarlos porque normalmente no viven en nuestro mismo espacio. Yo no puedo ir a sus sitios. Un cuidador de animales me los trae. Les llamamos rastreadores.

Dr. N: ¿Quiere decir que los rastreadores tienen que encontrar su mascota y no una creada con energía, como usted podría hacer con una planta en su jardín?

P: Absolutamente.

Dr. N: ¿Los animales tienen alma, kimoye?

P: Sí, por supuesto, pero en muchas variedades.

Dr. N: ¿Cuál es la diferencia entre las almas animales y las humanas?

P: Las almas de todas las cosas vivientes tienen diferentes... propiedades. Las almas de los animales tienen partículas de energía más pequeñas... de menor volumen y no son tan complejas ni tan multifacéticas como las del alma humana.

Dr. N: ¿Qué otras diferencias conoce entre las almas humanas y las de los animales?

P: La principal diferencia, además de tamaño y capacidad es que las almas animales no son manejadas por el ego. Ellos no están agobiados por problemas de identidad como nosotros. Además aceptan y se armonizan con el ambiente en lugar de pelear por controlarlo como los seres humanos. (se detiene y luego agrega) Podemos aprender de ellos.

Dr. N: Usted dijo que las almas animales tienen su propio dominio en el mundo del espíritu. ¿Entonces cómo pueden asociarse con ellos sin la ayuda de un alma cuidadora?

P: (perplejo conmigo) En la Tierra, ellos tienen energía sensorial como nosotros... compartimos su existencia física... ¿por qué no la mental...?

Relaciónes Comunitarias ∽ 249

Dr. N: Bien Kimoye, usted dijo que ellos tienen un rango de propiedades diferentes a nuestra energía inteligente.

P: También mis plantas, pero no se me niega su compañía si la deseo.

Dr. N: Usted mencionó que juega con su perro. ¿Puede la energía de la planta volverse la energía del perro?

P: No, porque cada forma de vida tiene su propia variedad de energía... esta energía no puede cruzar la línea de otra forma física en el mismo planeta.

Dr. N: ¿Quiere decir que un gato no puede transmigrar a una forma de vida superior y que un ser humano no puede convertirse en una forma inferior, dígase en el cuerpo de un gato, en una vida futura?

P: Si, eso es correcto. La energía es creada y asignada a ciertas formas físicas y mentales.

Dr. N: ¿Por qué cree que es así?

P: (riéndose conmigo) Yo no sé sobre el gran orden aquí, excepto que la mezcla de los tipos de alma no es posible.

Dr. N: Dígame Kimoye, ¿Usted ve las almas animales de sus mascotas en grupos, tal como ocurre con su propio grupo de almas?

P: Como le dije, yo no voy a sus sitios. Ellos no tienen necesidad de llamarnos para vernos. No puedo decirle nada sobre esas áreas, solamente que el cuidador me dijo que hay una división general de grupos terrestres, aéreos y acuáticos.

Dr. N: ¿Hay alguna conectada con otra en el mundo del espíritu?

P: Entendemos que las ballenas, delfines y focas están juntas, cuervos y halcones, caballos y cebras, esa clase de cosas. Los animales tienen su propia conexión con comunidades unidas por especies generales que no se supone que nosotros entendamos... al menos no yo.

Dr. N: Y entonces...?

P: (descansando) Yo creo que si necesitáramos saberlo se nos diría.

Dr. N: Muy bien, ahora volvamos a su comentario inicial sobre jugar con sus mascotas durante los momentos recreativos. ¿Podría tener un animal salvaje, como un lobo?

P: Solamente si está domesticado.

Dr. N: ¿Puede explicarme esto Kimoye?

P: (haciendo ceños de concentración) Las asociaciones con animales necesitan ser productivas en ciertos ambientes para que seamos motivados a trabajar con ciertas formas de vida. Mi perro en la Tierra puede estar conmigo y con mi propiedad espiritual donde yo construí mi casa y mi jardín, porque es natural para él estar ahí. Él permanece conmigo porque fuimos compañeros de juego muy unidos. Nuestro amor y respeto mutuo en la Tierra están siendo renovados porque eso es lo correcto. Hay belleza en eso para nosotros dos, por eso es permitido.

Dr. N: ¿Usted puede diferenciar entre el alma de un animal domesticado en la Tierra y otro que era salvaje?

P: Yo creo que sí. Como le dije, las almas de animales son mucho menos complicadas que las humanas. Los domesticados son capaces de entregar amor y afecto a los humanos cuando lo necesitamos. Las almas de animales salvajes no están tan enfocadas en esta área y no nos entienden mucho. La mayoría no debe ser forzada y no debería ser así sólo por el hecho de que simplemente compartimos el mismo ambiente.

Dr. N: ¿Usted cree que hay más necesidad de libertad con el animal salvaje?

P: Puede ser, pero las almas de todos los seres vivientes, especialmente nosotros, requieren libertad de expresión. Con el alma de los animales domesticados, ellos son más dados a entregar algo de su libertad a cambio de amor, afecto y protección. Hay una simetría en tener mascotas.

Dr. N: Kimoye, usted parece decir esto como si los animales domésticos estuvieran en la Tierra para servir a los humanos.

P: Como le dije, es un intercambio benéfico para ambas partes. Aquellos de nosotros que aman animales en la Tierra creemos que podemos comunicarnos con nuestras mascotas de pocas maneras. Cuando regresamos al mundo espiritual y vemos a nuestras mascotas de nuevo, ambos en estado de alma pura, esto se hace más evidente.

Dr. N: ¿Todos en el mundo espiritual opinan lo mismo que usted por los animales?

P: Muchos no tienen mi amor por los animales. Tengo amigos aquí que no desean interactuar con energía animal, incluso algunos que estuvieron conectados con animales en la Tierra. Ellos tienen otras actividades durante su tiempo de recreación. (se detiene y luego añade) Ellos no saben de lo que están perdiendo.

Los cuidadores de animales parecen ser especialistas en el mundo del espíritu. No es una especialidad popular entre mis pacientes, pero su trabajo es muy apreciado por los que aman sus mascotas. Estos cuidadores no se consideran guardianes de zoológico. Una vez le pregunté a un paciente que tenía conocimiento de las habilidades que esta especialidad requería, acerca de mi viejo perro galgo, Sócrates, una mascota de la familia por quince años. La pregunta era que si mi mente espiritual podía crear una casa y un cuerpo físico para mí mismo entre las vidas, ¿podría también reconstruir a mi perro? Esta fue la respuesta:

> Podría hacerlo si hubiera avanzado lo suficiente en la creación de energía. Pero aun si tuviera esa habilidad, su perro no sería tan real como un profesional podría hacerlo por usted. Un alma cuidadora de animales tiene la habilidad para rastrear y encontrar la chispa de energía del alma que no murió con Sócrates y recrear su perro exactamente como usted lo conoció en la Tierra. Su mascota lo reconocerá y será capaz de jugar con usted y, siempre que usted lo desee, él vendrá.

Aparentemente, los especialistas cuidadores de animales asociados con la Tierra son almas que tienen la habilidad de encontrar y recrear la esencia de ciertas formas de vida inferiores. Yo pienso en ellos como almas creadoras que parecen tener el deseo y la habilidad de mantener esas formas de vida para nosotros en el mundo espiritual debido a su propio amor por las criaturas de nuestro planeta.

Puede haber aspectos kármicos de vidas pasadas en nuestras asociaciones con animales en la Tierra y esa podría ser otra razón por las que tenemos Almas Cuidadoras. Tengo una paciente que es una intensa activista de los derechos de los animales en la actualidad y que ha sido devota del alivio del sufrimiento de los animales en todas sus vidas pasadas, desde una vida en Austria en el siglo XVI. Como un joven muchacho austriaco en aquella vida, la familia de mi paciente estaba dedicada al sacrificio de vacas y cerdos para el mercado, lo cual le traumatizó. Hoy esta paciente llama a todos los animales "mis niños". Durante su vida, y entre vidas, ella dedica su tiempo libre a estar con ellos. Ella también trabaja con su energía en un lugar llamado el Espacio de Transformación, usado para incrementar la percepción de su propia conciencia. Kimoye me contó esencialmente la misma cosa cuando dijo en su sesión: "Entré a esta cámara, la cual tiene un campo de energía del animal programado que me permite sentir lo que él siente. Esto me da una visión acerca de los animales en la Tierra". Para estos dos pacientes su actividad representa tanto aprendizaje como recreación.

El espacio de transformación

Durante su largo aprendizaje, las almas son capaces de estudiar y practicar muchas artes. Una de esas áreas de instrucción, sobre la que escribí en *El viaje de las almas* es una esfera de transformación del alma. Muchas almas, tanto jóvenes como adultas, pueden aprender mucho entrando a este claustro entre vidas. Los jóvenes son introducidos en ciertas artes que podrían interesarles, mientras que las almas viejas pueden perfeccionar sus habilidades existentes. Cuando describo este espacio a la gente uso una analogía del holograma en la nave espacial de la serie de televisión *Viaje a las estrellas*. Aunque hay similitudes en el concepto, el espacio de transformación va mucho más allá que un salón de simulaciones.

El Espacio de Transformación no es limitado para permitir a las almas entrar en la energía de los animales. Aquí el alma puede convertirse en cualquier objeto animado o inanimado familiar para él. Para capturar la esencia de todas las cosas vivas y aun las no vivas en la Tierra, las almas son capaces de trabajar con múltiples sustancias. Esto podría incluir fuego, gas y líquidos. Ellos pueden también volverse totalmente amorfos para trabajar con un sentimiento o emoción para compenetrarse con la situación.

Yo he puesto el Espacio de Transformación dentro de la recreación porque la mayoría de las almas empiezan a usar este espacio por pura diversión para cambiar la forma de la energía. Sin embargo he trabajado con muchas almas con preferencia a tomar parte en estos ejercicios en escenas físicas reales de otros mundos. Esto será tratado en el siguiente capítulo. Como lo mencioné todas esas actividades tienen el potencial de ir más allá de la recreación para la mayoría de las almas. El siguiente corto caso, es una ilustración de cómo el Espacio de Transformación dispone y fortalece la mente del alma en un proceso de templanza.

Caso 39

Dr. N: ¿Por qué ha venido al Espacio de Transformación?

P: Hay períodos cuando estoy lejos de mi grupo espiritual y deseo experimentar lo que este salón me puede ofrecer. Entro en la pantalla de energía para absorber mi energía dentro de un estrato de compasión. Soy arrastrado a esta corriente de energía... es parte de mi alma.

Dr. N: Por favor, explíqueme esa corriente de energía.

P: Son cinturones específicos de energía purificada. Yo me mezclo con el de compasión.

Dr.N: ¿Quién crea este cinturón particular para usted en este espacio?

P: No lo sé. Yo entré y mentalmente me concentré en lo que deseaba y me fue suministrado. Entre más practico, esta energía es más potente y obtengo más beneficios.

Dr. N: No entiendo por qué es necesario para ustedes venir a este sitio para experimentar compasión, cuando pueden conseguirlo en la Tierra.

P: Sí, pero usted debe comprender que cuando voy a la Tierra y dedico mi energía al alivio de otros, ésta pierde mucho de su integridad al final de mi vida. Esto es debido a que soy inexperto como sanador.

Dr. N: Bien, si usted está aquí para esa clase de renovación, ¿por qué no me da un ejemplo más preciso de lo que usted hace en el Espacio de Transformación?

P: (tomando aire profundamente) Puedo identificar el dolor, pero para eliminarlo en el cuerpo humano debo asimilarlo. Esto eventualmente me vuelve inefectivo. Me convierto más en una esponja que en un espejo de luz. Aquí puedo practicar mi arte.

Dr. N: ¿Haciendo qué?

P: Aprendo a manipular mi energía más que a absorber el dolor. El cinturón de energía de compasión es como una piscina líquida en donde puedo nadar y volverme parte de la emoción en una experiencia que es muy subjetiva y que no puedo describirle. Esto me ayuda a trabajar en calma en un mar de adversidad. Es maravilloso... vivificante.

Escuchando las historias sobre el Espacio de Transformación me da la impresión de que la experiencia es eufórica. Si esas piscinas psíquicas de energía concentrada, que parecen transformar las almas por un tiempo, son reales o simuladas desde mi marco de referencia, es discutible. Esto es debido a que mientras mis pacientes ven el mundo del espíritu como la máxima realidad, ellos llaman este espacio como de realidad alterada. Existe un criterio constante que me ayuda a diferenciar esos conceptos en mi mente. Trabajar con modelos de realidad los cuales son temporales y que eventualmente mueren es ilusorio. El mundo eterno del alma que analiza y evalúa este proceso aparece en mis pacientes como un estado permanente de conciencia. El Espacio de Transformación es una creación para el desarrollo espiritual.

Danza, música y juegos

Existe todavía gente en el mundo viviendo en lugares remotos que toman parte en danzas y cantos espirituales como parte fundamental de su vida cultural. Hace mucho tiempo tuve el privilegio de ver y participar una noche en los cantos y danzas de una tribu de nativos Lahu. Ellos habitan las colinas birmanas y viven en la profundidad de las montañas a lo largo de la frontera birmano-tailandesa. Yo hacía parte de un pequeño grupo de occidentales que éramos los primeros forasteros llevados a ver esta particular y aislada tribu. El viaje fue difícil, llevándonos a través de la jungla y de la cordillera. Fue una experiencia mística.

Cuando mis pacientes describen la forma en que ellos expresan su interior, en el mundo del espíritu, a través de los movimientos de la danza combinada con música, yo pienso en la gente Lahu. Los Lahu son animistas y creen que todos los fenómenos naturales tienen almas y son la manifestación de una fuerza espiritual personal. Muchas sociedades tenían esas creencias en tiempos antiguos antes del nacimiento de las principales religiones. Mis pacientes explican que cuando los grupos de almas toman parte en este tipo de recreación, existen elementos de ritualismo y celebración de una fuente sagrada. Al igual que las culturas antiguas y modernas sobre la Tierra, las almas encuentran en esta forma de expresión una manera de elevar la intensidad. Esos movimientos evocan en las memorias de las almas sus orígenes en la Tierra, otros mundos y el mismo mundo del espíritu.

Danzar y cantar al unísono proporciona un sentimiento de unidad con todo el pensamiento. Cuando mis pacientes describen los efectos de esta forma de recreación del alma, es como si ellos se sintieran suspendidos en la memoria de una beatitud espiritual. Ellos hablan sobre cómo el sonido y ritmo de las arpas, liras y campaneos son una expresión de su naturaleza de almas. Los informes de algunos pacientes me recuerdan mi visita a la tribu Lahu, cuando hablan de tambores, flautas y danzas en un círculo alrededor del fuego. Uno de esos pacientes dijo:

> Nosotros tomamos parte en el baile del anillo, moviéndonos con gracia, fluidez y armonía alrededor de una fuente de luz, acompañados por el ritmo de las melodías. Nuestra energía gira en círculos, cambiando las cadencias como un

cambio en el viento de los ánimos. Para nosotros esto es una ofrenda de la intensa relación que tenemos unos con otros, nacida de miles de vidas juntas. Venimos a participar en la danza y los cantos como una afirmación de nuestra unidad y para manifestar un deseo colectivo.

Otro paciente comentó lo siguiente sobre los movimientos de la danza en el mundo del espíritu. Inicialmente, fue aparentemente rápida, entonces la danza cambió a algo más:

> Empezamos moviéndonos en círculos y entonces el ritmo se acelera más y más. Unimos toda esta fuerza, empujándola frente a nosotros, hasta que vemos como un torbellino sin espacio interior. Ahora, la danza termina y es reemplazada por una turbulencia en forma de cascada, la unión de nuestras almas. A medida que reducimos la velocidad, el efecto de la energía desplegada es útil para observar nuestra separación. Al final de esta danza hemos experimentado las intrincadas diferencias entre nuestros patrones de energía vibracional.

Algunas almas han descrito la escena anterior como "el juego de la hierba que rueda en los caminos". Esto me indica que hay solamente una fina línea entre la danza espiritual y los juegos, todos los cuales tienen interpretaciones individuales. He aquí otro ejemplo:

> Cuando danzamos, cambiamos la forma usual de nuestra energía, en forma de pera, alargándola a una media Luna encorvada que se parece a una Luna del primer cuarto. Nos movemos hacia los otros en dos o cuatro direcciones, dependiendo del número de participantes. Cambiando nuestras formas de cóncavas a convexas, de un lado a otro, para emparejar con el alma enfrente de nosotros, podemos combinarnos o separarnos con gran rapidez. Nos extendemos y entrelazamos nuestra energía mientras oscilamos adentro y afuera como en una danza de acoplamiento.

Las almas pueden tomar formas acrobáticas mientras danzan, como es indicado por la siguiente cita de un paciente:

> Mi grupo disfruta particularmente de las acrobacias. No realizamos gimnasia en la forma humana, como algunos de los otros lo hacen. Mantenemos nuestra forma ova-

lada o alargada de energía pura, preparamos un campo de energía parecido a un trampolín que usamos para dar volteretas en relevos. Eso incluye una forma de danza que es muy difícil de describir, pero es todo hecho con una gran cantidad de risas y diversión. Este movimiento durante la recreación nos acerca mucho más.

He notado que esas actividades pueden ser combinadas con piezas de comedia. Las almas que participan en esas formas de entretenimiento disfrutan alegrando a las demás. Aun no he escuchado mucho acerca de las almas actuando a gran escala por pura recreación. Esto es porque el aspecto más serio del juego, aunque sin dejar de lado el humor, es a menudo empleado durante la revisión de vidas pasadas. Esto es suficiente teatro para la mayoría de las almas.

Otras actividades recreativas tales como el arte y la composición son realizadas tranquila e individualmente. La práctica de música y escultura puede ser realizada a solas o colectivamente. Esculpir energía para el diseño estructural de objetos y la creación de pequeñas formas de vida no es realmente considerada recreativa. Ello representa una parte integral de los trabajos orientados en el salón de clase por un instructor, aunque como hemos visto esas actividades no pueden ser ejecutadas en el tiempo de ocio. La música está en una categoría especial que es propia de todos, tanto como la atracción del alma es casi universal. A diferencia de la Tierra donde muchos de nosotros somos incapaces de aprender a tocar un instrumento musical o a cantar, todas las almas son capaces de tomar parte en esas actividades fácilmente. Sonidos melódicos son usualmente escuchados a través del mundo espiritual por mis pacientes, en espacios que no son recreativos. Dentro del contexto de D & R, la música es disfrutada por las almas directamente o interpuesta dentro de espacios sutiles para el drama, la danza e incluso para juegos.

De mis investigaciones he deducido que más que ningún otro medio, la música eleva las almas con rangos de notas que van más allá de lo que conocemos en la Tierra. Parece no haber límites para los sonidos usados en la creación de música en el mundo espiritual. La gente en profunda hipnosis explica que los pensamientos musicales son el lenguaje de las almas. La composición y transmisión de resonancia armónica parece estar relacionada con la formación y presentación del lenguaje espiritual.

Según me relatan, más allá de la comunicación musical, la armónica espiritual es el pilar de la creación de la energía y unificación de las almas.

Muchas almas disfrutan cantar en el mundo espiritual, pero me tomó años encontrar un alma que fuera Director Musical. Mi siguiente caso es un paciente que ha tenido una multitud de vidas pasadas, donde ha estado conectado con la música en una forma u otra. En su última vida fue un cantante de opera italiana en los años 30.

Caso 40

Dr. N: ¿Cuál es su principal actividad recreativa en el mundo espiritual?

P: Crear música.

Dr. N: ¿Quiere decir con instrumentos musicales?

P: Oh, siempre hay eso, usted puede tomar cualquier instrumento y tocarlo. Pero, para mí no hay nada más satisfactorio que crear un coro. La voz es el más hermoso instrumento musical.

Dr. N: Pero, ¿usted ya no tiene las cuerdas vocales de una estrella de opera, entonces...?

P: (riéndose de mí) ¿Ha pasado tanto tiempo desde que usted fue un espíritu? No se necesita ningún cuerpo humano. De hecho, los sonidos que creamos son más livianos y de un rango mucho mayor que los de la Tierra.

Dr. N: ¿Cualquiera puede cantar las notas altas y bajas?

P: (con entusiasmo) Por supuesto. Todos tenemos la habilidad de ser sopranos o barítonos al mismo tiempo. Mi gente puede alcanzar notas altas y bajas, alguno da siempre el tono... sólo necesitan un director.

Dr. N: ¿Podría describir lo que usted hace?

P: (tranquilamente, con jactancia) Soy un Director Musical de almas. Un conductor de canto, esa es mi pasión, mi habilidad... mi placer de dar a otros.

Dr. N: ¿Es usted mejor en esto que otras almas debido a su talento musical en su vida pasada como un cantante de opera?

P: Oh, supongo que lo uno lleva a lo otro, pero no todos están enfocados en la música como yo. Algunas almas en los grupos musicales pueden no estar prestando atención a la clase completa. (sonríe) Debido al rango musical poseído por las almas, ellas necesitan un director para detectar a los virtuosos. Después de todo, esto es recreación para ellos, necesitan tener diversión tanto como producir buena música.

Dr. N: ¿Entonces, usted disfruta más trabajando con coros que con una orquesta?

P: Si, pero nosotros los mezclamos para cantar conjuntamente. Cuando los espíritus se aplican a sí mismos sonidos de instrumentos y voces es maravilloso. No son notas perdidas. El tejido armónico de energía musical reverbera en todo el mundo espiritual con sonidos indescriptibles.

Dr. N: ¿Entonces todo esto es muy diferente a trabajar con un coro en la Tierra?

P: Hay similitudes, pero aquí hay mucho talento porque cada alma tiene la capacidad de perfeccionar su sonido musical. Hay una gran motivación. Las almas aman esta forma de recreación, especialmente si ellas deseaban ser capaces de cantar en la Tierra pero sonaban como sapos.

Dr. N: ¿Ustedes traen almas de otros grupos diferentes al suyo para conformar este coro celestial?

P: Si, pero a la mayoría de los grupos les gusta competir y ver quien puede ser más innovador.

Dr. N: ¿Si usted pudiera mirar dentro de las motivaciones más profundas de las almas podría ayudarme a entender por qué la música es tan importante para ellas en el mundo del espíritu?

P: Porque los lleva a nuevos niveles mentales... moviendo su energía... comunicándose al unísono con un gran número de otras almas.

Dr. N: ¿Qué tan grandes grupos corales dirige usted?

P: Yo soy partidario de pequeños grupos, de alrededor de veinte, aunque hay cientos de almas de muchos grupos que están disponibles para ser dirigidas.

Dr. N: ¿Los grupos grandes son un reto para usted?

P: (tomando aire profundamente) Su rango es asombrosamente... vibrante, fluyendo en muchas direcciones... cada uno alcanza notas altas y bajas de manera increíble, sin aviso, mientras yo estoy esforzándome con sus señales... y todo es una locura.

Terminaré esta sección sobre recreación con una lista de los juegos más populares que las almas practican en el mundo espiritual. Una de mis razones para presentar el lado más liviano de la civilización de las almas es para dar ejemplos de las diferencias entre grupos del tiempo de estudio y el de recreación. Ya he discutido previamente los clanes y las actitudes más insulares de algunos grupos de almas. No deseo que mis lectores asuman que esta es una representación de los "forasteros-conocidos" mentalidad que muy a menudo vemos en los grupos culturales de la Tierra. No hay celos, desconfianza o prejuicios entre los grupos de espíritus. Mientras las almas más jóvenes están condicionadas para estar centradas en su propio grupo de entrenamiento, eso no significa que esas almas se vean a sí mismos como seres en todo diferentes de los otros grupos. La xenofobia no existe en el mundo del espíritu. La información que tengo sobre cómo los espíritus de muchos grupos practican juegos juntos es una forma que tengo de demostrar la naturaleza del comportamiento de las almas.

Sin embargo en mis conferencias, siento la necesidad de ser cauteloso de ofrecer muchos detalles sobre los juegos espirituales. Hay gente que cree que los temas de la vida después de la muerte, son demasiado serios para esas frivolidades. Unos pocos también han comentado que mis charlas sobre la recreación le quitan peso al resto de lo que tengo que decir sobre la vida del alma. A pesar de esas críticas, yo considero que es muy importante que el público sepa que la vida después de la muerte no es tan horrendamente seria, como para que las almas no puedan tener diversión.

Los juegos espirituales que he encontrado nunca son estrictamente promovidos por monitores ni dirigidos por capitanes de equipo. De hecho, las "reglas" son interpretadas ligeramente. Existen elementos de competición total, pero sin la agresión emocional que vemos en los deportes de la Tierra. Los juegos espirituales no son jugados con el objeto de que alguien gane mientras otro pierde. Los juegos son vigorosos y desprevenidos al mismo tiempo. Nuestros guías nos animan a la participación en los juegos, como una forma de practicar el movimiento de la energía, destreza y transmisión de los pensamientos de grupo. Por otra parte, he tenido pacientes cuyos grupos no participan en juegos en el mundo del espíritu. Su separación es siempre respetada. Esto es especialmente cierto con las almas más avanzadas que están tan comprometidas con otras formas de entrenamiento de energía, que practicar juegos sería una distracción.

Hay una extraordinaria consistencia entre mis pacientes en cuanto a la descripción de los juegos. Aunque podemos llevar los recuerdos de un juego nuestro al mundo del espíritu, creo que ciertos juegos con orígenes después de la vida, son traídos a la Tierra y modificados por la memoria inconsciente para usarlos en un cuerpo físico. El lector puede ser el juez del más probable origen de los juegos descritos en las siguientes notas. Empezaré mi lista con unos juegos populares con lo que parece ser una forma de "correr y tocar":

> Nos perseguimos alrededor, tratando de atrapar a cada uno de los otros fluyendo rápido en hileras rectas y entonces manteniendo esa velocidad hasta cuando volteamos abruptamente. Los espíritus más hábiles son capaces de volverse atrás, parar y empezar de nuevo sin dejarse atrapar.

Interpretaciones simples de este juego y otros más pueden ser combinados con música y danza. En esas versiones, especialmente con los jóvenes, las almas se perseguirán unas a otras dentro de áreas que han sido definidas como patios de recreo personales:

> Adoro las praderas con árboles para trepar y pasto alto donde podemos rodar persiguiéndonos y dando saltos. Podemos también cambiar a la forma de objetos para hacer nuestros juegos más interesantes.

Hay un juego del que escuché mucho, el cual me recuerda un tipo de juego donde un gran número de almas se alinean unas frente a otras y se lanzan rayos de energía. Uno también puede reconocer elementos de voleibol y en juegos de grupo cuando se intenta mantener el balón alejado de uno de los jugadores hasta que es recobrado. También se describen juegos llamados lanza rayos, los cuales requieren destreza y un rápido ajuste de la posición:

> En nuestro juego de lanza-rayos, nos alineamos en dos largas filas opuestas una de la otra. Creamos balones de energía y los lanzamos sobre una línea imaginaria o las lanzamos en trayectorias rectas o bajas a los jugadores del otro bando. Debemos estar en un área confinada para intercambiar rayos sin retardar nuestro impulso. Al principio es fácil salirse del camino mientras uno hace sus propios rayos al mismo tiempo. Luego el ritmo se incrementa y nuestra área de juego parece una granizada. Cuando nuestros rayos están volando alrededor, pueden ser esquivados o atrapados y lanzados de vuelta. El objetivo es no ser golpeado de manera inadvertida por un rayo. El jugador que es golpeado no se sale del juego, simplemente intenta con más bríos para volverse más ágil. Sentimos la complejidad de cada alma, reflejada en los rayos que nos golpean.

Otro juego de alta velocidad es algo semejante a los juegos de "romper cadena" o quizás a los "carros chocones". Las almas se alinean opuestas unas a otras en un área cuadrada, en donde en lugar de enviar un jugador cada vez para intentar romper una cadena de brazos, se abalanzan en masa unos a otros. Un paciente decía: "Este es un juego de colisión, donde sacamos a alguno de los otros, en una reacción en cadena de energía giratoria". El objetivo parece ser la creación de un alto volumen de energía concentrada. Otro paciente que participó en este juego me dijo:

> La energía que fluye de todos nosotros es concentrada para que cada jugador reciba un conocimiento sublimado de todas las otras almas. Es un juego estimulante. Hay una magnificación de toda nuestra energía, la cual es unificada. Finalmente, cuando la carga de energía dismi-

nuye, todos nos tranquilizamos y tomamos parte en una clase de danza folclórica.

Hay muchos juegos sutiles que mis pacientes tienen dificultad para describir. He escuchado a un buen número de personas sobre uno que tiene el nombre de "bola preciosa". El juego es un poco como los bolos en césped y canicas, combinado con los símbolos de las piedras preciosas, los cuales reseñé en el capítulo 4. Del caso 41, puede verse como despliegan objetos de energía coloreada, como una personificación del carácter personal, que no necesita ser limitado a nuestra comparecencia ante el Consejo de Mayores.

Caso 41

Dr. N: ¿Todos los grupos tienen algún interés en practicar los juegos?

P: No del todo. Mi grupo es muy divertido y no nos gusta permanecer mucho en el salón de clase. Algunos de los otros nos encuentran un poco salvajes e indisciplinados. Hay cuatro almas en nuestro grupo que no son muy juguetonas entonces nos conseguimos almas de otros grupos para armar nuestros equipos.

Dr. N: ¿Es verdad que las almas pueden traer todos los juegos que disfrutaron en la Tierra al mundo espiritual?

P: (dudando) Bueno, sí... pero no se ven todos...

Dr. N: ¿Por qué no? Deme algunos ejemplos de juegos que no ve.

P: No veo golf porque es muy egocéntrico, uno está mayormente jugando contra sí mismo. El tenis es un poco mejor, pero tampoco lo veo porque sólo juegan dos personas y eso es limitante.

Dr. N: ¿Eso significa que el fútbol (americano) es popular en el mundo espiritual?

P: Mmm... no realmente. No practicamos juegos con estrellas como el pasador y capitanes de equipo. El fútbol (americano) es un juego desigual, con grandes variaciones en posiciones. El fútbol que se practica en el resto del mundo sería mejor. Es difícil de explicar. Disfrutamos juegos de grupo con grandes cantidades de almas donde cada uno tiene una posición igual y participa en la misma forma... en sus movimientos.

Dr. N: ¿Yo disfruto la natación, pero supongo que ustedes no podrían ver eso tampoco?

P: (riéndose) Entonces estaría equivocado. Si usted no quiso ir a la Tierra para esto, cómo un espíritu podría crear una semblanza de agua aquí, o un campo de golf o cualquier cosa que requiera para traer recuerdos felices. Pero si usted quiere que otras almas participen con usted en juegos de deporte, entonces eso es más que un asunto colectivo.

Dr. N: ¿Entonces usted ve las diferencias entre actividades de recreación individuales y en grupo?

P: Si, las veo.

Dr. N: Muy bien. Entonces, ¿cuénteme de un juego que no es como los juegos de los que hemos estado hablando, uno que quizás no es tan robusto y libre y que aun podría ser considerado recreación?

P: (con anhelo) Oh... eso es fácil, es el juego de "bola preciosa". Muchas almas vienen a un espacio donde nos sentamos en un gran círculo. Entonces cada uno de nosotros crea una bola de energía del tamaño de una bola de tenis, la cual parece una piedra preciosa cristalina.

Dr. N: ¿Tienen los balones algún significado particular?

P: Por supuesto. Los colores de energía representan la expresión individual.

Dr. N: Muy bien, ¿qué pasa después en este juego?

P: Todas las personas sostienen sus bolas hasta que alguien dice, "¡ADELANTE!". Entonces, todos empujamos suavemente nuestras bolas hacia el centro del anillo.

Dr. N: ¿Se golpean las bolas unas con otras como en el juego de canicas?

P: Supongo... en alguna forma. Las carambolas de los balones gemas despiden salpicaduras de colores radiantes en todas direcciones...

pero ellos no se quedan quietos, nosotros los mantenemos en movimiento.

Dr. N: ¿No estoy seguro de haber entendido... (el paciente descansa y luego continua).

P: Finalmente, una viene hacia uno. Durante cada serie de juego el jugador correspondiente recibirá mi balón si hay una atracción magnética.

Dr. N: ¿Qué pasa si usted no recibe el balón de otro jugador?

P: Eso pasa muy a menudo. Nosotros jugamos turnos con grandes grupos de diferentes jugadores, finalmente un balón llegará a mi regazo.

Dr. N: ¿Dos jugadores tienen que recibir mutuamente el balón del otro?

P: No, "bola preciosa" no es un juego programado. Cualquier cosa puede pasar.

Dr. N: ¿Qué significa recibir el balón de alguien más?

P: Eso indica que podría estar unido al dueño del balón en alguna forma. Bola preciosa es un juego íntimo de expectativa y confianza, porque usted nunca sabe donde va su bola o qué recibirá de vuelta.

Dr. N: ¿Qué hacen después de que reciben la bola?

P: (risas) Usted sostiene el balón que le llegó en las palmas de sus manos. El juego de bola preciosa le da la oportunidad de aprender acerca de los aspectos privados del alma que está relacionada con usted de una manera especial. Yo he tomado muchas decisiones de compartir con cierta gente mis vidas futuras basado en este juego.

Durante mis primeras investigaciones, no tenía idea de las muchas ramificaciones de los juegos espirituales. Todos ellos tienen sus propias distinciones para dar placer. Cuando me volví más conocedor de la recreación espiritual, mis pacientes se sintieron más cómodos para contarme detalles de sus pasatiempos favoritos. Aprendí que ciertos juegos apelan al carácter particular de las almas que participan en ellos. Más adelante comprendí que algunos juegos podían llevar a ejercicios de entrenamiento y que las almas individuales de muchos grupos gravitaban sobre esta actividad. Un juego se destaca en este aspecto.

Encontré que el juego de las escondidas tenía implicaciones significativas para futuras almas viajeras las cuales estaré discutiendo en el siguiente capítulo. La ejecución de estos juegos ofrece una variedad de niveles de habilidad en la enseñanza de marcos de referencia espacial a las almas interesadas. Comencé a escuchar de este juego particular después que me dijeron de la aparición de técnicos cuando el juego se volvía más complejo. Mis pacientes los llaman Los Cuidajuegos. Estos son los entrenadores especialistas que descubrirán aquellos seres aventureros que muestran talento para viajar en las diferentes dimensiones. Aquí está una cita de un alma altamente avanzada que deseaba especializarse como viajero:

> En el mundo del espíritu, las escondidas empiezan como un ejercicio entre luz y oscuridad. Con las almas más jóvenes cargamos nuestra energía desde una distancia y luego después de un pestañeo los muchachos vienen en nuestra dirección. Bloqueamos y dejamos fluir nuestra energía telepática al mismo tiempo que mezclamos las señales visuales y mentales. Al principio creamos puertas de luz con columnas estructuradas de energía las cuales son empleadas como paneles sombreados que pueden ser organizados en líneas paralelas u horizontales. Más tarde los volvemos modelos geométricos al azar. La mayoría de los jóvenes gastan un gran tiempo aprendiendo a detectarnos y encontrarnos, mientras nosotros corremos entre las puertas, pero ellos se divierten porque esta etapa la consideran como un juego.
>
> Algunos se vuelven tan buenos que no podemos engañarlos nunca más. Con el tiempo, estas almas (las que quieren continuar) se vuelven aprendices y están listos para ser introducidos dentro de nuestro patio de recreo de zonas interdimensionales, las cuales están divididas por barreras de energía y proporciones de pulso vibracional. Esto es duro porque los aprendices deben aprender a adaptarse a las diferentes configuraciones de onda que existen en cada dimensión y acoplar su energía rápida-

mente para pasar a través de ellas. En este punto perdemos muchas almas que desisten de continuar. El trabajo es como estar en un salón de espejos. Las almas como yo que rehúsan declinar porque amamos el trabajo, debemos ahora dominar las dimensiones mentales que no tienen estructura o forma. Ellas existen como vacíos entre las dimensiones físicas. Una parte de mí considera todavía este entrenamiento como una recreación. Es muy cautivante, no puedo esperar a volver a casa y participar en este ejercicio de nuevo con mis amigos.

6

Las Almas Avanzadas

La graduación

Llega el momento en la existencia de un alma en que está lista para alejarse de su grupo primario de almas. Mi siguiente caso es sobre un alma que recientemente alcanzó el nivel III, después de miles de años de encarnaciones en la Tierra. Esta paciente mostró mucha emoción por las imágenes, en su mente, de estos eventos recientes en el mundo del espíritu. La descripción simbólica involucra analogías sobre escenas educativas que son ahora muy familiares para el lector. En su vida presente, ella es una profesora de niños con dificultades de aprendizaje.

Caso 42

Dr. N: Usted esta muy dichosa por presentarse ante su Consejo.

P: Si, me he quitado mi última armadura corporal.

Dr. N: ¿Armadura corporal?

P: Sí, mi armadura protectora, para evitar ser lastimada. Me tomó siglos aprender a ser sincera y abierta con las personas con tendencia a lastimarme como manifestación de su propio enojo. Esta fue mi última gran barrera.

Dr. N: ¿Por qué fue tan difícil para usted?

P: Me identificaba mucho más con mis emociones que con mis esfuerzos espirituales. Esto me creaba dudas en mis relaciones con otros a quienes percibía más fuertes y con más conocimientos que yo, pero ellos no lo eran.

Dr. N: Si esta última gran barrera involucraba su propia identidad, ¿cómo se ve a usted misma ahora?

P: Finalmente, usé una cuerda de flores para balancearme sobre el abismo de dolor y las heridas. Ya no malgasto mucha de mi energía innecesariamente. (pausa) El padecimiento físico y mental tiene mucho que ver con la auto identidad. En los últimos 1.000 años he mejorado al mantener mi identidad en cada vida... bajo circunstancias adversas y honrándome a mí misma como un ser humano que no puede ser reemplazado por otro. Ya no necesito armadura corporal para lograrlo.

Dr. N: ¿Qué le dijo su consejo sobre sus acciones positivas que involucraban autodefinición?

P: Ellos estaban satisfechos de que hubiera pasado esta difícil prueba, que no hubiera dejado que las circunstancias adversas de esas vidas afectaran mi visión de mí misma, de quien era realmente. Estaban muy complacidos de que hubiera alcanzado un nivel más alto de mi potencial a través de la paciencia y la diligencia.

Dr. N: ¿Por qué cree que tuvo que padecer tanto en sus vidas en la Tierra?

P: ¿Cómo puedo enseñar a otros a menos que yo misma haya sufrido para volverme fuerte?

Dr. N: Bien... (la paciente me interrumpe con algo que ha aparecido en su mente como resultado de mi última pregunta).

P: Oh... ellos tienen una sorpresa para mí. Oh, soy ¡TAN FELIZ!

Nota: En este momento mi paciente rompe en llanto con lágrimas de alegría y anticipación ante la escena que estaba desplegándose en su mente. Le alcancé mi caja de pañuelos y continuamos.

Dr. N: Adelántese y cuénteme todo sobre la sorpresa.

P: (efervescentemente) ¡Es el momento de la graduación! Estamos reunidos en el templo. Aru, mi guía, está aquí con el presidente de mi Consejo. Profesores maestros y estudiantes de todas partes están congregados aquí.

Dr. N: ¿Me puede describir cuántos profesores y estudiantes ve?

P: (apresuradamente) Ah... como doce profesores y quizás cuarenta estudiantes.

Dr. N: ¿Hay algunos de los estudiantes de su propio grupo primario?

P: (pausa) Hay tres de nosotros. Los estudiantes que están listos han sido traídos de otros grupos. No conozco a la mayoría de ellos.

Dr. N: Noto cierta duda de su parte. ¿Dónde están los otros de su propio grupo?

P: (con pesar) Ellos no están listos aun.

Dr. N: ¿Cuál es el color de todos esos estudiantes a su alrededor?

P: Brillante, amarillo sólido. Oh, usted no tiene idea del tiempo que nos ha tomado llegar hasta aquí.

Dr. N: Quizás. ¿Por qué no me describe los procedimientos?

P: (tomando aire profundamente) Cada uno tiene un humor festivo, es como una fiesta. Estamos alineados y flotando en... y voy a sentarme al frente. Aru me sonríe, orgulloso de mí. Los maestros dicen unas pocas palabras, reconocen lo duro que hemos trabajado. Luego, nuestros nombres son pronunciados.

Dr. N: ¿Individualmente?

P: Si, escucho mi nombre, "Iri"... yo floto hacia delante para recibir un pergamino con mi nombre escrito en él.

Dr. N: ¿Qué más tienen esos pergaminos?

P: (con modestia) Es muy privado... sobre aquellos logros que me tomaron tiempo... y cómo los superé.

Dr. N: Bien, de alguna forma esto es más que un diploma. Es un registro testimonial de su trabajo.

P: (con suavidad) Sí.

Dr. N: ¿Alguien está usando capas y vestidos?

P: (rápidamente) ¡No! (luego sonriendo) Oh... ya veo... se está burlando de mí.

Dr. N: Bien quizás un poco. Cuénteme Iri, ¿qué pasa después de la ceremonia?

P: Nos reunimos alrededor para hablar sobre nuestras nuevas asignaciones y tengo la oportunidad de encontrarme con algunas de las almas que están en mi área de especialidad. Nos encontraremos otra vez en las nuevas clases que harán un mejor uso de nuestras habilidades.

Dr. N: ¿Cuál será su primera asignación, Iri?

P: Yo estaré nutriendo las almas más jóvenes. Es como si estuviéramos cultivando flores de los arbustos. Las alimentamos con ternura y comprensión.

Dr. N: ¿Y de dónde cree que vienen esas almas más nuevas?

P: (pausa) Del huevo divino...el útero de la creación, hilado como el hilo de seda... y luego llevados a la guardería de almas... y luego a nosotras. Es muy excitante. La responsabilidad será un desafío.

Movimiento a los niveles intermedios

Cuando trabajo con un paciente que está transitando dentro de un grupo de nivel III, puede haber una confusión inicial, como el por qué ellos se ven a sí mismos saliendo y regresando a su grupo primario de manera regular. Durante la hipnosis no todos son capaces de ver una escena en su mente e integrar rápidamente este cuadro a la película total de su vida espiritual. La tarea de un facilitador es proceder lentamente y permitir que la escena se despliegue naturalmente. Un paciente que todavía no se había graduado, pero que había empezado el proceso me dijo: "Estoy empezando a sentirme un poco desligado de mi familia. Hay nuevas almas a mi alrededor con las que no he trabajado antes".

La integridad del grupo original de un alma permanece intacta de una manera eterna. Indiferentemente de quien se gradúa, nunca se pierden los lazos entre viejos compañeros. Los grupos primarios empiezan su existencia juntos y permanecen estrechamente asociados a través de cientos de años de encarnaciones. He tenido almas que han permanecido con su grupo primario por aproximadamente cincuenta mil años antes de que estuvieran listos para moverse a niveles intermedios, mientras un pequeño porcentaje ha logrado su estado de desarrollo en cinco mil años. He encontrado que una vez que alcanzan el nivel III, las almas empiezan a crecer mucho más rápidamente dentro de los niveles avanzados. Las almas se desarrollan a diferentes proporciones, mientras van desplegando una gran variedad de talentos. He notado que cuando las almas empiezan a gastar menos tiempo en recreación y socialización, están trabajando más duro y concentrándose más en perfeccionar ciertas habilidades que pueden contribuir a sus fuerzas de conciencia cósmica.

Al llegar al nivel III, hay un cambio en el comportamiento del alma. Esas almas están empezando a expandir su visión más allá de los grupos primarios. Las almas avanzadas no descuidan todo lo que han conocido hasta ese momento, es sólo que ahora están muy enfocados en su entrenamiento para poder conseguir todas sus metas. Esas almas están fascinadas con lo que pueden hacer y desean volverse aun más hábiles. Cuando se están aproximando al nivel IV del rango de desarrollo, la transición es completa.

Durante el curso de su transición los recientes nivel III reconocen rápidamente que no están limitados a una sola aula de clase. Sus viejos amigos están conscientes de lo que está sucediendo, pero parece estar mutuamente entendido que no se pueden hacer muchas preguntas acerca de esas ausencias. Quiero referirme a la experiencia del alma Lavani en el caso 20. La transición es lenta, manteniéndose con la práctica de un cuidado infinito que es muy evidente en todo el entrenamiento espiritual. Las asignaciones a nuevos grupos de especialidades son establecidas con base en la disposición y preferencias de las almas, teniendo en cuenta varias consideraciones. Los tres factores principales que percibo para la selección de la especialidad son el talento, las realizaciones pasadas y el deseo personal. Yo afirmaría que las necesidades del mundo del espíritu son otro factor importante, pero esa información me es negada.

Supongo que podría decirse que cuando un alma es elevada a niveles intermedios de entrenamiento, está siendo iniciada dentro de una hermandad. Sin embargo, no las compararía con las hermandades históricas de artes de la Edad Media, las cuales eran llamadas Escuelas de Entrenamiento Misteriosas. Éstas eran organizaciones exclusivas y muy secretas, para ciertos miembros únicamente. Aunque hay elementos de privacidad que son otorgados a las almas seleccionadas para entrenamiento especializado, ésta no es de ninguna manera elitista. Nuevos aspirantes son siempre bienvenidos a los grupos de especialistas.

Estas reuniones de almas más especializadas son muy libres inicialmente. Yo los he definido como un grupo de estudio independiente. El entrenamiento empieza lentamente en un período básico con diferentes profesores especializados. Esto permite una evaluación periódica de las almas por parte de sus entrenadores. Las almas que están probando las aguas pueden dejar esa especialidad mientras otros candidatos promisorios pueden ser adicionados. Esta práctica está en oposición con la formación a largo plazo presente en los grupos primarios de almas. La instrucción se vuelve más intensa a medida que esos nuevos grupos demuestran que pueden manejar nuevas asignaciones. En estas primeras etapas, mientras las almas están siendo alejadas de sus grupos originales, todavía mantienen sus guías regulares y cumplen funciones en el grupo primario. Los estudios independientes hacen mucho énfasis en el auto-direccionamiento del alma en sus tareas, el cual se hace más evidente cuando alcanzan los niveles IV y V.

En capítulos anteriores se ha mencionado un número de especializaciones espirituales. A modo de presentación, ellos han sido descritos como Maestros de los Sueños, Redentores de Almas Perdidas, Guardianes de la Neutralidad, Maestros de Restauración, Madres Incubadoras,

Almas Archivadoras, Almas Cuidadoras de Animales, Directores Musicales y Guardajuegos. Parece que existen responsabilidades compartidas entre ciertas especialidades. Por ejemplo, los Guardajuegos, que entrenan a otros en el arte de viajar, también podrían ser Almas Exploradoras para descubrir nuevos sitios útiles en D & R y los más serios aspectos planetarios de entrenamiento de energía. En este capítulo citaré más ejemplos de especialidades de almas. Estoy seguro que los lectores reconocerán qué área de especialidad se ajusta más a sus propias inclinaciones.

Este no parece ser un sendero que eventualmente llevaría las almas a ser parte de un Consejo. Los Mayores parecen venir de una variedad de especializaciones. Yo creo que la mayoría de la gente siente que los profesores guías probablemente tienen una ventaja hacia tales posiciones. Por supuesto, es natural que convertirse en Guía parezca ser la primera profesión escogida por los pacientes promedios. Sé que esta percepción está influenciada por el hecho de que mientras todos mis pacientes tienen guías, muy pocos tienen contacto con almas avanzadas en otras especialidades. Yo solo puedo imaginar que otras especializaciones de almas son ofrecidas pero que ningún paciente puede describirlas.

Cuando toco el tema de las áreas de especialidad en mis conferencias, muchos dicen que ellos pensaban que todas las almas estaban siendo preparadas para ser profesores guías. Yo tenía la misma idea en las primeras fases de mi investigación. Eventualmente, aprendí que mientras enseñar es una especialidad principal en el mundo del espíritu, eso no significa que la mayoría de las almas se hagan grandes maestros. Debido a que enseñar es muy vital para el alma, empezaré con una categoría de este campo que no he tocado antes.

Especializaciones

Maestros de guardería

En *El viaje de las almas* había discutido las actividades de los instructores guías mayores y menores y mis pacientes han documentado las actividades de sus guías en este libro. No obstante, no se ha ofrecido mucha información sobre las almas avanzadas, quienes son brillantes profesores en entrenamiento. Ellos son llamados los Maestros de Guardería, o

Conserjes de niños, porque las almas jóvenes con las que ellos trabajan no han empezado sus encarnaciones todavía.

Siguiendo el caso 14 en el capítulo 3 cité los recuerdos recientes de un alma muy joven en la Tierra que explicaba que una vez que un alma nueva es creada, no son inmediatamente lanzadas a una encarnación física. La Tierra es como una muy difícil escuela de entrenamiento y es mejor que a muchas almas nuevas se les permita un tiempo para ajustarse a la vida planetaria como no encarnados. Esto es ilustrado con el siguiente comentario de un paciente:

> Recuerdo cuando era un alma muy joven y vine a la Tierra por primera vez con un par de amigos. Como espíritus, flotábamos alrededor para comprobar nuestra capacidad y adaptabilidad a este lugar mientras éramos acompañados por nuestro profesor. Se nos enseñó a reunir las vibraciones magnéticas de este planeta y mezclarlas con las nuestras. Necesitábamos sentir cuanto nos tomaría estar en una forma física aquí.

Pienso que una gran mayoría de mis pacientes se sienten inclinados al entrenamiento con maestros para ser guía. Esto sucede porque ellos veneran sus propios guías, quienes tienen una fuerte influencia en su desarrollo presente, razón por la cual desean emularlos. Por supuesto las aspiraciones presentes de un alma y su eventual especialización pueden no coincidir. Los profesores deben ser buenos comunicadores. Aun un comunicador experimentado, capaz de motivar, podría no tener la habilidad para trabajar con una mente espiritual, tratando de integrarla con muchos egos humanos en todos sus cuerpos físicos.

Los maestros de guardería que trabajan con almas muy jóvenes, pueden no elegir convertirse en guías para la población general de almas por muchas razones.

Trabajar con almas niños es retador porque muchas almas jóvenes no parecen ser capaces de seguir con sus reencarnaciones y requieren estudios terapéuticos. El caso 16 nos dice algo sobre la escena espiritual de los maestros y sus alumnos elementales, lo cual ampliaré en el caso 43.

Tengo que moverme muy sigilosamente con mis pacientes avanzados y preguntarles sobre los colores de las almas en sus descripciones es una gran ayuda. El hombre del caso 43 está entrando al nivel IV de habilidad y acaba de terminar de comentarme sobre la variedad de luces amarillas y azules en su propio grupo de especialidad compuesto por tres almas. Estaba listo para seguir con algo más cuando se me ocurrió una pregunta que abrió una nueva y completa seguidilla de inquietudes.

Caso 43

Dr. N: ¿Son esos todos los colores que ve en su vecindad?

P: No, hay once chicos de luz blanca, agrupados afuera, a la izquierda de nosotros. Su energía es más pequeña, con un corto modelo de energía y muy esparcido. Los jóvenes son muy exuberantes.

Nota: En este punto mi paciente se emocionó cuando reconoció a una de esas almas como su hijo en la actualidad. Le dejé disfrutar este momento y luego proseguimos.

Dr. N: ¿Ve alguna diferencia en la intensidad de la luz de esas once almas?

P: No mucha. Los niños muy inocentes y tímidos tienen luz opaca. No tenemos ninguno de ellos ahora.

Dr. N: ¿Qué relación tiene usted con esas once almas?

P: He estado ayudando a su entrenamiento con dos colegas a quienes conozco hace poco porque vienen de otros grupos.

Dr. N: ¿Ustedes tres tenían algún aspecto en común en la Tierra para prepararlos para esta asignación de inicio en la enseñanza?

P: Bueno, en nuestras vidas pasadas éramos profesores, sacerdotes, sanadores… esa clase de cosas. Uno debe tener sensibilidad y mucha paciencia para esta clase de trabajo (se detiene y luego agrega como un pensamiento posterior). Usted sabe, los profesores pueden aprender de sus alumnos.

Dr. N: Estoy seguro que eso es cierto. ¿Por qué no me da una pista de donde están justo ahora, en el mundo del espíritu, usted y esos niños?

P: Somos enviados a áreas neutrales para entrenamiento porque sería muy inhibitorio para esos niños estar cerca de aulas regulares de enseñanza.

Dr. N: ¿Qué está sucediendo en este momento?

P: (risas) Ellos están corriendo en todas direcciones, más interesados en hacerse travesuras que en aprender algo. Las cosas cambiarán cuando empiecen a encarnar.

Mi siguiente cita es un resumen del caso de una mujer que está trabajando con almas que apenas han empezado a encarnar:

> Tengo mis manos llenas con siete loquitos. A ellos les gusta ser hombres y mujeres de mundo durante sus encarnaciones. Sólo quieren ser niños y no tomar la vida seriamente. Están demasiado aficionados a los placeres terrenales como para querer tratar con las cosas difíciles. Su mayor interés es verse hermosos en la siguiente vida. Ulant, mi guía mayor, los ha dejado conmigo y no los veo mucho. Debo admitir que mi estilo es demasiado indulgente. Uso cantidades de amabilidad y amor. Algunos de los otros profesores dicen que los estoy malcriando al extremo. Sé de profesores que expresan mucha frustración y se vuelven severos con sus jóvenes estudiantes, especialmente aquellos con potencial. El Consejo está interesado en mi método de enseñanza. Ellos quieren probar mi teoría de permisividad en lugar severidad extrema con castigo mental. Mi concepto de enseñanza es que una vez que estas almas niñas empiecen a desarrollarse, el salto que ellos darán en su maduración será más rápido porque ellos no tendrían que sufrir en su autoestima por lecciones muy difíciles y retrocesos muy tempranos.

Ética

Por mucho tiempo consideré que la instrucción de la ética era parte de toda la enseñanza más que una especialidad por sí misma. El siguiente caso es de un hombre de Detroit de veintiséis años de edad, un nivel V, cuyo nombre espiritual es Andarado. Inicialmente traté de disuadirlo de venir a verme. Usualmente no recibo pacientes por debajo de los treinta años de edad, porque no creo que la mayoría de las personas jóvenes hayan pasado por tantas dificultades en el camino de la vida. Sus bloqueos amnésicos deben estar muy firmemente sembrados. Existe también una mayor posibilidad de obstrucciones durante la hipnosis, por parte de sus guías espirituales, quienes podrían sentir que es muy temprano para que sus estudiantes vean ciertos senderos kármicos. Andarado fue una excepción y me siento complacido que él haya ignorado mis preocupaciones.

Este paciente me había enviado una carta diciendo: "Estoy ansioso de experimentar mi identidad inmortal, porque tengo la fuerte sensación de que sé cosas y tengo habilidades más allá de lo que debería para mi edad". Yo escucho esas declaraciones de mucha gente joven y muy a menudo, después de una sesión conmigo, su estado de desarrollo no es el que ellos se imaginan. Pero eso no sucedió con este paciente. Cuando conocí a Andarado, me sorprendí por su intensidad, perspicacia y autocontrol, la cual encontré inusual para alguien de su edad.

A medida que progresaba la sesión, encontré que Andarado primero vino a la Tierra durante la construcción de Babilonia. Lo que me pareció bastante tarde en tiempo terrenal para una luz azul. Me contó sus encarnaciones empezando en un oscuro y tranquilo mundo con inteligencia aunque sin emociones, donde formas de vida fueron muriendo como una raza. Este era un mundo consagrado a la razón y la lógica. Eventualmente Andarado solicitó una transferencia a un mundo más luminoso donde él podría encarnar en un ser más sensitivo. Entonces fue designado a la Tierra.

Mientras revisábamos sus experiencias pasadas en un aula de clase, capté el interés de Andarado por entender cómo la energía magnética planetaria afectaba el comportamiento inteligente de ciertos mundos. Su más reciente asignación fue crear un tejido cerebral para una pequeña criatura felina. Andarado explicaba: "Yo ajusté una celosía de energía para dibujar y estudiar modelos de respuestas de comportamiento. Tengo que ser cuidadoso de no enganchar una batería de 12 voltios dentro de un sistema de 6 voltios". Asumí que estaba estudiando para ser un Maestro de Diseño pero estaba a punto de llevarme una sorpresa.

Caso 44

Dr. N: Andarado, hemos hablado de su trabajo en el mundo espiritual enseñando a estudiantes. También ha explicado un poco sobre sus estudios de creación de la energía con los procesos de pensamiento de formas de vida inferiores. Esto me lleva a concluir que usted se está preparando para ser un especialista en alguna enseñanza o diseño.

P: (risas) No es cierto, me entreno para ser un maestro en ética.

Dr. N: ¡Oh! ¿Qué hay de esas dos áreas de sus estudios primarios de las que acabamos de hablar?

P: Ellas me han sido ofrecidas como pre-requisitos para ser más efectivo como un maestro en ética. Esta es mi pasión, trabajar con los códigos de moral de los seres inteligentes.

Dr. N: ¿Pero no es acaso la revisión de la moralidad, valores y la medición de la conducta la base del trabajo de todos los maestros guías?

P: Si, pero los principios morales cuando se relacionan con valores objetivos son muy esenciales para el desarrollo humano, uno puede especializarse en ese campo. Hay usualmente un ético en cada Consejo.

Dr. N: ¿Por qué gastan tanto tiempo en otro mundo antes de venir a la Tierra?

P: Ser versado en la moralidad de otras sociedades inteligentes es un buen entrenamiento para cualquier ético.

Dr. N: Bien, Andarado, cuénteme, ¿cuántas almas estudiantes de la Tierra le asignaron cuando empezó a trabajar, entre vidas, con su vocación verdadera?

P: Al comienzo sólo un par.

Dr. N: ¿Supongo que eran almas muy jóvenes?

P: Si, pero luego eso cambió y ahora tengo dieciocho almas de nivel medio.

Dr. N: ¿Por qué se le permite trabajar con almas de nivel III, cuando usted no ha terminado sus encarnaciones en la Tierra?

P: Esa es la razón exacta de mi presente asignación. No tengo la experiencia suficiente para ayudar a las almas menos desarrolladas que tienen muchos problemas. Dado que aun no estoy bien adaptado, no me dan los casos realmente difíciles. Yo puedo dar consejos a las almas de forma más madura, porque no hace mucho yo estuve en sus zapatos.

Dr. N: ¿Usted trabaja con sus estudiantes en el mundo del espíritu y también mientras ellos están en la Tierra?

P: (con firmeza) No durante los períodos en que están encarnando en la Tierra. Esa es la prerrogativa de sus guías maestros. Yo trabajo con ellos únicamente en el mundo del espíritu.

Dr. N: Y con respecto a la ética, ¿es una prueba para la sociedad humana?

P: Principalmente porque es muy fácil para los seres humanos tender a alejarse del comportamiento moral y racionalizar sus acciones.

Dr. N: ¿Usted diría que esto ocurre porque las personas normales son pragmáticas en creer que el fin justifica los medios, siendo percibido individualmente como un éxito?

P: Si, y para la gente esto parece estar en oposición con la universalidad.

Dr. N: ¿Usted ve alguna resolución en el conflicto entre la universalidad y el riguroso individualismo de las actitudes humanas?

P: Trabajar para el mejoramiento del mundo podría eventualmente ser infructuoso con intolerancia hacia aquellos que son diferentes a nosotros. La necesidad de estatus personal y elitismo es el conflicto porque es igualado con la felicidad.

Dr. N: ¿Entonces, usted ve nuestro dilema como el conflicto entre satisfacer un deseo de felicidad personal y el logro de metas individuales por encima del alivio del sufrimiento entre la población humana?

P: Para muchos en este planeta ese es el dilema del egoísmo.

Dr. N: ¿Puede aclarar esto un poco más? ¿Está diciendo que los seres humanos por naturaleza no son una raza igualitaria y caritativa?

P: La mayoría de los humanos tiene este dilema. Aunque muchos no consideran que ser egocéntrico es un problema para ellos. Esa es la gran prueba de venir a la Tierra y la razón por la que mi trabajo es tan difícil aquí. La lección de la Tierra, en lo que se refiere a moralidad y ética, es para el alma estar encajada en el cuerpo de un ser cuyos instintos naturales claman por supervivencia personal. El padecimiento de otros es secundario.

Dr. N: ¿No encuentra nada bueno en la naturaleza humana que esté unido a la conciencia de un alma?

P: Por supuesto, esa es la mayor parte de mi especialidad, desarrollar estos elementos de bondad, para que sean una reacción natural ante circunstancias difíciles en la Tierra.

Dr. N: ¿Puede la necesidad de autoconfianza estar en oposición con la consideración por otros en este planeta?

P: Los ideales personales y valores pueden convertirse en felicidad general para la sociedad como un todo, si nos comprometemos totalmente con la rectitud de la mente espiritual como el poder central del ego.

Dr. N: ¿Cuál es el consejo más valioso que usted le da a sus estudiantes antes de que regresen a la Tierra?

P: (sonriendo abiertamente) Ellos son como caballos de carreras, entonces les recomiendo ser pacientes e ir paso a paso. La energía que está controlando el cuerpo humano debe ser liberada cuidadosamente. Ellos están en la etapa de aprendizaje del fino balance del comportamiento ético. Cuando viven en un mundo físico tan denso como la Tierra, deben tener cuidado de ser absorbidos por ésta, para que puedan ser efectivos.

Después de que finalicé con este paciente, reflexioné sobre como muchos psicólogos creen que el sistema sensorial humano es sobredesarrollado como una consecuencia de nuestros orígenes primitivos. La agresión y la conducta de anulación han sido unas maneras de supervivencia para los humanos desde la edad de piedra. En nuestro proceso evolutivo, tenemos un cerebro, el cual todavía no tiene un completo control sobre nuestras respuestas corporales. Tendemos a perder la racionalidad cuando estamos bajo un alto estrés emocional. Jung nos dijo: "Lo racional y lo irracional existe conjuntamente y personas sanas reconocen la acción de ambas fuerzas sobre ellos. Deberíamos mirar nuestra neurosis mental y dolencias físicas como modelos de valor inconsciente".

La mayoría de nosotros empezamos cometiendo una gran cantidad de errores tontos y al final de nuestras vidas nos volvemos más inteligentes. La idea de regresar en repetidas encarnaciones, es que eventualmente deberíamos hacer lo correcto más temprano y llevar una vida productiva desde el principio. En este aspecto a menudo somos manejados por el ego y olvidamos que lo que es bueno para nosotros es generalmente bueno para otra gente. Infortunadamente el filósofo Kant tenia razón cuando dijo: "Si creemos en la inmortalidad del alma creada por una fuente divina, esto presupone voluntad libre, que no puede incluir comportamiento moral".

Hay una gran necesidad de las almas éticas. Puede decirse que hay razones por las malas acciones cometidas por algunas personas debido a la coexistencia de un alma subdesarrollada con un cerebro humano perturbado. Debido a esas condiciones, nuestra libre voluntad de tomar buenas opciones podría ser más inhibida. He tratado de mostrar que en el mundo del espíritu las almas no usan estos argumentos como una excusa válida para la falta de control sobre las emociones en un cuerpo físico.

La solución para que todos nosotros podamos mejorar es mantenernos en un proceso de continua evolución para ser mejores de lo que éramos. Nuestros guías espirituales fueron una vez como nosotros, antes de alcanzar su presente status. Se nos dan muchos cuerpos y todos ellos son imperfectos. Más que ser obsesivos con nuestros cuerpos, que sólo tendrán esta vida, concentrémonos en la evolución de nuestra alma y mantengamos su poder espiritual. Si hacemos esto, nuestra capacidad para conectarnos con otros evolucionará y eventualmente descifrará el dilema de las diferencias morales articulado por el alma Andarado.

Almas armonizadoras

Esta especialidad representa una extensa clasificación de almas con muchos subgrupos. No obstante, mientras entro a la mente de tantas personas, veo una interdependencia y conexión detrás de todas las especialidades de las almas. Las almas en la categoría general de Armonizadores, a menudo encarnan como comunicadores, trabajando en una variedad de capacidades. Cuando son seres desencarnados, me han dicho que trabajan como restauradores de energía sobre la superficie de la Tierra. Las Almas Armonizadoras encarnadas podrían ser hombres de estado, profetas, mensajeros inspirados, negociantes, artistas, músicos y escritores. Usualmente son almas que balancean la energía de eventos planetarios que involucran relaciones humanas. Pueden ser figuras públicas o privadas, que operan detrás del escenario de eventos mundiales. Esas almas no son sanadoras en el modo tradicional de trabajar con individuos porque ellos trabajan sobre una escala más amplia intentando disipar la energía negativa.

En mi primer libro, escribí sobre los Sabios, almas altamente avanzadas que están encarnando en la Tierra todavía, aunque pienso que es innecesario para su desarrollo personal. Me dicen que son lingüistas experimentados, con la habilidad de pronunciar palabras en tonos y vibraciones que tocan profundamente a las personas. Esos seres sabios están aquí porque su misión es ayudar a la humanidad en una forma física directa. Ellos no son entrometidos y pueden no querer atención pública. De lo que puedo deducir, no son muchos. Estas almas altamente evolucionadas son consideradas observadoras activas de eventos. Ellas informan sobre las tendencias humanas que creen requieren especial atención. Por esta razón los incluí dentro de las Almas Armonizadoras.

Para mis pacientes es evidente que los Sabios, de alguna manera están conectados con otro grupo de armonizadores especialistas en el mundo del espíritu a quienes ellos llaman los Vigilantes. Esos seres no encarnan pero reciben información de muchas fuentes acerca de las condiciones sobre la Tierra y otros mundos también. Tengo una información muy valiosa al respecto. Esta información viene de unos pocos pacientes que tienen conocimiento de estos seres a través de su propio entrenamiento para ser Almas Armonizadoras. Presumiblemente, un Vigilante proporciona información a otros Armonizadores, quienes actúan para moderar los efectos de las fuerzas sociales y físicas que crean caos en la Tierra. El siguiente caso es de un nivel V llamado Larian quien está en entrenamiento para ser un Armonizador.

Caso 45

Dr. N: Larian, ¿Podría explicarme algo sobre su especialidad de armonizador y qué es lo que hace usted?

P: Yo soy un recluta raso, pero trataré. Estoy aprendiendo sobre armonizar la energía discordante de la Tierra para ayudar a la gente.

Dr. N: ¿Quiere decir con los elementos físicos de la Tierra, como fuertes vientos, fuego, terremotos, esa clase de cosas?

P: Yo tengo amigos en esos campos, pero esa no es mi área de estudio.

Dr. N: Muy bien, entonces antes de llegar a sus tareas, ¿qué están aprendiendo sus amigos?

P: Esos restauradores planetarios, suavizan las consecuencias destructivas de las fuerzas físicas naturales, las cuales producen grandes cantidades de energía negativa.

Dr. N: ¿Por qué los poderes que existen en el mundo espiritual no previenen esos desastres naturales, para que no sucedan y así salvar la gente de una cantidad de penas?

P: (sacudiendo la cabeza) Entonces no habría catástrofes naturales en la Tierra, las cuales son entendidas como parte de las condiciones de vida en la Tierra. Un armonizador planetario no interfiere con esas fuerzas, aun si tuvieran la capacidad, por lo tanto no creo que lo hagan.

Dr. N: Entonces, ¿cuál es su función?

P: Extender semillas de energía coherente dentro de la energía perturbada, para neutralizar la gran concentración de energía negativa. Ellos trabajan con polaridad y fuerza magnética para ayudar en la recuperación humana. (muecas). Les llamamos las "aspiradoras".

Dr. N: Bien Larian, ¿Dónde ubica su trabajo personal en el orden de las cosas?

P: Espero hacer una contribución con los eventos catastróficos creados directamente por la gente.

Dr. N: ¿Cuántos otros aprendices hay en su sección?

P: Cuatro

Dr. N: ¿Usted y sus asociados planean parar guerras?

P: (perturbado) Creo que no me estoy comunicando bien con usted. Nuestro entrenamiento no está diseñado para interferir las mentes de la gente que causa sufrimiento humano.

Dr. N: ¿Por qué no? ¿Está diciendo que un Alma Armonizadora como usted no interferiría de alguna forma con una psicópata inclinación Hitleriana hacia la destrucción?

P: La mente del psicópata es cerrada a la razón. Estoy en entrenamiento para mantener la energía positiva alrededor de cabezas más tranquilas, quienes pueden hacer la diferencia en eventos mundiales.

Dr. N: ¿No es esa interferencia con la libre voluntad, causa y efecto y el problema general de la influencia kármica natural?

P: (pausa) Las condiciones están todavía en el lugar para el despliegue de la causa y el efecto. Nosotros deseamos permitir pensamientos más naturales, enviando ondas de energía positiva a la gente correcta. No orquestamos soluciones. Ofrecemos una atmósfera tranquila para el diálogo.

Dr. N: Sabe Larian, me parece que usted está caminando en el hilo que separa el interferir de no hacerlo.

P: Entonces no nos estamos comunicando. Quizás si le explico más de lo que estoy haciendo ahora usted verá la diferencia. Estoy aprendiendo a ajustar mi haz de energía para difundir y reestructurar las fuerzas de la energía humana negativa generada cada día en la Tierra. Es como abrir un dique para proporcionar el agua necesaria para volver un valle fértil.

Dr. N: No sé si ya estoy convencido, pero por favor continúe.

P: (pacientemente) Voy a una cúpula grande para practicar con mi pequeño grupo. Arlett está allá, ella es nuestra instructora, muy consumada, capta nuestros errores de inmediato. Es aquí donde practicamos el arte de balancear las vibraciones que no están en armonía. Eventualmente esperamos suavizar grandes masas de modelos de energía disociadora sobre la Tierra.

Dr. N: ¿Qué ocurre en la cúpula?

P: Proporciona una base geométrica para ciertas oscilaciones e intervalos para simular ondas erráticas de pensamientos humanos de grandes grupos. Ésta es deliberadamente desbalanceada por nosotros. Se supone que la suavizaremos.

Dr. N: Mmm... ¿para adoptar expresiones de pensamiento armónico?

P: Sí, pensamiento y comunicación. También estudiamos tonos vocales y analizamos sus formas, ninguno de los cuales influye con pensamientos negativos. Queremos ayudar a la gente que desea ayudarse a sí misma. Esa no es interferencia directa.

Dr. N: Muy bien Larian, pero cuando ustedes se vuelven Almas Armonizadoras hábiles, ¿qué poderes poseen?

P: Nos convertiremos en transmisores de energía recuperada para combatir la desilusión de la masa. La melodía de un susurro armonizador a través de los corredores de la Tierra, donde vendrán cosas mejores. Somos mensajeros de esperanza.

Después de escuchar las explicaciones de un número de Almas Armonizadoras, he llegado a creer que esos maestros espirituales que diseñaron este laboratorio de caos que llamamos Tierra, no se marcharon después de ponerlo en movimiento, sino que se preocupan por nuestra supervivencia y siempre mantienen un ojo en nosotros. Francamente, durante gran parte de mi vida no creí que esto podría ser cierto. Hay un tema común que escuché entre las Almas Armonizadoras. Ellas desean dar a la gente la forma de ayudarse a sí mismos, mientras puedan, pero ellos no son la conciencia de los seres humanos y no interfieren con nuestra libre voluntad. Fuimos creados y enviados a la Tierra para resolver problemas con la matriz de una forma de vida inteligente, viviendo en un ambiente difícil que involucra sufrimiento, pero también gran belleza y promesa. Este es el balance que debemos reconocer en nuestra realidad día tras día. Hay un viejo proverbio chino que dice "contamos nuestras miserias cuidadosamente y aceptamos nuestras bendiciones sin mucho pensarlo".

Maestros de diseño

Mientras esta especialización es también multifacética, para mí representa dos subdivisiones mayores de almas. En un ambiente geofísico, hay especialistas puramente estructurales y otros que crean cosas vivientes dentro de estas matrices. Los aprendices de Maestros de Diseño que conocí en mi limitada experiencia, son asignados para trabajar en un universo físico, frecuentemente con planetas no habitados y en proceso de enfriamiento después de ser originados en el universo. Aquellas almas que están involucradas con la creación de formas de vida, están comprometidas con mundos donde nueva vida está evolucionando.

Empezaré revisando las actividades de las almas estructurales que están en entrenamiento para usar la energía para el diseño de la geología planetaria. Pienso en ellos como arquitectos, constructores de topografía, quienes trabajan con las partes componentes construyendo las características de la superficie planetaria. Esto podría incluir montañas, cuerpos de agua, atmósferas y clima. Aunque los especialistas estructurales son asociados con las almas dedicadas a adornar con plantas, árboles y criaturas vivas, ese trabajo es considerado una clasificación separada del diseño. Las almas orientadas estructuralmente probablemente empiezan su destreza construyendo, en el mundo espiritual, objetos que conocieron en vida.

Caso 46

Dr. N: ¿Cuántas almas había en su grupo original?

P: Veintiuna… la mayoría de nosotros hemos sido separados.

Dr. N: ¿Eso quiere decir que usted no ve mucho a su grupo original?

P: (reflexiona) No, no es eso, solamente estamos dispersos, la mayoría de nosotros no trabajamos juntos nunca más (aclarando) Veo a mis viejos amigos en otros momentos.

Dr. N: ¿Algún miembro del viejo grupo vino con usted?

P: Tres… y quedaron dos.

Dr. N: ¿Cuántas almas han sido asignadas a su nuevo grupo?

P: Ocho ahora y escuchamos que viene uno más.

Dr. N: Siento curiosidad por saber cómo ocurrió este cambio en sus esfuerzos. ¿Podría explicarme cómo fue para usted la transición fuera de su grupo original?

P: (pausa prolongada) Bien, al principio noté que otro guía empezaba a llegar a nuestras sesiones de estudio. Aprendimos que su nombre era Baatak. Él había sido invitado por mi guía Eirow para observarnos por un rato.

Dr. N: ¿Asistía Baatak durante todas las fases de sus actividades de trabajo en ese tiempo?

P: No, él vino únicamente durante los períodos estructurales.

Dr. N: ¿Y cuál fue la naturaleza de su trabajo estructural entonces?

P: Oh, usted sabe, el uso de energía en composición estructural. Me gusta esculpir materia en diseños utilitarios.

Dr. N: Ya veo… bien, volveré a eso. Cuénteme, ¿Baatak participaba en sus actividades de grupo durante sus visitas al grupo original?

P: No, él era un observador. Observaba cuidadosamente a cada uno de nosotros durante los períodos estructurales. Ocasionalmente hacía preguntas específicas de cómo el trabajo que estábamos realizando estaba progresando y nuestro sentimiento y… afinidad hacia el trabajo.

Dr. N: Deme una idea de sus sentimientos sobre Baatak en este tiempo y sus actitudes con relación a usted.

P: Yo lo acepté enseguida, creo que él se daba cuenta que yo realmente disfrutaba lo que hacía.

Dr. N: ¿Entonces que pasó entre usted y Baatak?

P: Después de un tiempo (tres vidas más) algunos de nosotros fuimos invitados a ir con él por cortos períodos de tiempo a un nuevo grupo que estaba en formación. Recuerdo que quería que Hyanth viniera... pero no podíamos estar juntos.

Dr. N: ¿Es Hyanth alguien importante para usted?

P: Sí, mi compañera espiritual.

Dr. N: ¿Y ella se unió a usted en su nuevo grupo?

P: No, Hyanth no tomó el trabajo estructural concentrado, como todos y entonces ella se fue a otro grupo que se estaba formando.

Dr. N: ¿Qué no le gustó a Hyanth de su nuevo grupo?

P: Déjeme decirlo de esta forma. Yo disfruto tallando y formando energía, experimentando con las relaciones entre sólidos planos y geométricos como construyendo bloques de materia.

Dr. N: ¿Y Hyanth?

P: (con orgullo) Hyanth es atraída hacia el diseño de los aspectos hermosos de las escenas ambientales propicios para la vida. Ella es maravillosa trabajando con escenarios. Mientras yo podría construir una serie de montañas interconectadas, ella estaría más interesada en las plantas y árboles que crecen en la montaña.

Dr. N: Déjeme entender algo. ¿Ustedes simplemente van a un mundo físico y construyen montañas, con alguien como Hyanth, concentrándose en formas de vida tales como los árboles?

P: No, nosotros trabajamos con mundos físicos que se están formando y ponemos en movimiento las fuerzas geológicas que construirán las montañas. Mis proyectos estructurales no tienen que tener vida. Hyanth, tampoco crea un bosque o árboles adultos sobre mundos propicios para la vida. Su gente diseña las células que eventualmente podrían convertirse en los árboles que ellos quieren.

Dr. N: ¿Eso significa que su grupo y el de Hyanth están separados?

P: (con un profundo suspiro) No, ella está trabajando cerca.

Dr. N: ¿Cómo se siente ser parte de un grupo formado recientemente?

P: Dudo que algún día pueda ser separado totalmente de mi viejo grupo. Nos complementamos unos con otros de tantas maneras. Por miles de años nos ayudamos unos a otros en todas nuestras vidas. Ahora... bien, la mezcla con nueva gente es extraña. Todos sentimos lo mismo por nuestros viejos grupos. Venimos de diferentes aspectos de fondo y experiencias, eso pesa mucho.

Dr. N: ¿Iría tan lejos como para decir que existe rivalidad entre los miembros de un nuevo grupo de almas?

P: (muecas) Nooo, no realmente... Todos tenemos los mismos motivos para ayudarnos mutuamente para hacer una contribución. La tomadura de pelo y las bromas de nuestro grupo original se han perdido. Todos somos serios. Cada uno tiene su propio talento, ideas y formas de hacer las cosas. Vemos que Baatak está en el proceso de unificarnos y estamos aprendiendo a poner mucha atención a las habilidades de los otros. Es un honor estar aquí, pero aun tenemos debilidades.

Dr. N: ¿Cuál es la suya?

P: Soy temeroso de experimentar con mi poder. Me gusta trabajar en situaciones cómodas donde sé que puedo diseñar algo perfectamente. Uno de mis nuevos amigos es exactamente lo opuesto. Él crea algún buen material planetario y entonces se arriesga y aparece con algo loco y excéntrico como perjudicar la atmósfera, donde ningún tipo de vida podría respirar. Él se enreda con planes complejos que están más allá de sus capacidades.

Dr. N: ¿Puede explicarme cómo inicia usted un proyecto de diseño estructural en la clase?

P: Primero visualizo lo que quiero y lo pongo cuidadosamente en mi mente para obtener una buena imagen. Con mi nuevo grupo estamos aprendiendo cómo usar la calidad apropiada de energía en la misma composición a gran escala. Con Eirow, trabajé por partes, mientras que Baatak quiere que todo sea algo completamente interconectado.

Dr. N: ¿Entonces la relación de los elementos de la energía es importante para la forma y el balance de su trabajo?

P: ¡Absolutamente! La energía suave inicia el proceso pero debe haber una armonía del diseño y debe tener aplicaciones prácticas (estallando en risa).

Dr. N: ¿Por qué está riéndose?

P: Estaba pensando en un proyecto de construcción con Hyanth. Sucedió en un receso. Hyanth y yo estábamos bromeando acerca de ser muy importantes. Ella me retó a construir una pequeña versión de la elegante iglesia donde nos habíamos casado en una de nuestras vidas. Yo era un cortador de piedra en esa vida (en la Francia Medieval).

Dr. N: ¿Aceptó el reto?

P: (continua riéndose) Si, con la condición de que ella me ayudaría.

Dr. N: ¿Era eso equitativo? Quiero decir, ella no es una especialista en estructuras.

P: Ella no lo es. Hyanth aceptó tratar de reproducir los vidrios manchados de las ventanas y las esculturas que a ella le habían encantado. Ella deseaba belleza y yo funcionalidad. ¡Qué disparate! Comencé usando rayos planos de energía para las paredes y lo estaba haciendo bastante bien con los arcos conectados, pero las bóvedas y las cúpulas eran un desastre. Llamé a Baatak y él arregló todo.

Dr. N: (una pregunta muy frecuente) ¿Pero todo eso es una ilusión?

P: (riendo) ¿Está muy seguro de eso? Esta construcción permanecerá tanto como nosotros queramos que esté aquí para nosotros.

Dr. N: ¿Y luego qué?

P: Desaparecerá.

Dr. N: ¿Entonces en qué nivel está usted en sus estudios planetarios?

P: Estoy involucrado en la creación de partículas de energía para formas rocosas a una exacta escala planetaria.

Dr. N: ¿Es donde la mayor parte de su atención está concentrada ahora?

P: No realmente. Todavía debo experimentar con muchos modelos pequeños de fotografía para aprender cómo integrar todos los elementos de la materia. Ocurren muchos errores, pero disfruto el entrenamiento. Es muy lento.

¿Quién da a las almas el poder de hacer lo que ellas hacen con la materia? Mis pacientes dicen que ellos tienen capacidades subdesarrolladas, las cuales son nutridas por profesores como su fuente inmediata. Ellos creen que esos maestros reciben el poder que tienen de alguien superior. Pero a las almas ordinarias se demuestran los más pequeños aspectos de este poder mayor. Me he pasado años debatiendo conmigo mismo sobre la creación mientras trato de incorporar fragmentos de información acerca del cosmos suministrada por las almas diseñadoras. He llegado a la conclusión que ondas de energía inteligente crean subpartículas atómicas de materia y es la frecuencia vibracional de esas ondas lo que hace a la materia reaccionar en las formas deseadas.

Los astrónomos son mistificados por el hecho de que hay una desconocida forma de energía contribuyendo a la densidad total de nuestro universo, actuando contra la gravedad para expandirse en el espacio vacío. He mencionado que una resonancia musical de ondas de energía inteligente parece jugar un rol en la cosmología. Muchos pacientes explican que esa armonía está asociada con "valores rítmicos de notas de energía las cuales tienen radios y proporciones". Mis pacientes que son almas Estructurales dicen que esos diseños se relacionan con la creación de "formas geométricas que flotan en patrones elásticos", lo cual contribuye a la construcción de bloques de un universo viviente. La geometría del espacio fue explicada por un paciente citado en la página 193 y en el caso 32.

Los Maestros del Diseño tienen enorme influencia sobre la creación. Me dicen que ellos son capaces de enlazar universos que parecen no tener un principio o un fin, exigiendo sus propósitos entre incontables ambientes. En conclusión lógica, esto significa que los maestros, o grandes maestros, serían capaces de crear nubes de gas de materia galáctica con las cuales empezó el proceso de creación de estrellas, planetas y eventualmente vida en nuestro universo.

Estoy convencido que hay pensamiento inteligente detrás de la formación de todos los objetos animados e inanimados. Esta observación viene de las almas que usan su energía de luz para concebir, diseñar y luego manipular la estructura celular y molecular de materia viviente que posee las propiedades físicas que ellos desean en el resultado final. En mi último caso aprendí que el alma diseñadora y artística de Hyanth formaba árboles adultos en el mundo espiritual para ver si el producto final era apropiado y entonces trabajaba en retroceso con las semillas y finalmente con las células del árbol. Este es un proceso de creación de materia para uso funcional. También utilicé un ejemplo de esta clase de entrenamiento de energía en el caso 23, con la creación y alteración de ratones.

Mi siguiente caso es otra ilustración de esas almas que trabajan con organismos vivos. Esas almas diseñadoras son los biólogos y botánicos del mundo espiritual y ellos dicen que la vida extraterrestre existe en millones de planetas. Yo tengo un extenso archivo sobre almas que han encarnando en otros mundos y almas que han viajado a una variedad de mundos diferentes para estudiar y recrear sus vidas en la Tierra.

Caso 47

Este es un caso distintivo referente a un Alma Diseñadora llamada Kala. A medida que nuestra sesión progresaba, mi paciente me hablaba de una reciente asignación planetaria, que involucraba la necesidad de ajustar un problema con el ecosistema que no estaba facilitando la adaptación evolutiva. Antes de este caso yo no esperaba que las almas pudieran retornar a un sitio planetario para modificaciones de un ambiente existente, lo que significaría que sus diseños eran falibles. Al conocer la experiencia de Kala, me fue revelado que incluía la alteración de la química molecular de una criatura existente en un experimento controlado.

Cuando los pacientes describen sus experiencias como almas con la vida en otros mundos, trato de aprender sobre la localización galáctica, el tamaño de los planetas, sus órbitas, la distancia a sus estrellas, composición atmosférica, gravedad y topografía. Supongo que mi experiencia como astrónomo aficionado, me da un incentivo adicional para aprender esos detalles. No obstante muchos pacientes encuentran molesto intentar responder preguntas astronómicas que ellos consideran distractoras e irrelevantes. En nuestro universo físico conocemos 100 billones de galaxias. Cada una de esas islas plateadas, separadas por enormes distancias en años luz se mueven con la oscuridad del mar del espacio y contienen incontables billones de soles con la probabilidad de vida apoyando los planetas. Como mis referencias celestiales tienen poca importancia para la mayoría de mis pacientes bajo hipnosis y los mundos de los que ellos hablan están muy lejos del cuadrante de la Tierra en el espacio, yo simplemente sigo para no interrumpir la sesión.

Kala intentó explicarme que en su clase de entrenamiento para diseño de creación ella fue a un planeta "nada cercano a la Tierra". Ella llamó este mundo Jaspear y dijo que estaba en un sistema doble (binario) de estrellas orbitando una "ardiente estrella amarilla cercana con una estrella roja más grande mucho más lejana". También me dijo que Jaspear era un poco más grande que la Tierra pero que tenía océanos más pequeños. También dijo que este mundo era semitropical, con cuatro lunas. Después de un pequeño estímulo, Kala estaba dispuesta a discutir que su trabajo involucraba una criatura extraña que tenía ciertas similitudes con los animales de la Tierra.

La mayoría de los pacientes con experiencias en un planeta desconocido son reticentes a suministrarme información que ellos consideran privilegiada. Yo he mencionado anteriormente este hecho, en otras áreas de mis investigaciones espirituales. Los pacientes evitan hablar cuando sienten que no deben revelar conocimientos confiados a ellos o que ellos no intentan descubrir en sus vidas presentes. Esto es particularmente cierto con civilizaciones extraterrestres. Es frustrante para mí escuchar declaraciones como "se supone que ni usted ni yo debemos conocer sobre esos lugares". Con Kala, expliqué lo importante que era para ambos conocer sus capacidades espirituales, más que ser simplemente un investigador inquisitivo. Otra técnica efectiva de hipnosis que puedo usar para conseguir que mis pacientes hablaran sobre otros mundos sería preguntar "¿Ha conocido alguna fascinante forma de vida extraterrestre que le interese profundamente?". Esta aproximación es irresistible para muchas almas que viajan para trabajar o conocer.

Dr. N: Kala, Me gustaría explorar más sobre lo que me ha contado acerca de su asignación en Jaspear. Creo que podría ayudarme a entender su especialidad. ¿Por qué no empieza con sus clases de entrenamiento y cómo le fue presentado el proyecto Jaspear?

P: Seis de nosotros han sido asignados para trabajar con algunos ancianos (maestros diseñadores) para tratar con este mundo donde la falta de vegetación ha amenazado la provisión de comida de los pequeños animales terrestres.

Dr. N: Entonces, ¿el problema en Jaspear básicamente involucra el ecosistema?

P: Sí, las enredaderas espesas... un voraz arbusto similar a la vid. Creció tan rápido que mató las plantas necesarias para la provisión de comida. Han dejado muy poco espacio para que las criaturas terrestres de Jaspear pasten.

Dr. N: ¿Y ellos no pueden comer las enredaderas?

P: No, y por eso fuimos asignados a Jaspear

Dr. N: (reaccionando rápidamente) Oh, ¿para librar el planeta de esas vides?

P: No, ellas son nativas del planeta y su tierra.

Dr. N: Bien, entonces ¿cuál es la asignación?

P: Crear un animal que pueda comerse las vides, para controlar el crecimiento de este arbusto que ahoga mucho a la otra vegetación.

Dr. N: ¿Qué animal?

P: (riéndose) Es el Rinucula.

Dr. N: ¿Cómo van a hacer eso con un animal que no es nativo de Jaspear?

P: Creando una mutación de un animal cuadrúpedo existente y acelerando su crecimiento.

Dr. N: Kala, ¿ustedes pueden cambiar los códigos genéticos del ADN de un animal para crear otro?

P: No puedo hacerlo por mí mismo, tenemos la energía combinada de mi clase de entrenamiento, más las habilidades de manipulación de dos ancianos que nos han acompañado en este viaje.

Dr. N: ¿Usa su energía para alterar la química molecular de un organismo para esquivar la selección natural?

P: Si, para cambiar las células de un grupo de pequeños animales. Mutamos las especies existentes y las hacemos más grandes para que sobrevivan. Como no tenemos tiempo para esperar por la selección natural, aceleramos el crecimiento del animal cuadrúpedo.

Dr. N: ¿Aceleran el crecimiento de una mutación para que el Rinicula aparezca o aceleran el aumento del tamaño de la criatura?

P: Las dos cosas… queremos que el Rinicula sea grande y que su cambio evolutivo ocurra en una generación.

Dr. N: ¿Cuántos años terrestres toma esto?

P: (pausa) Oh… cincuenta años o más… para nosotros parece un día.

Dr. N: ¿Qué hicieron con el pequeño animal que se convirtió en Rinicula?

P: Mantuvimos las piernas y el torso cabelludo, pero era todo más grande.

Dr. N: Cuénteme del producto final, ¿cómo es el Rinicula?

P: (riendo) Una… larga nariz curva alrededor de la boca… grandes labios… grandes mandíbulas…una gran frente…. camina en cuatro patas con cascos. Son del tamaño de un caballo.

Dr. N: ¿Dice que mantuvieron el pelo del animal original?

P: Si, cubre al Rinucula, un largo pelo café rojizo.

Dr. N: Qué hay del cerebro de este animal, ¿es mayor o menor que el de un caballo?

P: El Rinucula es más inteligente que un caballo.

Dr. N: Suena como algo sacado del libro para niños del Doctor Seuss.

P: (muecas) Eso ocurre porque es muy divertido pensar en él.

Dr. N: ¿Ha hecho el Rinucula alguna diferencia en Jaspear?

P: Si porque su tamaño se ha multiplicado en comparación con el tamaño del animal original y tiene otras alteraciones, como una mandíbula grande y fuerza corporal; él esta realmente comiéndose las enredaderas. El Rinucula es una criatura dócil sin predadores naturales y un voraz apetito, como el animal original. Eso es lo que los ancianos querían.

Dr. N: ¿Qué hay de su reproducción en este planeta? ¿El Rinucula se multiplica rápidamente?

P: No, ellos se reproducen lentamente, por eso tuvimos que crear un considerable número de Rinuculas después de que programamos las características genéticas deseadas.

Dr. N: ¿Sabe cómo terminó este experimento?

P: Jaspear es ahora un mundo más balanceado de comedores de plantas. Queremos que otros animales crezcan también. Las enredaderas están ahora bajo control.

Dr. N: ¿Ustedes planean eventualmente tener vida altamente inteligente en Jaspear, es por eso todo esto?

P: (vagamente) Quizás los mayores lo hagan... no tengo forma de saberlo.

Exploradores

Yo considero que la mayor parte de la gente que gana experiencia en diferentes ambientes fuera del mundo espiritual entre sus vidas son un tipo de Alma Exploradora.

Ellas pueden ser almas cuyo desarrollo personal requiere una profunda experiencia en diferentes mundos o simplemente viajes recreativos. También tengo pacientes que se comprometen con un trabajo temporalmente asignado entre las vidas que involucra viajes. Las Almas Exploradoras en entrenamiento viajan a mundos físicos y mentales en nuestro universo y más allá en otras dimensiones. Por las cosas que escucho, me imagino un Alma Exploradora, como un ser no encarnado altamente especializado, en la búsqueda de sitios de entrenamiento convenientes para las almas menos experimentadas, para eventualmente llevarlas a esas regiones. Su trabajo ético es de reconocimiento.

Cuando las almas que aun están encarnando en la Tierra, se mueven en el mundo del espíritu hacia otros sitios, esos viajes parecen ser de un punto a otro sin ninguna parada. Mis pacientes dicen que en sus viajes a otros sitios ellos no se dan cuenta si los viajes son largos o cortos. Esto es ilustrado por las dos siguientes cita:

> Ir del mundo espiritual a otro mundo físico es como abrir una puerta, donde se ven las paredes de lo que parece ser un corredor, un tubo, girando para cualquier lado. Luego, se abre otro tipo de portal y ya estamos allá.
>
> Cuando voy a otra dimensión en un mundo mental, soy como una pieza de flujo estático a través de una pantalla de televisor dentro de unas zonas magnéticas estructuradas por pensamiento puro. Los vacios son compuestos de grandes campos de energía pulsante. Siento el poder de esta energía más que cuando voy a un universo material, porque debemos adaptar nuestra resonancia de onda a las condiciones existentes para pasar a través más fácilmente. Quiero mantener mi energía apretada para no dejarla perder. Esos viajes no son instantáneos pero casi.

La mayoría de las almas con las que trabajo y que exploran otros mundos son dirigidas por un instructor. También encuentro que esos viajes interdimensionales no son limitados a las almas en un avanzado estado de desarrollo. Vimos esto en el juego de "las escondidas". Ellas parecen ser almas aventureras que viajan a los retos de diferentes ambientes y nuevas formas de auto expresión. Se me ha informado de existencias donde los seres inteligentes residen con bloques de materia muy densa que es descrita como la composición de la plata y plomo. Otros me cuentan de reinos que aparecen como superficies de vidrio brillante, en medio de torres de cristal. Hay mundos físicos que consisten de fuego, agua, hielo y gas donde todas las formas de vida inteligente prosperan. Esas esferas con las cuales las Almas Exploradoras se mueven, tienen luz y ambientes pasteles u oscuros. Sin embargo la oscuridad no tiene las siniestras connotaciones que la gente asocia con regiones de premonición.

Las Almas Exploradoras no enfatizan una polaridad de luz y oscuridad en sus viajes tanto como otros elementos. Eso podría incluir un ambiente inquieto o sereno, densidad liviana o pesada, dominio físico o mental y condiciones para ellos mismos que han sido descritas como "inteligencia tosca o purificada". Las almas viajeras que se mueven en diferentes dominios de conciencia cósmica pueden aprender a alinear su energía con simetría a las condiciones locales con esas demarcaciones. Los exploradores guías pueden entregar a las almas informes de visitas a los más altos niveles dimensionales para elevar su conciencia. En la mente de muchos pacientes, esos viajes no duran mucho tiempo y esto es probablemente para evitar agobiar a las almas más jóvenes.

En el último capítulo, bajo las actividades recreativas en el mundo espiritual, dije que las almas viajan frecuentemente por asuntos de trabajo. Esas visitas son usualmente a mundos físicos para las almas de la Tierra y pueden durar desde días hasta cientos de años en tiempo terrestre. Recibí una gran cantidad de información sobre otros mundos de las discusiones de los períodos de D & R de un cliente entre vidas. Mis pacientes bajo hipnosis están usualmente más relajados para darme detalles de sus viajes recreativos a otros mundos, como se demuestra en el siguiente caso.

Caso 48

Dr. N: ¿En qué actividades está más comprometido entre sus vidas cuando no está revisando las lecciones kármicas con su grupo de almas?

P: Bien... yo realizo viajes... ah... pero son muy personales. No creo que deba hablar sobre esta clase de cosas...

Dr. N: No quiero incomodarlo pidiéndole que me cuente cosas que usted siente que no debería. (pausa) ¿Sólo déjeme preguntarle si ha viajado a algún lugar exótico que le haya gustado?

P: (reaccionando rápido con una gran sonrisa) Oh, sí... a Brooel.

Dr. N: (pausando mi voz) ¿Es este un mundo donde usted encarnó?

P: No, yo permanezco como un alma, porque yo sólo voy a Brooel a rejuvenecer mi espíritu... y es agradable hacer viajes aquí porque es como la Tierra pero sin gente.

Dr. N: (en un tono tranquilizante) Ya veo, entonces usted va principalmente por descanso y recreación. ¿Por qué no me cuenta sobre los aspectos físicos de Brooel, comparados con la Tierra.

P: Es más pequeño que la Tierra y más frío, porque el Sol está más lejos. Tiene montañas, árboles, flores y agua fresca pero no océanos.

Dr. N: ¿Quién lo llevó a Brooel?

P: Un Maestro Navegante llamado Jhumu.

Dr. N: ¿Podría ser el mismo tipo de alma de un Explorador, especialista en viajar, o alguien como su propio guía?

P: Jhumu es un Explorador. Nosotros les llamamos navegantes. (pausa) Pero nuestros guías pueden venir con nosotros si lo desean.

Dr. N: Entiendo completamente. Dígame, ¿acostumbra ir solo o con otros miembros de su grupo de almas?

P: Podríamos ir solos, pero los navegantes acostumbran llevar unos pocos miembros de diferentes grupos.

Dr. N: ¿Qué piensa de Jhumu?

P: (más relajado) Jhumu parece un director de viaje para aquellos de nosotros que estamos tomando un respiro de nuestras actividades normales. Él dice que esos viajes nos dan perspectiva.

Dr. N: Eso suena interesante. Sé que está ansioso por explicar porque Brooel es tan divertido, pero ¿por qué no empezamos preguntándole sobre la vida animal en ese planeta?

P: Ah... no hay peces, ni sapos, ni serpientes, no hay anfibios.

Dr. N: Oh, ¿por qué cree que sea así?

P: (pausa y un poco confuso) No lo sé, excepto que aquellos de nosotros que vienen aquí desean involucrarse con un animal terrestre especial... que es... (se detiene)

Dr. N: (halagando) ¿Usted recuerda un animal?

P: (risas) Nuestro favorito... los Arder. Ellos son como osos pequeños con facciones de gato todo en uno. (cruzando sus manos alrededor de sus lados). El Arder es un maravilloso peludo, cariñoso y pacífico animal, el cual no es realmente un animal como nosotros los conocemos.

Dr. N: ¿Qué significa eso?

P: Ellos no necesitan absolutamente competir o tener conflictos entre su especie. Es por lo que hemos sido traídos a este pacifico sitio. Nos da la esperanza de un futuro mejor en la Tierra...en lo que la Tierra podría convertirse si todos colaboramos.

Dr. N: ¿Qué hacen usted y sus amigos en Brooel?

P: Vamos y jugamos con esas mansas criaturas, que parecen tener una conexión con las almas de la Tierra que necesitan descanso. Materializamos nuestra energía en una menor forma para interactuar con los Arders.

Dr. N: ¿Puede ser más específico acerca de este proceso?

P: Bien... asumimos formas humanas transparentes para abrazarlos. Flotamos dentro de sus mentes... de una forma muy sutil, no terrenal. Después de vivir en un difícil mundo físico como la Tierra, ellos nos alivian en esta forma. El Arder es una criatura aliviadora, que nos motiva para ver lo que es posible con el cuerpo humano.

Los escenarios para D & R son tanto como un factor para esos viajes de exploración por las almas como conocer los atributos de las formas de vida extraterrestre que ellos encuentran allá. Mientras están en trance mis pacientes tienen gran empatía con los planetas vírgenes los cuales son similares a la Tierra pero sin gente. Ellos ven esos planetas como sus sitios de recreo personales. Casi no veo pacientes con memorias de viajes a mundos mentales. Eso es natural. Somos seres usados para expedir luz y dimensiones físicas. La siguiente cita es otro ejemplo de interacción con una forma de vida puramente por recreación.

> Somos llevados por los viajeros al lugar de los Quigleys. Ellos son del tamaño de una rata, gordos y peludos con una frente similar a los delfines toro. Los Quigley tienen grandes orejas redondas y bigotes de pelos rectos. Tienen el coeficiente intelectual de un perro inteligente. Son animales fieles y felices que nos aman. Su planeta es una antigua y mística Tierra de suaves colinas y valles, adornadas con flores y pequeños y delicados árboles. Es muy luminoso y tiene un cuerpo interno de agua fresca. Nosotros nos relajamos y jugamos en este mundo de perfecta paz.

Si soñamos que somos seres gigantes, seres de pequeña estatura, o teniendo los cuerpos de criaturas acuáticas o del aire, podría significar que estos sueños reflejan nuestra memoria inconsciente de una encarnación previa en otro mundo. Sin embargo puede ser que nos hemos asociado con este tipo de criaturas en las visitas de D & R a algún exótico mundo. La mayoría de nuestra mitología sobre extrañas criaturas puede también provenir de esas memorias. Debo agregar que la mayoría de la gente tiene sueños de seres capaces de volar. Esto probablemente tiene más relación con nuestra memoria de flotar alrededor como un alma en un estado no corporal que con haber sido una criatura voladora en una vida anterior.

Para apreciar las relaciones simbióticas entre un alma terrestre que ha estado asociada con otras formas de vida, examinemos el siguiente pasaje de uno de mis casos quien es un alma híbrida. Quiero recordar al lector mis comentarios sobre los híbridos. En la cita de abajo sobre una memoria cariñosa, mi paciente se vuelve muy nostálgico. Alguna vez un alma híbrida me dijo haber sido llevado entre vidas por un Alma Exploradora a un mundo similar al de sus primeras encarnaciones físicas.

> Entre mis vidas en la Tierra, visité un mundo acuático llamado Anturium, el cual es muy sosegado después de una difícil vida en la Tierra. Anturium tiene solamente una masa de Tierra, del tamaño de Islandia. Yo voy con algunos de mis amigos que también tiene una afinidad con el agua. Somos llevados por un guía Explorador

quien está familiarizado con esta región. Aquí nos unimos a los Kratens, que parecen un poco como ballenas. Son una raza telepática de larga vida a quienes no les molesta que vengamos y nos conectemos con ellos mentalmente por un rato. Ocasionalmente ellos se reúnen en ciertos lugares para comunicarse telepáticamente con formas de vida acuática inteligentes que existen en otros dos planetas (de estrellas de la galaxia vecina de Anturium). Lo que me encanta de este lugar es la unidad y la armonía de pensamiento con los Kratens que rejuvenecen mi mente y me recuerda mi planeta original.

Aparentemente los Kratens tienen la habilidad de proyectar sus mentes como faros de pensamientos unificados desde Anturium hasta otros planetas lejanos, mediante el conocimiento de los puntos de confluencia en el cinturón de energía magnética alrededor de su planeta. Esas áreas vórtices, parecen dar al poder telepático de los Kratens un amplificador que sirve como conducto de la mejor comunicación interestelar. De este caso y cientos de otros he llegado a la conclusión que todo sobre la Tierra y el universo está aparentemente conectado por ondas de pensamiento hacia y desde el mundo espiritual. Esto podría también ser verdad para otras dimensiones cercanas a nosotros. La progresión múltiple de la inteligencia con todos los elementos de la materia representa una sinfonía de orden y dirección basadas en un plan de conciencia universal.

En el último capítulo expliqué cómo algunos juegos recreativos son usados como vehículo de entrenamiento para las almas atraídas por la exploración. Los más adeptos se comprometen en viajes interdimensionales. Uno de mis pacientes, aprendiz de explorador me dijo: "Me dijeron que para convertirme en explorador debía experimentar muchas realidades comenzando mis viajes hacia mundos físicos y luego escalando a las existencias mentales y viajes interdimensionales". Para ilustrar al lector acerca de la vida interdimensional, he escogido el extraño caso de un paciente japonés, que me dijo bajo profunda hipnosis, que su alma era originalmente de otra dimensión. Su nombre espiritual es Kanno.

Caso 49

Kanno es un científico japonés quien hace años vino a los Estados Unidos para su educación avanzada. Hoy él prefiere una vida de relativa soledad en los laboratorios. Padece de un pobre sistema inmunológico, una queja común entre los pacientes con almas híbridas. Esas almas son influenciadas negativamente por la poca experiencia con el cuerpo humano y también por las muchas huellas dejadas por sus vidas extraterrestres en sus existencias anteriores. Como he dicho, puede tomar a un alma híbrida muchas generaciones de encarnaciones terrenales antes de limpiar su memoria completamente de los viejos modelos de energía corporal llevados a cabo.

Empecé nuestra sesión de la forma acostumbrada, regresando a Kanno al tiempo en que estaba dentro del vientre de su madre. Este es un buen lugar para que un regresionista espiritual empiece a interactuar con el alma de un paciente. Mi paciente reportó que mientras estaba en el vientre de su madre tenía ciertos temores sobre su nacimiento, provenientes de su primera vida en la Tierra hace aproximadamente 300 años en la India. Continué la regresión hasta la escena de la muerte de Kanno en la India y luego atravesamos dentro del mundo espiritual. Retomaré el diálogo con Kanno, cuando él encontró a su guía, Phinus.

Dr. N: ¿Qué le dice Phinus?

P: Ella dice: "Bienvenido de nuevo, ¿cómo le pareció el paseo?".

Dr. N: Y ¿qué responde usted?

P: ¿Tenía que ser tan terrible?

Dr. N: ¿Estaba ella de acuerdo con su valoración sobre la vida en India?

P: Phinus me recordó que había sido mi elección tener una vida de dificultad para iniciar mis vidas en la Tierra porque yo deseaba recibir todo el impacto de un planeta agobiador. Yo era el más pobre de los pobres en India y vivía en la escualidez.

Dr. N: ¿Usted quería sufrir tanto en su vida inicial?

P: La vida fue terrible y no la manejé bien. Cuando una familia sin hijos tomó mi hija contra mi voluntad, pagándole al dueño de la choza donde yo vivía, me volví muy resentido y perdí el control. (Kanno se sacude en su silla y vuelve a vivir emocionalmente los momentos después de su última muerte) ¿QUÉ CLASE DE PLANETA ES ESTE? ¡LA GENTE VENDIENDO LOS NIÑOS!

Dr. N: (en este punto yo no conocía los orígenes híbridos de Kanno e hice una interpretación errónea) Esto me hace pensar que fue una encarnación muy difícil para un alma nueva en la Tierra.

P: ¿Quién dijo que yo era un alma nueva?

Dr. N: Discúlpeme Kanno. Solamente asumía que ésta era únicamente su segunda encarnación en la Tierra.

P: Eso es cierto, pero yo soy de otra dimensión.

Dr. N: (sobresaltado) Oh, entonces ¿qué puede decirme sobre esa otra dimensión?

P: No tenemos mundos físicos como ustedes en esta dimensión. Mis encarnaciones fueron en un mundo mental.

Dr. N: ¿Cómo era usted en ese mundo?

P: Yo era un largo cuerpo flotante, esponjoso, sin estructura esquelética. Éramos formas transparentes de luz plateada.

Dr. N: ¿Usted prefería un cierto tipo de género?

P: Todos éramos hermafroditas.

Dr. N: Kanno, por favor explíqueme la diferencia entre viajar a la dimensión de sus orígenes desde el mundo espiritual en oposición a venir a nuestro universo.

P: En mi dimensión el movimiento es como ir a través de filamentos de luz suaves y traslúcidos. Venir a su universo es como estar pasando a través de una espesa, fuerte y húmeda niebla brumosa.

Dr. N: ¿Y venir a la Tierra por primera vez, como fue eso comparado con su mundo nativo?

P: Como tener concreto pegado a los pies. Lo primero que usted nota es el gran peso de la densa energía de aquí comparada con el mundo mental. (pausa) No es sólo pesada, es tosca... severa... estaba realmente molesto con aquella vida en la India.

Dr. N: ¿Es eso un poco mejor ahora, se está aclimatando?

P: (sin confianza) De alguna manera. Es todavía un poco difícil...

Dr. N: Ya veo. Kanno, ¿para usted cuál es el aspecto más problemático del cerebro humano?

P: (abruptamente) Ah, es el comportamiento impulsivo, la reacción física a las cosas sin pensamiento analítico. También hay peligro en conectarse con la forma equivocada de un ser humano, ... alevosía... no puedo involucrarme con esto.

Dr. N: (Kanno está sudando copiosamente y tengo que tranquilizarlo un poco antes de continuar) Cuénteme sobre su mundo mental. ¿Tiene un nombre?

P: (pausa) Es un sonido que no puedo recrear con mi voz. (empieza a recordar) Flotamos en un mar de mansa corriente mental... suave... agradable... muy diferente a la Tierra.

Dr. N: Entonces, ¿por qué viene aquí?

P: (con un suspiro profundo) Estoy estudiando para ser un Profesor Explorador. La mayoría de mis compañeros están satisfechos de limitar sus esfuerzos a una dimensión. Finalmente le dije a Phinus que deseaba una amplia experiencia con un mundo difícil en una zona de existencia completamente diferente. Ella me dijo que tenía un colega mayor que recomendaba otra dimensión con un vigoroso mundo físico que tenía la reputación de producir almas vigorosas y profundas (con una risa macabra) si sobrevivía la lección. Esta era la Tierra.

Dr. N: ¿Tenía la impresión que había otras opciones abiertas para usted?

P: (encogiendo los hombros) Los guías no dan muchas opciones en tales situaciones. Phinus me dijo que cuando completara mi trabajo en la Tierra, yo sería fortalecido en aspectos que, comparando con mis amigos se habían rehusado, ellos no lo estarían. Ella dijo que la Tierra también podría ser muy interesante y yo acepté.

Dr. N: ¿Alguno de sus amigos vino con usted a nuestra dimensión?

P: No, yo fui el único que eligió venir y casi me rehúso a retornar de nuevo en esta vida. Mis compañeros piensan que soy muy valiente. Ellos saben que si lo logro voy a ser un viajero efectivo.

Dr. N: Hablemos del viaje Kanno. Como un viajero interdimensional usted probablemente sabe si existe un número finito de dimensiones alrededor de nuestro universo físico.

P: (rotundamente) No lo sé.

Dr. N: (con cautela) Bien, ¿es su dimensión cercana a la nuestra?

P: No, debo pasar a través de otras tres dimensiones para llegar aquí.

Dr. N: Kanno, sería de gran ayuda si usted intentara describir lo que ve cuando pasa a través de esas dimensiones con las que está familiarizado por sus viajes.

P: La primera dimensión es una esfera llena de colores y violentas explosiones de luz, sonido y energía... creo que todavía está formándose. La siguiente es negra y vacía, la llamamos la esfera sin uso. Entonces hay una hermosa dimensión la cual tiene mundos físicos y mentales compuestos de suave emoción, tiernos elementos y agudos pensamientos. Esta dimensión es superior a mi dimensión original y a su universo también.

Dr. N: Ahora es su universo, Kanno. Dígame ¿es largo el viaje a través de cuatro dimensiones?

P: No, es rápido, como partículas de aire pasando a través de un filtro.

Dr. N: ¿Puede darme una idea entre el diseño estructural de esas dimensiones en relación con el mundo espiritual? Usted describe las dimensiones como esferas. ¿Por qué no empezamos con eso?

P: (larga pausa) No puedo decirle mucho. Todo está... en un círculo alrededor del centro del mundo espiritual. Cada uno de esos universos me parece una esfera conectada con la siguiente, como eslabones en una cadena.

Dr. N: (después de fallar el intento de conseguir más información). ¿Cómo se siente ahora en nuestro universo, Kanno?

P: (frotando sus manos sobre su frente) Mejor. Estoy aprendiendo cómo descargar mi energía en una corriente positiva y sostenida sin agotar mi reserva. Me ayuda estar lejos de la gente por largos períodos. Espero mejorar realmente después de unas vidas más, pero no hallo la hora de completar mi tiempo aquí en la Tierra.

Antes de dejar el dominio del Alma Exploradora, debo agregar que esta clase de entrenamiento involucra aprendizaje sobre la textura de la energía inteligente. Me siento frustrado por no poder descubrir más acerca de las propiedades de esta energía en los mundos mentales. Alguna información la he recibido de aquellas almas que han tenido la experiencia sobre mundos físicos que son también considerados mentales como se demuestra por la siguiente cita resumida:

> Visitamos el mundo de gas volcánico de Crion para aprender por asimilación. Es un mundo mental con atributos físicos exteriores. Nuestro grupo de Exploradores flota como salpicaduras de fluido energético en un mar de sustancias gaseosas. Somos metamórficos y capaces de cambiar la forma y figura dentro de pequeños seres cuya vida está centrada alrededor del pensamiento puro. Hay absoluta uniformidad vibracional aquí, a diferencia de la Tierra.

Las almas que viajan interdimensionalmente, explican que sus movimientos parecen ser adentro y afuera de curvas esféricas conectadas con zonas que estan abiertan y cerradas por tonadas de convergencia vibracional. Los exploradores aprendices aprenden estas habilidades. Los viajeros interdimensionales deben también aprender sobre los limites de la superficie de zonas que conectan universos, así como los escaladores localizan caminos entre las cordilleras. Las almas hablan de puntos, líneas y superficies en multiespacios que indican las más grandes estructuras sólidas, al menos para los universos físicos. Yo pienso que las dimensiones tienen diseños geométricos que necesitan hiperespacios para sostenerse. Ya que las Almas Exploradoras viajan muy rápido en hiperespacio, me da la impresión que la velocidad, tiempo y dirección son difícilmente definitivos. Entrenarse para ser un Explorador debe ser formidable.

~7

El Anillo del Destino

El salón de proyección de las vidas futuras

El lugar para la selección de la vida futura es visto como una esfera que contiene unos campos de fuerza altamente concentrados, con pantallas de energía resplandeciente. Como lo mencioné en la sección de bibliotecas espirituales, el lugar de la selección de las vidas ha sido descrito como el Anillo del Destino, donde primero vemos nuestro próximo cuerpo. La mayoría de los pacientes ven el anillo como un teatro circular y en forma de cúpula, con pantallas panorámicas que van del piso al techo, rodeándolo completamente mientras ellos se encuentran en una área sombreada de visión. Algunas personas ven las pantallas en dos o tres lados mientras están de pie o sentados en una cubierta levantada. Desde esta cubierta de observación, las almas pueden mirar directamente delante o debajo de las pantallas, que son inmensas comparadas con lo que es visto en otros centros de aprendizaje del mundo espiritual. El anillo despliega escenas de eventos y personas que el alma encontrará en la vida que viene.

Algunos pacientes han comentado que cada pantalla refleja escenas de la niñez, adolescencia, vida adulta, vejez de los cuerpos que están revisando, mientras otros dicen que todas las pantallas les muestran la misma escena simultáneamente.

Toda la estructura espiritual del salón de proyecciones está diseñada para dar al observador la facultad de observar o participar en la acción, tal como en las bibliotecas. Tengo la impresión de que más personas prefieren entrar en las pantallas del anillo, durante la selección de la próxima vida, que en las pantallas de los otros centros de aprendizaje. Ellos realmente desean experimentar partes de eventos futuros en ciertos cuerpos antes de tomar una decisión final. La elección de entrar en una escena o solamente observar es siempre dejada al alma individual. Como con las pequeñas consolas, el Anillo también parece tener panel de control, o palancas de barras para controlar la acción. La gente llama a este procedimiento "analizar las líneas del tiempo" y los más avanzados me dicen que pueden controlar mentalmente la serie de instrumentos que se despliega ante ellos. La secuencia de eventos puede, hasta cierto punto, ser regulada en acción detenida, para aquellas partes de la vida futura que el alma desee considerar más cuidadosamente.

Quiero enfatizar una vez más que lo que mis pacientes sienten y lo que han visto ha sido editado para su beneficio y tienen menos control sobre lo que pueden ver, por decir algo, en la biblioteca. Es más, tengo la impresión que cuando ven hacia el futuro, ven más de las primeras etapas de la vida que de las últimas. Esto puede deberse a la tendencia a relatar sobre aquellos años que ya han pasado cuando escucho a mis pacientes. El período clave para observar una nueva vida parece estar entre los ocho y los veinte años, cuando las primeras grandes variaciones de la vida empiezan a surgir. Muchas personas me dicen que les han mostrado ciertos años en gran detalle mientras otras partes de su vida futura son completamente omitidas. El panel de control parece no ser utilizado aquí, aunque esto jamás fastidia a mis pacientes. Yo creo que su amnesia presente también juega una parte. Como explicaba un hombre de cuarenta y nueve años, "se me mostró mi cuerpo presente a las edades de cuatro, dieciséis y veintiocho años pero yo creo que ahora estoy siendo bloqueado para recordar lo que vi posteriormente".

Durante la inspección la pantalla merma y flota como una película de agua. Una mujer usó una metáfora muy acertada para representar sus sentimientos sobre la experiencia cuando dijo:

> Al llenarse de vida, las pantallas parecen un acuario submarino tridimensional, donde yo veo que la vida es como tomar aire profundamente y sumergirse. Gente, lugares, eventos, todo flota en un destello ante sus ojos, como si estuviera ahogándose, entonces regresa a la superficie. Cuando en realidad se está probando una escena de la vida que le está siendo mostrada, se está reflejando el tiempo que se es capaz de estar bajo el agua.

De muchas maneras, descubrir las memorias que mis pacientes tienen sobre su última experiencia en el salón de selección de la vida y sus interpretaciones sobre su elección de cuerpo es uno de los aspectos más terapéuticos e informativos de mis sesiones de hipnosis. Mi trabajo clínico es altamente valorado cuando un paciente retorna a su anillo debido a la relevancia de su vida presente. Al brindar al lector una idea más amplia de este proceso, espero traer una mejor apreciación de la importancia de cada vida que seleccionamos en nuestro ciclo de vidas.

Este capítulo contiene una última especialidad del alma que deseo agregar a mi lista. Esos son los Maestros del Tiempo, quienes son coordinadores comprometidos con los hechos pasados, presentes y futuros de personas y eventos. Los Maestros del Tiempo son los expertos más hábiles que dan la impresión de dirigir realmente las presentaciones en nuestro teatro. Esas almas maestras son miembros de una completa cofradía de proyectistas que incluye guías, archivadores y Mayores del Consejo, quienes están involucrados en el diseño de nuestro futuro.

Un gran porcentaje de mis pacientes jamás ven a los Maestros del Tiempo en el salón de proyecciones. Algunos sienten que están solos en el Anillo, excepto por un "operario". Otros entrarán con un guía personal o quizás un Anciano, que es el único consejero que ellos saben que puede ayudarles durante la selección de la vida. En términos de nuestra propia decisión, muchas almas tienen ya organizados sus pensamientos sobre su próxima reencarnación. Nuestros guías y los miembros del consejo nos han ayudado a aclarar esos pensamientos con preguntas sobre lo que creemos que debería ser nuestra próxima vida y el tipo de ser humano que mejor se ajustaría a nuestro deseo. A pesar de eso, no estamos realmente preparados para las alternativas que se nos ofrecen cuando entramos al salón de Selección de Vidas. Hay un sentimiento de asombro y algunas veces de temor para la mayoría de las almas.

Los Maestros del Tiempo del Anillo aparecen como figuras vagas, con el antecedente de que podrían ser consultados por aquellos guías que nos acompañan a las áreas de observación. Aún si son vistos, mis pacientes no se sienten inclinados a comunicarse con ellos durante las observaciones. Por esto, mi siguiente caso es atípico.

Caso 50

Dr. N: Por favor, deme una idea de lo que sucede cuando entra a la esfera de selección de vida.

P: Hay dos seres que vienen a trabajar con mi guía Fyum. Él parece conocerlos bien.

Dr. N: ¿Usted los ve en este lugar antes de cada nueva vida?

P: No, solamente cuando la próxima vida va a ser particularmente difícil, lo que significa un número de difíciles elecciones de cuerpo.

Dr. N: ¿Quiere decir más alternativas de cuerpos de lo usual, o cuerpos individuales más complejos?

P: Mmm... usualmente sólo tengo un par de alternativas de cuerpo y eso hace esto más fácil para mí.

Dr. N: ¿Sabe los nombres de los dos especialistas que hablan con Fyum?

P: (agitándose en la silla) ¡Nunca! Eso es algo que no debo saber. No hay ninguna familiaridad con esos maestros del tiempo... por eso Fyum está conmigo.

Dr. N: Entiendo. Entonces haga un mayor esfuerzo por darme una idea de la apariencia de esos Maestros del Tiempo.

P: (más relajado) Bien, el primero es masculino... parece riguroso en su conducta. Sé que está inclinado a hacerme elegir cierto cuerpo que sería más útil. Este cuerpo me dará la máxima experiencia que necesito en mi vida futura.

Dr. N: ... por lo que he escuchado, los directores del Anillo son seres muy tranquilos y discretos.

P: Bien... eso es cierto, pero durante la elección hay siempre un cuerpo preferido que los proyectistas creen que es el mejor. A este cuerpo se le da una presentación especial. (pausa) Todos saben que ésta es la primera vez que he visto estas alternativas y desean que mi elección sea fructífera.

Dr. N: También lo he escuchado. ¿Por qué no me habla del segundo?

P: (sonriendo) Ella es femenina y más suave... más flexible. Desea que acepte el cuerpo que sería agradable habitar. Se inclina por la moderación y se dirige al primero diciéndole que hay bastante tiempo para aprender mis lecciones. Tengo la impresión que hay una deliberada yuxtaposición entre ellos para mi beneficio.

Dr. N: ¿Como el policía bueno y el malo durante un interrogatorio?

P: (risas) Si, quizás, entonces tengo un intermediario en ambos campos con Fyum tomando el camino del medio.

Dr. N: Entonces, ¿Fyum es una clase de árbitro?

P: Mmm... no, no es así. Fyum no tiene una actitud complaciente ni severa mientras consulto mi elección. Él me aclara que la elección del cuerpo es sólo mía porque soy yo quien va a vivir con él. (risas)

Dr. N: Creo que sí. Realmente tenemos que vivir con nuestras elecciones. ¿Por qué no explica qué cuerpo eligió en su última vida antes de seguir adelante?

P: En mi última vida yo elegí un camino difícil, con el cuerpo de una mujer que moriría después de dos años de matrimonio. Mi esposo en esa vida necesitaba sentir la pérdida de alguien que amaba profundamente por una deuda kármica de su vida anterior.

Dr. N: ¿Entonces había una alta probabilidad de que este cuerpo en particular fuera a morir joven y la pregunta más importante era si usted sería el alma que elegiría ese cuerpo?

P: Sí, así es.

Dr. N: Bien, continúe y cuénteme las circunstancias que rodearon su muerte como una joven mujer en esa vida.

P: En mi salón de proyecciones vi que tenía tres opciones de muerte durante un margen de tiempo estrecho que involucraba mi vida en un rancho en Amarillo, Texas. Podía morir rápido por una bala perdida en una pelea entre dos hombres borrachos armados. Podía morir más lentamente al caer de un caballo o podía morir ahogada en un río.

Dr. N: ¿Había algún chance de que pudiera vivir?

P: (pausa) Una pequeña, pero eso frustraba mi propósito al unirme a ese cuerpo.

Dr. N: ¿Cuál era ese propósito?

P: Mi compañero espiritual y yo elegimos ser marido y mujer en este rancho porque él necesitaba la lección. Yo rechacé las otras alternativas de cuerpo. Vine a ayudarlo.

Dr. N: Dígame qué pensaba mientras miraba las tres elecciones en el salón de proyecciones.

P: Naturalmente, escogí la bala. La forma de mi muerte no tenía mucha relevancia como sí lo tenía la muerte prematura.

El lector podría preguntarse sobre la conexión de las leyes del Karma con las futuras probabilidades y posibilidades. El Karma no sólo pertenece a nuestros hechos, es interior también, reflejando nuestros pensamientos, sentimientos e impulsos... todos relacionados con la causa y el efecto. El Karma es más que tomar acciones apropiadas hacia otros, es también tener la intención de hacerlo. Mientras el tiempo de vida para la mujer en el pueblo de Amarillo tenía una alta probabilidad de ser corto, su muerte prematura no era del todo infalible. Una de las variables aquí fue el tipo de alma que podría ocupar ese cuerpo particular. Incluso, con el alma que eligió tomar este cuerpo anticipándose a una corta vida, había elementos de libre albedrío para ser considerados. Aprendí que no era totalmente definitivo que esta mujer muriera joven por la bala perdida que la alcanzó cuando ella cruzaba la calle del bar donde la pelea tenía lugar. Cuando le pregunté si ella hubiera podido evitar ir a Amarillo por provisiones ese día, mi paciente dijo, "Si, pero algo me impulsaba a ir hasta el pueblo ese día y casi no voy sin saber por qué". Otra alma podría no haber ido en el último minuto sin saber tampoco por qué.

Tiempos de vida y elecciones de cuerpo

Aunque el tiempo tiene poca relevancia fuera de nuestro universo físico, nos vemos a nosotros mismos y a todo lo que está a nuestro alrededor envejeciendo cada día. Vivimos en un planeta alrededor de una estrella, el cual también está constantemente envejeciendo en tiempo cronológico. El ciclo de la vida involucra movimiento del tiempo y los tiempos de vida de nuestra realidad dimensional parecen estar influenciados por seres avanzados que permiten a las almas reencarnadas estudiar el pasado y ver el futuro. En bibliotecas y centros de aprendizaje espiritual podemos mirar otras acciones posibles que podríamos haber tomado en vidas anteriores para explorar el "que tal si" de nuestro pasado. Bajo la doctrina del libre albedrío, los eventos del pasado no fueron inevitables ni tampoco nuestras acciones con esos eventos. El destino no decreta que una cierta situación tiene que ocurrir de una manera particular. No somos títeres en una cuerda. En nuestro universo cuando el pasado termina, esos eventos y la gente involucrada con ellos se vuelven eternos y están para siempre preservados en bibliotecas espirituales. Ya que pasado, presente y futuro en tiempo cronológico representan el *ahora* en el mundo espiritual, ¿cómo es el tiempo futuro tratado en el Anillo de la selección de vidas?

En el capítulo 3, tras el caso 18, postulé sobre las muchas posibilidades para que ese mismo evento exista en universos paralelos. En los universos físicos, esta hipótesis significa que planetas como la Tierra, podrían estar duplicados con los mismos tiempos y existiendo simultáneamente como partículas móviles de ondas de energía luminosa. Los universos podrían ser paralelos, coexistiendo sobrepuestos con la misma dimensión o algo más inconcebible. Sin importar la disposición espacial, de la realidad verdadera del mundo espiritual, el tiempo y los eventos son rastreados, detenidos y retrocedidos o adelantados en el tiempo por los examinadores de la Tierra. Los más grandes troncos lineales, los cuales he llamado bases lineales, son la probabilidad de eventos futuros en ciertos cuerpos, los cuales son presentados como posibilidades para nuestra revisión en el Anillo.

Las ondas de eventos pasados existen todavía indeleblemente, como en las bibliotecas espirituales, pero si el presente y el futuro también existen en el *ahora*, ¿cómo puede el futuro ser cambiado cuando el pasado no? ¿Es esta una paradoja imposible? En los mecanismos cuánticos, las partículas de luz parecen desaparecer en un punto y reaparecer instantáneamente en otro lugar. Si cada evento en el tiempo existe a lo largo de pliegues ondulados de probabilidades y posibilidades, ¿es probable que a los eventos pasados les sean dadas ciertas propiedades eternas mientras los eventos futuros están todavía fluyendo y abiertos al cambio? Mi fuerte presentimiento es que sí.

Sin embargo, después de años de escuchar gente explicar sobre sus elecciones de vidas, yo no creo que las alternativas futuras sean ilimitadas en número. No hay necesidad que nuestras elecciones en la vida sean infinitas. Esas posibilidades solamente deben ser variadas lo suficiente para que nosotros aprendamos la lección. Por ejemplo, en el caso 17, Amy me indicó la revisión de una vida pasada en la biblioteca donde sus opciones alternativas al suicidio empezaron a salirse del mapa de posibilidades después de un rato.

Los proyectistas se encargan del "que tal si" de nuestras vidas. Eventos que todavía no han tenido lugar en el gran diseño de las cosas son conocidos por los Maestros del Tiempo y otros para su mayor o menor potencial de ocurrencia. Nosotros no estudiamos las alternativas de los eventos futuros en el Anillo. Más bien estudiamos las alternativas de cuerpos ofrecidos que existirán con esos eventos. Esos cuerpos nacerán dentro de aproximadamente los mismos rangos de tiempo. Observamos las más probables series de eventos asociados a esos cuerpos bajo la consideración de que son como avances promocionales de las escenas de una película.

En la medida en que ellos ven las escenas específicas de lo que los Maestros del Tiempo desean que ellos vean, algunas almas sienten que están jugando una partida de ajedrez, donde no conocen todavía todos los posibles movimientos disponibles para un fin deseado. Usualmente, las almas ven partes de una vida futura sobre una línea fundamental, o línea del Anillo, como algunos pacientes la llaman. La línea del Anillo representa la probabilidad más grande de la vida para cada cuerpo examinado. Las almas que se preparan para la encarnación saben que un movimiento de ajedrez, cambia en un minuto el juego que están observando, alterando el resultado. Encuentro intrigante que la mayor parte del tiempo a las almas no se les muestra ninguna de las probabilidades más profundas de los resultados futuros. Ellos saben que hay muchos otros movimientos posibles en el tablero de ajedrez de la vida, los cuales pueden cambiar en cualquier momento del juego. Francamente, esto es lo que hace el juego interesante para la mayoría de las almas. Los cambios en la vida son condicionales a nuestro libre albedrío hacia una cierta acción. Esta casualidad hace parte de las leyes del Karma. El Karma es una oportunidad pero también involucra fortaleza y resistencia porque el juego traerá reveses y pérdidas a lo largo de las victorias personales.

Reportes de lo que sucede en esos salones de proyección son muy consistentes entre los pacientes hipnotizados. Las afirmaciones de lo que todos ellos ven hacen sobresaltar la mente. Aun, estando en el Anillo, las personas no son capaces de examinar eventos del futuro más allá del palmo de vida inmediatamente siguiente de los cuerpos presentados a ellos. Evidentemente esto podría ensombrecer la forma en que las almas ven las vidas que están examinando. Tomando mi impresión de esta práctica del mundo espiritual, prefiero no trabajar con progresiones en hipnosis, excepto en los salones de proyecciones espirituales. De vez en cuando, en conjunción con algo más en discusión fuera del Anillo, un paciente traerá breves destellos de escenas en las que aparecen participando en un evento futuro, como estar en una nave estelar. Yo normalmente no presiono para obtener más información aquí. Es más, esos destellos de existencias futuras son volátiles ya que la persona solamente puede ver una posibilidad que podría cambiar cuando el tiempo realmente llegue, debido a un completo patrón de nuevas circunstancias y decisiones basadas en los momentos de historia que llevan a esos eventos.

Los salones de proyección son útiles para aquellas almas que tienen sus reservas sobre aceptar una omisión para la siguiente vida. Para muchos, observar ciertos aspectos de su futuro les da confianza. No obstante algunas almas temerosas han rehusado entrar en las pantallas para probar cuerpos directamente, porque podrían perder el valor para aceptar un difícil contrato de vida. Las almas más intrépidas creen que el salón de proyecciones está diseñado para generar exactamente la reacción opuesta, porque se les permite probar las aguas antes de saltar en ellas.

Un ejemplo perfecto de alguien preparándose para una prueba es la selección de un cuerpo homosexual. Debido a que la predisposición para ser homosexual o lesbiana, es esencialmente biológica y no el resultado de un aprendizaje social o ambiental, esos cuerpos son tomados por las almas por dos razones básicas. Como he dicho antes, en los niveles I y II muchas almas escogen cuerpos de un género particular alrededor del 75 por ciento de las veces porque ellos se sienten cómodos siendo masculino o femenino. Encuentro que mis pacientes homosexuales han iniciado el proceso de alternar los géneros en sus vidas, lo cual es el reflejo de un alma más desarrollada. Escoger ser un hombre homosexual o una mujer lesbiana es una forma de afectar esa transición en una vida particular. De esta manera, su sexo presente puede no ser tan familiar a ellos como el cuerpo del sexo opuesto, tal como un hombre homosexual siente como si estuviera realmente en el cuerpo de una mujer.

El segundo factor, mucho más importante, es que las almas seleccionan una orientación homosexual o lesbiana para la siguiente vida, porque deliberadamente eligen existir en una sociedad que tendría prejuicios contra ellos. Mis pacientes homosexuales o lesbianas usualmente no son almas jóvenes o inexpertas. Si ellos hacen pública su característica sexual, quiere decir que esta gente ha decidido vivir una vida donde estarán nadando contra la corriente en una cultura con rígidos roles estereotipados de géneros. Ellos pueden intentarlo y sobrellevar el abuso público para encontrar autoestima e identidad propia. Esto requiere osadía y decisión, la cual compruebo cuando llevo esos pacientes de regreso al salón de Selección de Vidas, donde esa decisión fue tomada.

Para ilustrar todo esto, tengo un paciente homosexual, quien fue una vez una emperatriz en China. Después de una larga espera, él está en su primera encarnación desde esa vida de lujo y poder. Esta alma, conocida como Jamona, explicaba que como una emperatriz él estaba en el cuerpo de una mujer muy hermosa que usaba una fortuna en joyas y que era servida con manos y pies, de acuerdo a su rango. Fue una vida de autoindulgencia, falta de confianza en todos a su alrededor por las intrigas de la corte y la adulación de sus súbditos. En el salón de Selección de la Vidas, justo antes de la actual vida de Jamona había tres cuerpos para elegir. Esto es lo que mi cliente dijo sobre su decisión:

> De mis tres alternativas, dos eran mujeres y una era un hombre joven y apuesto, que se me dijo "era femenino internamente". Una mujer era muy delgada, casi frágil quien debía vivir una tranquila vida de devota esposa y madre. La otra mujer era elegante, llamativa y destinada a ser una figura social. También era emocionalmente fría. Escogí el hombre porque tendría que confrontar una vida de homosexualidad. Sabía que si podía sobrellevar la vergüenza de la sociedad, eso compensaría mi vida de adulación como una emperatriz.

Estas alternativas estaban siguiendo la extensión usual de las alternativas de cuerpos. La atractiva mujer de sociedad podría haber sido simplemente una extensión de la vida anterior de mi paciente como una figura pública que fue envidiada y absorta en sí misma. El ama de casa podría no haber sido una pobre elección. Aquí se le ofrecía a Jamona una alternativa intermedia donde podría haber aprendido a ser humilde y a aceptar las dificultades de la vida en pobres circunstancias. Aun así el candidato era otra mujer y Jamona deseaba romper un largo ciclo de estar en cuerpos femeninos.

Escoger la vida de un hombre homosexual, de acuerdo a Jamona, era lo más difícil, aunque él ha estado mucho más seguro financieramente que la mujer de recursos ordinarios. No somos dirigidos durante esas elecciones pero las almas más viejas saben que a menudo hay una alternativa tentadora la cual no nos probaría mucho. Jamona sabía que ésta era la mujer de sociedad. Él hizo la elección no porque estuviera presionado para seleccionar el principal candidato del hombre homosexual, sino porque la prueba era claramente la más difícil. Mi paciente me dijo, "ha habido mucha gente en mi vida que me ha tratado con disgusto y aun aversión. Necesitaba experimentar esta discriminación, para sentirme inseguro y vulnerable".

Una cosa que he notado en la selección de los cuerpos es que las almas más avanzadas son capaces de hacer una profunda comparación entre los cuerpos que les son ofrecidos con los períodos de tiempo que son presentados. Yo también veo muchas almas menos avanzadas aceptar el cuerpo que ellos saben que habría que escoger como el mejor curso de acción. Ellos confían en el proceso de selección más que en ellos mismos. Un paciente dijo, "Para mí, tener un nuevo cuerpo es como probarse un nuevo conjunto de ropa, el cual se desea comprar y se espera que no requiera modificaciones".

Maestros del tiempo

Solamente una vez cada tantos años, un Maestro del Tiempo en entrenamiento viene a mi camino. Cuando los reconozco, se convierten en un recurso para atesorar. Ya que hay otras especialidades asociadas con las vidas, debo cuidarme de hacer presunciones ligeras en la sesión de hipnosis. Por ejemplo, las Almas Archivadoras ayudan a las almas en la búsqueda de sus historias pasadas y líneas de tiempo alternativas para esos eventos. Así su función es más como historiadores y cronistas que un Maestro del Tiempo que rastrearía líneas de tiempo para el inmediato futuro de los cuerpos en consideración en el salón de Selección de las Vidas. Como con las otras especialidades de las almas, estoy seguro que hay un trasfondo aquí, también, con muchos maestros trabajando en coordinación para las almas que necesitan sus servicios. Esto es porque mis clientes a menudo los agrupan todos juntos en sus mentes con la etiqueta de proyectistas.

Hay mucho de los aprendices de Maestros del Tiempo que no conozco todavía, o que no me cuentan. Cuando indago los aspectos esotéricos de cualquier especialidad de almas, existe la necesidad de clasificar los usuales bloqueos de detalles que no se supone que yo debo conocer o que mi paciente avanzado realmente no conoce. Los lectores podrían preguntarse por qué yo no hago otras preguntas relevantes en los casos presentados en este libro. Puedo decirles que sí hice intentos, pero no recibí respuesta. Algunas veces el especialista en entrenamiento y yo obtenemos información la cual comienza siendo inadvertida y luego se acumula. Tal fue el caso de un alma llamada Obidom, que es un ingeniero en su vida actual. Iniciaré el diálogo en un punto memorable en nuestra sesión.

Caso 51

Dr. N: Obidom, ¿puede decirme qué hace, entre vidas, que le represente su mayor desafío como alma?

P: Estudio el tiempo en el planeta Tierra.

Dr. N: ¿Con qué fin?

P: Deseo ser un maestro de este arte... viajar en las líneas del tiempo... entendiendo las secuencias con las que la gente vive en un mundo físico. Para ayudar a los proyectistas a asistir a las almas en sus selecciones de vidas.

Dr. N: ¿Cómo está avanzando su programa?

P: (suspiros) Muy lentamente, soy como un aprendiz que necesita muchos mentores.

Dr. N: ¿Por qué lo escogieron para este entrenamiento?

P: Es muy difícil para mí decirlo porque no creo que sea muy bueno en este arte. Supongo que empezó porque me gusta manipular la energía y me volví bastante bueno en eso durante mis clases.

Dr. N: Bien, ¿no es verdad que muchas almas hacen cosas con manipulación de la energía en sus clases de creación?

P: (empezando a interesarse en mis preguntas) Esto es diferente, nosotros no creamos... en la misma forma.

Dr. N: ¿En qué es diferente su trabajo?

P: Para trabajar con el tiempo, debes aprender manipulación espacial. Empezar con modelos y luego continuar con algo real.

Dr. N: ¿Qué clase de modelos?

P: (soñadoramente) Oh... una gran piscina vaporizada... de energía líquida turbulenta... colándose por las hendijas donde las escenas son simuladas por el uso de mini-momentos... las hendijas se abren... se ven tubos de neón de energía fluctuante... listos para entrar. (se detiene) Es realmente difícil de explicar.

Dr. N: Está bien, Obidom. Me gustaría discutir dónde está trabajando ahora, quién le enseña y algo acerca del arte práctico de volverse un Maestro del Tiempo.

P: (tranquilamente) El entrenamiento del tiempo se realiza en un templo. (muecas) Lo llamamos el Templo del Tiempo, donde los profesores nos instruyen en la aplicación de las secuencias de energía para los eventos.

Dr. N: ¿Qué son secuencias?

P: Líneas de tiempo que existen como secuencias de energía de eventos en movimiento.

Dr. N: Dígame cómo manipula la energía en las líneas de tiempo.

P: El tiempo es manipulado por compresión y dilatación de partículas de energía dentro de un campo unificado y para regular su flujo... como jugando con bandas de caucho.

Dr. N: ¿Puede cambiar eventos del pasado, presente y futuro? ¿Es eso lo que quiere decir con la palabra manipulación?

P: (larga pausa) No, yo solamente puedo controlar las secuencias de energía. Operamos como... manejando en una carretera, entrando y saliendo de las secuencias que nosotros consideramos carreteras, acelerando y reduciendo la velocidad. Condensar nuestra energía nos acelera y la expansión nos reduce la velocidad. Sucede lo mismo con los eventos y las personas que aparecen en las secuencias como puntos en la carretera. No creamos nada. Interferimos como observadores.

Dr. N: Entonces ¿quién crea las secuencias de tiempo en primer lugar?

P: (exasperado) ¿Cómo puedo saberlo? En mi nivel, solamente estoy tratando de funcionar dentro del sistema.

Dr. N: Sólo preguntaba, Obidom. Está siendo muy útil. ¿Dígame con qué propósito usted trabaja como Maestro del Tiempo en entrenamiento?

P: Se nos asigna un evento... todas las elecciones humanas alrededor de ese evento tienen significado. Las aplicaciones prácticas de lo que hacemos incluyen corrientes humanas de pensamiento y acciones que se juntan en un río de tiempo.

Dr. N: Yo llamaría esas ocurrencias, pasajes de acción y memoria de esa acción.

P: Yo estaría de acuerdo. Las partículas de energía involucran memoria.

Dr. N: ¿Cómo?

P: La energía es la portadora de pensamiento y memoria dentro de las secuencias y éstas nunca pasan al olvido. El conducto por el cual el tiempo es percibido empieza con el pensamiento, formándose una idea, luego, el evento y finalmente la memoria del evento.

Dr. N: ¿Cómo es registrado todo esto dentro de las secuencias?

P: Por el tono vibracional de cada partícula de energía registrada. Esto es lo que nosotros recuperamos.

Dr. N: ¿Pueden existir las secuencias en todas las clases de realidades alternas?

P: (pausa) Si... traslapadas y entrelazadas... esto es lo que hace la búsqueda interesante si uno tiene las habilidades para encontrarlas. Todas las cosas pueden ser observadas y recuperadas para estudio.

Dr. N: Necesito más instrucciones en esta parte, Obidom.

P: Hay mucho que no puedo decirle. Las partículas de energía que son parte de la causalidad para la estructuración de eventos en el tiempo, involucran patrones vibracionales con muchas alternativas. Revisamos toda esta historia humana como algo provechoso para las futuras encarnaciones de la gente.

Dr. N: ¿Dígame, cómo se siente frente a las posibilidades alternas de los eventos?

P: (larga pausa) Estudiamos lo que es productivo. Los eventos, pobres, mejores, excelentes, son revisados hasta que dejan de ser productivos. (suspira profundamente) De cualquier forma yo soy muy nuevo en esto todavía. Estudio las escenas pasadas de lo que ha sucedido.

Dr. N: ¿Entonces quiere decir que todo lo que puede existir en el tiempo no necesariamente existe si no hay nada para que los seres humanos aprendan de su existencia?

P: (pausa) Ah... si, en situaciones similares de decisiones se necesitan soluciones ligeramente diferentes. Después de un tiempo las diferencias son tan pequeñas que serían improductivas como lecciones.

Dr. N: De todo lo que me ha dicho, Obidom, me doy cuenta que no está muy comprometido con el tiempo futuro todavía. Entonces ¿cómo se ve a usted mismo?

P: Yo pienso en mí más como un arqueólogo del tiempo. Mis asignaciones son estudiar eventos y gente del pasado y del presente. El futuro es sombrío... las secuencias borrosas... no, ahora mismo soy un arqueólogo del tiempo.

Dr. N: ¿Dónde empezaron realmente sus estudios en este campo?

P: Cuando mi clase fue reunida para entrenamiento en el templo.

Dr. N: ¿Cuántas almas hay en su clase?

P: Hay seis de nosotros... (pausa, agregando) No conocía a ninguno antes de estar allá.

Dr. N: Obidom, cuénteme de su entrenamiento inicial, seguramente debe estar claro en su mente.

P: Fui enviado al mundo de Galath. Es un mundo físico, de geografía similar a la de la Tierra. Este mundo una vez tuvo una gran civilización, altamente tecnificada y los galathianos eran capaces de viajar a otros planetas, lo cual los llevó a la destrucción. Ahora, Galath no tiene formas de vida altamente inteligentes.

Dr. N: ¿No entiendo por qué fue enviado a un planeta muerto?

P: No es muerto, a lo sumo es deshabitado. Cuando llegamos para entrenamiento asumimos una forma transparente la cual se parecía a la apariencia humanoide de los viejos galathianos. (risas)

Dr. N: Cuénteme sobre ellos.

P: Estaba precisamente pensando... ellos eran gente verde amarillenta, muy altos y flexibles, sin articulaciones aparentes... tenían ojos grandes y multifacéticos... como los de los insectos...

Dr. N: ¿Qué clase de pueblo eran?

P: Los galathianos eran sabios pero tontos, como el resto de nosotros. Ellos llegaron a creer en su invencibilidad.

Dr. N: ¿Pero cuál es el propósito de venir aquí? ¿No se ha ido todo?

P: ¿No lo ve? Sus líneas del tiempo existen todavía. Estamos aquí para practicar interceptando la vieja historia de este lugar. Este es el tipo de mundo exótico con plataformas espaciales que todavía circundan el planeta. En la superficie hay enormes esferas de habitación que ahora están vacías y en ruinas... las plantas crecen en sus antiguos salones de aprendizaje, vestigios decadentes de ésta, que una vez fue una gran civilización, están dispersos por todos lados...

Dr. N: ¿Qué hacen usted y sus cinco compañeros, Obidom?

P: Difundimos nuestra energía... y flotamos a través de los corredores de su tiempo pasado. Uno de los profesores nos ayuda a ajustar nuestras vibraciones para interceptar ciertos períodos de historia galathiana. Ésta es fragmentaria debido a nuestra falta de habilidad... pero ciertas escenas de su poder son vívidas.

Dr. N: ¿Entonces nada de su pasado está realmente perdido?

P: No, aunque los galathianos se han ido, todo lo que hicieron, en un sentido, todavía vive... sus triunfos... su caída... podemos estudiar sus errores. Puedo recuperar personas hablando en ciertos momentos... lo que pensaban antes de ser conquistados por otra raza y asimilados dentro de su cultura lejos de aquí. Los galathianos tenían un lenguaje musical el cual fluye alrededor de sus naves espaciales dañadas y calles desiertas.

Dr. N: ¿Cuál es su meta final, Obidom?

P: Cuando me vuelva hábil serviré como un consejero para los proyectistas, quienes desean diseñar ciertas situaciones para la gente... ayudar a los investigadores de bibliotecas... ayudar como coordinador de selección en la esfera de vida (el Anillo), esa clase de cosas.

Dr. N: Obidom, tengo una pregunta personal para usted. Si yo fuera un alma con algún tiempo libre entre vidas, podría regresar a mi pueblo natal como existía cuando yo era un muchacho y verme a mí mismo de nuevo con mi familia y amigos en escenas del pasado? Yo no quiero decir re-crear todo eso en el mundo espiritual, sino realmente, regresar a la Tierra en un estado no corpóreo, como usted hizo en Galath.

P: (sonrisas) Claro que sí... aunque podría necesitar la ayuda de un profesor con talento antes de que pudiera lograrlo. Pero no espere poder hacer alguna alteración alrededor de la situación original. (sardónicamente) Recuerde, usted sería un fantasma.

Libre albedrío

En una de mis conferencias en Vancouver, B.C; una atribulada mujer se levantó gritando ruidosamente, "Ustedes los gurús de la nueva era, nos dicen primero que tenemos libre albedrío para hacer las elecciones en nuestra vida y por otro lado dicen que estamos predestinados a seguir cierto plan debido al Karma de una vida pasada. ¿Qué es esto? No tengo libre albedrío en mi vida porque estoy a merced de fuerzas sobre las cuales no tengo ningún control. Mi vida es una pena". Después de mi charla, me senté junto a esta mujer por unos pocos minutos y supe que su hijo de diecinueve años había muerto recientemente en una motocicleta.

La gente tiene la idea que el libre albedrío y el destino son fuerzas opuestas. Ellos no se dan cuenta que el destino representa la suma de nuestras acciones sobre miles de años en una multitud de encarnaciones. En todas esas vidas hemos tenido libertad de elección. Nuestra vida presente representa todas las pasadas experiencias agradables y desagradables y por lo tanto somos el producto de todas nuestras elecciones anteriores. Además, podemos deliberadamente habernos colocado en situaciones que prueban cómo reaccionaremos ante eventos en nuestra vida presente, lo cual no es percibido por la mente consciente. Esto también involucra decisiones personales. Ocupamos un cuerpo particular por muchas razones. El joven motociclista, según lo reconoce su propia madre, vivía para la velocidad y esencialmente sentía placer con los peligros de su obsesión.

Como mi última sección sobre el tiempo abrió la puerta de las probabilidades y posibilidades futuras, es apropiado estudiar las ramificaciones del libre albedrío un poco más. La reencarnación no significaría nada si toda la vida fuera predestinada. En mis comentarios sobre las líneas del tiempo, sugerí que el futuro podía existir en muchas realidades. La gente que tiene premoniciones sobre el futuro podría estar correcta o equivocada. Si alguien se ve a sí mismo siendo asesinado en un cierto lugar y tiempo y eso no ocurre, esta casualidad potencial podría significar que era solamente la más horrible de las alternativas posibles.

Un argumento para el determinismo, como opuesto al libre albedrío, es que una fuente, o un grupo colectivo de divinidades menores, es responsable de que el planeta Tierra sea poblado por humanos que sufren por la enfermedad, dolor, hambre y temor. Vivimos en un mundo de terremotos, huracanes, inundaciones, incendios y otros desastres naturales sobre los que no tenemos control. He mencionado con frecuencia que la Tierra es considerada por las almas como una escuela muy difícil. La gran lección de la Tierra es superar las fuerzas destructivas planetarias y personales en la vida, haciéndonos fuertes con empeño, cambiando positivamente y seguir nuestro camino.

En gran parte venimos equipados con lo que necesitamos para cuidar de nosotros mismos. El Karma puede a veces parecer punitivo, pero hay justicia y balance, lo cual puede que no reconozcamos en nuestro sufrimiento. El temor crece cuando nos separamos de nuestro propio poder espiritual. Conocíamos muchos de los desafíos de nuestra vida con anterioridad y los escogimos por buenas razones. Accidentes que involucran nuestro cuerpo no son considerados accidentales por las almas, como lo he tratado de mostrar en muchos casos, como el 50 con la mujer en Amarillo que murió de un disparo. La pura voluntad de nuestro verdadero ser tiene el poder de levantarse en oposición a nuestra debilidad de carácter, especialmente en la adversidad. Tenemos la libertad de rehacer nuestras vidas después de una catástrofe, si estamos dispuestos a tomar la responsabilidad de hacerlo.

Más importante que los eventos que nos prueban en nuestra vida es nuestra reacción a esos eventos y como manejamos las consecuencias. Esta es la primera razón de nuestra amnesia consciente. Yo he indicado que a las almas no les son mostradas todas las alternativas de los probables eventos futuros en la vida por venir. Hay buenas razones para esta práctica a pesar del llamado de la espontánea memoria espiritual que existe en algunas personas. La amnesia nos permite libre albedrío y autodeterminación sin el constreñimiento de una memoria retrospectiva inconsciente sobre lo que examinamos en el salón de proyecciones. Mientras las escenas presentadas a nosotros con respecto a nuestra futura vida son selectivas, mis casos han demostrado que tendremos la oportunidad de revisarlas más a fondo después de que la vida ha terminado. Tengo un ejemplo corto pero muy gráfico de libre albedrío que revela cómo aun las almas sin encarnar pueden ser sorprendidas por una decisión repentina la cual cambia el probable desenlace de la vida.

Tuve un paciente que murió en la batalla de Gettysburg en 1863 como un soldado recientemente reclutado de la Unión. Su nombre era John y vivía en una pequeña comunidad cercana a Gettysburg. Aunque sólo tenía dieciséis años, John y su amada, Rosa, habían empezado a hablar de matrimonio en el futuro. La noche antes de que empezara la batalla de los tres días, un oficial de la Unión cabalgó dentro del área de John buscando a un joven no combatiente que supiera montar bien a caballo para entregar despachos. John no tenía planes de alistarse en la guerra porque era muy joven y porque además era necesitado en la granja de su madre. El oficial de la Unión encontró a John y rápidamente le explicó su urgencia, prometiendo que el enlistamiento de John terminaría cuando la batalla finalizara. John era un excelente jinete y él impulsivamente aceptó montar para la Unión porque "no quería perderme la oportunidad de participar en la gran aventura". Tuvo que salir inmediatamente sin decir adiós a nadie. John fue muerto el día siguiente.

Aun cuando estaba flotando sobre su cuerpo, John no podía creer que estaba viéndose a sí mismo muerto sobre la tierra. Una vez retornó a su grupo espiritual John fue recibido por Rosa, la porción de su esencia que no había ido a la Tierra. En el momento que Rosa vio a John, le gritó, "¿Por qué estas aquí de vuelta? ¡Se supone que deberíamos casarnos!". Esa compañera espiritual se dio cuenta rápidamente que John había escogido abruptamente un sendero que se desviaba de su vida probable. Aun así, cada sendero tiene beneficios kármicos de alguna clase, como fue el caso de la corta experiencia de John en el ejército.

Yo le pregunté a este paciente si le habían mostrado escenas en el salón de proyecciones de lo que iba a pasar en Gettysburg. Él replicó, "No, yo acepté lo que ellos me mostraron hasta la edad de dieciséis años, porque sabía que ellos tenían buenas razones para revelarme solamente lo que yo necesitaba saber antes sobre esa vida. Tengo fe en las decisiones de mis guías". Al joven soldado no le fue mostrada la posibilidad de su muerte en Gettysburg y esto es muy típico en tales casos. Pero, ¿qué pasa con esos casos donde una muerte intempestiva es una probabilidad en la vida y hay necesidad por parte de los proyectistas de darnos la oportunidad de aceptar voluntariamente esos cuerpos como un asunto de beneficio personal en la experiencia?

Conozco regresionistas que han tenido numerosos casos de almas heroicas quienes voluntariamente aceptaron participar en el holocausto de la Alemania Nazi. Yo también los he tenido. Quizás esto es por lo que muchas de esas almas de los campos de muerte están ahora viviendo nuevas vidas en Estados Unidos. Hay opciones para toda clase de desastres. Para los malos, algunas almas son preparadas para lo que les espera adelante, mediante ensayos antes de la vida, como se ilustra a continuación.

> Recuerdo pasar por un gran grupo de almas en una clase de preparación que fue concertada en una estructura de anfiteatro. Estaban escuchando a un conferencista contarles sobre el valor de la vida aunque ellos estuvieran yendo a la Tierra solamente por un corto tiempo. Todos se habían ofrecido como voluntarios para estar en una clase de desastre donde ellos morirían juntos. Se les decía que estuvieran mentalmente preparados, que hicieran lo mejor con el tiempo que tenían y que si lo deseaban, sus siguientes vidas podrían ser mucho más largas.

Caso 52

Este es un caso de eutanasia que involucraba a una paciente llamada Sandy. Ella me proporcionó otro ejemplo de un caso donde una escena de muerte fue mostrada dentro de los adelantos y pilares de una vida futura. Como es tan a menudo verdad con las almas que deben presenciar su muerte antes de una vida, ser voluntario es parte del contrato. Durante la realización de mi entrevista, supe que Sandy era muy unida a su hermano Keith y que ellos eran miembros de una familia numerosa. Como su hermana mayor, ella lo había cuidado como si fuera su madre mientras crecían. Keith era impetuoso y en sus años juveniles él vivía una vida de riesgos, manejando autos rápidos y teniendo numerosos líos con la ley. Sandy me dijo que Keith vivía como si tuviera un deseo de muerte. Ella agregaba que Keith había lastimado algunas personas con su caprichoso estilo de vida, pero tenía un buen corazón y su entusiasmo por vivir cada día al máximo era contagioso.

Sandy siempre tenía la premonición de que su hermano moriría joven. A Keith le fue diagnosticada Esclerosis Lateral Amiotrópica (ELA) a la edad de veintisiete y murió dos años después. ELA, es una enfermedad degenerativa de los movimientos motores que se convierte en atrofia muscular en un par de años. Hacia el final, muchos pacientes deben usar un respirador para poder vivir y recibir grandes dosis de morfina para soportar el dolor agonizante.

Cuando Sandy alcanzó su grupo espiritual durante nuestra sesión, descubrimos que los dos hermanos eran compañeros espirituales. Keith era el bromista amoroso en su grupo y por muchos siglos había sido muy descuidado con los sentimientos de los otros. En consultas con su guía y los miembros del grupo, él reconocía que era esencial que aprendiera humildad para poder avanzar. Siendo un alma temeraria, Keith pedía una vida donde pudiera tener un enorme reto para adquirir humildad, mejor que adquirir esta lección durante muchas vidas unidas. Él había sido advertido que acelerar las vidas podría ser escabroso. Keith dijo que estaba listo. Fue un trago amargo en el anillo, descubrir que tenía que servir como voluntario para un cuerpo atlético que sería inmovilizado por ELA. Sandy dijo que hubo un punto en el salón de

Selección de Vidas donde su hermano casi se echa atrás. Traeré su narración sobre este aspecto en nuestra sesión.

Dr. N: Por favor dígame lo más que pueda sobre la reacción de Keith por el cuerpo que se le ofreció.

P: (solemnemente) Se le mostró lo peor... su cuerpo antes y después de la enfermedad. Cómo su independencia le sería arrebatada, para hacerlo dependiente de nosotros. Ellos no le ocultaron nada sobre él. Keith vio en el comienzo de la enfermedad que sentiría mucha autocompasión y remordimiento, luego ira terrible, pero si él luchaba podía aprender.

Dr. N: (cambiando atrás y adelante desde el tiempo presente al mundo espiritual con Sandy) ¿Y él aprendió?

P: Oh, sí. Cerca del fin Keith se calmó, aceptando y apreciando lo que nosotros hacíamos por él.

Dr. N: ¿Hay algo que quisiera explicar sobre cómo Keith se preparó para esta vida con usted?

P: (después de una larga pausa el rostro de mi paciente toma una expresión de aceptación) Le contaré. Será bueno hablar de esto... no lo he dicho a nadie antes. (empieza a llorar y yo intento mantenerla enfocada)

Dr. N: No tenemos que hacer esto si es tan doloroso.

P: No yo quiero hacerlo. (tomando aire profundamente) Cuando nos preparábamos para venir a esta vida yo tenía que ser la mayor de la familia, entonces vine primero. Tuvimos una larga discusión justo antes de mi tiempo. Keith dijo que estaba preparado para sufrir pero cuando alcanzó el punto donde estaba totalmente incapacitado, donde no podía hacer nada más, yo tuve que suspender el sistema de soporte de su vida y liberarlo.

Dr. N: ¿Usted iba a hacer eso en un hospital?

P: Planeamos eso en el mundo espiritual, pero entonces, gracias a Dios, él fue enviado a casa durante sus últimas siete semanas y eso hizo más fácil nuestro plan.

Dr. N: ¿Esto es por el dolor? Ciertamente Keith debió haber tenido calmantes para el dolor.

P: La morfina ya no hacía efecto. Las ultimas siete semanas fueron terribles aun con el respirador y los calmantes. Sus pulmones se afectaron mucho, no podía moverse o hablar cuando estaba cerca del fin.

Dr. N: Entiendo, cuénteme sobre el plan que Keith y usted se inventaron en el mundo espiritual antes que sus vidas empezaran.

P: (suspiros) Empezamos nuestro ejercicio creando una cama y el sistema de soporte de la vida que Keith vio en el salón de proyecciones. Él tenía cada detalle en su mente. Entonces practicamos porque yo pensaba que tendría que engañar a los doctores y enfermeras. Yo trabajaba con la máquina y estudiaba los signos de advertencia del avance de su enfermedad. En el ejercicio, acordamos las señales que Keith debería dar cuando él quisiera decirme que estaba listo para ser liberado de su sufrimiento. Finalmente, él me hizo prometer que permanecería fuerte y no dejaría que nada me disuadiera en los momentos finales. Hice esa promesa de buena gana.

Después que Sandy recobró su conciencia total, discutimos su papel en la muerte de su hermano. Ella dijo que cuando hubo un olor particular o un "olor de muerte" en el área de la garganta de Keith, ella sabía que era tiempo de estar lista. Debo añadir que este signo corporal no significaba necesariamente que Keith iba a morir inmediatamente. Casi sin pensarlo, Sandy le dijo a su hermano al oído, "¿Keith, estás listo para irte?". Entonces vino la señal preacordada. En este momento Keith apretó sus ojos abriéndolos y cerrándolos tres veces para la respuesta "si". De manera calmada ella desconectó el sistema de soporte de la vida de Keith. El doctor vino a la casa más tarde, encontró el sistema de soporte de la vida reconectado y dijo que Keith había muerto.

Por el resto del día ella no se sintió culpable. Esa noche acostada en su cama, una duda asaltó la mente de Sandy, sobre su reacción automática y ella se cuestionó a sí misma. Después de agitarse y calmarse, finalmente cayó en un sueño profundo. Pronto Keith vino a ella en un sueño. Sonriendo con gratitud le comunicó a Sandy que lo había hecho todo perfectamente y que la amaba. Unas pocas semanas después Sandy estuvo meditando y tuvo una visión de su hermano sentado en un banco hablando con "dos monjes vestidos con toga" Keith se volvió, le sonrío y dijo "cuídate allá, hermana".

Para un religioso devoto, la vida de este hombre no le pertenecía a él, sino a Dios. Mientras es verdad que se nos han dado nuestros cuerpos por un acto de divina creación, cada una de las vidas finalmente pertenece a ellos. El derecho a morir es un tópico altamente debatido en los círculos legales en la actualidad, especialmente cuando le corresponde a un doctor ayudar al suicidio de un enfermo desahuciado. Se ha dicho que si la muerte es el acto final de una vida dramática y nosotros deseamos que el último acto refleje nuestras propias convicciones, deberíamos tener el derecho independientemente de las convicciones religiosas o morales de la mayoría. La visión opuesta es que si la vida es un regalo, del cual somos los custodios, tenemos ciertos deberes morales a pesar de nuestros propios pensamientos. Sabiendo lo que sé sobre cómo nuestras almas escogen la vida, con el libre albedrío para hacer cambios durante esa vida, creo que nosotros claramente tenemos el derecho a escoger la muerte cuando no queda ninguna calidad de vida y no hay ninguna posibilidad de recobrarla. La degradación de nuestra humanidad no debe ser prolongada intencionalmente. El siguiente caso proporciona una representación más convencional de libre albedrío en términos de una vida plena.

Caso 53

Emily era una mujer a finales de sus cuarenta, que vino a verme porque estaba preocupada por su propósito en la vida. Durante los años que estaba criando sus hijos, Emily trabajaba como una secretaria de medio tiempo. Descontenta con su situación, volvió a la escuela y se calificó como una enfermera con énfasis en Geriatría. Durante el entrenamiento, descubrió que le gustaba tratar a los ancianos porque eran más inclinados a hablar de su fe. Emily había sido atraída por la espiritualidad toda su vida. Me contó que había sido educada por un padre que más que cruel, era estricto pero muy piadoso, quien la había inclinado hacia las menos estructuradas avenidas de la espiritualidad.

Aunque se había convertido en una enfermera licenciada dos años antes de nuestra reunión, Emily no había trabajado en su nueva profesión debido a sus propias dudas acerca de su competencia. Debido a su feliz matrimonio con un esposo comprensivo, había sido fácil simplemente asumir un trabajo voluntario sin paga, presión o responsabilidad.

Al trasladarla rápidamente a su más inmediata vida pasada en las primeras fases de nuestra sesión descubrimos que su nombre había sido Hermana Grace, una religiosa de las Hermanas de Piedad en Nueva Inglaterra. La orden deseaba que ella asumiera la posición de madre superiora pero ella rehusaba debido a sus temores sobre su caudillaje y sentimientos de incapacidad. De hecho otra revisión posterior de otras recientes pasadas vidas de Emily en el mundo espiritual apuntaban a un patrón de vidas como sacerdotes y religiosas en ambientes enclaustrados. Ella comentaba, "era capaz de servir a Dios sin involucrarme mucho con los problemas de la sociedad externa".

A menudo se me pregunta si los proyectistas fuerzan ciertas vidas en nosotros por razones particulares. Este caso es un buen ejemplo de lo indulgentes que pueden ser nuestros guías hasta que finalmente estamos listos para retos más grandes. Todas las vidas de Emily, en los últimos quinientos años, habían sido en órdenes religiosas de una forma u otra. Ella estaba cómoda con esas vidas y era renuente a tomar mayores retos. Este comportamiento pasado representaba un elemento definitivo en su confusión acerca de la vida actual.

El diálogo de este caso se abre con la segunda reunión del Consejo después de la vida de Emily como la Hermana Grace, lo cual significa que ella estaba preparándose para su vida presente. Si descubro que va a haber una segunda reunión del Consejo, ésta usualmente ocurrirá justo antes de que vayamos al Anillo y yo sé que la vida por venir involucra una gran oportunidad de cambio significativo. Tanto el tipo como el número de Mayores que aparecen en esas segundas reuniones dependen de las clases de vidas y cuerpos a ser presentados.

Dr. N: Cuando asiste a esta segunda reunión del Consejo, ¿la composición del panel es la misma de la primera reunión?

P: No, solamente aparecen dos, mi presidente y un miembro que parece haber tomado un especial interés en lo que puedo ofrecer en la próxima vida.

Dr. N: Bien, como ya hemos hablado de su primera reunión del Consejo, siguiendo su vida como la Hermana Grace, sólo deme una idea de lo que está pasando ahora antes de ir al lugar de Selección de la Vidas.

P: Ellos desean saber si he pensado bastante sobre mi rutina de los últimos quinientos años y si estoy lista para involucrarme con la sociedad común.

Dr. N: ¿Se molestarían con usted si decidiera retornar a una vida religiosa una vez más?

P: No, ellos son demasiado sabios para esa clase de cosas. Sólo deseaban saber si todavía no estaba lista para una nueva tarea. Ellos son muy gentiles conmigo, me recuerdan que mi autodisciplina y fe son dignas de admiración y que aprendí mucho, pero tantas repeticiones sobre muchas vidas pueden estancar mi desarrollo.

Dr. N: ¿Tomó usted grandes riegos antes de los últimos quinientos años, antes de todas esas vidas religiosas?

P: (risas) Yo he estado en un diferente sendero por mucho tiempo. Era... excesivo... digamos que el celibato no estaba en mi agenda.

Dr. N: ¿Entonces, después de ser la Hermana Grace, era tiempo de llevar la siguiente serie de elecciones de vida, hacia atrás a alguna clase de centro, para hacer un balance de su existencia en la Tierra?

P: Si y les dije que estaba lista para un cambio.

Nota: Mi uso de cambios de tiempo en las reuniones del Consejo fue discutido en el capítulo 4. En este caso, voy hacia adelante, a las escenas del salón de Selección de Vidas para obtener una mejor terapéutica para ayudar a Emily. Lo que sigue es una parte del reencuadre cognoscitivo que utilicé, el cual empieza con la identificación y desahogo de los conflictos personales. Mi intención es que esta paciente bajo hipnosis reconozca la oportunidad que sus proyectistas espirituales le han dado para avanzar con un mayor autoconocimiento.

Dr. N: Estamos ahora en el lugar donde usted está examinando su actual cuerpo como Emily por primera vez. ¿Está sola o acompañada?

P: El segundo miembro del consejo está conmigo y siento la presencia de otro... que no puedo ver. (probablemente un Maestro del Tiempo coordinador).

Dr. N: (después de discutir brevemente otras opciones de cuerpos) ¿Por qué se siente atraída por el cuerpo de Emily?

P: Voy dentro de una pantalla para sentir la longitud de onda de este cerebro... y cómo nuestras vibraciones mutuas se combinan. Hay una buena empatía... entre los dos... sus talentos y sensibilidad son muy compatibles conmigo.

Dr. N: (reforzando) Entonces, los proyectistas tienen en el fondo los intereses más buenos.

P: Oh, sí.

Dr. N: ¿Qué ve usted como el aspecto más significativo de su futura vida como Emily?

P: (pausa larga) Es difícil para mí contestar. Veo sus conflictos, que son los míos, fluctuando entre hacer una cosa y esperar otra clase de profesión. No me veo a mí misma como una enfermera.

Dr. N: Ya que usted está ahora calificada para ser enfermera, ¿podría ser que a usted se le mostró más pero en este momento su memoria espiritual de esos detalles no es revelada porque los proyectistas no desean interferir con su libre albedrío para tomar una decisión tan importante?

P: Quizás, no estoy segura. (pausa) Ah... no tiene que mostrársenos ocupaciones... uno puede ver... estados de ánimo... actitudes y sentimientos en diferentes tiempos en la esfera de la vida para un cuerpo particular.

Dr. N: Bien, quiero que recree esos sentimientos sobre este cuerpo que ocupa y me diga cómo puede morar en esa persona.

P: (otra larga pausa) Cuidando personas.

Dr. N: ¿Y qué le dice eso?

P: (pensando pero sin responder).

Dr. N: Y en la esfera de Selección de la Vidas, ¿usted piensa que la visión que tiene ahora sobre Emily es suficiente para aceptar esta persona y proseguir para hacer una contribución en vida?

P: Sí.

En esta coyuntura de nuestra sesión, Emily se dio cuenta que había elementos de sincronía revisando los eventos pasados en el Anillo conmigo en este momento y que tenía libre albedrío para cambiar su vida. Algunos viajes al Anillo nos dan más detalles sobre la vida futura que otros. Emily vio que no fue accidental haber sido asignada a una familia tan estrictamente religiosa cuando era niña, la cual la alejaría de sus viejos y condicionados patrones de comportamiento hacia nuevos senderos de pensamiento. Ella vio que su libertad para hacer nuevas elecciones y confiar en sus sentimientos íntimos le daba licencia para intentar la búsqueda.

La incertidumbre en la vida es frecuentemente una consecuencia de patrones y obsesiones de vidas pasadas. El viejo temor interno de Emily de no desear aceptar posiciones de responsabilidad dentro de la iglesia debido a que se sentía de nuevo incapaz en su vida profesional presente, mientras la puerta en el campo de la medicina se abría para ella de una manera profunda, también la confundía. ¿Por qué parecían los dos correctos y equivocados al mismo tiempo? Emily había vuelto a enredarse en sus planes para una corrección del curso de la mitad de su vida por una inconsciente duda que había adquirido en su última vida como la Hermana Grace.

A los seis meses de nuestra reunión, recibí una carta de Emily explicándome que había tomado un trabajo en un hogar de ancianos y que estaba feliz. Esta destreza particular buscaba enfermeras que no se alejaran de la asesoría espiritual para atender pacientes en tratamiento de impotencia, soledad y represión. Emily escribió que se sentía plena espiritualmente. Yo no merezco mucho crédito por haber dado luces en esta situación, porque Emily había ya empezado su cuestionamiento antes de nuestra sesión. Ella sólo necesitaba un empujoncito para avanzar. Hoy, cerca de los cincuenta, ella se ha liberado.

Este caso no es presentado para denigrar de la religión tradicional o a las órdenes religiosas insinuando que Emily de algún modo desperdició quinientos años de tiempo de encarnación tomando roles de sacerdote o monja. Esos fueron años benéficos para la acción de su llamado espiritual. Hoy, esos mismos llamados son satisfechos de una forma diferente. El cambio es la marca de calidad del Karma a través del uso del libre albedrío para hacer correcciones del curso en aguas desconocidas. Buscar la verdadera identidad es entrar en contacto con el ser interior, dándole pasión y sentido a lo que se hace en la vida.

Almas de los niños

La pérdida de un niño

El Anillo representa un ciclo de vida, muerte y renacimiento. Para el alma, los niños juegan un papel vital en su regeneración de la vida. ¿Cuáles son las implicaciones espirituales cuando este organismo altamente funcional muere antes de que siquiera haya empezado? Han habido padres afligidos quienes me han escrito preguntándome sobre las interpretaciones que rodean la inoportuna muerte de sus niños y esas cartas son difíciles de responder. Aquellos de nosotros que no han sufrido la agonía de perder un hijo sólo pueden imaginar el dolor sufrido por sus padres. Algunas personas que pierden un niño llegan a la conclusión equivocada de que su terrible pérdida es el resultado de una deuda kármica que ellos deben pagar debido a alguna transgresión en una vida anterior que involucraba abuso de niños.

Si el niño perdido fuera un adolescente o mayor, las fuerzas kármicas que le llevaron a la muerte habitualmente se relacionan directamente con la persona joven y no mucho con sus padres. Es más, aun cuando la muerte de un niño más joven involucre kármicamente al padre, esta lección no significa automáticamente que el padre fue un ejecutor de maltrato a niños en una vida anterior. La lección puede haber sido el resultado de muchos otros elementos, incluyendo una acción indirecta. Uno de mis pacientes que vino a verme un año después de la muerte de su hija de ocho años me contó la siguiente historia durante su sesión.

> Yo era una matrona adinerada en el siglo XIX. Prestaba poca atención al sufrimiento de los jóvenes granujas en la calle alrededor de mi casa. Insensiblemente desatendía su sufrimiento porque ellos no eran mis hijos, para mí esa era responsabilidad de sus padres o el estado y no tenían nada que ver conmigo. Observaba de otra forma aun cuando tenía bastante dinero como para ayudar a un orfanato o a una casa cercana de jóvenes madres solteras. Yo sabía que esos servicios eran importantes y no hice nada. Entre vidas, decidí corregir mi sentido superficial. Estuve de acuerdo con la experiencia angustiante de amar mi propio hijo y perderlo. Dios, qué dolor, pero estoy aprendiendo a sentir compasión.

Mucha información sobre el alma y mortalidad infantil me ha llegado por muchos años las cuales pueden proporcionar algún consuelo a las madres que sienten remordimiento por las acciones voluntarias o involuntarias que envuelven la pérdida de un niño sin nacer. Esto incluiría los dos temas, el aborto y la pérdida involuntaria. Por favor tenga en cuenta durante mi revisión de este material que el karma de causa y efecto relacionados con los más tempranos incidentes de la vida pasada son particulares para cada relación padre–hijo. Mi intención es dar al lector algunas interpretaciones generales sobre el niño que he aprendido de los reportes de muchos pacientes.

Debo empezar por declarar que jamás he tenido un solo caso donde el alma se una al feto en el primer trimestre. La razón por la que las almas no empiezan su compleja fusión con un feto por debajo de los tres meses es muy simple; no hay suficiente tejido cerebral para trabajar en esta etapa. Tengo una amiga querida quien es una Enfermera Obstetra en el hospital más grande de Oregon. Cuando ella me escuchó hacer esta declaración en un programa de la radio nacional, llamó para decirme, "¿Michael, por qué ustedes no dejan a esos pequeños tener sus almas?". Ella estaba muy molesta conmigo sobre la pregunta de quién tiene o no tiene alma si un bebé no llega a término. Empecé diciendo algo al respecto de que yo no hago las reglas, por lo que no hay que castigar al mensajero. Sospecho que esta cuidadora de bebés, quien ha visto a muchos que no sobreviven y dejan el hospital, siente que para el momento de la concepción un feto con una identidad de alma, de algún modo recibiría más consuelo que en el caso contrario.

Le dije a mi amiga que hay un universo consciente de amor rodeando todos los bebés no nacidos. La fuerza creadora de la existencia jamás es separada de ninguna forma de la energía viviente. Un feto puede vivir como una entidad individual sin tener todavía una identidad de alma inmortal. Si una madre aborta su hijo en el primer trimestre, hay amorosas fuerzas espirituales rondando cerca para confortar esta madre y velar por el niño. Me han contado que aun en casos de pérdidas involuntarias y abortos entre los cuatro y nueve meses, las almas pueden estar en el lugar para ayudar a los dos, la madre y el bebé en una forma física más directa con energía. Las almas saben con anticipación las probabilidades de que un bebé llegue a término.

Por ejemplo, si una mujer embarazada pierde su bebe porque cayó por unas escaleras, dígase a los siete meses, no era absolutamente preordenado que ella sufriera esa caída. Existía también la posibilidad de que en ese particular día, en ese cierto momento de tiempo, ella decidiera en el último minuto no bajar las escaleras. Sin embargo si una mujer joven, no casada, está embarazada y decide abortar a su hijo porque no es deseado, las posibilidades son altas de que éste era probablemente un evento significativo de elección. Esas dos interpretaciones de causalidad son, por supuesto hipotéticas. No obstante, varios escenarios de eventos significativos en nuestra vida son conocidos con anticipación cuando escogemos ciertos cuerpos en el Anillo. Todos tienen implicaciones kármicas y propósitos para nosotros.

Las almas no son asignadas a los bebés al azar. Cuando una madre pierde a su hijo por cualquier razón, he encontrado que las probabilidades de que el alma de este bebé retorne de nuevo a la misma madre en su próximo hijo son bastante altas.

Si esta madre no da a luz otro niño, el alma puede retornar en otro miembro cercano de la familia, porque esa era la intención original. Cuando una vida es corta, las almas las llaman vidas de relleno y ellas también tienen propósitos para los padres. Aquí hay una ilustración:

Me uní a un feto de cuatro meses para una existencia de tres meses. Durante este tiempo mi madre sentía la energía de mi alma para saber que dar y perder una vida es muy profundo. Yo no deseaba dejarle la tristeza de perderme impidiéndole a ella tener el coraje de intentarlo de nuevo. Nosotros sabíamos que este embarazo no llegaría al término, pero había una buena probabilidad de un segundo hijo después de mí y yo deseaba ese parentesco con ella. Ella no sabía que yo fui una vez su hermano y ahora era su hija. Pensé que era capaz de suavizar su amargura y pesar enviándole a mi madre pensamientos confortables en la quietud de todas las noches entre sus dos embarazos.

Como lo mencioné en la sección sobre compañeros espirituales en el capítulo 5, cuando los bebés y los niños pequeños mueren, sus almas usualmente no regresan al mundo espiritual solas. Los guías espirituales, guardianes de los niños, o un miembro del grupo de almas del niño son frecuentemente comprometidos a reunirse con esas almas justo al nivel de la tierra. Si un padre es muerto al mismo tiempo que su hijo pequeño, ellos se quedan juntos, como lo demuestra la siguiente nota:

> Después de que mi hijo y yo fuimos muertos por bandidos (Suecia, 1842), lo reconforté cuando nos elevamos juntos. Como era muy joven, estaba desorientado y confuso al principio. Yo sostuve a mi hijo cerca y le dije lo mucho que lo amaba y que estábamos yendo a casa. Como subimos juntos, le dije que pronto nos reuniríamos con nuestros amigos y entonces nos separaríamos por un rato, antes de reunirnos de nuevo.

Asociaciones de nuevos cuerpos y almas

El proceso de un alma uniéndose a un niño no nacido es un fin apropiado para las historias de los casos que he presentado en este libro. El alma está ahora lista para reencarnación con esperanzas y expectativas para un nuevo rol en la vida. La asociación entre la mente física y la etérea que guía a todos los seres humanos dentro del mundo puede ser uniforme o inestable en las primeras etapas de la infancia, pero es el resultado final y cómo terminamos el curso lo que en verdad cuenta.

Durante nuestra vida el alma y el cuerpo se encuentran tan relacionados, que la dualidad de expresión puede confundirnos hasta el punto de hacernos dudar de quien somos en realidad. La complejidad de esta asociación entre el cuerpo y el alma representa una alianza de mucho tiempo de evolución que se remonta quizás hacia finales del Pleistoceno, cuando los humanoides en este planeta fueron considerados apropiados para la colonización del alma. Las ramificaciones más primitivas de nuestro cerebro moderno aun permanecen intactas como mecanismos de supervivencia. Algunas personas, como Kliday en el caso 24, reconocen un contacto con zonas primitivas del cerebro al momento de entrar al feto. Estas son las áreas que controlan nuestras reacciones viscerales y físicas, que son más instintivas y emocionales que intelectuales. Algunos de mis pacientes han dicho que algunos cerebros a los que se han unido parecían más primitivos que otros.

El ego ha sido definido como la personalidad del ser, concebido como una sustancia espiritual cuya experiencia es superimpuesta. La psiquis definiría al alma, pero hay un ego de algún tipo, relegado al cerebro, el cual experimenta el mundo externo a través de los sentidos que gobiernan la acción y reacción. Es el organismo funcional, creado antes de la llegada del alma, la que debe unirse dentro de la madre. En cierta forma hay dos egos actuando aquí y esto se hace más evidente durante las regresiones cuando llevo a mis pacientes al Anillo y posteriormente cuando se unen al feto. Es en el feto donde la asociación de cuerpo y alma realmente comienza.

El alma y el cerebro de un recién nacido parecen comenzar su asociación como dos entidades separadas y diferentes que luego se convierten en una mente. A algunas personas les molesta que mi posición respecto a la teoría de las dos entidades, o dualidad de cuerpo y espíritu, signifique que mientras el carácter inmortal de las almas siga viviendo, la personalidad temporal del cuerpo muera. Sin embargo, fueron el alma en conjunto con la mente de un cuerpo, quienes crearon una personalidad única para el individuo. Aunque el organismo físico del cuerpo muera, el alma que moró en dicho cuerpo nunca olvida al anfitrión que le permitió experimentar la Tierra en un momento y lugar en particular. Ya hemos visto cómo las almas pueden recordar y recrear quienes fueron en determinadas líneas de tiempo.

Cada cuerpo físico tiene su propio diseño único y los conceptos, ideas y juicios de cualquier mente humana, están directamente relacionados con el alma que lo ocupa. Algunas combinaciones de cuerpo y alma trabajan más eficientemente que otras. Los psicólogos no saben por qué una emoción intensa puede ocasionar un comportamiento irracional en una persona y acciones muy lógicas en otra. En mi opinión, la respuesta radica en el alma. Cuando la asociación de cuerpo y alma se está desarrollando en el feto del cuerpo de un paciente actual, escucho evaluaciones de muchos de ellos referentes a la sintonización correcta del circuito cerebral o por el contrario, a la confusión que reina en el mismo. Los comentarios de un alma de nivel V, acerca de su entrada a un cuerpo resultan instructivas:

> No existen dos cerebros construidos precisamente de la misma manera. Cuando inicialmente entro en el vientre de mi madre, toco gentilmente el cerebro. Floto... buscando... probando... investigando. Es como ósmosis. Sé inmediatamente si este cerebro se prestará para una fácil o difícil comunicación. Durante el embarazo, recibiré los sentimientos emocionales de mi madre más que sus pensamientos. Así es como sé si el bebé es deseado o no y esto hace la diferencia que marca el buen o mal comienzo de la vida de un bebé.
> Cuando entro en el feto de un bebé no deseado, puedo hacer un cambio positivo mediante una unión de energía con el niño. Cuando era una alma joven, sentía la alienación de los padres y tanto yo como el bebé nos sentíamos separados. He estado trabajando con bebés por miles de años y ahora puedo manejar cualquier clase de niño que me asignen, logrando una realización al unirme con él. Tengo mucho trabajo por realizar en la vida para ser retrasado por la asignación de un cuerpo que no parece ser perfecto para mí.

Cuando las almas alcanzan el nivel III, la mayoría es capaz de adaptarse rápidamente al feto. Un paciente me dijo de forma seca, "cuando un alma altamente avanzada y compleja se combina con un cerebro letárgico, es como enganchar un caballo de carreras con uno de labranza". Usualmente mis pacientes expresan estos sentimientos sobre los cuerpos de manera más respetuosa. Hay razones kármicas para las combinaciones de cuerpo y alma. Igualmente, un coeficiente intelectual alto no es indicador de un alma avanzada. No son los coeficientes intelectuales bajos, sino las mentes irracionales y perturbadas las que ponen en problemas a las almas menos experimentadas.

En cuanto a la combinación ideal del cuerpo con el alma, las opciones nos son ofrecidas de buena fe para una variedad de diseños de vida. Las elecciones de cuerpo en el Anillo nunca son usadas para atraparnos en algo inapropiado para nuestro desarrollo. La esfera de la Selección de Vidas no es un departamento de ventas de mercancía. Aquellos que planean no están interesados en mezclar almas desprevenidas con cuerpos de "baja calidad". Hay un propósito para ambos egos detrás de cada asociación de cuerpo y alma. Así como el cuerpo deleita al alma como un medio de expresión, tanto física como mental, también puede ocasionar mucho dolor. La lección de esta fusión es forjar una unificación de cuerpo y alma de manera que operan como una unidad. Tengo dos perspectivas que ilustran esta colaboración:

> Soy un alma volátil con tendencias apresuradas y prefiero cuerpos agresivos con temperamento que complemente mis propias inclinaciones. Nosotros llamamos esta clase de combinaciones de imágenes reflejadas un doble-doble. Nunca puedo frenarme. Debo admitir que los cuerpos tranquilos con mentes poco combativas me calman, pero luego tiendo a hacerme perezoso y complaciente.

> Me siento cómodo con cuerpos emocionalmente fríos. También me encantan las mentes analíticas, de tal forma que podemos tomarnos nuestro tiempo antes de comprometernos con ciertas tareas. Dentro de Jane, es como estar en una montaña rusa, es tan inquieta y aventurera, quiero decir que trato de frenarla pero no puedo controlarla y nos ocasiona mucho dolor. No obstante hay mucho placer también, es abrumadora... ¡pero qué paseo tan salvaje!

Ciertas combinaciones de cuerpo producen vidas frustrantes y retos realmente difíciles. Sin embargo, sólo dos veces en todo el ejercicio de mi profesión he tenido almas que pidieron ser reemplazadas estando en el feto con el que encontraron imposible adaptarse. En ambos casos, otra alma tomó su lugar en el octavo mes. Un cambio prenatal debido a incompatibilidad es un caso extremadamente raro porque precisamente de eso es de lo que se trata el cuarto de Selección de Vidas.

Ningún alma es innatamente mala cuando se une a un feto. Pero tampoco encuentra una pizarra vacía. El carácter inmortal de un alma es influenciada por los atributos y temperamento del cerebro, los cuales retan la madurez del alma. He dicho que hay almas que son más susceptibles que otras a caer presa de las influencias negativas de la vida. La mayoría de los casos en este libro muestran almas que combaten o trabajan en conjunción armoniosa con sus cuerpos. Las almas que combaten por la necesidad de control pueden no mezclarse bien con un cuerpo cuyo ego está dispuesto a la confrontación. Por otra parte, un alma cauta, de baja energía podría escoger un temperamento físico pasivo e introvertido con el fin de fomentar audacia, en acuerdo con su cuerpo anfitrión.

Cuando un alma se une a un nuevo bebé, puedo estar bastante seguro de que la asociación se enfocará tanto en los defectos del alma como en la mente y cuerpo que necesita el alma. Quienes planean escogen cuerpos para nosotros con la intención de combinar los defectos de nuestro carácter con cierto temperamento del cuerpo para producir combinaciones específicas de personalidad. Pacientes que son médicos y psicólogos me han permitido vislumbrar de manera breve y anatómica la llegada de las almas al cerebro en desarrollo del feto. El caso 54 es un ejemplo. La sugestión post hipnótica ha permitido a pacientes profesionales de estos campos esbozar de manera simplificada lo que tratan de decir sobre estos enlaces bajo hipnosis. Esto me ha ayudado a entender.

Caso 54

Dr. N: Me gustaría saber si la transición inicial dentro del feto es siempre igual para usted.

P: No, no lo es. Incluso aunque tuviese visión de Rayos X para observar la mente del infante durante la Selección de Vidas, mi entrada todavía podría ser difícil.

Dr. N: Deme su más reciente ejemplo de una entrada complicada.

P: Hace tres vidas, me uní a un cerebro yerto y poco receptivo. Él sentía que mi presencia era invasora, lo cual resultaba inusual ya que la mayoría de mis cuerpos físicos habían aceptado mi presencia. Usualmente se me considera un compañero de cuarto.

Dr. N: ¿Me dice que este cuerpo particular lo consideraba una presencia extraña que debía rechazar?

P: No, era una mente torpe con densos paquetes de energía. Mi llegada fue una intrusión en su ausencia de actividad mental... había aislamiento entre áreas del cerebro... creando resistencia a... la comunicación. Las mentes letárgicas requieren mayor esfuerzo de mi parte porque se resisten al cambio.

Dr. N: ¿Cambio de qué?

P: De mi presencia en ese espacio, se requería de algún tipo de reacción para lidiar con este hecho. Hice que esta mente pensara, pero no era una mente curiosa. Comencé a presionar botones y confirmé que no quería ser convocado por mí.

Dr. N: ¿Qué esperaba?

P: De mi observación en la esfera (el Anillo), había visto el resultado final de una mente adulta pero ni vi todas las dificultades que tendría con la mente del bebé... cuando era nueva.

Dr. N: Ya veo. ¿Dice que esta mente consideraba su intrusión como una amenaza?

P: No, sólo una molestia. Eventualmente fui aceptado y el infante y yo nos adaptamos mutuamente.

Dr. N: Volvamos a su comentario sobre presionar botones. Explíqueme lo que significa una entrada estándar dentro del feto de su elección.

P: Cuando entro en un cerebro en desarrollo, suelo hacerlo hacia el cuarto mes del embarazo, nuestros guías nos dan algo de libertad en esto, pero nunca entro después del sexto mes. Cuando entro en el vientre de la madre, creo una luz de energía roja concentrada y la dirijo de arriba abajo en la columna del bebé, siguiendo una red de neuronas hasta el cerebro.

Dr. N: ¿Por qué lo hace?

P: Esto me da una idea de la eficiencia en la transmisión de pensamientos... la transmisión sensorial...

Dr. N: ¿Qué hace luego?

P: Proyecto mi luz alrededor de la membrana que cubre el cerebro y el cordón espinal, la capa más externa del cerebro... suavemente...

Dr. N: ¿Por qué luz roja?

P: Esto me permite ser... especialmente sensible a las sensaciones de esta nueva persona. Esparzo el calor de mi energía al gris azulado de la materia encefálica. Antes de llegar aquí, el cerebro era sólo gris. Lo que hago es encender las luces en un cuarto oscuro con un árbol en el centro.

Dr. N: Me perdí. Explíqueme lo del árbol.

P: (con intensidad) El árbol es la raíz. Me ubico entre los dos hemisferios del cerebro para tener un puesto junto al cuadrilátero y ver como funcionará el sistema. Luego me muevo por las ramas del árbol para estudiar el circuito cerebral. Deseo saber qué tan densa es la energía en las fibras alrededor de la corteza cerebral que se envuelve sobre el tálamo... quiero aprender cómo piensa y siente este cerebro.

Dr. N: ¿Qué tan importante es la densidad de la energía o la ausencia de ella en el cerebro?

P: Una mente con densidad excesiva en ciertas áreas indica que existen bloques que inhiben los puentes de comunicación para una eficiente actividad de las neuronas. Deseo hacer algunos ajustes en estos bloqueos con mi energía, si puedo, usted sabe, mientras el cerebro aun está en formación.

Dr. N: ¿Usted puede influir en el desarrollo del cerebro?

P: (se ríe de mí) ¡Por supuesto! ¿Creía que las almas éramos pasajeros en un tren? Yo estimulo esas áreas de manera sutil.

Dr. N: Bien yo pensé que usted y el bebé... son ambos miniatura por la forma en que usted exhibe la inteligencia en el comienzo.

P: (risas) No hasta el nacimiento.

Dr. N: ¿Está diciendo que puede mejorar la función de las ondas cerebrales con todas estas actividades que me ha descrito?

P: Esa es nuestra esperanza. La idea es equiparar los niveles de vibración y las capacidades con los ritmos naturales de las ondas cerebrales del bebé, su flujo eléctrico. (con exuberancia) Creo que mis cuerpos son geniales para mi asistencia, mejorando la velocidad de pensamiento. (se detiene y luego agrega) Quizás sea un pensamiento muy anhelante.

Dr. N: ¿Qué ve en el futuro del cerebro, con su continua evolución y la influencia del estímulo de las almas?

P: Telepatía mental.

Ciertamente he tenido almas más jóvenes que parecen ser más inactivas después de entrar al cuerpo, que nuestro caso 54. Pero puede resultar mejor mirar desde lejos antes de agitar al infante cuando el alma aun es inepta o exageradamente ansiosa e inexperimentada. La mayoría de las almas prueba a su cuerpo anfitrión buscando información pero en una forma que podríamos describir como "haciendo cosquillas al bebé para divertirlo". Este es un período importante para la integración entre el cuerpo y el alma, con la madre entrando mentalmente en el proceso de conocerse. De ninguna manera el trabajo del alma se enfoca solamente al cerebro; la energía del alma es irradiada por todo el cuerpo del infante.

El paciente del caso 54 es un doctor. Mi siguiente caso viene de un paciente que no se relaciona con la medicina, sobre la unión de dos entidades para formar un todo a medida que una nueva vida comienza. Cada alma tiene sus propias preferencias de cuándo y cómo entrar al feto. El siguiente caso nos da una idea del procedimiento utilizado por un alma muy evolucionada y considerada.

El Anillo del Destino ~ 351

Caso 55

Dr. N: Dígame cómo se siente entrar en la mente de un bebé y cuándo lo hace generalmente.

P: Al comienzo pienso en un compromiso. Entré a mi actual cuerpo en el octavo mes. Prefiero entrar en la etapa final del embarazo, cuando ya hay un cerebro más desarrollado y hay más con qué trabajar durante el empalme.

Dr. N: ¿No es inadecuado entrar tan tarde? Quiero decir, tendrá que lidiar con un individuo mucho más independiente.

P: Algunos de mis amigos lo creen así, yo no. Quiero ser capaz de hablar con el feto cuando ya hay reconocimiento mutuo.

Dr. N: (siendo denso para obtener una respuesta) Hablar... hablar a un feto... ¿de qué está usted hablando...?

P: (se ríe de mí) Por supuesto que interactúo con él.

Dr. N: Vamos despacio. ¿Quién dice qué primero?

P: El bebé puede decir, "¿quién eres?" y yo le contesto, "un amigo que ha venido a jugar y ser parte de ti".

Dr. N: (con deliberada provocación) ¿No es eso engañoso? Usted no ha venido a jugar. Usted ha venido a ocupar esa mente.

P: Oh... ¡por favor! ¿Con quién ha estado hablando usted? Esa mente y mi alma fueron creadas para estar juntas. ¿Usted cree que soy una especie de intruso visitante en la Tierra? Yo me he unido con bebés que me dieron la bienvenida como si me esperaran desde antes.

Dr. N: Hay almas que han tenido experiencias diferentes.

P: Mire, yo conozco almas que son torpes. Llegan como toros en un mercado chino, con su ansiedad desmedida por iniciar una tarea. Tanta energía frontal al tiempo genera resistencia.

Dr. N: En su vida actual, ¿estaba el bebé ansioso por su llegada?

P: No, aun no saben lo suficiente como para experimentar ansiedad. Comienzo acariciando el cerebro e inmediatamente soy capaz de proyectar pensamientos cálidos de amor y compañía. La mayoría de los bebés simplemente me acepta como una parte de ellos mismos. Unos pocos se resisten, como mi actual cuerpo.

Dr. N: ¿De veras? ¿Qué fue diferente con este feto?

P: No fue gran cosa. Sus pensamientos eran, "ahora que estás aquí, ¿quién voy a ser?".

Dr. N: Yo creo que si es gran cosa. Básicamente, el bebé está reconociendo que su identidad depende de usted.

P: (pacientemente) El bebé ha comenzado a preguntarse a sí mismo, "¿quién soy yo?". Algunos niños son más conscientes de eso que otros. Unos pocos son renuentes porque, para ellos, somos una irritación a sus inicios inertes... como una perla en una ostra.

Dr. N. ¿Entonces usted no cree que el bebé piense que está siendo forzado a entregar algo de su individualidad?

P: No, hemos venido como almas para darle al bebé... profundidad de carácter. Su ser es mejorado por nuestra presencia. Sin nosotros, funcionarían como frutas sin madurar.

Dr. N: ¿Pero el bebé entiende algo de esto antes de nacer?

P: Sólo sabe que quiero que seamos amigos para que podamos hacer cosas juntos. Comenzamos por comunicarnos mutuamente con cosas sencillas, tal como una posición cómoda en el vientre de la madre. Ha habido ocasiones en que el cordón umbilical se ha enrollado en el cuello del bebé y yo le he calmado, evitando que se retorciera en angustia y sucediera algo peor.

Dr. N: Por favor, continúe explicando cómo asiste al bebé.

P: Preparo al bebé para el nacimiento, que va a ser impactante cuando suceda. Imagínese ser forzado a salir de un lugar cálido, cómodo y seguro para encontrar las luces brillantes de un hospital... el ruido... tener que respirar aire... ser manipulado. El bebé aprecia mi ayuda porque mi primer objetivo es combatir el miedo, calmando el cerebro, asegurándole que todo está bien.

Dr. N: Me pregunto cómo era la situación de los bebés antes de que las almas llegaran a ayudarles.

P: El cerebro era demasiado primitivo entonces como para conceptuar el trauma del nacimiento. Había poca conciencia. (risas) Claro que yo no estaba en aquellos días.

Dr. N: ¿Es capaz de calmar madres angustiadas de alguna manera?

P: Debemos ser eficientes. Durante gran parte de mi existencia tuve poca o ninguna influencia en las madres que sentían temor, tristeza o rabia durante el embarazo. Uno debe ser capaz de sincronizar las vibraciones de energía con los ritmos naturales de la madre y el niño. Se debe armonizar tres tipos de niveles de ondas, incluidos los propios, para calmar a la madre. Incluso tengo que hacer que el bebé patee para hacerle saber a la madre que estamos bien.

Dr. N: Luego viene el nacimiento, ¿supongo que el trabajo duro ha terminado?

P: Para ser honesto, el trabajo no ha terminado para mí. Le hablo a mi cuerpo como una segunda entidad hasta los seis años. Es mejor no forzar la fusión completa. Por un tiempo, jugamos como dos personas.

Dr. N: He notado que muchos niños pequeños hablan consigo mismo, como si tuvieran un amigo imaginario. ¿Es esa su alma?

P: (haciendo muecas) Así es, nuestros guías también disfrutan jugando con nosotros como niños pequeños. ¿También ha notado que los ancianos hablan solos a menudo? Se están preparando para la separación a su manera, en el otro extremo de la vida.

Dr. N: ¿En general, cómo siente volver a la Tierra en una vida después de otra?

P: Como un regalo. Este es un planeta tan multifacético. Sin duda este lugar trae dolor, pero también es increíblemente bello. El cuerpo humano es una maravilla, nunca termino de sorprenderme ante cada nuevo cuerpo y las muchas maneras en que me permite expresarme, especialmente el sentimiento …del amor.

~8

Nuestro Camino Espiritual

El concepto de nuestra resurrección en seres que pertenecen al reino de la eternidad se remonta a la antigüedad de la raza humana. Desde nuestros orígenes, hemos creído en que la vida después de la muerte está sostenida por una inteligencia divina que es un todo. Este tipo de sentimientos proviene de los recuerdos de muchas personas, a quienes he llevado de vuelta a la edad de piedra. Desde entonces, por años y siglos, hemos pensado en el mundo de las almas como otro estado de la conciencia más que un lugar abstracto. La vida después de la muerte era considerada como una simple prolongación de la vida física y creo que el mundo está retornando a estos conceptos, bellamente expresados por Spinoza, quien dijo, "todo el cosmos es una sustancia de la cual somos parte. Dios no es una manifestación externa, sino el todo".

Yo considero que leyendas tales como la Atlántida y Shangri-La (un imaginario y remoto paraíso en la Tierra basado en la novela Lost Horizon, por James Hilton) tienen sus orígenes en el anhelo eterno que sentimos de recuperar una utopía que hemos perdido. En la mente superconciente de cada persona que he tratado bajo hipnosis yacen los recuerdos de un hogar utópico. Originalmente, el concepto de Utopía pretendía ilustrar ideas, no sociedades. Mis pacientes ven el mundo del espíritu como una comunidad de ideas. En tal sentido, la vida después de la muerte involucra la auto purificación del pensamiento, los seres que están encarnando se encuentran muy lejos de la perfección, como se puede concluir al leer los casos presentados. No obstante podemos pensar justificadamente en nuestra existencia en el mundo del espíritu como una Utopía puesto que hay una armonía universal del espíritu. La rectitud, honestidad, humor y amor son los fundamentos de nuestra vida después de la vida.

Después de leer las páginas de este libro, se que puede resultar cruel establecer que la Utopía de nuestros sueños, que está en todos nosotros, esté aislada de nuestra memoria consciente por una amnesia. Cuando estos bloqueos son derrumbados por medio de la hipnosis, la meditación, la oración, la canalización, el yoga, la imaginación y los sueños, o un estado mental logrado mediante esfuerzo físico, hay una sensación de fortalecimiento personal. Hace unos 2.400 años, Platón escribía sobre la reencarnación y decía que las almas debían viajar a través de Lethe, el Río del Olvido, cuyas aguas producían una pérdida de la memoria en nuestra naturaleza verdadera.

Las verdades sagradas de nuestra historia etérea pueden ser recuperadas porque somos capaces de evadir la mente consciente y alcanzar aquel subconsciente que no fue sumergido en el Río del Olvido. Nuestro ser superior nos recuerda de triunfos pasados y transgresiones de una forma selectiva, susurrándonos a través del tiempo y el espacio. Nuestros guías personales se empeñan en darnos lo mejor de ambos mundos, el etéreo y el físico. Cada nueva vida comienza de manera fresca, con un futuro amplio. Nuestros maestros espirituales desean producir una oportunidad kármica, sin las limitaciones de conocer aquellas caídas que experimentamos en vidas pasadas. Ellos se hacen más indulgentes de manera selectiva con la amnesia a medida que nos comprometemos con el auto descubrimiento. Este es el mejor camino hacia la sabiduría.

La pregunta del por qué los bloques de amnesia sobre nuestra vida espiritual son debilitados para permitir la investigación dentro del mundo del espíritu ha sido justa y ampliamente formulada porque tengo la esperanza de que en este nuevo siglo los nuevos practicantes de la hipnoterapia lleguen más lejos de lo que mi generación logró en el arte de descifrar la mente espiritual. Pienso que las razones de nuestra habilidad para descubrir más acerca de los misterios de la vida al otro lado es un resultado lógico de vivir en el siglo XX.

El desarrollo de nuevas técnicas de hipnosis tendrían que ser tenidas en consideración. Pienso que hay razones de peso por la que nuestra amnesia se ha vuelto menos restrictiva en los últimos treinta años. Nunca antes una variedad tan grande de drogas había penetrado en la población humana. Estas sustancias químicas que alteran la mente aprisionan el alma dentro de un cuerpo agobiado por una niebla mental, causando que la esencia del alma sea incapaz de expresarse a través de una mente consumida por la adicción. Creo que los planificadores del otro lado han perdido la paciencia en lo referente a este aspecto de la sociedad humana, aunque pueden haber otras razones relacionadas con el mundo frenético, iracundo, sobrepoblado, con un medio ambiente degradado. La destrucción masiva de nuestro planeta en el último siglo no tiene igual en la historia de la humanidad.

A pesar de estos comentarios, no tengo una visión negra del futuro. Puede ser cierto que para las personas que viven en una era, todo tiempo pasado haya sido mejor, sin embargo en los últimos cien años hemos logrado enormes avances en lo cultural, lo político y lo económico. En muchos aspectos, el mundo es un lugar mucho más seguro que en 1950, las naciones tienen una mayor conciencia y compromiso que nunca para trabajar por la paz, después de una larga historia de monarquías y dictaduras que dominaban el panorama a comienzos del siglo XX. Lo que enfrentamos en el siglo XXI es el desgaste de la individualidad y la dignidad humana en una sociedad superpoblada dominada por el materialismo. La globalización, el despliegue urbano y la grandeza es la fórmula de la soledad y la desunión. Muchos no creen en otra cosa diferente a la supervivencia.

Yo creo que una puerta espiritual ha sido abierta a nuestra inmortalidad porque el negarnos este conocimiento ha demostrado ser contraproducente en la actualidad. En el mundo del espíritu que he conocido, si algo no funciona bien en la Tierra, puede ser cambiado. Los bloques de amnesia fueron concebidos para prevenir respuestas condicionadas ante ciertos eventos kármicos, sin embargo los beneficios de la amnesia ya no parecen superar las desventajas de una vida inmersa en el vacío de la apatía inducida por los químicos. Hay demasiadas personas tratando de escapar de la realidad porque ya no ven propósito o significado a su identidad. Las drogas y el alcohol en las sociedades populosas y tecnificadas alrededor del mundo se asocian a la ausencia de espíritu porque los sentidos ególatras del cuerpo son los que dominan. Hay poca o ninguna conexión a nuestro verdadero ser.

Dado que cada uno de nosotros es un ser único, diferente de todos los demás, para aquellos que buscan la paz interior es necesario encontrar su espiritualidad. Cuando nos alineamos completamente a las formas y creencias basadas en las experiencias de otras personas, siento que perdemos algo de nuestra propia individualidad. La búsqueda del autodescubrimiento y el moldeado de nuestra filosofía personal, no diseñado por doctrinas, requiere gran esfuerzo pero las recompensas son enormes. Hay muchas rutas para lograr esta meta, todas las cuales comienzan con la confianza en nosotros mismos. Camus decía, "tanto lo racional como lo irracional conducen al mismo entendimiento. En verdad, el camino transitado importa poco, el deseo de llegar basta".

Las visiones de la vida después de la muerte descansan en nuestro interior, como un santuario mientras viajamos por los laberintos terrenales. Las dificultades para descubrir fragmentos de nuestro hogar eterno se debe en gran medida a las distracciones que ofrece la vida. No es malo aceptar la vida tal como es, sin cuestionar las cosas y asumir que al final pasará lo que se supone que debe pasar. Sin embargo para aquellos que anhelan conocer más, la simple aceptación de la vida es completamente insatisfactorio. Para algunos viajeros, los misterios de la vida claman por atención, como una forma de dar significado a la existencia.

En la búsqueda de nuestro propio camino a la espiritualidad, es conveniente preguntar, "¿en qué clase de código de comportamiento creo?". Algunos teólogos sugieren que las personas no religiosas atentan contra

Nuestro Camino Espiritual ~ 359

la moral y la responsabilidad ética, mandato de una autoridad superior. Sin embargo, no somos evaluados después de la muerte por nuestras asociaciones religiosas sino por nuestra conducta y nuestros valores. En el mundo del espíritu con el que me he familiarizado, somos medidos más por lo que hacemos por otros que por nosotros mismos. Si la actividad religiosa tradicional sirve a nuestros propósitos y nos provee el sustento espiritual, probablemente estemos motivados por la creencia en los mandamientos y quizás por el deseo de camaradería en la veneración y respeto. Las mismas atracciones son ciertas con personas que se unen a grupos metafísicos y obtienen satisfacción al seguir las ideas escritas en textos espirituales de personas con pensamientos y mentalidad similar. Aunque estas prácticas pueden confortar y edificar nuestro desarrollo espiritual, debemos reconocer que estos patrones no se ajustan a todos nosotros.

Si no hay paz interior, no importa qué tipo de afiliación espiritual se tenga. El desprendimiento se eleva cuando nos alejamos de nuestra fuerza interior y nos hacemos a la idea de que estamos solos, sin una guía espiritual, sin alguien más arriba que nos escuche. Siento profundo respeto por aquellas personas que mantienen su fe en algo porque por mucho tiempo yo no tuve sólidos fundamentos espirituales, a pesar de mi búsqueda por conseguirlos. Hay ateos y agnósticos que asumen la posición de que dado que el conocimiento religioso o espiritual no se puede sustentar en evidencias naturales comprobables, es entonces inaceptable. Para los escépticos, la fe no es un conocimiento verdaderamente revelado. En cierta forma me identifico con esas personas porque yo fui uno de ellos. Mi fe en lo sucesivo comenzó lentamente, como resultado de mi participación con pacientes en las sesiones de hipnosis. Esta es una disciplina en la que creía profesionalmente desde antes de mis descubrimientos científicos. Sin embargo, mi conciencia espiritual también fue resultado de años de meditación personal e introspección con relación a esta investigación.

La percepción espiritual debe ser una búsqueda personal, de lo contrario no tiene significado alguno. Somos influenciados enormemente por nuestra realidad inmediata y podemos actuar sobre esa realidad un paso a la vez sin la necesidad de ver muy lejos en la distancia. Incluso pasos en la dirección equivocada nos brinda la oportunidad de experimentar en los muchos caminos diseñados para enseñarnos. Para traer armonía al ser espiritual con nuestro ambiente físico, se nos da la libertad de elegir el ejercicio del libre albedrío en la búsqueda de las razones por las que existimos. En el camino de la vida debemos asumir responsabilidad por todas nuestras decisiones sin culpar a otros por los eventos de la vida que nos traen tristeza.

Como ya lo mencionaba, para ser efectivos en nuestra misión, debemos ayudar a otros en sus caminos cada vez que sea posible. Ayudando a otros nos ayudamos a nosotros mismos. El deseo de ayudar a otros es inhibido cuando alimentamos nuestro individualismo al punto de ser completamente absorbidos por nosotros mismos. Sin embargo, ser un terrateniente en nuestra propia casa nos hace igualmente ineficaces como persona. No hemos recibido nuestros cuerpos por capricho de la naturaleza; fue seleccionado por nosotros mismos con la ayuda de consejeros espirituales, después de haber observado otros cuerpos ofrecidos como alternativa y aceptado el que tenemos actualmente. Además, no somos víctimas de las circunstancias, estamos comprometidos con nuestro cuerpo para participar activamente en la vida y no como simples espectadores. No debemos perder la idea de que hemos aceptado un sagrado contrato de vida, lo que significa que los roles que jugamos en la Tierra son en realidad más grandes que nosotros mismos.

Nuestra energía espiritual fue creada por una autoridad superior que podemos reconocer en nuestro estado actual de desarrollo. Por eso debemos enfocarnos en quienes somos como persona para hallar ese fragmento de divinidad que reside en nuestro interior. Las únicas limitaciones que tenemos para nuestro conocimiento personal son aquellas que nosotros nos imponemos. Si los caminos espirituales de otros no son relevantes para nosotros, no significa que el patrón diseñado para nuestras necesidades sea inexistente. La razón de ser quienes somos es la gran verdad en la vida. Si una persona no puede encontrar un aspecto de esa verdad manifestada en ella, no será en el mismo lugar o circunstancia para otra.

En esencia, estamos solos con nuestra alma y quienes se sienten solos no se han encontrado a sí mismos. El autodescubrimiento del alma está relacionado con la propia posesión. Captar nuestra esencia individual es como enamorarse, algo que mora dormido despierta en algún punto de nuestras vidas como resultado de un estímulo. Al comienzo, el alma coquetea con nosotros, tentándonos a ir más allá con placeres que solo son vistos desde una distancia. La atracción inicial del autodescubrimiento comienza con una caricia casi juguetona a la conciencia, por parte de nuestra mente subconsciente. A medida que la intensidad del anhelo de conocer completamente nuestro ser aumenta, somos arrastrados de manera irresistible a una conexión más íntima. Conocer nuestra alma se transforma en un matrimonio de fidelidad hacia nuestro ser. El aspecto fascinante del autodescubrimiento es que cuando escuchamos esa voz interior, la reconocemos instantáneamente basado en el producto de mi experiencia, he llegado a convencerme de que cada uno de nosotros en la Tierra tiene su propio guía espiritual, quien habla a nuestra mente interior si somos receptivos. Mientras que algunos guías son alcanzados más fácilmente que otros, todos tenemos la habilidad de llamarles y ser escuchados por ellos.

No hay accidentes en la vida, aunque a veces nos confundimos con lo que percibimos como coincidencia. Esta es la filosofía que trabaja contra los pensamientos del orden espiritual y nos hace fácil sentir que no tenemos control sobre nuestras vidas y que no contamos porque nada de lo que hagamos importa realmente. Creer en la coincidencia de los eventos influye negativamente en nuestra forma de reaccionar ante las situaciones y nos aleja de la búsqueda de explicaciones a las mismas. Poseer este tipo de visión fatalista en la vida y decir "es la voluntad de Dios" o incluso "es mi karma" contribuye a una inactividad y falta de propósito en la vida.

Aquello que es importante en la vida viene en pequeños pedazos o grandes trozos, todo a la vez. Nuestra conciencia puede llevarnos más allá de lo que creemos que es nuestro destino original. El karma es la puesta en acción de esas condiciones en nuestro camino para fomentar el aprendizaje. El concepto de un Origen orquestando todo esto no debe ser pretencioso. La exterioridad espiritual espera una reunificación con el Creador después de la muerte, mientras que la interioridad se siente una parte de la Unidad cada día. El conocimiento espiritual nos llega en momentos tranquilos, introspectivos y sutiles, que se manifiestan mediante el poder de un sencillo pensamiento.

La vida es un asunto de constante cambio hacia la realización. Nuestro lugar en el mundo hoy puede ser otro mañana. Debemos aprender a adaptarnos a estas diferentes perspectivas de la vida, porque eso también es parte del plan de nuestro desarrollo. Al hacerlo, encontramos la trascendencia del ser en el proceso de cambio desde el cascarón externo y temporal hasta lo que se encuentra dentro de nuestra mente espiritual y permanente. Para elevar la mente humana por encima de aquellos sentimientos de desencanto, debemos expandir nuestra conciencia al tiempo que nos perdonamos por nuestros propios errores. Creo firmemente que para nuestra salud mental, es vital que nos riamos de nosotros mismos y de los tontos predicamentos con que nos involucramos a lo largo del camino. La vida está llena de conflictos y la lucha, el dolor y la felicidad que experimentamos son razones para nuestra existencia. Cada día es un nuevo comienzo.

Tengo una última cita que provino de un alma que se preparaba a partir de nuevo, desde el mundo del espíritu hacia una nueva encarnación en la Tierra. Creo que este comentario brinda la conclusión adecuada a este libro:

> Venir a la Tierra es viajar desde nuestro hogar a una tierra foránea. Algunas cosas parecen familiares, pero la mayoría son extrañas hasta que nos acostumbramos a ellas, especialmente condiciones que son inolvidables. Nuestro verdadero hogar es un lugar de absoluta paz, total aceptación y completo amor. Cuando nos alejamos del hogar no podemos seguir asumiendo que estas bellas características estarán rodeándonos. En la Tierra debemos aprender a sobreponernos a la intolerancia, la ira y la tristeza mientras buscamos la felicidad y el amor. No debemos perder nuestra integridad a lo largo del camino, sacrificar la bondad para sobrevivir o asumir actitudes de superioridad o inferioridad ante quienes nos rodean. Sabemos que vivir en un mundo imperfecto nos ayudará a apreciar el verdadero significado de la perfección. Pedimos coraje y humildad antes de emprender el viaje a una nueva vida. A medida que crece nuestra conciencia, aumenta la calidad de nuestra existencia. Esta es la forma en que somos probados. Superar la prueba es nuestro destino.

Libros de esta editorial

EN ESTA EDITORIAL

MEMORIAS DE LAS ALMAS
La vida entre vidas. Historias de transformación personal
DR. MICHAEL NEWTON

Recogidos de distintas partes del mundo, estos fascinantes relatos han sido cuidadosamente seleccionados y presentados por hipnoterapeutas certificados por el Newton Institute, y editados por el doctor Newton. Después de recordar escenas de sus vidas pasadas, quienes participaron en estos estudios se embarcaron en caminos espirituales que transformaron sus vidas.

EL VIAJE DE LAS ALMAS
Estudios de casos de la vida entre vidas
DR. MICHAEL NEWTON

El viaje de las almas recoge las narraciones de 29 pacientes del Dr. Michael Newton, quienes en estado supraconsciente revelan sus recuerdos más profundos y relatan de forma emotiva lo que ocurre después de la muerte física, describiendo en gran detalle cómo es en realidad el mundo espiritual, qué sucede mientras estamos desencarnados y por qué regresamos al plano físico en determinados cuerpos.

En esta editorial

SEÑALES
El lenguaje secreto del universo

LAURA LYNNE JACKSON

Jackson consigue trasladar lo místico a la vida cotidiana a través de historias de personas reales que han experimentado revelaciones o sincronicidades increíbles, como la mujer que, mientras esperaba con angustia que su esposo entrara a quirófano para ser operado del corazón, encontró un billete de dólar en el que aparecía escrito a boli el nombre de su hijo bebé, fallecido hacía años: era la señal de que el niño velaba por la salud de su padre desde el Otro Lado y acompañaba a su madre en aquellos duros momentos.

GUERREROS DE LA LUZ
Conecta con el poder espiritual del amor

KYLE GRAY

En *Guerreros de la luz*, el experto en ángeles Kyle Gray te ayuda a identificar los miedos que te retienen y te ofrece la "armadura espiritual" que necesitas para convertirte en el guerrero que estás destinado a ser.

GRUPO GAIA

Para más información
sobre otros títulos de
ARKANO BOOKS

visita
www.grupogaia.es
Email: grupogaia@grupogaia.es
Tel.: (+34) 91 617 08 67